湖里年鉴

2024

中共厦门市湖里区委员会办公室　编

方志出版社
Publishing House of Local Records

图书在版编目（CIP）数据

湖里年鉴．2024/中共厦门市湖里区委员会办公室编．—北京：方志出版社，2024. 10. —ISBN 978-7-5144-6416-0

Ⅰ. Z525. 74

中国国家版本馆 CIP 数据核字第 2024VW7335 号

责任编辑：刘方圆
责任校对：张玉霞
责任印制：梅中英
出 版 者：方志出版社
地　　址：北京市朝阳区潘家园东里 9 号(国家方志馆 4 层)
邮　　编：100021
网　　址：http://www.zgfzcb.cn
发　　行：方志出版社图书营销中心(010-67110500)
印　　刷：福州力人彩印有限公司
开　　本：889 毫米 × 1194 毫米　1/16
印　　张：16　插页印张：1. 25　地图：1 幅
字　　数：608 千字
版　　次：2024 年 10 月第 1 版
印　　次：2024 年 10 月第 1 次印刷
定　　价：280. 00 元

《湖里年鉴（2024）》主编、副主编、执行主编

主　　编　袁乃凤
副 主 编　洪长远
执行主编　蔡培育

《湖里年鉴（2024）》编辑室成员

总　　纂　张宪敏
编　　辑　蔡培育　张宪敏

编辑说明

一、《湖里年鉴》是由中共厦门市湖里区委员会主办，中共厦门市湖里区委员会办公室承编的地方综合年鉴。自 2014 年首次编纂并公开出版，一年一卷，《湖里年鉴（2024）》为第 11 卷。

二、《湖里年鉴（2024）》以马克思列宁主义、毛泽东思想、邓小平理论、“三个代表”重要思想、科学发展观、习近平新时代中国特色社会主义思想为指导，坚持辩证唯物主义和历史唯物主义的立场、观点和方法，存真求实，全面、客观、系统地记述区域政治、经济、文化、社会、生态等各项事业的发展情况。

三、《湖里年鉴（2024）》主要记载 2023 年 1 月 1 日至 12 月 31 日湖里区自然、政治、经济、文化、社会发展情况。书中“年内”指 2023 年。书中涉及其他年份的时间，均标明具体年份。

四、《湖里年鉴（2024）》采用分类编辑法，设置类目、分目、条目 3 个层次，以条目为记述的基本形式。全书条目标题统一用蓝色黑体加【 】表示，个别包含多方面内容的条目，用楷体加层次性小标题提示，方便查阅。全书类目包括专文、区情概貌、大事记、中共厦门市湖里区委员会、厦门市湖里区人民代表大会、厦门市湖里区人民政府、政协厦门市湖里区委员会、中共厦门市湖里区纪律检查委员会　厦门市湖里区监察委员会、民主党派与工商联、群众团体、法治、军事、外事　侨务　对台事务、应急管理、经济管理、工业、交通　物流　商贸服务业、城市建设与管理、生态环境保护、教育、科学技术、文化　旅游、卫生健康、体育、社会生活、街道、人物　荣誉、附录。

五、《湖里年鉴（2024）》记述的单位和机构名称，首次出现时使用全称，括注其简称，再次出现均使用简称。全书所记“省”“全省”指福建省，“市”“全市”指厦门市，“区”“全区”指湖里区。

六、《湖里年鉴（2024）》数字用法、标点符号用法分别采用国家标准《出版物上数字用法》（GB/T 15835—2011）、《标点符号用法》（GB/T 15834—2011），计量单位采用国家技术监督局 1993 年 12 月发布的《量和单位》系列国家标准。

七、《湖里年鉴（2024）》配备双重检索系统：书前设有详细目录；书后配有索引，索引按汉语拼音字母顺序排列。

八、《湖里年鉴（2024）》“人物　荣誉”中收录的 2023 年获市级以上表彰的集体和个人名录，由各承编单位提供。其他入鉴资料由各撰稿单位提供并由各单位审核确认。文中所列数据，均保持各单位提供时的原貌，不作省略或改动。因统计方法或口径不同，不同部门提供的同项数据或有不一致，以统计部门公布的数据为准。部分数据因四舍五入等原因，总数与分项之和之间存在合理范围内误差。

湖里区地图

比例尺 1：40 000

福建省地图出版社　审图号：厦S［2024］57号　资料截至：2023年12月

数知湖里

- 湖里区下辖 5 个街道、59 个社区，年底常住人口 100.1 万人，其中，户籍人口 425425 人。

- 地区生产总值 1724.18 亿元，第二产业增加值 609.94 亿元，第三产业产值 1114.24 亿元，三次产业的比例为 0：35.4：64.6 。

- 全区规模以上工业企业 258 家，完成现价工业总产值 1791.01 亿元。

- 全区实现区级一般公共预算总收入 288.12 亿元，区本级财政收入 59.46 亿元。

- 实现批零销售额 12498 亿元，比上年下降 7%，社会消费品零售总额 548.16 亿元，比上年增长 3.1%，实现餐饮业营业额 45.7 亿元，比上年增长 21.2%。商务居民服务业完成 129.99 亿元，比上年下降 8.7%。

- 合同利用外资 2.86 亿美元，实际利用外资 0.75 亿美元，新设及增资内资企业 18154 家，总注册资金 1200.46 亿元。

- 湖里区有金融企业 466 家，金融保险业实现增加值 142.87 亿元，比上年增长 5.7%。

- 城镇居民人均可支配收入 71514 元，比上年增长 3.2%；城镇居民人均消费性支出 44805 元，比上年增长 4.8%。

- 区属完全中学 1 所，在校学生 3805 人；普通初中 4 所，在校学生 8139 人；九年一贯制学校 14 所，在校学生 25711 人；公办小学 34 所，在校学生 39226 人。幼儿园 144（含市属幼儿园 1 所）所，在园幼儿 30338 人。

政治建设

2023 年 12 月 29 日，中国共产党湖里区第九届委员会第六次全体会议召开

（区融媒体中心　供图）

2023 年 12 月 27—29 日，湖里区第九届人民代表大会第三次会议召开　（区融媒体中心　供图）

2023 年 6 月 15 日，湖里区政府第一次全体成员会议召开　（区政府办　供图）

2023 年 12 月 26—27 日，中国人民政治协商会议第九届湖里区委员会第三次会议在区行政中心召开（区政协办　供图）

法治建设

2023 年 2 月 16 日，湖里区召开全区公安工作会议　　（湖里公安分局　供图）

2023 年 4 月 25 日，湖里区法院举办全省首场跨境电商知识产权模拟法庭庭审活动　（区法院　供图）

2023 年 5 月 25 日，湖里区“美好生活·民法典相伴”普法宣传活动在枋湖社区乐群广场举行

（区司法局　供图）

2023 年 9 月 16 日，厦门市湖里区人民检察院与厦门大学法学院联合共建的“生物多样性公益保护研学基地”揭牌仪式举行

（区检察院　供图）

经济发展

2023 年 1 月 7 日，2023"湖里魅力购"启动仪式在砂之船奥特莱斯举行　　（区商务局　供图）

2023 年 1 月 15 日，钟宅畲族社区发展中心开工典礼举行　　（禾山街道　供图）

2023 年 3 月 9 日，湖里区企业融资政银企对接会在湖里创新驿站举行　　（湖里创新驿站　供图）

2023 年 3 月 31 日，湖里区科创产业投资环境推介会在艾美酒店举行　　（区工信局　供图）

2023 年 7 月，湖里区推出全市首个专业服务企业的智能化驿所“殿小二”智荟家园　　（殿前街道　供图）

2023 年 10 月 11 日，湖里区与中国音像与数字出版协会签约，达成合作共建中国数字音乐产业基地　　（区委宣传部　供图）

东渡邮轮母港与海上世界　　（湖里街道　供图　摄于 2023 年 7 月）

社会生活

2023 年 2 月 4 日，第 18 届厦门元宵民俗文化节启动仪式在海上世界滨海步道举行　　（林铭鸿　摄）

2023 年 4 月 27 日，湖里区在万达鹭港举办第十五届社区文化艺术节开幕式　　　　（魏克丰　摄）

2023 年 9 月 1 日，海湾实验幼儿园开园　　　　（区教育局　供图）

2023 年 9 月 16 日，2023 年湖里区“全国科普日”启动仪式在华师希平双语学校举行　（区科协　供图）

2023 年 10 月 21—27 日，第十七届中国俱乐部杯帆船挑战赛在五缘湾外海域举行（厦门市帆船协会　供图）

2023 年 11 月 5 日，湖里区 2023 年社会科学普及宣传周启动仪式在湾悦城南广场举行　（区社科联　供图）

2023 年 11 月 19 日，湖里区在区委党校举办“我的社区我的家”全民诵读比赛（决赛）　（区委宣传部　供图）

对台交流

2023 年 3 月 21—22 日，湖里区举办“2023 两岸新农人乡建乡创发展论坛”系列活动。图为“内容创作如何助力乡村振兴”圆桌论坛　　（区委台港澳办、区档案局　供图）

2023 年 5 月 20 日，湖里区举办第十八届台湾人才厦门对接会。图为台湾特聘专家颁证仪式

（区委台港澳办、区档案局　供图）

2023 年 7 月 3 日，台湾台中市大台中装潢材料商业同业公会与海西 MCN 两岸青年三创基地举行战略合作伙伴签约仪式

（区委台港澳办、区档案局　供图）

2023 年 7 月 3 日，台湾彰化县企业拓销联合协会到湖里区参观访问

（区委台港澳办、区档案局　供图）

2023 年 7 月 10 日，湖里区举办海峡两岸交流仲夏音乐会。图为台湾的双胞胎姐妹林子恩、林尚恩表演舞蹈《琵琶行》

（区委台港澳办、区档案局　供图）

2023 年 8 月 22 日，湖里区在仙岳山闽台文化交流馆举办第二届海峡两岸七夕牵手会

（区委台港澳办、区档案局　供图）

2023 年 10 月 12 日，第 15 届海峡两岸福德文化节开幕式在仙岳山举行　　（区委台港澳办　供图）

目 录

专 文

区情概貌

大 事 记

中共厦门市湖里区委员会

厦门市湖里区人民代表大会

厦门市湖里区人民政府

政协厦门市湖里区委员会

中共厦门市湖里区纪律检查委员会 厦门市湖里区监察委员会

民主党派与工商联

群众团体

法　　治

军　　事

外事　侨务　对台事务

应急管理

经济管理

工　业

交通 物流 商贸服务业

城市建设与管理

生态环境保护

教　育

科学技术

文化　旅游

卫生健康

体　育

社会生活

街　道

人物　荣誉

附　录

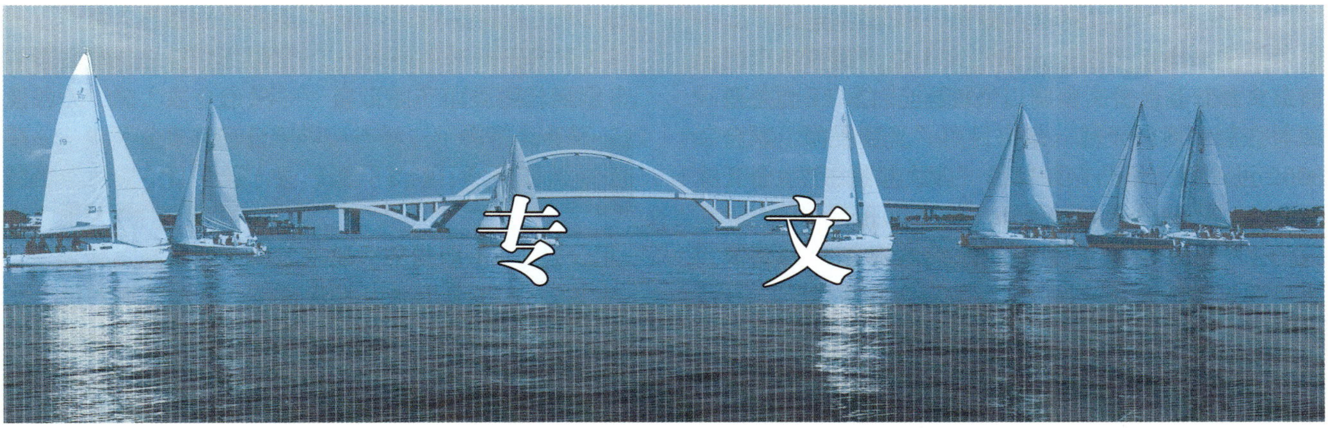

第二批学习贯彻习近平新时代中国特色社会主义思想主题教育

2023年，湖里区开展第二批学习贯彻习近平新时代中国特色社会主义思想主题教育（以下简称主题教育）。以全区4个区级领导班子、49家区直部门、5个街道、3个区属企业等61个处级以上单位为教育重点，共1565个党组织、21522名党员参与。其中，区直机关及其下属单位党组织105个、党员1738名，街道及所辖基层党组织1114个、党员15196名，学校党组织120个、党员2056名，区属国企党组织31个、党员281名，"两新"组织及其他基层党组织195个、党员2251名。召开全区动员部署大会，印发《湖里区学习贯彻习近平新时代中国特色社会主义思想主题教育实施方案》。召开区委常委会会议13次和主题教育领导小组会议6次，深入学习贯彻习近平总书记关于主题教育重要讲话、重要指示、批示精神，分领域制定重点工作指引8份。成立联络小组5个，与57家参学单位同题共答，同向发力。筛选特色教材10本，推荐特色教学基地13个，打造特色实践活动7个，创新推出共学课堂23堂。形成"习近平新时代中国特色社会主义思想在湖里的探索与实践"内部成果。区委理论学习中心组组织学习24次，举办专题读书班3期，区委常委带头讲党课11场。带动全区各级理论学习中心组学习458次，举办读书班186场，开展专题研讨1774次，领导班子成员讲专题党课1677堂。制定《大兴调查研究实施方案》，召开"四下基层"工作推进会并下发深化落实工作方案，开展"百姓金点子·幸'湖'金钥匙""我为湖里发展出良策"等活动，征集各类意见建议2125条。全区处级以上领导班子开展调研2201次，形成调研报告273篇，举办调研成果交流51场次，复盘剖析典型案例112个。全区处级以上领导班子共梳理检视问题266个，制定整改措施610条，形成专项整治方案52个。低效工业用地再开发案例被选为省整改整治典型案例并报送中央主题教育办，"三新"领域主题教育经验做法在全省主题教育推进会上作典型经验交流。

（吴煜超）

城中村现代化治理

2023年，湖里区先后制定《城中村综合治理方案》《城中村治理“三提升”工作方案》，按拆除新建、拆整结合、整治提升3种方式，推进全区22个城中村改造工作。坚持规划先行，“一村一策”研究城中村现代化治理方案，统筹各村“两改造三提升”（改造基础设施、改造内部环境，提升服务体系、提升管理体系、提升文旅商融合品牌）项目落地实施。出台消防、菜市场、小摊小贩集中区、店招、道路系统、停车配套、公厕、垃圾直运点、首层界面和表后线整治等技术导则。全面推进城中村改造基础设施、改造内部环境工作，16个村累计完成投资15亿元，缆线整治近400万米，其中，强电缆线整治总体完成97%，弱电缆线整治完成99%，改造雨污工程排水管道1.85万米，道路改造完成16.4%，路灯系统改造完成27%。启动首层界面和表后线治理工作。自10月11日起，以网格为单元，开展空间梳理和“四打通”（打通环村步道、环村车行道、内部“断头路”、楼与楼之间巷道）攻坚行动。累计拆除违章建筑3526处、面积75570.9平方米，打通封点、堵点、杂占点8356个。推进城中村消防治理水改、气改、技改等“六改”工作，建成缺水区域市政消火栓207个，集中充电点994处、充电桩9491个，餐饮场所安装燃气泄漏报警器2882个，出租房开设逃生窗3598扇，并在后浦社试点出租房公共梯道、沿街店铺安装独立式无线烟感器。

探索创新“三提升”工作，19个村全部成立城中村综合治理委员会，马垅等5个村成立平台公司，强化村集体现代化治理工作的主体责任落实。推进散租统管，破解出租房乱象，引入国企和村集体经济组织成立运营公司，率先在全市探索出租房统一治理体系、统一管理平台、统一租房文书、统一租金水平、统一准入标准、统一管理服务模式。深化后浦试点村建设，揭牌后浦社区劳动综合服务基地、后浦社区居民健康管理示范点，打造共享图书馆、共享健身房、共享影音室等场所，优化完善智慧城中村管理服务平台，打造网上便捷商城，依托湖里近邻小程序为居民提供文体活动、招聘服务、共享空间预约等便民服务。举办城市更新——城中村现代化治理招商大会，对接福信集团、万科城市研究院、中建四局等一批优质客商参与城中村运营。策划塘边等6个村的商业运营方案，打造湖里后浦潮玩夜市、江头后埔506公交车站特色夜市项目。整治“散乱污”企业127家、“三合一”场所1231家，为产业提升腾挪空间。开展城中村文化资源普查，在后浦、殿前、马垅试点建设村史馆，开展不可移动文物“一栋一策”活化利用研究。后坑社区城中村综合整治项目（综合管线）开工建设，至年底，完成工程的20%，中部地块及南部村庄地块完成房屋拆除，南部1798块地块完成部分企业商谈、签约、搬迁工作。

（王玉松）

区情概貌

自然环境

【位置面积】 湖里区位于福建东南沿海台湾海峡西岸厦门岛的北部。东面濒临浔江港，与翔安区相对；北面通过高集海堤、厦门大桥与集美区毗邻；西面为厦门西港岸线，借助海沧大桥与海沧区相通；南面与思明区接壤。湖里区与思明区界线西起湖滨北路西端入海处，向东依次穿越狐尾山、仙岳山、仙洞山山脊，连接嘉禾路后南折，至吕岭路后东进，接金尚路后南行，至东芳山后沿山脊往东，穿越古地石、虎仔山山脊，在五通东宅入海。2023 年，全区陆地面积 73.75 平方千米。

【地质】 湖里区所在的厦门岛是中新生代断块岛，被数条深大断裂从大陆切割出来。湖里区地属厦门岛北部区域，地质构造位置属于“闽东燕山断坳带”的东缘，“闽东南沿海变质带”的西南部。东面濒临台湾海峡中新生代沉降带。辖区基本构架形成于燕山期。规模巨大的中生代燕山运动，改造了古生代华力西—印支运动形成的基底构造。早侏罗世时以褶皱造山运动作用为主，晚侏罗世至白垩世则以断块造山作用为主。喜马拉雅期构造特点以继承性断裂复活活动和断块差异活动较显著。第四纪以来，地壳运动以断块垂直差异升降运动为主。早更新世—中更新世的地壳以上升为主。晚更新世期间，地壳有 2 次升降运动，发生 2 次海进，第一次发生在 4 万～3 万年前，第二次发生在 1.6 万年前，沉积有上更新统上、下两段海陆过渡相地层，构成第二、三级阶地。全新世境内仍然有两次地壳升降运动，也出现 2 次海进，第一次在距今 7000～6000 年前，第二次在距今 4000～3000 年前，从而形成下全新统和上全新统海相地层。构成现今的海蚀阶地（台地）及沿海海积阶地和滩涂。台地形成后经过长期风化，形成几米至几十米厚的红色风化壳（红土残积层），即红土台地。

【地貌】 湖里区地貌类型划分原则以形态和成因相结合，根据海拔高度和相对切割深度的差别，可分为 5 种类型。

高丘陵 海拔 200～500 米，相对切割深度 100～300 米。分布于辖区南部与思明区交界处，由火山岩和花岗岩构成，受构造和岩性的影响均较明显。由花岗岩构成的高丘陵常呈孤丘状，若地表植被遭受破坏，则基岩裸露，山势陡峭。由火山岩构成的高丘陵坡度较为和缓，顶部浑圆，土层较深厚，植被覆盖度也较好。辖区的仙岳山属于火山岩高丘陵，为湖里区唯一的高丘陵。在湖里区与思明区交界处，海拔 212 米。

低丘陵 海拔 50～200 米，相对切割深度 30～100 米。辖区内的低丘陵有 15 座，分别是寨子山、仙洞山、狐尾山、虎山、园山、松柏山、牛头山、石头皮山、赤坡山、薛岭山、金山、风动山、双狮山、安兜山和钟山。

阶地（台地） 海拔 5～50 米，相对切割深度 3～30 米。广泛分布于海拔 50 米以下的山前地带、河谷两侧和沿海地区。辖区有 2 种类型阶地。二级河流台地高出河流平水位 10～15 米，分布零散，多属基座台地，上部由河流冲积层和残积层组成，下部由基岩构成，基座牢固，宜作为工程建设用地。

海蚀台地 广泛分布于辖区北部。一般可分为三级：一级海蚀台地的海拔 5～10 米，分布于沿海地区和平原外侧；二级海蚀台地海拔 10～15 米；三级海蚀台地的海拔 25～30 米。在海蚀台地分布地区，由于流水的侵蚀作用。常形成一些浅坳谷或低洼地，是水土条件较好的耕作区。辖区内台地有 6 个，分别是神山、鸡山、龙头山、关刀山、骑马山、虎头山。

平原　海拔 2～5 米，相对切割深度 1～3 米。平原分布在钟宅至筼筜港一带。

【土壤类型】 湖里区境内土壤类型为砖红壤性红壤、红壤、黄壤、稻土、风沙土、盐土和潮土 7 个土类、19 个亚类、34 个土属、5 个土种。境内土壤以红壤为主，分布区域自海拔数米低丘陵或台地至 200 米左右高丘陵顶部之波状起伏丘陵。此外，另有盐渍土，主要分布于江头、钟宅、高林等地。近山丘周围的地区多覆盖着砂，由花岗石风化细矿碎粒形成，主要分布于钟宅、高林、五通等地。个别沿海地带有小片风积沙丘。江头的山麓地带及山沟由于长期受泉水浸润，土层糜烂而层次不明显。

砖红壤性红壤　又名“赤壤”。酸性岩赤红壤分布于狐尾山—仙洞山—圆山一带，侵蚀赤红壤分布于低丘台地，海拔小于 50 米。粗骨性砖红壤性红壤，是土成历史较短的幼年土壤。分布于花岗岩构成的中屿、象屿、虎屿以及由酸性火成岩或陆相碎屑岩构成的小岛。赤土是由砖红壤性红壤经人工开垦、耕作熟化而成的旱作土壤。分布在马垅、小东山、枋湖、县后、后坑、钟宅、五通、高林等处台地上。

海滨盐土　为盐土属海积相土壤，分布在海岸带的平原海岸、港湾和海岸草木带上，可分为滨海盐土和埭土 2 个亚类。前者主要分布在辖区沿海原有红树林潮滩上，后者分布在辖区内围垦脱盐及旱作熟化发育的滨海盐土，土体上层已开始脱盐，只有咸土 1 个属。

风沙土　主要分布在滨海沿岸沙堤、沙丘及沙地上，发育在岛屿迎风浪岸段，是一种非地带性新生土壤，主要分布在五通村浦口、泥金一带至何厝村，长达数千米。该带土壤上生长着以木麻黄为主、台湾相思混交其中的海岸防风沙防护林带。

水稻土　渗育性水稻土主要分布于山地丘陵坡地或岗背上，多系梯田，可分为黄泥田、红土田、白土田、沙质田 4 个土属。沙质田零星分布在高殿村。潴育型水稻土主要分布在后埔、枋湖、蔡塘、县后、五通等地。盐渍型水稻土分布于北部的海积平原。

【土壤分布】 辖区土壤类型空间分布的组合，从高到低垂直分布差异明显，从厦门岛中部湖里区与思明区交界处高丘陵向海岸呈环带状分布。大部分丘陵区为典型赤红壤和粗骨性赤红壤，耕作土壤有少量赤沙土和黄泥土田、灰泥田。台地低丘土壤带的海拔大多在 50 米以下，地面呈坡状起伏，向海岸倾斜，土壤以粗骨性赤红壤为主。耕作土壤分布于辖区内的旱作和果园，以赤土亚类为主；水田以渗育型水稻土为主，其中以黄泥沙田和红泥沙田居多，是主要水稻土类型。

【海域】 湖里区海域包括西部海域、同安湾海域和五缘湾。

西部海域　湖里西部海域属于厦门西部海湾的一部分，北起高集海堤，南至湖滨北路西侧同益码头水闸。该海域集中厦门市主要的码头，是厦门市开发程度最高的海域，沿岸经济发达，人口密度大，人类活动频繁，承纳排污量大。部分港域出现淤积，有些航段已成为碍航浅滩。

同安湾海域　湖里东部、北部海域南起五通—澳头、北至高崎、钟宅海面，属同安湾海域。该海域地处厦门岛东海岸，海岸较平直，海域开阔。受外海海水影响较大，盐度较高，营养贫乏，浮游生物量较低，风浪较大，属高能环境。辖区所在沿海区域属于岛岸开阔海域，与西海域海湾型海域有明显差异。湖里区在 1949—1979 年为“军事要区”，开发程度较低，不少岸段仍保持自然风貌。1980 年后厦门东海岸出现开发热潮，滨海旅游资源遭受不同程度的破坏，海岸普遍受到侵蚀，滨岸生态环境也遭到不同程度的污染和破坏。

五缘湾　原名钟宅湾，位于湖里区东北部，为外大内小的漏斗状海湾，海域面积约 4 平方千米。历史上海水可涨至洪水桥。1958 年，在湾内建国营钟宅盐场，占用港湾面积约 0.7 平方千米。港湾内有厦门岛唯一出露温泉。1978 年，前线人民公社钟宅大队在国营盐场之外再建大队盐场，占用港湾面积约 1 平方千米。20 世纪 90 年代末，钟宅湾被规划为城市湿地公园，更名为五缘湾。

【自然资源】 湖里区主要矿产为花岗岩，有部分锰矿出现于花岗岩中，分布在湖里矿点，钼矿分布在园山矿点，耐火黏土分布在辖区北部和东北部。地热矿区 1 个（禾山街道钟宅地热），面积 0.22 平方千米，资源量 2899 立方米 / 日。辖区历史上出现过的陆地野生动物涵盖两栖、爬行、鸟、哺乳四大纲数十种，部分被列入国家重点保护野生动物名录。水生动物较之陆生动物丰富得多，有无脊椎动物，含环节动物、软体动物、节肢动物；脊椎动物，包括鱼等，总计数百种之多。湖里区野生植物主要分布在灌丛和草丛中，灌丛和草丛主要分布在山丘或撂荒地。次生林主要植物群落有马尾松林、相思树林、木麻黄林。野生植物群落红树林已绝迹。

（叶　青）

【气候】 气候特征　湖里辖区气候

类型属于南亚热带海洋性季风气候。纬度位置处于北回归线偏北约1°，是亚热带中的最南带，为热带向温带的过渡带，具有热带气候的某些特征。辖区受海洋的影响较为显著，气温年较差小，相对湿度大。以张宝堃按候温划分四季的方法（以5天平均气温低于10℃为冬季、10℃～22℃为春秋季、高于22℃为夏季）对辖区进行季节划分：则夏季从5月1日至10月25日，时长178天；春季从2月6日至4月30日，时长84天；秋季从10月26日至2月5日，时长103天。各季气候特点：夏季长而无酷暑，秋春相连而无冬，全年几乎全是无霜期，气温变化不显著，秋温略高于春温；春夏有锋面雨，夏秋有雷雨台风，日照较长；全年多风，深秋季节偏北风而干冷，夏季偏南风而暖湿。海洋性主要表现在：最热月与最冷月平均气温相差不足16℃，9月、10月、11月平均气温高于5月、4月、3月平均气温，盛夏季节海陆风明显。湖里区2月、3月的气候特点是阴冷，这时东北季风已减弱，冷空气强度虽然不如秋季强盛，但仍不时南下影响华南地区，当新的一股冷空气南下与原先控制华南的变性冷高压相遇时形成锋面降水，由于变性冷高压含水量少，所以雨量不大，但天气较冷。如果冷空气较强，就会出现“春寒”或“倒春寒”的天气。到了4月，南方暖空气势力开始加强，当北方有较强冷空气南下影响辖区时，容易引发诸如大风、暴雨、冰雹、雷暴、龙卷风等强对流天气。在冷空气影响之前还极易产生浓雾天气。5—6月，是辖区的梅雨季，此时强盛的“西南季风”已控制华南及以南地区，由于西南季风含有充足的水汽和热量，当北方南下的冷空气与其交绥时，常常形成暴雨或大暴雨天气。有些年份由于北方冷空气较弱或副热带高压提早北跳，使华南在单一的暖气团控制下，雨量偏少，形成“空梅”，容易产生旱情。梅雨季主要灾害性天气是浓雾、大风、暴雨、冰雹、雷暴和龙卷风等强对流天气。7—9月，辖区在副热带高压控制下，天气晴热少雨，有时午后到上半夜由于热力对流，有局地雷阵雨。7—9月也是台风季，此时在西太平洋和南海经常有台风生成影响。台风虽然破坏力强大，但也给炎热少雨的夏季带来充沛的雨量和凉爽的天气。如果台风影响偏少，便很容易发生夏旱。由于湖里东临大海西接漳州平原，受海陆风影响很大，在海陆风影响下，夜里到中午前吹陆风，午后吹海风，因此最高气温不会太高，7月是辖区最热月，月平均最高气温也只有32.6℃。影响辖区的台风每年平均3～4个，严重影响的台风1个。台风不但会带来狂风暴雨、风暴潮等灾害性天气，以及由此引起的次生灾害，而且还会破坏海陆风效应。台风来临前所引发的“焚风效应”会带来37℃以上的高温天气，辖区极端最高气温38.5℃就是由台风导致的。夏季主要灾害性天气为台风、高温、干旱。从10月初开始，高空西风带南压，西太平洋副热带高压已明显南撤，脊线已退回到北纬20°附近，影响辖区的台风已基本结束，但个别年份仍有台风影响，1999年10月9日，第14号台风在龙海登陆，辖区最大风力达12级以上。到了10月，冷空气从低空向南方移动，占据华南地区，辖区在冷高压控制下，而此时高空仍受副热带高压控制，形成十分稳定的“下冷上暖”的大气层结构，出现秋高气爽、天高云淡的晴好天气，气温不冷不热，湿度偏小，气候十分宜人。但有些年份，从11月初至12月初冷空气较弱，出现气温较高、湿度较大的“小阳春”天气。12月至翌年1月，蒙古高压占据整个亚洲大陆，中国东部地区盛行东北季风。辖区由于受来自西伯利亚和蒙古干冷气团的影响，气候干燥，降水偏少。如果有强冷空气影响，还会造成“寒潮”天气。辖区由于地处海边，因此即便是深秋，感觉也不是很冷。1月是厦门的最冷月，月平均气温为9.9℃，极端最低气温1.8℃。秋季由于受单一的冷气团控制，降水稀少。

气象灾害　影响辖区的气象灾害有风灾、水灾、旱灾、低温寒害和雹灾等。风灾有台风、冷空气大风、龙卷风、飑线等。对辖区产生影响的大风平均3年发生一次，主要出现在6月、7月和8月。1959年8月23日的第03号台风、1999年10月9日的第14号台风和2016年的第14号台风为历史上居前三位的大风。龙卷风和飑线主要产生局部性灾害。辖区境域水灾主要由热带风暴和台风带来的暴雨所造成。水灾的发生概率与台风的发生概率基本一致，一般每年发生3～4次，重大水灾一年不到一次。但随着城市化进程的加快，局部地区由于地势低洼，排水设施未能跟上或阻塞，降暴雨时较容易受灾。辖区旱情以夏旱和秋旱为主。冻寒灾害多发生在冬至后“三九”期间。低洼地方冷空气容易沉积，故洼地冻害要比坡地、高地严重。辖区春季3月、4月发生冰雹的频率最高，7月和8月次之。

（金丰军）

人文地理

【建置沿革】　湖里区境域在唐天宝十五载（756年）前后属南安县

新城的一部分，此前隶属情况无考。唐大中十一年（857 年）前后改属南安县嘉禾里。闽龙启元年即后唐长兴四年（933 年）仍为嘉禾里的境域，改属同安县。宋代，辖区境域隶属同安县绥德乡嘉禾里。元代，辖区境域隶属西界二十一、二十三和二十四都，统归于绥德乡。明代至清初，辖区境域隶属关系不变。南明永历九年即清顺治十二年（1655 年），辖区隶属郑成功所设思明州。清康熙二年（1663 年），清军攻占厦门岛后“墟其地而返”，厦门岛成为荒岛，辖区亦成为无人管辖的荒野。清康熙八年（1669 年），台湾郑经政权重新据有厦门岛，辖区归郑经集团管辖。清康熙十九年（1680 年）清军攻占厦门，并在岛上派驻总兵，辖区境域重归同安县绥德乡嘉禾里管辖。

民国元年（1912 年）4 月设立思明县，辖区境域分设若干个保，直属思明县。此后，辖区境域先后成立联保、自治区，均隶属于思明县。民国 22 年（1933 年）11 月 20 日发生“福建事变”，成立中华共和国人民革命政府，辖区境域隶属厦门特别市。民国 23 年（1934 年）1 月，“福建事变”失败，撤销厦门特别市，辖区境域仍隶属思明县。民国 24 年（1935 年）4 月，撤销思明县，成立厦门市。以辖区境域为主成立禾山特种区，直属福建省政府，但由同安县代管。民国 26 年（1937 年）7 月，禾山特种区改为禾山甲种区，隶属厦门市。民国 27 年（1938 年）5 月，日本侵略军攻占厦门，民国 28 年（1939 年）7 月，成立伪厦门市政府，民国 32 年（1943 年）3 月，改伪厦门市为伪厦门特别市，伪禾山区先后隶属伪厦门市和伪厦门特别市。民国 34 年（1945 年）10 月，国民政府收复厦门市，辖区境域仍隶属厦门市禾山区。

1949 年 10 月 17 日，中国人民解放军解放厦门岛。10 月 21 日，厦门市人民政府成立。辖区境域隶属厦门市禾山区公所。1954 年 3 月改禾山区公所为禾山区人民政府。1957 年 8 月，设立厦门市郊区行政办事处，禾山区为其下辖两个区之一。1958 年 1 月，撤销禾山区，辖区境域分设江头、五通、高殿、钟宅等乡，隶属于厦门市郊区。1958 年 6 月，辖区境域改设五通、江头 2 个乡，仍隶属厦门市郊区。1958 年 10 月 9 日，成立政社合一的前线人民公社，辖区境域隶属厦门市郊区前线人民公社。1961 年 10 月，在前线人民公社辖区内成立禾山区。1963 年 6 月，撤销禾山区，恢复前线人民公社。1980 年 10 月，国务院批准在厦门岛西北部湖里地区划出 2.5 平方千米土地创办厦门经济特区。经济特区管理委员会与厦门市人民政府平行，隶属福建省人民政府。1984 年 9 月，厦门经济特区管理委员会与厦门市人民政府合并，改设湖里工业区管理局，行使市政府对经济特区的管理权。1980 年 11 月，前线人民公社改名为禾山人民公社；1984 年 10 月，撤销禾山人民公社，成立禾山乡人民政府。辖区境域隶属关系不变。1987 年 6 月 10 日，国务院批复：同意厦门市设立湖里区，郊区更名为集美区。8 月 13 日，厦门市人民政府颁布《关于调整厦门市行政区划的通知》，宣布设立湖里区，下辖湖里街道所属的 8 个居委会和禾山乡所属的 12 个村委会。1987 年 11 月，湖里区成立，隶属厦门市管辖。此后，湖里区境域、行政区划屡有调整，但隶属关系未发生变化。

（李启宇）

【行政区划】 2023 年，湖里区下辖湖里街道、殿前街道、江头街道、禾山街道、金山街道 5 个街道，59 个社区。

【方言】 湖里区位于厦门岛的西部至北部。原属厦门岛上“禾山区”的一部分，民间旧称“山场”[sua^1tiu^2]，或叫“顶禾山”[$tin^1ho^2san^1$]（禾山的上半部）。湖里区本地人所讲的方言属闽南方言的厦门话，它跟市区的厦门话有一些极小的差异，但跟厦门市区的厦

2023 年湖里区行政区划一览表

表 1

街道名称	面积（平方千米）	社区（个）	社区名称
湖里街道	9.45	18	湖里、村里、徐厝、濠头、东渡、塘边、后浦、金鼎、南山、东荣、康乐、康晖、康泰、怡景、和通、新港、海天、兴华
殿前街道	25.64	9	兴隆、长乐、北站、神山、高殿、马垅、兴园、嘉福、翔鹭
江头街道	6.72	11	江头、吕厝、吕岭、园山、金尚、江村、蔡塘、后埔、祥店、江华、忠仑
禾山街道	16.43	12	枋湖、坂尚、钟宅、岭下、围里、禾欣、禾盛、禾山、禾缘、五缘湾北、枋湖南、禾美
金山街道	15.51	9	高林、五通、后坑、金山、金林、金安、湖边、金湖、金海

门话能互通无阻。有人将它称为厦门话的“禾山腔”。这种“禾山腔”语法与闽南方言的厦门话相同，语音与词语略有区别。

语音方面有两个很明显的特点：厦门市区读“i”韵母的一些字，湖里区多数读“u”韵母；厦门市区读“in”韵母的一些字，湖里区读“ai”韵母。词语方面的小差异，也主要表现在两个方面：有一些词语的读音跟市区不同，最明显的是相当一部分人将“母亲”叫作［au^3a^3］，这可能是“阿母仔”［$a^1bu^3a^3$］的合音；有一小部分事物的叫法跟市区不同。湖里区内部的差异更小，大概可分为 4 片：以区政府所在地的枋湖为中心，包括原后埔、江头地区；五通、高林等地区；高殿、寨上等地区；钟宅地区。除钟宅地区外，其他 3 个地区之间的差异几乎不容易听出来。钟宅的百姓多是畲族，但他们却不说畲语，而是说闽南方言。钟宅百姓所说的闽南方言跟湖里区的闽南方言是比较一致的。其差异也不明显，给人们留下比较深刻印象的是钟宅百姓的口音里常带有一个话尾词“搭［tah］”，相当于普通话的“啦”。另外，个别词语的读音或叫法也有一点不同。

（周长楫）

【宗教和民间信仰】 湖里区宗教有佛教、道教、基督教。佛教活动场所有觉性院、观音寺、天竺岩寺、万福寺，基督教活动场所有新区堂、寨上堂、钟宅和南山路活动点。湖里区有民间信仰宫庙 133 座，其中，仙岳山土地公庙、湖里凤和宫、泥金兴隆宫、濠头濠沙宫为省级民间信仰联系点，辖区内设有闽南文化保生慈济分会。影响较大的宫庙还有龙湫亭、高崎万寿宫、安兜青辰宫、钟宅澜海宫、后埔禾济宫、薛岭龙源宫、乌石浦洞炫宫、殿前东山寺、后门小厅宫、昭塘观音寺、后坑资福院、坂美五郎庙、霞边凤山宫、浦口瑞云宫。宫庙供奉的神灵五花八门，有佛教的如来、观音，道教的太上老君、王母娘娘、玄天大帝、张天师、土地神，历史圣贤五谷仙祖、关公、开闽王、三忠王，池、李、朱、邢、温、孙、赵、康等姓的王爷，福建省俗神妈祖、保生大帝、三平祖师、清水祖师、广泽尊王，本地孙姓祖佛真异大师、林姓祖佛林希元，源自本地的俗神白鹤仙祖、耀生伯、三叔公。物灵信仰有虎相公和榕树王等。土地公在当地颇受尊崇，其次是妈祖、王爷、保生大帝、观音。仙岳山土地庙是全国规模最大的土地庙。居民住家多数设有“佛龛”，供奉观音、土地公、灶君。关帝被视为财神，店家供奉为多。当地宫庙建筑俗称“皇宫起”，前后殿之间有天井，大多为三开间燕尾翘脊的典型闽南建筑，少有山门牌坊。保存最完好的古建筑是薛岭龙源宫，最具纪念意义的是五通万人坑祖庙，奉祀被日本侵略军杀害者的亡灵。祖灵信仰深植当地人心。住家中设有祖宗神位，前置香炉、烛台，清明、七月半、冬至和除夕（年兜）“四节”以及祖宗的忌日进行祭拜。同姓聚居的村落建有陈、林、黄、孙、王、钟等 19 个姓氏的 46 座宗祠，俗称祖厝，奉祀开基祖以及列祖列宗。每年在固定的日子里祭祖，结婚的新人婚后要到祖厝里敬拜。乌石浦萧氏家庙、湖里杨氏宗祠、后浦陈氏宗祠被列为市级涉台文物保护单位，两岸宗亲共同祭拜祖先。民间信仰中，祭品常见的是三牲（猪肉、鸡、鱼）和米龟、米粿。信众以掷筊杯俗称“卜杯”进行占卜，有的宫庙中还备有签枝和签诗。醮事多数是道教的科仪，意在祈福和消灾。许多宫庙在神诞日会组织信众前往祖庙参拜进香，俗称“请火”，奉祀妈祖的三月廿三到湄洲岛或何厝香山妈祖庙请火；奉祀保生大帝的三月十五到白礁、青礁保生大帝慈济宫请火。在元宵节、神诞日或是佐事时，宫庙举办庙会，请出神灵的神像巡游称为“巡境”，接受信众的敬拜，俗称“吃香位”，同时设礼酬神、献戏娱神。其中较有特色的是湖里凤和宫、高崎万寿宫、殿前白鹤寺、后埔禾济宫的庙会，岭下、墩上、尚忠和坂上“王爷公坐任”，高林保安殿“妈婆出巡”，薛岭龙源宫“送王”，枋湖、梧桐“请丈公”。农历十月常有举办王爷佐事，请王爷巡境、敬王爷、送王爷，即“迎王、贡王、送王”。钟宅、枋湖、浦口等地还举行“送王船”活动。海峡两岸有着共同的“神缘”，湖里区许多民间信仰活动会有台湾信众参加。

【习俗】 食俗　湖里区居民一日三餐以干饭为主。稀饭俗称“糜”，大多是番薯糜。也有用芋头、海蚵煮成或者掺有高丽菜、芥菜、南瓜的“咸糜”。除此之外，待客炒米粉、冬粉，坐月子吃面线，丧事吃咸糜、咸饭、红糟肉，小孩满月吃“戗油饭”，生日吃蛋，做寿吃面，婚嫁吃圆仔，清明吃薄饼，五月节、七月半吃粽子，六月半、冬至吃汤圆；八月半吃红米龟；年兜蒸咸粿、发糕；正月初九吃甜粿。

茶俗　湖里区居民把喝茶说成吃茶，茶叶俗称“茶心”，基本是用陶制的茶具泡出的“工夫茶”。家家户户有茶桌（茶几）和一整套茶具，茶盘、小茶壶、茶缸、茶盅、茶杯、茶漏、茶铲。“吃茶”的说法已经被“泡茶”所取代。泡“工夫茶”讲究程序和功夫，大多是用紫砂茶壶、白瓷茶杯，程序有孟臣沐浴、水淹七军、乌龙入宫、高山流水、春风拂面、关公巡城、韩信点兵之讲究。待客的最高礼节是白糖水煮2个鸡蛋的“鸡蛋茶”。新娘捧茶待客时，一般用冬瓜糖、桂圆、枸杞泡的“冬瓜茶”。茶俗还表现在各种祭拜的礼仪当中。年节或神明纪念日，拜神拜佛要敬献3杯“清茶”。平常则在佛龛面前摆放茶叶，以代替日常“敬茶（水）。”

酒俗　湖里区以酒为礼。订婚办酒席，结婚办喜酒；生儿育女办满月酒；送行有“顺风酒”，迎归喝“接风酒”；祭祖敬神和丧事祭拜都要祭酒。但是饮酒不强求，节制自便为主。饮酒以米酒、高粱酒为主。药酒为大多数人所欢迎，“固本药酒”“万全堂药酒”久盛不衰。不少人用当归、党参、枸杞、桂圆等中药泡药酒，“吃补”时和着鸡、鸭等食物食用。在霜降、立冬、冬至和妇女坐月子时，所吃的滋补食物一定要掺药酒。

服饰习俗　现在的男女服装呈时装化和个性化。不管穿什么样的衣服都忌反穿，因为会联想到为死去的人“套衫”。节庆和有喜事时，妇女在头发上插用红线和金箔丝缠扎的“春花”。把耳环和戒指称为“耳勾”“手子”，年轻女子戴的“耳勾”多是有小垂链的，年长女子戴的“耳勾”大都镶有珍珠或玉石。多数女子戴圆箍形的戒指，俗称“斗箍”戒指。

称呼习俗　祖先和长辈的名字不能直呼。与长辈名字同音的字也要有所避讳。小辈更不能叫长辈的小名。同事之间一般在姓前冠以“老”“小”。邻里之间称呼，对年长者在名字后加上辈分，如伯、叔、兄、姑；对于已婚女性在其丈夫名后加姆、婶、嫂等；对于同辈和下辈则可直呼其名。除了部队和学校点名外，人际称呼一般不连名带姓。

婚嫁习俗　结婚时吃喜饼、喜糖，俗称“糖仔饼”。出嫁时携带象征吉利的春谷、大麦、芋子、火炭、生铁等12项物品。结婚当天，新郎、新娘都要进行“上头”。新娘出嫁时坐用彩带花束装饰的花车。结婚时新房要摆汤圆、米糕，要让小男孩先在新床上“翻床”。喜筵之后，众宾客闹洞房，俗称“哗新娘”。婚礼之后新娘向长辈敬茶，长辈回之以礼品，叫“压茶盘”。

生育寿诞习俗　妇女怀孕叫“有身”，产前的一个月称“顺月”，寄托祈求分娩顺利的心愿。婴儿诞生满月，雅称“弥月”，要修剪婴儿的胎发，所以满月俗称“剃头”。婴儿周岁俗称“度晬”，周岁开始，小孩要穿鞋了，所以周岁又叫作“穿鞋”。小孩周岁之后的生日一般煮个鸡蛋代表吉祥。20世纪90年代后，小孩子过生日，买生日蛋糕、生日礼物，上饭店庆祝已经十分普遍。成年人一般在虚岁49岁或59岁才会郑重其事地做50岁或60岁生日。做生日那天，女儿女婿送猪脚、寿面、鸡蛋、酒，亲友贺礼送酒、寿面、喜炮、镜牌，外甥还要送写有“寿”字的大红绸幛。早上敬拜天公，献上寿桃、寿龟、寿面、寿酒、五果、六斋，还要有红丝线捆扎的韭菜、12个染红的鸡蛋、12个染红的鸭蛋；点大红寿烛，烧天公金、寿金，燃放鞭炮；男寿星穿红衣黑裤，女寿星穿红衣红裤，端坐在太师椅上，接受子孙叩拜。寿星要给来拜寿的未成人晚辈红包。拜寿后，当天中午宴请宾客，寿星和大家一起吃猪脚寿面。

丧葬习俗　人去世实行火葬，习俗由繁及简，但基本延续了旧时的初丧、小殓、大殓、出殡、下葬、孝祀。逝世本地称“过身”，净身后给死者换衣服俗称“张穿”，古称“小殓”。丧眷围在逝者旁过夜，称“守丧”；封棺之后丧眷守灵柩而眠，叫“守灵”。出殡本地称“出山”，灵柩移到公众场所，接受送葬亲友的祭奠，称为“谢拜”。火化后，骨灰存放在骨灰室，在骨灰室外摆放发糕、水果，点香、烛，烧金纸，相当于入土后的祭拜。来年的正月初三，逝者的家中“烧新床”，祭亡灵。之后逝世周年都要祭拜称“做祭”。

岁令节俗　时序节俗中，民谚称春节“初一早，初二早（早早就去拜年），初三困到饱（不宜出门，可以在家睡懒觉），初四接神，初九天公生，十五上元暝。”大年初一不吃稀饭，不洗衣、不扫地，不汲水。初二女儿携女婿回娘家拜年，俗称“查某团日”。初四摆果品和“三牲”，上香“接神”。初九为“天公生日”，敬拜相当隆重。元宵节本地叫作“上元”，观灯而不吃元宵，近年来有政府组织的元宵文化踩街活动。本地有的在清明节，有的在三月初三“三日节”扫墓、压墓纸。钟宅钟姓扫墓之后在祖墓前架灶煮供品供大家分食，叫“吃祖墓”。端午节用粽子祭祖先，在门户上挂艾草、榕叶辟邪。在旧观念中，七月是“鬼月”，忌办喜事、搬新居。七月十五俗称“七月半”，要祭祖，在此前后数日村社轮流“做普度”祭拜鬼神。中秋俗称“八月半”，在家中用红米龟祭拜祖先，本区在仙岳山土地庙举办土地公信仰文化节。立冬和霜降吃药膳补身。冬节隆重地祭祖，主要祭品是汤圆。十二月二十四俗为送神之日。本地称除夕为“廿九暝”。用丰盛的饭菜和发糕、咸粿祭拜祖宗和神灵。吃年饭叫“围炉”，年饭中要有鱼和血蚶。除夕夜在供桌上摆红柑、春饭、发糕迎春祈福，上面都插红色的“春枝”。

（黄国富）

1月

7日　湖里区在砂之船奥特莱斯马拉松广场举办2023湖里魅力购启动仪式暨新年车展活动，辖区主要车企举办为期2天的车展。此次湖里魅力购开展购车补贴、纳统商户、数币专场、商圈活动、东西协作公益五项子活动。

8日　厦门市2023年新年“开门红”重大项目集中开工暨湖里区停车场PPP项目包（第一期）开工活动举行，本次湖里区共有16个项目集中开工，涉及产业、基础设施、社会民生等项目，总投资约274亿元。

8日　湖里区发改局、工信局等八部门共同印发《湖里区2023年第一季度“开门稳”若干措施》，包括助力企业稳经济增长、稳劳动就业、稳市场消费等政策。

11日　湖里区首批5个试点社区劳动综合服务基地陆续成立。基地分别设在湖里街道后浦社区、殿前街道高殿社区、江头街道后埔社区、禾山街道枋湖社区、金山街道五通社区，由社区集体经济组织承接企业招工和员工租房等劳动综合服务业务，湖里区给予启动扶持资金和业务补贴。

17日　新加坡、泰国、菲律宾驻厦总领事到湖里创新园创新驿站、厦门亿联网络技术股份有限公司、欣贺股份有限公司和凌云玉石博物馆参观访问。

17日　省市重点工程翔安大桥主桥通车。该桥连接湖里区与翔安区，主线呈东西走向，西起湖里区金尚路，沿枋钟路向东，东接翔安南路，止于翔安大道刘五店互通立交，路线全长12.37千米，设计时速80千米，陆域段双向六车道，海域段双向八车道。

17日　湖里区融媒体中心整体搬迁至区政务服务中心。新办公场所1500平方米，配有指挥中心、新闻发布厅等10余个功能区。

18日　中国联通（厦门）工业互联网研究院在湖里创新园亿联研发大楼揭牌成立，办公面积约800平方米。该院设有电子信息、装备制造、新材料与新能源3个行业团队，以及能力支撑、生态运营2个运营研发团队。联合中讯邮电设计院等单位共建5G全连接工厂联合创新应用基地。

18日　湖里区委台港澳办联合湖里区台商联谊会在探索酒店举办2023年湖里区留厦过年台胞围炉活动，老中青三代台胞、台商、台青140余人参加活动。

2月

2日　湖里区召开“开门红”“开门稳”工作动员部署会。区委书记吴新奎主持会议并讲话，区长黄颖作工作部署。区人大常委会主任吕参军、区政协主席王秀珠以及区委常委、区政府副区长等区级领导出席会议。

3日　湖里区纪委九届三次全会在湖里区行政中心召开，研究推进湖里区全面从严治党工作。区委书记吴新奎讲话，区委常委、区纪委书记、区监委主任叶荣昌主持会议并作工作报告。

3日　湖里区新联会主办的全区首届新阶同心论坛在清华海峡研究院未来科技馆举行。

10日　埃塞俄比亚航空ET3743航班从高崎国际机场起飞，执行厦门—巴西圣保罗全货运航线，是国内第一条金砖城市跨境电商空运专线。

10日　林丹·谢杏芳青少年羽毛球基地落户厦门华师希平双语学校。该基地由世界羽毛球名将林丹、谢杏芳与华师希平双语学校合作创办，开设羽毛球社团课程、校队课程。

10日　2022年度“福建好人

榜”发布仪式暨第九届厦门市道德模范颁奖典礼在厦门广电集团演播厅举行。厦门惠和股份有限公司董事长李亚华入选 2022 年度“福建好人榜”。金山街道金安社区居民吴秀丹及区检察院派驻中国（福建）自由贸易试验区厦门片区检察室主任、一级检察官洪祖仁被评为第九届厦门市道德模范。

11 日　厦门市政府通报第六届质量奖评审结果，辖区厦门亿联网络技术股份有限公司、厦门国宇健康管理中心有限公司、玉晶光电（厦门）有限公司 3 家企业获奖。

15 日　全省文明办主任会议通报 2022 年度省级文明城区创建工作测评情况，湖里区测评成绩位列全省第二。

16 日　湖里区企业服务中心人大代表联系群众活动站在湖里创新园创新驿站成立，是全市首个企业服务中心人大代表联系群众活动站。

16 日　2023 年湖里区公安工作会议召开。

3 月

13 日　湖里创新园职工法律服务一体化基地被中华全国总工会列入全国首批基层劳动关系公共服务样板站点培育单位名单，同月获评福建省 2022 年度“园区枫桥”机制建设优秀单位。

21—22 日　“2023 两岸新农人乡建乡创发展论坛”系列活动举办，160 余名海峡两岸新农人参加。

25 日　厦金航线恢复双向对开，通行人员范围扩大至所有台湾民众及其大陆配偶。

29 日　在全国养老服务工作表彰暨养老服务人才队伍建设推进会上，辖区内的福建省伍心养老服务有限公司被授予“全国养老服务先进单位”称号。

31 日　第五届人民网内容科技创业大赛颁奖典礼暨湖里区科创产业投资环境推介会在艾美酒店举行。

4 月

14 日　湖里区 EOD 项目通过生态环境部评审并入选国家 EOD 项目储备库，成为全市首个入选国家 EOD 储备库的项目。

20—23 日　第二十六届全国介入心脏病学论坛暨第十二届中国胸痛中心大会在西安举办。厦门市湖里区湖里街道社区卫生服务中心代表厦门市胸痛救治单元，受邀参加乡村振兴胸痛救治单元建设论坛，汇报胸痛救治单元建设工作经验和成效。

21 日　厦门市图书馆两岸金融中心片区新景地近邻图书馆揭牌。该馆设在厦门市湖里区高林中路 469 号新景地大厦三层，面积约 400 平方米，与市图书馆实行联网，借书证通用，图书通借通还。

5 月

3 日　厦金航线最大客位高速客船“新捷安”轮开启首航。该轮总长 43 米，船宽 10.5 米，型深 3.61 米，载客量 350 人。

9 日　湖里区行政审批局联合全区各审批服务部门开展“小湖陪办”专题活动——“领导帮代办”，区人社局、区卫健局、湖里交警大队等部门领导到窗口以帮办员身份陪同企业、群众办理业务。

11 日　湖里区建设行业协会企业合规经营指导中心揭牌仪式举行，召开建筑行业企业合规建设专题辅导会。

13 日　湖里区教育局在湖里实验小学教育集团附小校区举办 2023 年湖里区中小学人工智能创新挑战赛，55 支代表队参赛。

14 日　中演·闽南大戏院湖里艺术中心在厦门旅游文化产业园举行启动仪式。

18 日　厦门市公安局赴金门旅游办证中心新址启用，新址位于湖里区环岛东路 2500 号，原办证点湖里区钟宅路 846 号五缘湾商业街 B 区 5 栋停止使用。新中心建筑面积 6647 平方米。

18 日　湖里区教育局在金安教育集团金安校区举行湖里区教育系统家庭教育指导站揭牌仪式和讲师团聘任仪式暨家庭教育现场会。

20 日　厦门市欧美同学会湖里分会第一次代表大会暨成立大会召开，选举产生第一届领导班子，并举行授牌仪式。选举尹震宇为会长，王利新、刘宗健、黄伟强等 10 人为副会长，黄伟强兼任秘书长。

20 日　第十八届台湾人才厦门对接会在悦华酒店举行。

22 日　湖里区梧桐路中央美地“口袋公园”室外健身房投入使用。占地面积 500 平方米，设置体质测试区、体能训练区、智能竞赛区、热身准备与拉伸放松区等功能区域。地面绘制跳远标尺、数字填字、跳房子等功能性训练图案。

25 日　湖里区“美好生活·民法典相伴”大型普法宣传活动在枋湖社区乐群广场举行。

26 日　湖里区召开城中村现代化治理和深化网格化治理工作推进会，对下一阶段城中村治理和网格化治理工作进行再动员、再部署、再落实。会议通报表扬金牌网格员 10 名、优秀网格员 90 名。

27 日　厦门大学附属心血管病医院在第十七届东方心脏病学会议上获授全国第一批心脏瓣膜病介入中心牌。

5 月　湖里区政务服务中心上线全市首个在线客服“小湖 e 办”，提供咨询导办和材料辅导服务。

6 月

4 日　台湾新北市永和孙氏宗亲一行 47 人到湖里区高林西村孙氏宗祠谒祖。

9 日　殿前街道翔鹭社区消防科普体验馆投入使用，该馆是厦门市首个综合性、专题性的社区消防科普体验馆。

13 日　“文明‘驶’者　‘禾’你同行”主题活动在湖里绿牌新天地园区启动，号召全区网约车司机做湖里文明宣传使（驶）者，担当文明和旅游的宣传员。

14—17 日　湖里辖区原创设计品牌“哇呜”受邀参加意大利佛罗伦萨男装展。

15 日　湖里区闽台文化交流馆开馆，该馆位于仙岳山土地公庙旁。

15 日　湖里区政府第一次全体成员会议在区行政中心召开。

16 日　台湾中华妇女会总会、台湾中华妇女联合会、台湾中国生产党及台湾两岸婚姻家庭服务联盟代表成员参观惠和影雕艺术博物馆，并于 19 日参观凌云玉石博物馆。

18 日　“第十五届海峡论坛·建设厦金共同生活圈论坛”在湖里区闽台文化交流馆举行。全国台联副会长杨毅周，市政协副主席李钦辉，金门县副县长李文良，海峡两岸的专家学者、行业代表、社团负责人、青年学生，以及在厦台胞、两岸媒体人等各界嘉宾 180 余人参加论坛。

18 日　湖里区在闽台文化交流馆举办湖里对台交流图片展，展出照片 312 张。

28 日　湖里区召开生态文明建设和生态环境保护工作新闻发布会。区委常委、区政府副区长王达介绍湖里区生态文明建设和生态环境保护工作总体情况。湖里生态环境局局长刘宝珠、区发改局副局长黄玲玲、区建设局副局长卢先亮现场回答记者提问。

30 日　当代潮流艺术收藏节暨艺术大眼睛嘉年华在厦门·海峡新岸举行，展出毕加索、达利等世界级大师的 50 件珍稀手稿及签名版画。活动持续至 8 月 30 日。

7 月

2 日　湖里区殿前街道举行“殿小二”智荟家园启用仪式，提供“殿小二”招商团、微课堂、会客厅、直播间和人才“加油站”等益企服务。

6 日　湖里国投物业服务有限公司与后浦社区股份经济联合社合资注册成立厦门后浦建设发展有限公司，是厦门首个国企和村集体合资成立的运营管理公司。

7 日　省、市重点项目厦门农商银行总部大厦项目在湖里区五通—高林片区举行奠基典礼。

11—15 日　由湖里区相关政府部门、重点文旅企业、媒体及小记者组成的文旅交流首发团，赴宁夏永宁县闽宁镇和沙坡头区开展为期 5 天的“百团万人游宁夏”文旅交流活动。

20 日　住房城乡建设部办公厅等七部门公布完整社区建设试点名单，湖里区东荣社区上榜。

24 日　嘉庚实验室科创产业（湖里）加速器揭牌暨签约仪式在湖里创新园举行，晞和科技等首批 4 个入驻项目现场签约。

8 月

2 日　湖里区在仙岳山举办第二届海峡两岸七夕牵手会开幕式暨佳偶天成集体婚礼，60 对嘉宾参与，其中金门嘉宾 30 对。

8 日　赛迪顾问城市经济研究中心发布“2023 赛迪百强区”榜单，湖里区上榜，居第 56 位。

17—29 日　湖里区总工会、区人社局、区工商联共同主办湖里区首届集体协商大赛，18 支代表队共 108 名选手参赛。10 个队伍 60 名选手获奖。

20 日　2023 湖里青“村”好声音决赛在后浦社陈氏宗祠广场举行，12 名选手参赛，决出一等奖 1 名、二等奖 2 名、三等奖 3 名。

22 日　陶朗中国新总部大楼在火炬数码广场启用。大楼总建筑面积约 8500 平方米，集综合办公、研发、生产、分选测试等多项功能于一体。

9 月

8 日　厦门市湖里区、银川市永宁县、南平市浦城县、龙岩市连城县联合招商推介大会召开，200 多名政商嘉宾出席。推介会上，围绕山海协作、综改等产业方向，现场签约项目 111 个，投资总额超 1000 亿元。

9 日　湖里区召开城市更新——城中村现代化治理招商大会。集中向企业推介 39 个项目，总投资额约 500 亿元，涉及基础设施、配套设施、服务空间建设运营、村庄改管运一体化等类型，中建四局、中交建筑集团、中铁隧道局集团、葛洲坝集团等 67 家企业参会。

23 日　厦门湖里区文联指导、湖里区作协主办的第一届厦门市“特区 1980”中秋诗会在仙岳山脚下举行。厦门市宣传文化中心，市、区作家协会，厦门海关文联，厦门边检总站文联等单位文友参与。夏炜、谈一海、陆十一等本地诗歌名家举行诗歌沙龙，畅谈“特区 1980—诗歌厦门与一座城市的美学内涵”，回顾厦门的诗歌发展史。

27 日　湖里区召开重点外资企业再投资招商座谈会，区委书记吴新奎主持会议并讲话，区长黄颖，副区长周小刚、邓小达参会。会上，金鹭特种合金有限公司、太古飞机工程有限公司、SM 商业广场等企业代表交流探讨产业空间、政策支持、员工保障等方面问题。

10 月

11—12 日　2023 中国数字音乐产业大会在湖里区召开，回顾并展示中国数字音乐产业在新时代十年（2013—2022 年）的辉煌发展成就，探讨中国数字音乐产业未来的发展方向。

12 日　五缘湾文体旅综合服务中心、厦门五缘湾文体旅发展有限公司揭牌仪式在湖里区美仑路 1 号举行。

12 日　第十五届海峡两岸福德文化节开幕式暨颂典仪式在湖里区仙岳山福德文化广场举行。台湾、香港、厦门、泉州、漳州等地的信众、宫庙代表、两岸民俗文化专家学者，在厦台商、台青代表，湖里区有关社会团体等约 600 人参加仪式。

14 日　生态环境部发布《关于确定 2023 年国家环境健康管理试点名单的通知》，湖里区被确定为国家环境健康管理试点地区（单位）。

14 日　厦门姓氏源流会张氏委员会第一届第三次委员代表大会在湖里区朗豪酒店召开，大陆各地张氏宗亲和台湾张廖简宗亲会、金门县张氏宗亲会等两岸张氏宗亲 400 余人参会。

17 日　“联发·悦 10 空间”园区开园，位于悦华路 10 号，总建筑面积 2 万平方米，由创意工厂办公区、彩虹盒子集装箱商业区、酷房商业区三大区域组成，聚集创意餐饮、潮玩体验、设计手作等业态。福建省首个航天人力资源产业平台进驻园区并揭牌。

20 日　湖里区举办“侨家乐·福建省华侨美食风情文化节厦门湖里专场”活动，400 多名侨界代表参与。

21—27 日　第 17 届中国俱乐部杯帆船挑战赛在湖里五缘湾开赛。

22 日　湖里区接待印度尼西亚 BSG 集团主席、中华总商会名誉主席、集美大学常务校董王景祺一行。

23 日至 11 月 3 日　“体彩杯”2023 厦门第九届国际名校大学生篮球争霸赛在湖里区少体校举行。北京大学队获女子篮球赛冠军，澳大利亚 ACBA 队获男子篮球赛冠军。

26 日　第七届厦门影视产业论坛在湖里区举行，国内知名的影视产业专家围绕“影视 + 科技”“影视 + 音乐”“影视 + 互联网”等多角度分析影视产业现状和发展脉络，探讨影视产业未来发展方向。

27 日　湖里区举行五缘湾环湾观光车启动仪式。观光车运行路线为红十字文化广场、图腾广场、爱琴湾、感恩广场、湿地公园、四季花海、国际游艇汇。

28—30 日　首届全国尾波（冲浪）锦标赛在湖里区五缘湾举行。30 支队伍参赛，产生金、银、铜牌各 14 枚。

10 月　湖里公园 TOD 地铁公寓开放入住，是厦门轨道集团首个持有型 TOD 长租公寓项目。公寓位于湖里区湖里大道与华泰路交会处，紧邻地铁 3 号线华荣路站和湖里公园站，总建筑面积 8.7 万平方米，提供长租公寓 1369 间、配建 5500 平方米商业配套和 721 个车位。

11 月

3 日　海峡两岸（厦门）书画名家交流展在湖里区中国好书画产业园开展，展出福建、海南、台湾 100 多名艺术家创作的书画作品近 300 幅。

3 日　湖里街道后浦社区居民健康管理示范点挂牌。厦门大学附属第一医院组建健康管理团队，为居民提供非药物体重管理、精准化个体健康管理等方面服务。

4 日　湖里区环岛慢行道“蓝丝带”全线贯通。全长 23.6 千米，途经五缘大桥、翔安大桥、集美大桥、厦门大桥、杏林大桥等地，串联灯塔公园、五通码头等 10 多处美景，集慢跑、健身、骑行、观光旅游于一体。

5 日　湖里区在海天广场举办民营企业家联欢市集活动，400 多名企业家参加，签约民企项目 13 个，总投资 7.7 亿元。

7 日　徐四民纪念座谈会在湖里区闽台文化交流馆举行。40 个国家和地区的嘉庚精神研修班的海外侨领，厦门侨资企业协会的侨商、侨企代表，徐四民的家属、堂亲代表等约 130 人参加座谈。

7 日　湖里区举行爱国华侨陈楚楠生平展陈馆启用仪式，该展馆位于湖里区殿前街道中埔社。展馆分“身在南洋　根在殿前”“爱国爱乡　少年有志”“救国图存　倾心革命”“夙愿未成　家国勿忘”4 个部分，介绍陈楚楠的生平、与孙中山的革命友谊以及如何回馈家乡的事迹。

7 日　厦门网约车行业调解中心在湖里创新园职工法律服务一体化基地揭牌成立。

10 日　闽宁产业投资发展推介会在银川市永宁县闽宁镇举行。共有 20 家企业集中签约，总投资超 10 亿元。

27 日　湖里区金山街道金安社区的保障房小区高林居住区一里上线全市首个社区垃圾分类公益馆，实现厨余垃圾可就地处理，居民还可通过“丢垃圾”获得积分和奖品。

12 月

5 日　湖里区金色阳光暖心厨房志愿服务项目在福建省新时代文明实践志愿服务项目大赛决赛中获铜奖。

6 日　2023 厦槟双栖艺术影展——中国（厦门）—马来西亚（槟城）电影交流活动在马来西亚槟城大华戏院开幕。

12 日　湖里区殿前街道社区卫生服务中心通过社区医院省级评估。

12 日　湖里区妇女第八次代表大会在区行政中心召开，164 名妇女代表参会。大会听取并审议通过湖里区妇联第七届执行委员会工作报告，选举产生区妇联第八届执行委员会委员 35 名，选举邱凌蓝为执行委员会主席，郭琦玮为挂职副主席，李亚华、李淑莲为兼职副主席。

16 日　首届华人美学音乐节之新古典音乐会在华美空间举行。台湾音乐家杨慕携手 MU 新古典乐团、厦门星海合唱团及“听风的歌”新民谣组合演绎古典、现代音乐。

18 日　中共湖里区第九届委员会第五次全体会议召开。

19 日　2023 中国·福建厦门—柬埔寨电影周在湖里万达影院举行启动仪式。

20 日　“亲清一家人”湖里“一站式”企业服务平台获评“2023 年数字政府能力评估暨二十二届政府网站绩效评估优秀案例”。

26 日　政协第九届湖里区委员会第三次会议开幕，政协主席王秀珠代表政协常务委员会作工作报告。

27—29 日　湖里区第九届人民代表大会第三次会议召开。会议听取和审议区人大常委会工作报告、“一府两院”工作报告，举行人大常委会主任、委员选举。

27 日　湖里区上榜“中国工业百强县”榜单，居第 72 位。

29 日　中共湖里区第九届委员会第六次全体会议召开。会议听取和讨论区委书记吴新奎所作的《抢抓综合改革试点重大机遇，更高水平建设“两高两化”中心城区，勇当两岸融合发展示范区建设排头兵》的报告和区委常委会工作报告，审议通过《岛内大提升·湖里区更高水平建设“两高两化”中心城区行动规划》。

29 日　华中科技大学国家数字建造技术创新中心智能感知与工程物联网（厦门）实验室在湖里街道和通社区自贸湖里平台经济产业园揭牌。

30 日　湖里区被评为福建省城市发展“十优”区。

12 月　厦门市惠和石文化园获评国家 AAAA 级旅游景区。

中共厦门市湖里区委员会

综　　述

【学习宣传贯彻党的二十大精神】 2023 年，湖里区委认真学习宣传贯彻党的二十大精神，依托区委党校、党员教育培训基地、党群服务中心等学习阵地，举办处级干部党的二十大精神专题研讨班，完成对全区 2 万多名党员干部轮训；举办“深学践悟新思想、争优奋进新征程”主题知识竞赛，“人民就是江山——学习宣传贯彻党的二十大精神”合唱比赛，策划 6 期“‘理’绽湖里”全媒体宣讲项目，累计开展宣讲 600 余场；落实落细《关于深入学习宣传贯彻党的二十大精神，更高水平建设“两高两化”中心城区的决定》提出的 3 个方面、30 条具体措施。

【“深学争优、敢为争先、实干争效”行动】 2023 年，湖里区实施“深学争优、敢为争先、实干争效”行动，围绕强化理论学习，推动改革发展和转变工作作风，突出招商引资、项目建设、企业服务等稳增长三大支撑，明确重难点工作 10 项、基础工作 13 项，引导全区上下强化主观努力、强化服务保障、强化政企协同，打好助企发展和项目建设攻坚战。促成英蓝国际金融中心、凯悦温泉酒店等重点项目复工。引进通用金砖创新基地总部区，推动城中村现代化治理工作。组织开展科技创新、人力人才、生育养老等 8 个专题研究，低效工业用地再开发、五缘湾涉海资源利用管理服务机制体制改革等取得进展。

【党的建设】 2023 年，湖里区委深入学习习近平总书记关于党的建设的重要思想，全面贯彻新时代党的建设总要求，召开全区机关党的建设工作会议、区委党建专题会议，以高质量党建引领保障高质量发展。整改省委巡视、省纪委政治监督、省审计以及省委、市委落实主体责任检查反馈的 129 个问题，开展区级落实主体责任检查。完成对 10 家单位的常规巡察，通过巡察整改落实促进国有资产增收和挽回经济损失 6000 多万元，盘活去化闲置资产 20 万平方米。分领域、分层级、分阶段加强政治监督，追责问责 41 人次。开展处级领导干部经济责任审计工作。调整优化区直机关党组织架构，推进 22 个近邻党建先进社区、35 个先进小区党支部培育点建设，完成 19 个“村改居”社区集体经济组织换届选举，率先全市探索社区“三重一大”事项全过程直播公开。统筹非公、国企、学校、医院等领域党建提升，开展“红网哨兵”行动，新就业群体党建工作获评全国第六届基层党建创新优秀案例。加强一线培养考察识别干部，选派 683 名干部参加上派下挂、轮岗交流锻炼，提任领导干部 78 人、晋升职级 209 人，以区委、区政府名义表彰、表扬城中村现代化治理、征地拆迁、推动高质量发展等重点领域先进典型 304 个。注重年轻干部培养使用，构建企业服务、基层治理、巡察督察、重点攻坚等平台载体，实施“青训工程”三年行动，打造富有创新精神和强烈主观能动性的干部队伍。锲而不舍纠治“四风”，查处违反中央八项规定精神问题 5 起 7 人、形式主义、官僚主义问题 6 起 13 人。坚持区委常委会“廉政课堂”“一月一主题”等学习教育机制，召开警示教育大会，开展国有企业专题警示教育。健全完善小微工程、招投标等领域制度规范 50 多项。加大执纪执法力度，立案审查调查 51 件 55 人，党纪政务处分 49 人，移送司法机关 9 人。

（蔡培育）

【改革工作】 2023 年，湖里区委召开区委全面深化改革委员会会议5次，研究部署十大领域33项年度重点改革工作，重点听取五缘湾涉海资源利用管理服务体制机制创新、行政复议体制改革、深化县域共青团基层组织改革、青年发展型县域试点等重点改革工作进展，总结推广后浦社创新推进城中村综合治理等5个优秀改革典型案例。创新企业服务的经验做法被中央改革办、省委改革办、市委改革办简报刊发推介，在工信部中小企业公共服务体系工作座谈会上作为全国唯一县（区）作经验交流，湖里区中小企业公共服务案例获评全市改革创新成果最佳案例；湖里创新园职工法律服务一体化基地入选全国首批基层劳动关系公共服务样板站点培育单位；东荣社区入选全国首批完整社区建设试点；“五缘湾涉海机制改革”被列入全省“一县一特色”项目库。教育优质均衡发展、基层综合网格治理、文体旅商融合发展等一批改革经验做法被省级以上媒体宣传报道。在全区举办“改革创新奖”“百姓金点子，幸‘湖’金钥匙”“我为湖里发展出良策——‘金点子’征集”评选等活动。开展课题研究，形成《湖里区服务打造新发展格局节点城市研究》《关于推动养老服务高质量发展的建议》等调研报告。

（张华微）

重要会议

【区委九届全体会议】 2023年，中共湖里区第九届委员会共召开全体会议2次。

第5次全体会议　12月18日召开。会议由区委书记吴新奎主持，审议通过《中国共产党厦门市湖里区第九届委员会第五次全体会议关于递补区委候补委员吴丽敏等6名同志为区委委员的决定（草案）》，递补区委候补委员吴丽敏（女）、林剑锋、唐达达、曾以勤、张国平、李斌为区委委员。

第6次全体会议　12月29日召开。会议听取和讨论区委书记吴新奎受区委常委会委托所作的《抢抓综合改革试点重大机遇，更高水平建设“两高两化”中心城区，勇当两岸融合发展示范区建设排头兵》的报告和区委常委会工作报告，审议通过《岛内大提升·湖里区更高水平建设“两高两化”中心城区行动规划》。

（蔡培育）

【区委常委会会议】 2023年，中共湖里区委召开九届区委常委会会议27次，上会议题178个。议题包括传达学习习近平总书记在二十届中央纪委二次全会、中央农村工作会议、中共中央政治局会议、出席全国两会等会议上的重要讲话精神，以及习近平总书记关于开展学习贯彻习近平新时代中国特色社会主义思想主题教育、全面深化改革、严肃党内政治生活等工作的重要讲话、重要指示批示精神；专题研究湖里区关于纪检监察、意识形态、民族宗教、基层党建、政法维稳、深化改革、经济发展、民生保障、安全生产、生态环保、城中村综合治理等重要事项；审议通过《湖里区落实先进制造业倍增计划实施方案》《区委常委会2023年工作要点》《厦门市湖里区深入打好污染防治攻坚战工作方案》《湖里区加强法治建设的若干措施》《湖里区关于鼓励和支持台湾青年创业就业实施办法》《湖里区进一步加强财会监督工作实施方案》《湖里区加强基层小微权力监督的实施意见》等重要文件。

（欧阳瑞丁）

【区委经济工作会议】 2023年12月29日，湖里区委经济工作会议在区行政中心大楼1号会议室召开。会议由区委书记吴新奎主持。会议传达学习贯彻中央和省委、市委经济工作会议精神，总结2023年全区经济工作，部署2024年经济工作。会议强调，要深刻领会中央经济工作会议精神，在不折不扣落实省委、市委工作要求上下功夫，进一步增强信心和底气，心存忧患和强烈责任意识，践行抓落实的基本要求；要继续坚持应急与谋远相结合，在持续稳增长、突破重点、夯实基础上下功夫；要以快制胜、以实增效，在抓早、抓紧、抓快、抓实上下功夫。

（蔡培育）

组织工作

【概况】 2023年，湖里区组织开展学习贯彻习近平新时代中国特色社会主义思想主题教育，加强年轻干部系统性培养，优化班子配备，实施“社区干部启航工程”。做好高层次人才引进，开展“鸿鹄引才”专项行动。全年新增党组织29个，新增党员574人。至年底，全区有各级党的基层组织1639个，其中，党委78个、党总支42个、党支部1519个。另设党组（含党组性质党委）28个、党工委8个。有党员22743人，其中，女党员10640人，占党员总数的46.78%；少数民族党员589人，占党员总数的2.59%；研究生学历1341人，大学本科学历12269人，大专学历4396人，中专学历1244人，高中、中技学历1721人，初中及以下学历1772人。

【基层党组织建设】 2023年，湖里区出台《湖里区关于党建引领网格治理的指导意见》，完善“社区党组织+小区（网格）党支部+网格党小组”三级组织架构。加强社区物业党建联建，推动符合条件的42家物业企业建立党组织，13家企业建立红色物业党建联建机制。开展“头雁计划”“青雁计划”“育林计划”，安排3批45名社区“两委”跨区、跨街道到先进社区挂职锻炼。3个社区被评为全市第二批近邻党建先进社区，8个小区党支部被评为全市先进小区党支部。开展精准“双报到”工作和“幸福链接”活动，为居民群众办实事1500余件。深化党建引领城中村现代化治理，推动22个城中村成立综合治理委员会，实施“党建聚合力 幸福链到家”共建项目91个，开展“青村好声音”“城中村篮球邀请赛”“夜市经济”等社区营造工作。加强党群服务中心规范化建设，按期完成整改任务。6个党建引领基层治理经验做法案例获评全市基层党建创新案例，其中一等奖1个、二等奖2个、三等奖3个。

【干部选用管理】 2023年，湖里区开展区管班子和班子成员调研，优化班子配备，动态调整班子22个，在区文旅局试行双主官制。完善街道、区直部门主官（常务副职）半年业绩登记制度和年度考核机制，推动领导干部主动担当作为。规范党委工作机关和直属事业单位的领导机构和决策形式，在区委办、区委编办、区委巡察办、区委老干部局、区委党校5个部门成立室（局）务会、校委会，强化民主集中制。树立鲜明用人导向，全年提拔晋升干部299人。

【干部培育】 2023年，湖里区加强年轻干部系统性培养，出台《“青训工程”三年行动方案》，选派126名年轻干部到企业服务、巡察监督、信访等岗位轮岗锻炼。加大优秀年轻干部选拔任用力度，全年提拔的领导干部中，年轻干部占29%。加快新录用公务员培养，安排72名处科级干部担任政治导师或业务骨干。注重在重点项目、重要岗位和基层一线磨砺锻炼干部，选派500名干部担任企业服务专员，213名干部参与城中村空间梳理和“四打通”工作。推动跨区域共研互学，举办湖里、永宁两地选调生交流座谈会，选派4名干部到雄安新区跟班学习智慧城市规划建设经验。

【干部考核】 2023年，湖里区委组织部注重一线干部考核，派出考核组到钟宅攻坚扫尾、生态环境导向开发项目申报、全国义务教育优质均衡发展区创建、城中村空中缆线整治等项目一线考核，挖掘收集干部先进事迹，通报表扬先进个人304名，其中记功12名。

【人才引进与培育】 2023年，湖里区继续实施“智汇湖里”人才强区战略，开展“鸿鹄引才”专项行动，全年引进和培育高层次人才217名。制定“区高层次科技人才引才奖励申报指南”“区柔性引才基地补贴申报指南”，兑现企业引才奖励89.5万元，评选首批区级柔性引才基地3家，入选厦门人才伯乐机构人力资源服务机构3家，入选厦门人才伯乐奖人才工作者2名，厦门亿联网络技术股份有限公司入选厦门市高质量人才基地。编印青年科技人才、住房保障等若干“政策一张图”“政策服务包”，升级湖里人才标识，推出湖里人才动漫形象，拍摄《幸“湖”所向·“里”想当燃》国际化引才系列宣传片。举办国情研修培训班，组织人才赴北京等省内外学习16场，培训学员500多人次，累计培育福建省高层次人才25名、厦门市拔尖人才5名。发挥专家智囊作用，推动27名人才参与人才咨政报告撰写，鼓励专家人才参政议政，完成“岛内大提升”专家顾问调研课题的成果编撰和结题评审4个。

【人才服务保障】 2023年，湖里区构建“人才驿站+人才服务网格工作室+人才服务专员”的立体式人才服务网。新设人才驿站2个、高层次人才医疗服务站3个，落实重点企事业单位人才服务专员制度，16名专员对接服务重点企事业单位53家，为人才提供子女就学、医疗保障、政策解读、住房保障等服务，至年底，湖里区有人才公寓13家，提供单身公寓、一房一厅、两房一厅、三房一厅等房型13110套，人才公寓交通、生活便利，配套齐全，可拎包入住，房租低于市场价格。丰富人才引聘载体，首次开展“百名海外博士湖里行”活动，麻省理工学院、剑桥大学、南洋理工学院等名校的30名博士到湖里区访问交流。组织2023年清华大学博士团暑期实践活动，20名博士生开展“发现湖里”参访活动。为13家重点企业48个高薪优质岗位专门搭建湖里区“名企优岗”云招聘平台。

（吴煜超）

宣传工作

【概况】 2023年，湖里区围绕学习贯彻习近平新时代中国特色社会主义思想主题教育和“深学争优、敢为争先、实干争效”行动，开展理论学习，举办宣讲比赛、胶片电影放映大会、闽南曲艺说唱新思想等活动。推出“‘理’绽湖里”全媒体宣讲栏目，开展“解码湖里高‘研’值”“湖里笑容”“全力攻坚‘四打通’”等系列宣传。在全市率先建立健全户外电子大屏联屏联控机制。开展意识形态专项检查，加强舆情信息报送、舆情处置工作。开展湖里区科技文化卫生“三下乡”活动，举办宣传思想文化系统培训。开展全民国防教育，文化惠民活动。举办第十五届厦门（湖里）城市诵读节、第十八届厦门元宵民俗文化节等活动。

【理论宣讲】 2023年，湖里区委宣传部联合区属各党（工）委组织宣讲比赛13场次，发掘吸纳优秀宣讲员，组建家庭文化宣传队、理论政策宣讲志愿队、巾帼宣讲队等特色队伍10支。开展进机关、进企事业单位、进社区、进校园、进各类新经济组织和新社会组织、进军营、进网站宣讲活动700余场。举办线上知识竞答，累计10万余人次参与答题。创新理论宣讲模式，结合电影露天放映、闽南曲艺说唱新思想等活动开展理论宣讲，用“点题宣讲”、原创快板等方式宣讲理论。推出“‘理’绽湖里”全媒体宣讲栏目，精选湖里区经济社会发展的6个侧面，制作宣讲微视频6期，全网总点击量超过100万人次，微视频《坚持自信自立—奋发有为新时代》获评市2023优秀理论宣讲微视频。区委宣传部获评全省理论宣讲先进集体，树蕙湖里宣讲团获评全省基层特色宣讲团。

【中心工作宣传】 2023年，湖里区委宣传部围绕学习宣传贯彻党的二十大精神主题主线，聚焦上级决策部署和区委中心工作开展经济发展、企业服务、城中村治理等专题策划，推出“解码湖里高‘研’值”、“湖里笑容”、全力攻坚“四打通”等系列宣传，发布《湖里生花　生生不息》城市形象宣传片，全网点击量超2400万人次，相关话题登上新浪微博同城榜第一名。开通湖里“曼”生活、曼璐夜读等栏目，集中展示宜居宜业的湖里城区形象和居民群众的幸福感、获得感。全年被各级各类媒体报道4.4万篇次，其中，省级以上（含省级）媒体1051篇次，其中，央媒634条次。总点击量超过9亿人次。湖里区关于网格化建设、理论宣讲、文旅商融合等多篇报道被中央电视台综合频道、《人民日报》、《光明日报》等媒体刊发。

【意识形态工作】 2023年，湖里区抓好省市全面从严治党主体责任检查中发现意识形态存在问题的整改工作，健全完善整改责任机制，推动问题清零；对16家单位开展意识形态专项检查；落实意识形态风险月分析、季通报等制度，针对征地拆迁、城市管理等重点领域，强化各部门事前线索报送；召开意识形态现场交流和专题培训会1场，推动意识形态工作提质增效，市对区意识形态考核连续2年获全市第一名。

【舆情信息工作】 2023年，湖里区加强舆情信息报送，全年报送舆情信息314条，被中宣部、省委宣传部、市委宣传部录用269条。完善舆情处置工作闭环，建立突发事件舆情速报机制，提升预警能力。

【媒体融合发展】 2023年1月17日，湖里区融媒体中心整体搬迁至区政务服务中心大楼，新办公场所约1500平方米，配有全媒体演播厅、指挥中心、新闻发布厅、数据机房、媒体实验室等10多个功能区，是全市六区中唯一一个拥有新闻发布厅的融媒体中心。该中心形成“1+3+5+N”的媒体融合格局，全年在各类媒体报道4.4万篇次，其中，省级以上媒体1051篇次，总点击量超8.03亿次。梳理“湖里头条”微信公众号维护运转机制、视频节目制作流程、媒资系统操作手册、稿件三审操作流程等，推动策、采、编、审、发、存一体化。“湖里头条”微信公众号的福建微信县域影响力位居全省第四，粉丝数从2万人增加到11万人，全年单条短视频播放量100万次以上的有34条，其中，1条原创短视频单条播放量达4500万次以上。创作“湖里曼生活”“曼·读”等精品栏目。全年在自有运营平台和相关合作平台开展融媒直播87场，总观看量达240万人次。举办“湖里融媒月享会”“新闻发言人”等培训，培养记者、主播、编辑人才。与厦门理工学院艺术设计学院、影视与传媒学院以及厦门信息学校开展共建合作，与连城县融媒体中心、浦城县融媒体中心签订合作协议。融媒体中心作品获2022年度厦门新闻奖一等奖1个、二等奖1个、三等奖3个，获奖数量排名全市第一。湖里区融媒体中心被福建省日报社评为年度优秀融媒体中心，被省广播影视集团评为全省融媒体新闻协作先进集体。获评2023年度“全省优秀县级融媒体中心30强”，“先锋湖里”微博号居福建十大党政新闻发布微博榜单第五名。

【“三下乡”活动】 2023年1月，湖里区委宣传部开展湖里区科技、文化、卫生“三下乡”活动，联合区直相关部门和街道，提供分散式上门服务和现场小型的惠民服务，发放社会主义核心价值观灯笼和窗花 1.2 万个张，义务书写和赠送春联约 1800 副；走访慰问 15736 户人，发放慰问金 1675.26 万元，送出新春礼包 12018 份。

【宣传思想文化系统培训】 2023 年，湖里区委宣传部制定宣传思想文化系统“大培训”计划，打造“网眼课堂”“湖里融媒月享会”培训品牌，邀请北师大、复旦大学新闻学院教授等权威专家授课，举办理论宣讲、新闻发言人、影视文化产业、意识形态等培训 15 场次，培训学员 1540 人次。

（蔡欣宜）

小资料

“1+3+5+N”的媒体融合格局：“1”指融媒体中心编委会，“3”指头条团队、视频团队、技术团队，“5”指“湖里头条”微信公众号、视频号，“先锋湖里”小程序、抖音号、微信政务号，“N”指传统媒体、新媒体、海外媒体以及自媒体联盟。

统一战线工作

【概况】 2023 年，湖里区委统战部作为区委主管统一战线工作的职能部门，加挂湖里区民族与宗教事务管理办公室、湖里区人民政府侨务办公室牌子；分管区工商联（商会）、区侨联、区委台港澳办 3 个单位，主管厦门市党外中青年知识分子联谊会湖里分会、湖里区新的社会阶层人士联谊会、湖里区佛教协会、湖里区福德文化联谊会、湖里区侨乡促进会 5 个统战社团，联系湖里区 8 个民主党派 1600 多名成员。区委统战部发挥统战优势和作用，为区委、区政府中心工作建言献策，联合党派形成调研文章 42 篇，提交人大建议、政协提案 63 件，上报社情民意信息 216 条。通过“湖里统战”微信公众号等媒体平台发送推文 263 条，讲好统战故事、传播统战声音。

【党外人士主题教育】 2023 年，湖里区委统战部支持各民主党派、无党派人士和党外知识分子、新的社会阶层人士开展“凝心聚魂强根基、团结奋进新时代”主题教育，学习习近平新时代中国特色社会主义思想和习近平总书记关于做好新时代党的统一战线工作的重要思想。召开主题教育推进会、调研成果交流会，先后组织各民主党派、无党派人士和党外知识分子、新的社会阶层人士参观同安区军营村高山党校、湖里区神山综合教育基地、厦门经济特区纪念馆等红色教育基地，开展健康义诊、法律咨询、志愿助农等社会服务 60 余场次。组织 150 多名党外代表人士分别赴湖南大学、北京大学、重庆大学参加主题教育专题培训。

【多党合作和民主协商】 2023 年，湖里区委统战部召开 2023 年党外代表人士新春座谈会，区委常委、副区长王达通报全区 2022 年经济社会发展情况和 2023 年重点工作安排。各民主党派、工商联、无党派人士代表围绕创新驱动、产业发展、文旅商融合、民生保障等方面建言献策。制定联合议政调研课题计划，支持民主党派代表人士围绕经济发展、基层治理、民生保障和两岸融合等方面开展专题调研 50 余场次，形成课题调研报告 42 篇。反映社情民意，报送建言信息 367 篇、社情民意信息 216 条。联合集美大学围绕促进民营经济发展开展调查研究，形成调研报告《新发展格局下湖里区民营企业高质量发展问题研究》，为区委、区政府科学决策提供参考。

【海外统战工作】 2023 年，湖里区委统战部做好侨务和海外统战工作。由区领导率团赴新加坡、印度尼西亚、菲律宾等国家拜访华人社团和侨领，接待菲华各界联合会、菲律宾厦门联谊会（商会）、马来西亚槟城同安金厦公会、新加坡禾山公会等到湖里区考察和交流。接待侨领徐四民之女、香港镜报执行社长徐新英，归国华侨将军黄登保之子黄纪凯等寻根谒祖、考察交流。在全省率先举办闽籍百名侨杰陈楚楠、徐四民纪念活动。陈楚楠生平展陈馆建成启用，制作《我是祖国的儿子——徐四民》宣传画册，拍摄宣传纪录片、召开纪念会议。

【新的社会阶层人士统战工作】 2023 年，湖里区委统战部召开“新联会”2023 年度会长会、新阶统战工作推进会。组织新的社会阶层人士参观同安区军营村高山党校、湖里区神山党员综合教育基地，加强思想政治引领。深化新阶实践创新基地建设，先后举办 2023 年春季网络招聘会、新的社会阶层“同心论坛”暨新春座谈会、投融资对接会，新的社会阶层“益企跑”、新的社会阶层羽毛球赛等活动 29 场次。湖里区委统战部走访调研辖区新媒体企业，做好网络人士统战工作。

【首届新阶同心论坛暨新春座谈会】 2023 年 2 月 3 日，湖里区举办主题为“学习二十大　新阶在行动　奋进新征程”的首届新阶同心论坛暨新春座谈会。市委统战部副部长郑秀文，市新联会会长王军，区委常委、区委统战部部长刘云标及区新联会代表 40 多人参会。会

2023 年 5 月 23 日，湖里区召开第二届新阶同心论坛暨投融资对接会

（区委统战部 供图）

议邀请中共厦门市委党校副教授康晓丽作“新的社会阶层人士在党的事业中如何发挥‘好’的作用”主题演讲。与会新的社会阶层代表人士围绕如何助力湖里区高质量发展建言献策。

【厦门市欧美同学会湖里分会成立】2023 年 5 月 20 日，厦门市欧美同学会（厦门市留学人员联谊会）湖里分会第一次会员代表大会暨成立大会召开，该分会是全市首个区级分会。市委统战部副部长郑秀文，市欧美同学会副会长白雪卿，湖里区政协主席王秀珠，区委常委、统战部部长刘云标，市委统战部、市欧美同学会等有关领导以及湖里分会首批会员代表等 100 余人参加会议。会议听取湖里分会筹备工作报告，审议通过厦门市欧美同学会湖里分会第一届理事会选举办法，45 人当选为第一届理事会理事。选举尹震宇为会长，王利新、刘宗健、黄伟强等 10 人为副会长，黄伟强兼任秘书长。会议为会长、副会长、秘书长、副秘书长授牌。湖里分会有会员 86 名，平均年龄 36 岁，留学地涵盖 19 个国家，有女性会员 32 人，少数民族会员 5 人。

【中央统战部六局调研湖里区新的社会阶层人士统战工作】2023 年 5 月 30 日，中央统战部六局二级巡视员朱大国带领全国新的社会阶层人士服务团网络人士 3 分团团员代表一行 30 人，到湖里创新驿站参观调研。调研组了解湖里区新阶统战工作开展情况，以及新阶实践创新基地的建设和发挥作用情况。

【党外代表人士暨统战干部培训】2023 年 9 月 12—16 日，湖里区委统战部在湖南大学举办统战干部暨党外代表人士培训班。区各民主党派、民营经济、新的社会阶层、民族宗教等各方代表人士及区、街统战干部 48 人参加培训。培训期间，组织学员到毛泽东主席故居、岳麓书院、前行科创产业园等地现场教学，邀请湖南大学资深专家教授作题为《国家治理背景下的合作共事与参政议政能力提升》《中国宏观经济形势及热点问题分析》等专题授课。

（邱舒密）

机构编制

【概况】2023 年，中共厦门市湖里区委机构编制委员会办公室（以下简称湖里区委编办）有序推进机构改革工作，优化机构编制资源，推动基层减负、保障民生事业发展。完成机关统一社会信用代码变更登记 15 家，事业单位法人年度报告公示 142 家、变更登记 72 家、设立登记 13 家、注销登记 2 家。成立机构改革工作专班，完成现有机关、事业单位涉改部门职责梳理，制定《湖里区机构改革方案（送审稿）》。调研课题《制度赋能网格治理 提升城区治理能力和水平》获全省基层行政管理体制机制改革创新案例评选三等奖。推动托育服务体系建设相关做法受到省、市编办的充分肯定，被《人民日报》、中国经济网、《厦门日报》等宣传报道。湖里区委编办获评全省 2023 年度信息宣传工作先进单位，1 人获评省信息宣传工作先进个人。

【机构编制资源调整】2023 年，湖里区司法局增设秘书科，负责处理区委依法治区委员会办公室的日常事务，设正科级领导职数 1 个；增设行政复议与应诉科，设正科级领导职数 1 个。优化区党群综合事务中心机构设置，不再加挂区经济社会发展研究中心、区志愿者服务中心牌子；人大、总工会、共青团、妇联及民宗等单位 7 个事业编制划入该中心，调整事业编制数，增设副科级内设机构 3 个，并同步调整内设机构领导职数。

【江头街道开展省级清理规范乡镇（街道）机构挂牌试点工作】 2023年，湖里区江头街道被选定为省级清理规范乡镇（街道）机构挂牌试点单位，将各类标志标识、廊道上墙制度、楼层索引等全部纳入清理规范范围。该街道全面开展排查整治，撤掉牌子19块，重新制作机构牌子20块，设计工作指引及办公场所标识牌21块。强化对挂牌事项的事中事后监管，新增牌子由街道统一审核，驻街机构挂牌提请区委编办核准，市委编办指导监督。

【民生事业用编保障】 2023年，湖里区加强基层医疗卫生机构人员建设，实行基层医疗卫生机构人员控制数及事业编制总量控制，按照服务人口1‰的比例，重新核定基层医疗卫生机构人员控制数总量996人，根据各街道人口数分配各社区卫生服务中心人员控制数，保障年度用编需求，补充全科医生、公共卫生医师等专业技术人员40人。推进建立区属公办中小学党组织校长负责制，调整区属公办中小学校领导职数配备及党政后勤管理机构设置，核增正职党组织书记领导职数，在总量内核定副书记领导职数。核定36所公办中小学校级领导职数、党政后勤管理机构限额及内设机构领导职数。在全市率先试点开展托幼一体化管理体制改革，推动构建“公办园引领示范—民办园普惠规范—高端园限价管理”的托育服务新体系。支持公办幼儿园发挥“领头雁”作用，开设2～3岁幼儿托大班，解决幼儿园资源闲置、招生难等问题。参照相关文件精神，核定部分公办幼儿园托幼一体化改革试点工作编外保教人员控制数。

（杨小漫）

区直机关党建

【概况】 2023年，中共湖里区委区直机关工作委员会（以下简称湖里区直机关工委）立足机关党建“围绕中心、建设队伍、服务群众”职能，以党的政治建设为统领，以模范机关创建为抓手，开展学习贯彻习近平新时代中国特色社会主义思想主题教育，学习贯彻党的二十大精神，推动组织建设，机关党的建设走在前、作表率。举办区直机关干部职工运动会。区直机关党工委下辖基层党组织135个，其中，机关党委6个、党总支7个、党支部122个；全年吸收预备党员24人，至年底，有党员2303名。区直机关工委全年走访慰问困难党员81人，发放慰问金11.6万元。

【区直机关工委基层党组织建设】 2023年，湖里区直机关工委调整优化机关党组织设置，新设立党总支1个、党支部4个，撤销3个，更名4个，完成湖里公安分局、区财政局、区建设局、区教育局、区工业园区管委会等机关党组织转入相关工作，区人社局机关党委、区司法局机关党总支、区委政法委机关党支部等30个机关党组织按期完成换届选举。

【学习贯彻党的二十大精神】 2023年，湖里区直机关党工委建立理论学习中心组学习制度，每月开展中心组理论学习不少于1次，用好“第一议题”机制，跟进学习习近平总书记最新重要讲话精神。多形式多载体学习宣传贯彻党的二十大精神，机关各级党组织结合“三会一课”开展专题学习400多场。举办学习贯彻习近平新时代中国特色社会主义思想主题教育理论宣讲初赛，选拔3名宣讲员参加全区决赛，获一等奖1人、三等奖1人，区直机关工委获优秀组织奖。发动机关党员参加全区“深学强理论，争优促发展”线上知识竞赛，5000多人次参赛。

【学习贯彻习近平新时代中国特色社会主义思想主题教育】 2023年，湖里区直机关工委开展学习贯彻习近平新时代中国特色社会主义思想主题教育。召开机关工委动员部署会，制订实施方案。发挥“关键少数”的示范带动作用，领导班子举办为期7天的读书班，开展专题研讨3次，分头领题调研，完成专题调研报告5篇，查摆班子问题清单5项，制定整改措施8项。区直机关工委常务副书记为机关党员上专题党课，组织2场机关党员“共学课堂”，邀请市委宣传部、市委讲师团的专家作理论辅导，近千名机关党员通过专家辅导、“书记讲给书记听”、微宣讲视频等形式参与学习。机关各级党组织开展线上线下学习活动700多场，党组织书记上党课80多场，39个参学的机关直属党组织对标对表查摆问题216个，提出整改措施330多项，建立台账落实整改。举办机关党务干部培训班，邀请专家学者围绕习近平新时代中国特色社会主义思想、党建工作实务等重点内容进行专题辅导。

【区直机关党的工作会议】 2023年4月7日，湖里区召开2023年区直机关党的工作会议。区委书记吴新奎出席会议并讲话。会议传达全省、全市2023年机关党的工作会议精神，总结2022年湖里区直机关党的建设工作情况，部署2023年工作。

（吴巧艺）

机关效能建设

【概况】 2023年，湖里区效能督查办围绕区委、区政府中心工作开展督查督办，常态化督查机关工作秩序、办事效率以及工作人员遵守工作纪律的情况，机关效能建设得到整体提升。加强重点工作督查督办，完成关于集美大桥沿线两侧环境整治、仙岳山消防通道绿化提升、智慧城中村建设等79件市委主要领导批示交办事项以及市委重点督办事项。滚动督办区委主要领导批示交办事项1510项。

【重点工作督查督办】 2023年，湖里区效能督查办集中力量跟踪经济社会发展情况，督查督办全区经济工作会议确定的10项重难点工作、区委专题会议议定事项、项目建设、城中村改造等重点中心工作。牵头跟踪督办省委巡视湖里区反馈的35个细项问题、省委主体责任检查反馈意见涉及湖里区的17个细项问题、市委主体责任检查反馈意见涉及湖里区的38个细项问题、市委专题民主生活会查摆涉及湖里区的5个细项问题、区委专题民主生活会查摆的20个细项问题。专项督办上级指出的火炬东路（火炬路—舫阳酒店前支路）及创业路（二期综合楼—火炬东路）提升改造工程进展较慢的问题。对新建幼儿园项目工程建设、禾山尚忠社暴雨积水点、江头苑小区的花圃及路面改造、高殿养老服务照料中心、金山幼儿园移交工作等民生项目开展督查，督促相关责任单位加快建设进度，推动研究解决存在的问题。专班督导市容市貌整治工作，重大活动举办前对辖区主干道沿线环境整治提升、城中村空间梳理和“四打通”工作等进行实地督查。开展文明创建专项检查，跟踪各级领导干部下沉一线开展文明创建工作情况，以及有关部门履行主体责任、问题整改落实和其他区直单位参与文明共建情况，发出红黄牌督办单4份，通报履职不力单位3个。

【机关工作督查】 2023年，湖里区效能督查办强化对机关工作秩序、办事效率及工作人员遵守工作纪律情况的常态化督查，发出《效能督查简报》12份，效能问责33人次。开展直查快办，推动群众急难愁盼问题及时解决，督促协调职能部门解决一批损害群众利益、群众诉求等问题，全年共受理信访投诉39件，办理完成39件。

【政务服务督查】 2023年，湖里区效能督查办升级全区视频监控电子监察平台，实现区政务服务中心、街道便民服务大厅、社区便民服务中心的服务窗口视频监控的集中管理；实时查看视频监控电子监察系统，对全区窗口工作人员的工作作风、工作纪律、办事效率进行实时监察和随机抽查，全年通过视频监控发现窗口问题16个，效能问责16人次；不定时明察暗访各级办事窗口政务服务工作情况，全年通报2家单位超期办理问题、2家单位涉及审批用章和文书填写不规范问题，效能问责3人。

【“12345”平台效能投诉处理】 2023年，湖里区效能督查办加大“12345”平台投诉件办理情况督查。会同区信访局、区城管委办建立“12345”平台管理质效每月会商制度，收集每月平台运行情况，通报超期接收、超期反馈、未反馈、退回超期、办结超期等涉及诉求件办理效能方面的问题，全年通报办理存在问题的“12345”平台诉求件38件。

【绩效管理考评】 2023年，湖里区优化绩效管理，对街道的指标评估分为党建引领、发展综合效益、创新发展、协调发展、绿色发展、开放发展、共享发展、分街道差异化考评项内容，形成区对街道考评指标82个。对区直部门的指标评估突出年度重点工作任务，指标重点围绕区委全会、区政府工作报告、全区经济工作会议等全区性工作要求。完成对全区5个系列50家单位的综合效能考评，通报表扬排名前三的7个单位，对评为良好等次的3个单位编发问题通报函，督促整改提升。

（蔡培育）

档案工作

【概况】 2023年，湖里区档案局（馆）开展档案工作综合检查、档案征集接收、档案宣传等各项工作。全年共接收文书和专业档案20051卷28970件，数字化副本167.5万页。接待群众和机关查档1125人，查阅档案资料2536卷件，复印14916页。接收政府信息公开文件624份。

【档案工作综合检查】 2023年10月，湖里区档案局下发《关于开展档案工作检查的通知》，要求各单位按照《机关、团体、企事业单位档案工作检查评价标准》做好自查和整改。12月5—7日，区档案局到区司法局、禾山街道等5家单位实地检查，围绕体制机制、基础设施建设、基础业务、信息化建设等方面，听取工作汇报、查阅台账资料、现场查看库房，检查中发现个

2023 年 12 月 5—7 日，湖里区档案局到区司法局、禾山街道等 5 家单位检查。图为在人才中心检查档案库房 （区档案局 供图）

别单位档案保管条件较差、档案员未参加上岗培训、档案管理制度不够完善等问题，提出整改意见，并在检查后督促相关单位整改到位。

【档案监督指导】 2023 年，湖里区档案局加强对各单位规范管理档案工作及对年度文书档案、疫情档案、公证档案等业务档案归档的指导，确保档案进馆质量。全区有 32 个单位完成 2022 年度的文书档案整理、增量档案数字化工作。受市档案局委托，到 3 家档案服务机构现场核查，提出档案服务机构按要求配备设施设备，完善各项档案制度，加强人员管理等要求。指导各单位报送 2022 年度档案事业统计调查年报，41 个单位按时完成报送工作。

【档案征集】 2023 年，湖里区档案局开展红色档案资源调查工作，收集神山党员综合教育基地所展示的 180 多张珍贵照片、4 个视频等红色档案资料并电子化。服务全市“两岸共同记忆馆”建设，征集湖里辖区内 12 处涉台文物资料进馆，征集迁台档案族谱《芦山苏氏大宗总族谱》。服务湖里区侨史馆建设，与区侨联、区侨办联合发布公告，征集侨史文书档案 79 件、数码照片 56 张、实物档案 39 份。

【国际档案日宣传】 2023 年 6 月 9 日，湖里区档案局在江头街道祥店社区举办国际档案日宣传活动，发放档案宣传单、宣传纪念品，向群众宣传档案法律法规、普及档案知识，解答群众咨询关于档案方面问题，有近百名群众参加。区人大、区委统战部、区纪委监委、区人社局，各街道、社区等单位通过电子 LED 屏、宣传栏、微信公众号及工作群等多种途径宣传档案知识。全区机关单位、街道社区约 100 人听取国际档案日线上讲座。

（陈婷）

老干部工作

【概况】 2023 年，湖里区委老干部局服务管理离退休干部 32 人，其中，离休干部 2 人、区级退休干部 30 人。组织区离退休干部党员开展学习贯彻习近平新时代中国特色社会主义思想主题教育，组织专题报告会、主题党日、参观考察等活动 23 场，开展“话传统、谈复兴、聚力量”专题访谈。做好老干部服务保障工作，全面推行机关事业单位干部荣誉退休制度，完善区级老干部关心慰问机制。统筹推进离退休干部党建工作融入全区党的建设总体布局，建立区级“银发人才”库，整合各行业“银发人才”力量，助力湖里区高质量发展。

【离退休干部党建工作】 2023 年，湖里区委党建工作专题会议审议通过《湖里区贯彻落实市委党的建设工作领导小组〈关于加强新时代离退休干部党的建设工作的具体措施〉的工作责任分解清单》，制定 5 个方面 37 项措施。区委老干部局在濠头社区建立离退休干部（兼合式）党支部，指导 7 个离退休干部（兼合式）党支部按期完成换届选举工作，健全完善在职党建联络员辅助制度和财政补助经费机制，核拨离退休干部党建和老干部“四就近”工作活动经费约 37 万元。年内，区税务局离退休干部党支部被评为省级离退休干部“六好”示范党支部，吕岭社区“101”民情工作室被评为省级银发先锋工作室。

【离退休干部待遇】 2023 年，湖里区开展“春节暖心上门”活动，区委、区人大、区政府、区政协主要领导率队走访慰问厅级老干部 7 名、区级领导 22 名，与其余老干部“一对一”结对慰问。在重阳节期间，召开老干部政情通报会。完善区级老干部直系亲属及配偶去世慰问机制，全年慰问老干部 40 人次。组织离休干部“一人一策”精准服务回访工作，举办老干部读书班、春季趣味运动会、三八妇女节围炉煮茶和“光荣在党50年”纪念章颁发仪式等活动。

【离退休干部阵地建设】2023年，湖里区推动区老年大学东部分校建设，提高区老年大学教学助理待遇标准。区老年大学（含西部分校）全年开设课程32门，开设98个教学班，招收学员4046人次。区老年大学2门网络课件分别被授予全省老年大学网络精品课件一等奖和三等奖；老年教育理论研讨论文被福建省终身教育服务中心授予二等奖2篇、三等奖2篇、优秀奖2篇。

【老干部参观考察“新业态”企业】2023年6月26日，湖里区委老干部局、区机关第二离退休干部党支部、区老体协联合组织17名区级老干部到盛德东南新能源电动汽车生态园参观考察。老干部听取园区功能布局、入驻企业、未来发展方向以及非公党建的情况汇报，参观考察全国首座“光储充检”一体化示范站、宁德时代全球首发EVOGO换电站等区域，与企业负责人座谈，为湖里区“新业态”企业高质量发展建言献策。

【老干部读书班】2023年7月5—7日，湖里区委组织部、区委老干部局、区委离退休干部工委在区委党校联合举办离退休干部主题教育读书班，20位区级老干部参加。读书班开展“读原著、学原文、悟原理”活动，邀请专家举办人工智能专题讲座，组织老干部到神山党员综合教育基地参观学习。

【“银发人才”助力高质量发展启动仪式】2023年8月15日，湖里区委组织部举办“银发人才”助力高质量发展启动仪式，首批入选区级“银发人才”库的106名代表参加启动仪式。区委常委、组织部部长潘敏毅为基层党建、法律服务、基层治理、科教文卫、体育艺术5个领域的“‘银发人才’乐龄志愿服务团”授旗；区委组织部副部长、老干部局局长林秀瑜为10名“银发人才”代表颁发聘书。退休法官吴秀丹和小区党支部书记庄志坚代表“银发人才”发言，讲述“银发人才”融入社区、发挥余热的初心故事。

2023年10月18日，湖里区级老干部政情通报会召开 （区委老干部局 供图）

【区离退休干部党支部书记培训】2023年9月13—15日，湖里区委组织部、区委老干部局、区委离退休干部工委在区委党校联合举办区离退休干部党支部书记培训，全区离退休干部党支部书记、在职党建联络员以及区“银发人才”库宣讲团成员代表41人参加培训。开班仪式上，区委组织部副部长、老干部局局长、离退休干部工委书记林秀瑜分享全省离退休干部党工委书记培训班学习收获，回顾总结2023年湖里区离退休干部党建工作成效，部署下一步主题教育工作。邀请专家讲授“习近平在福建留下的精神财富及其启示”“学习贯彻党的二十大精神，推动志愿服务再上新台阶”专题，组织学员到集美人文馆参观学习。

【老干部政情通报会】2023年10月18日，湖里区召开老干部政情通报会，区委书记吴新奎，区委副书记、区长黄颖，区人大常委会主任吕参军，区政协主席王秀珠和区级老干部21人出席会议。会议由区委常委、组织部部长潘敏毅主持，区委副书记、区长黄颖通报2023年上半年全区经济社会发展情况及下一步工作安排，区委书记吴新奎向区级老干部赠送主题教育学习书籍并讲话。

（孙天锡）

关心下一代工作

【概况】2023年，湖里区关心下一代工作委员会（以下简称湖里区关工委）设有基层关工委195个，其中，机关单位关工委11个、事业单位关工委1个、国有企业关工委2个、街道关工委5个、社区关工委59个、学校关工委71个、民营企业关工委46个、社团关工委1个；全区“五老”总人数3826人。开展“传承红色基因·争做时代新人”“青少年党史学习月”“老少同声颂党恩，携手奋进新征程”等主题教育实践活动413场。开展青少年法治教育，举办法治夏令营。湖里区“五好”基层关工委达标187个，达标率96%。在福建省关工委成立35周年纪念活动中，湖里区关工委获全省关心下一代工作突出成效奖；有“五老”人员4名获省级奖项，其中，获全省关心下一代工作突出贡献奖2人、特别贡献奖2人。区关工委制作的微视频“传播海堤精神，守护少年成长”在全省“学示范 做先锋 跟党走”微视频展示活动中被评为优秀微视频。

【青少年红色主题教育】 2023年，湖里区各级关工委深入开展“传承红色基因·争做时代新人”“青少年党史学习月”“老少同声颂党恩，携手奋进新征程”等主题教育实践活动413场，参与2.5万人次。7月10日，湖里区关工委在殿前街道高殿社区举办“湖里区关工委2023年夏令营开营暨青少年党史学习月活动”启动仪式。学习月期间，各基层关工委利用厦门经济特区纪念馆、厦门海堤纪念馆、神山党员综合教育基地等资源，开展观看电影纪录片、宣讲红色故事等主题实践活动。区关工委宣讲报告团围绕“红旗插上厦门岛”“追寻红色印记，传承海堤精神”等87个主题，举办巡回报告153场，受教育青少年1.8万人次。

【青少年法治教育】 2023年，湖里区关工委开展第五届“关爱明天，普法先行”青少年普法教育活动。3月27日，与区检察院、区法院在禾山中学举办全国中小学安全教育日模拟庭审活动；7月3—4日，与区司法局联合举办“播撒法治种子，守护青春成长”2023年湖里区青少年法治夏令营，60多名小学生参加线下营，5万余名学生及家长在线接受法治教育。各基层关工委面向青少年宣传《中华人民共和国未成年人保护法》《中华人民共和国预防未成年人犯罪法》《中华人民共和国家庭教育促进法》等法律。

【关爱助学】 2023年5月26日，湖里区关工委在华悦小学与市关工委联合开展“关爱成长微心愿”活动，为华悦学校50名困境儿童圆梦微心愿；5月27日，携手区慈善会关工委开展“湖里区2023年‘雨露育青苗’孤困儿童结对帮扶”活动，为232名孤困儿童发放价值58万元的扶助金及爱心大礼包。

（郑佳鹏）

党校工作

【概况】 2023年，湖里区委党校深入学习贯彻党的二十大精神和习近平总书记在中央党校建校90周年庆祝大会上的重要讲话精神，落实《中国共产党党校（行政学院）工作条例》和《干部教育培训工作条例》，完成中共中央组织部“深入一线斗争考察评价干部”专题培训、福建省军区主题教育培训、全国社区党组织书记和全国初任公务员培训等保障任务。全年完成317个班次培训任务，培训学员48455人次，其中，举办区内培训120个班次，培训学员13818人次，承办区外培训197个班次，培训学员34637人次。神山党员综合教育基地接待892个团队28070人次。

【教育培训】 2023年，湖里区委党校先后举办各类培训120个班次，培训学员13818人次。其中，举办年轻干部提高班培训，培训学员26人次，举办春秋季处科级干部培训班，培训学员72人次；举办“学习贯彻党的二十大精神”培训班，培训学员2402人次；开办党员发展对象培训班4期，培训学员176人次；开办党建引领基层治理培训班，培训学员811人次；举办人事干部管理培训班，培训学员

2023年6月16日，湖里区第二期业委会工作示范培训班开班式在区委党校举行

（区委党校 供图）

92 人次；举办信息产业人才研修班，培训学员 27 人次；开办“碳达峰、碳中和”“招商引资”“科技创新”“应急管理”“生态环保”专题培训班，培训学员 579 人次。举办“学习贯彻习近平新时代中国特色社会主义思想”主题教育读书班 3 期，培训学员 145 人次。开办共学课堂 18 堂，培训学员 92 人次。上专题党课 23 堂，听课学员 7819 人次。举办基层治理培训 12 场次，培训学员 1249 人次；其中，举办社区工作者队伍培训 1 场次，培训学员 42 人次；举办小区党支部书记培训 2 场次，培训学员 225 人次；举办业委会主任培训 3 场次，培训学员 354 人次；举办社区“两委”培训 3 场次，培训学员 471 人次；举办物业项目负责人培训 3 场次，培训学员 157 人次。组织全区各机关及事业单位干部、区属国企中层以上干部参加市委组织部“云直播”课堂 19 期，1 万余人次参加学习。督促全区各部门、机关及参公事业单位干部 984 人次参加福建省干部网络学院学习，参学率 100%，合格率 99%。

【教学管理】 2023 年，湖里区委党校严格落实《干部教育培训学员管理规定》，规范党性分析、学员评优、考勤管理等 7 项制度，形成“班主任—临时支部—班委—学员”的学风建设体系。添置手机柜 17 个，规范手机管理，严格课堂纪律。开展“无烟校区”创建活动，规范学员日常养成。开设开班破冰之旅、每日学员讲坛、主题分组研讨，采用学员为主体、教师为主导，打破“你讲我听”的教学模式。拓展视频教学、现场教学、“四同”研学（同吃、同住、同劳动、同学习）、课后自学等模式，激发学员参学热情。建设区、街、社区三级教学体系，组建“大咖专家 + 业务骨干 + 治理能人 + 社会组织专业人员”的特色教师队伍，重点打造近邻党建、小区业委会建设、小区物业管理、群众工作、小区改造提升、居民自治六大类 102 个精品课程。

【教学研究】 2023 年，湖里区委党校联合市委党校开发精品课程“习近平新时代中国特色社会主义思想在湖里的探索与实践”。在处科级主体班创设“培训 + 调研”模式，紧扣区委、区政府工作重点，以党校点题、学员领题方式，先后就岛内大提升、城中村改造提升等重点工作、重要领域开展调研，完成调研报告 12 篇，形成工作建议 26 个。联合市委党校、市委讲师团、驻厦高校，完成“习近平新时代中国特色社会主义思想在湖里的探索与实践”“赓续弘扬特区精神，勇当厦门率先实现社会主义现代化的拓荒牛”“神山红色文化资源开发与创新性发展路径探析”3 个重点课题，其中，《习近平新时代中国特色社会主义思想在湖里的探索与实践》入选中央党校“深入贯彻习近平新时代中国特色社会主义思想实践案例”。

【教师队伍建设】 2023 年，湖里区委党校整合社会各类优质教学资源，组建院校专家、机关领导干部、基层业务骨干等特聘教师队伍近 200 名，选派骨干教师到西安、延安、长沙等党校跟学访学。在区属国企代管公司设立 2 个专任教师岗位，专职从事区委党校的特色课程培训和科研咨政工作，招聘专职教师 1 名。

【教学基地建设】 2023 年，湖里区委党校打造神山党员综合教育基地，全年接待参观团队 892 个 28070 人次。坚持“党校 + 基地”“一点一特色”原则，把课堂搬到党建引领基层治理的先进社区、先进小区，征拆一线、惠企一线，创建党校现场教学基地 74 个。

（何昭鹏）

党史和地方志工作

【党史研究】 2023 年，湖里区配合市委党史和地方志研究室做好本年度的《中共厦门市委执政实录》撰稿工作，梳理并报送湖里区党建概况和主要工作。做好《十八大以来厦门对口扶贫协作暨对口支援口述资料汇编》撰稿工作，报送“做好乡村振兴的践行者”“山海协作架桥梁　服务群众见真情”等口述资料。

【地方志工作】 2023 年，湖里区组织参加省市召开的福建省年鉴精品工程样书评审会、终审验收会，完成《湖里年鉴（2022）》出版工作。《湖里年鉴（2020）》《湖里年鉴（2021）》《湖里年鉴（2022）》获评福建省全域精品年鉴工程，《湖里年鉴（2022）》获评福建省优秀年鉴特等奖。启动并开展《湖里年鉴（2023）》征稿和编纂工作。为《福建年鉴（2023）》《厦门年鉴（2023）》《厦门经济特区年鉴（2023）》供稿。

（蔡培育）

厦门市湖里区人民代表大会

综　述

【区人大常委会自身建设】 2023年，湖里区人大常委会召开党组会议、理论学习中心组学习会、主题教育读书班等学习研讨39场次，党组成员带头讲授主题教育专题党课6场次。常委会领导到一线调研，形成调研报告17篇，召开年度课题调研成果评审及交流会，推动成果转化4项。完成问题清单整改5项，专项整治结项1项。

【课题调研】 2023年，湖里区人大常委会聚焦湖里区经济发展的重点难点问题、人民群众急难愁盼问题，科学确定年度调研课题13个，形成调研文章17篇。10月24日，区人大常委会召开年度课题调研成果评审会，13篇课题调研成果达到合格等次以上标准，其中，优秀2篇、良好5篇、合格6篇。召开调研成果交流会，区人大各委办主任围绕调研课题，交流汇报调研成果，梳理存在问题，提出对策办法。

【区企业服务中心人大代表联系群众活动站揭牌】 2023年2月16日，湖里区企业服务中心人大代表联系群众活动站揭牌，该站是全市首个企业服务中心人大代表联系群众活动站。厦门市人大常委会党组成员、副主任郑岳林，人事代表工作室主任蒋娇容，湖里区人大常委会党组书记、主任吕参军，副主任曾文生为其揭牌。市人大代表钟庆达，区人大代表郭海云、夏江平，区工业园区管委会主任陈枫，区人大常委会办公室主任林虹等出席揭牌仪式。活动站以湖里创新园创新驿站为阵地，组织全区各级人大代表参加“企业接待日”，开通“代表直通车”，形成“益企”合力，服务企业发展。

【区委人大工作会议召开】 2023年6月25日，湖里区召开区委人

2023年湖里区人大课题调研成果评审结果一览表

表2

序号	课题名称	等次
1	应该重视“营生环境”——兼论营生环境是营商环境的重要一环	优秀
2	“六候”：提升话语权、影响力的重要环节——“加强基层人大代表工作能力建设”的思考	优秀
3	在推进基层人大实践中如何坚持以人民为中心	良好
4	“四气五味”：基层人大代表履职的基本素养	良好
5	结合全过程人民民主完善基层人大代表与群众双向联系机制的思考	良好
6	以实际行动践行全过程人民民主——关于推动基层人大代表积极履职的探索与思考	良好
7	浅谈基层立法联系点在社区治理体系中辐射带动作用	良好
8	城市更新的实践与思考——以湖里区城市更新为例	合格
9	关于我区国有资产管理的现状和思考	合格
10	关于深化“无欠薪标杆项目”创建工作的几点思考	合格
11	关于建立“一站式”矛盾纠纷调解中心的思考与建议	合格
12	发挥代表作用挖掘新动能大力发展福建海洋经济	合格
13	人大代表关于高崎滨海慢行观光系统的几点思考	合格

大工作会议，区委、区人大、区政府、区政协领导班子成员，区法院、区检察院、区直各部、委、办、局，各人民团体负责人，各街道党工委书记、人大工委主任，区人大常委会委员及部分区人大代表参加会议。会议传达中央、省委、市委人大工作会议精神；区委书记吴新奎讲话，对换届以来区人大工作取得的成绩表示肯定，并从三方面提出要求；常委会委员和部分区人大代表围绕如何做好新时代人大工作进行座谈讨论；区人大常委会党组书记、主任吕参军作总结讲话。

【政情通报会】 2023年9月12日，湖里区召开2023年上半年政情通报会，区人大代表、区政协委员参会。受区长黄颖委托，区政府副区长邓小达向人大代表、政协委员通报区政府2023年上半年工作情况和下半年工作安排；会议书面通报区法院、区检察院2023年上半年工作情况和下半年工作安排。

（薛月霞　王　珏）

重要会议与决定决议

【区九届人大三次会议】 2023年12月27—29日，湖里区第九届人民代表大会第三次会议召开。会议应出席代表219人，实到207人。会议听取和审议区政府区长黄颖作的政府工作报告、区人大常委会主任吕参军作的人大常委会工作报告、区人民法院院长李桦作的法院工作报告、区人民检察院检察长李才利作的检察院工作报告；审查2023年预算执行情况及2024年预算草案的报告。会议决定批准上述5个报告。会议接受吕参军辞去区九届人大常委会主任职务；选举连维兴为区九届人大常委会主任，选举焦莉、吴圣彬、林文为区九届人大常委会委员，新当选的区人大常委会主任、委员举行宪法宣誓仪式。代表联名提出的“关于推进‘三位一体’企业合规治理体系建设的议案”被列为大会议案；大会收到代表提出的区属职权范围内的建议、批评和意见113个。

【区九届人大常委会会议】 2023年，湖里区九届人大常委会召开会议8次，即第九届人大常委会第九至第十六次会议。

第九次会议　1月12日召开，区人大常委会主任吕参军主持会议，常委会组成人员27人出席会议。区政府常务副区长戴乐生、区监委主任叶荣昌、区法院院长李桦、区检察院检察长李才利、区政府办主任曹荣宝列席会议。会议表决通过人事任免有关事项。

第十次会议　2月23日召开，区人大常委会主任吕参军主持会议，常委会组成人员28人出席会议。区政府常务副区长戴乐生、区监委主任叶荣昌、区法院副院长林雪峰、区检察院检察长李才利、区政府办、区司法局领导及部分区人大代表列席会议。会议研究通过区人大常委会2023年度工作要点；听取和审议区人大常委会法制内司工委关于2022年度规范性文件备案审查工作情况的报告；书面审议区政府关于区人大常委会对“老旧小区改造情况”审议意见研究处理情况的报告。会议表决通过补选1名区第九届人民代表大会代表的决定，接受聂保太辞去湖里区第九届人大常委会委员、人民代表职务的决定。会议表决通过人事任免有关事项。

第十一次会议　4月25日召开，区人大常委会主任吕参军主持会议，常委会组成人员29人出席会议，区政府副区长吕方、区监委副主任秦璐、区法院院长李桦、区检察院副检察长郑新宇，区政府办、区政府相关职能部门领导以及部分人大代表列席会议。会议审议通过代表资格审查委员会关于补选代表资格审查的报告；听取和审议区政府关于2022年度生态文明建设和环境保护目标完成情况的报告；书面审议区政府关于湖里区台资企业转型升级情况的报告、关于区人大常委会对“区九届人大一次会议建议、批评和意见办理情况的报告”审议意见研究处理情况的报告。会议表决通过人事任免有关事项。

第十二次会议　6月15日召开，区人大常委会主任吕参军主持会议，常委会组成人员30人出席会议，区政府副区长王达、扎西顿珠，区监委主任叶荣昌，区法院院长李桦，区检察院检察长李才利，区政府办、区政府相关职能部门领导及部分区人大代表列席会议。会议听取和审议区政府关于城市更新提升情况的报告；书面审议区政府关于义务教育优质均衡发展情况的报告、区监委关于区人大常委会对“开展廉政教育工作报告”审议意见研究处理情况的报告。表决通过许可厦门市公安局集美分局依法对区人大代表潘伟江采取法律规定的取保候审强制措施的决定、关于接受文晓鸣等辞去湖里区第九届人民代表大会代表等职务的决定。会议表决通过人事任免有关事项。

第十三次会议　8月29日召开，区人大常委会主任吕参军主持会议，常委会组成人员27人出席会议，区政府常务副区长戴乐生、区监委主任叶荣昌、区法院院长李桦、区检察院检察长李才利，区政府办、区政府相关职能部门、禾山街道、金山街道人大工委等单位领导及部分区人大代表列席会议。会议对区法院员额法官刘惠斌的履职情况进行评议；听取和审议区政府关于2022年财政决算草案报告和关于预算执行及其他财政收支情况的审计报告、关于湖里区无欠薪标杆项目创建工作情况的报告、关于湖里区古厝古建筑保护利用工作情况的报告，区人大常委会执法检查组关于检查《厦门经济特区优化营商环境条例》《中华人民共和国社区矫正法》贯彻实施情况的报告，区检察院关于公益诉讼开展情况的报告；书面审议区政府关于区人大常委会对“2022年度生态文明建设和环境保护目标完成情况的报告”审议意见研究处理情况的报告。表决通过关于批准2022年区本级财政决算的决议。会议表决通过人事任免有关事项。

第十四次会议　10月31日召开，区人大常委会主任吕参军主持会议，常委会组成人员28人出席会议，区政府常务副区长戴乐生、区监委副主任曾斌、区法院副院长林雪峰、区检察院检察长李才利，区政府办、区政府相关职能部门、禾山街道、金山街道人大工委等单位领导及部分市、区人大代表列席会议。会议听取市人大代表姚天妹、熊姗姗、关怡、李亚华、吴玉芳、陈鹏峰、夏先鹏的履职报告，并开展评议；听取和审议通过区政府关于2023年1—8月预算执行情况和预算调整草案的报告、区政府关于湖里区“十四五”规划纲要实施情况中期评估报告；书面审议区政府关于区人大常委会对“城市更新提升情况的报告”审议意见研究处理情况的报告。会议表决通过关于批准湖里区2023年预算调整的决议。

第十五次会议　11月17日召开，区人大常委会主任吕参军主持会议，常委会组成人员26人出席会议，区人大常委会党组书记连维兴，区政府区长黄颖，副区长戚乐健、陈炜，区监委副主任秦璐，区法院院长李桦，区检察院检察长李才利，区政府办、区政府相关职能部门，各街道办，禾山街道、金山街道人大工委等有关单位领导及部分区人大代表列席会议。会议听取和审议区政府关于“探索实行矛盾纠纷调解程序前置”议案办理情况的报告；对区工信局（科技局）科技创新工作情况开展评议；对区“五社联动”（社区与社会组织、社会工作者、社区志愿者、社会慈善资源联动）工作开展专题询问；书面审议区政府关于区属国有企业资产管理情况的报告。表决通过关于接受王小帅等辞去湖里区第九届人民代表大会代表职务及补选2名湖里区第九届人民代表大会代表的决定、关于召开九届人民代表大会第三次会议的决定、关于探索实行矛盾纠纷调解程序前置办结的决定。会议表决通过人事任免有关事项。

2023年11月17日，湖里区九届人大常委会第十五次会议对区“五社联动”工作情况开展专题询问　（陈全爱　摄）

第十六次会议　12月19日召开，区人大常委会主任吕参军主持会议，常委会组成人员29人出席会议。区人大常委会党组书记连维兴、区政府常务副区长戴乐生、副区长朱校园、区监委主任叶荣昌、区法院院长李桦、区检察院检察长李才利，区政府办、区政府相关职能部门、各街道办、禾山街道人大工委等有关单位领导及部分区人大代表列席会议。会议补选周红岩、连维兴为厦门市第十六届人民代表大会代表；审议通过代表资格审查委员会关于补选代表资格审查的报告、关于代表资格审查情况的报告；研究通过区九届人大三次会议有关事项；听取和审议区政府关于2023年预算执行情况和2024年预算草案编制情况的报告、区政府关于区九届人大二次会议建议、批评和意见办理情况的报告，并对重点建议办理情况开展满意度测评；书面审议区政府关于区人大常委会对“2022年财政决算报告”审议意见研究处理情况的报告、关于区人大常委会对“2022年度预算执行和其他财政收支情况审计报告”审议意见研究处理情况的报告、关于区人大常委会对“我区古厝古建筑保护利用工作情况的报告”审议意见研究处理情况的报告、关于区人大常委会对“我区无欠薪标杆项目创建工作情况报告”审议意见研究处理情况的报告、关于区人大常委会对“检查《厦门经济特区优化营商环境条例》贯彻实施情况的报告”审议意见研究处理情况的报告、关于区人大常委会对“检查《中华人民共和国社区矫正法》贯彻实施情况的报告”、区检察院关于区人大常委会对“公益诉讼开展情况的报告”审议意见研究处理情况的报告。会议接受吕参军、陈晓东辞去厦门市第十六届人民代表大会、湖里区第九届人民代表大会代表职务的请求。会议表决通过人事任免有关事项。

【人大常委会主任会议】 2023年，湖里区人大常委会召开主任会议9次，上会议题12个。主要研究区九届人大常委会会议有关事项，研究常委会领导重点督办议案建议、执法检查方案、评议方案、专题询问方案等有关事项。

（薛月霞 王 珏）

人大监督

【概况】 2023年，湖里区人大常委会围绕高质量发展、民主法治建设、城中村现代化治理、民生品质改善等重点工作，运用多种监督举措，开展监督工作。全年听取和审议专项工作报告27项，开展执法检查2次、工作评议1次、专题询问1次、满意度测评1次。

【经济发展监督】 2023年，湖里区人大常委会听取审议湖里区“十四五”规划纲要实施情况中期评估报告，书面审议台资企业转型升级情况报告，对区工信局（科技局）科技创新工作开展评议。人大代表视察市区经济项目、区高新技术企业发展情况、文旅商融合发展、社区集体发展中心用地建设、湿地公园TOD项目等5场次，为推进湖里区经济高质量发展建言献策。

【依法治区监督】 2023年，湖里区人大常委会听取审议法制内司工委关于2022年规范性文件备案审查工作情况报告、区检察院关于公益诉讼情况报告。对区法院1名员额法官履职情况开展评议，督促任命人员依法履职、公正司法。抓好“关于探索实行矛盾纠纷调解程序前置的议案”的督办工作，听取审议办理情况并作出办结决定。

【执法检查】 2023年，湖里区人大常委会开展宪法宣传与执法检查，对《中华人民共和国社区矫正法》《厦门经济特区优化营商环境条例》等贯彻实施情况开展执法检查。

4月26日，区人大常委会副主任曾文生率执法检查组对全区贯彻实施《中华人民共和国社区矫正法》情况开展执法检查。检查组到区社区矫正中心现场察看各功能区及智慧矫正中心的规划布局、设施配置、信息化技术应用等，听取有关情况介绍，查阅社区矫正相关档案资料。召开座谈会，听取区政府、区法院、区检察院、湖里公安分局、社区矫正中心关于《中华人民共和国社区矫正法》贯彻实施情况的汇报，并提出意见建议。

8月2日，区人大常委会副主任陈滨率领执法检查组对全区贯彻实施《厦门经济特区优化营商环境条例》的情况开展执法检查。在区市场监督管理局，检查组详细了解该局关于优化营商环境工作的开展情况和取得的成效，并针对营商举措提出建议；在区行政审批管理局，检查组实地察看并听取相关人员对办事大厅窗口设置、人员配备、便民服务措施、智慧化政务建设等情况介绍。

【财经工作监督】 2023年，湖里区人大常委会加强对经济运行情况的分析与监督，听取审议区政府关于2022年决算草案的报告、2022年区本级预算执行和其他财政收支情况的审计工作报告、2023年1—8月预算执行情况和预算调整草案的报告、2023年预算执行情况和2024年预算草案编制情况的报告以及“十四五”规划纲要实施情况中期评估报告；书面听取区属国有企业资产管理情况的报告。

【生态环保和城区建设监督】 2023年，湖里区人大常委会紧扣生态文明建设要求，听取审议区政府关于2022年度生态文明建设和环境保护目标完成情况的报告。围绕推进东部旧村改造和安置房建设，听取审议区政府关于城市更新提升情况的报告，围绕湖里区岛内大提升建设和城中村现代化治理工作，开展视察10场次。

【民生品质改善监督】 2023年，湖里区人大常委会听取审议区政府关于义务教育优质均衡发展、无欠薪标杆项目创建、古厝古建筑保护利用、区九届人大二次会议建议、批评和意见办理等工作情况的报告；对重点建议办理工作情况开展满意度测评；对湖里区“五社联动”工作开展专题询问；视察辖区新开办学校建设、食品安全管理，消防救援能力建设等5场次。

（薛月霞 王 珏）

人事任免

【概况】 2023年，湖里区九届人大常委会任免国家机关工作人员55人次，其中，区人大常委会工作机构工作人员8人次，区政府组成部门人员21人次，区监察委员会工作人员1人次，区法院、区检察院工作人员 25 人次。

【区人大常委会工作人员任免】 2023 年，湖里区九届人大常委会任免人大常委会工作机构工作人员 8 人次。2 月 23 日，湖里区九届人大常委会第十次会议免去聂保太的金山街道人大工委主任、区九届人大常委会代表资格审查委员会成员职务，接受聂保太辞去区九届人大常委会委员职务，任命吴圣彬为金山街道人大工委主任。6 月 15 日，湖里区九届人大常委会第十二次会议免去文晓鸣的禾山街道人大工委主任、区九届人大常委会代表资格审查委员会成员职务，接受文晓鸣辞去区九届人大常委会委员职务，任命焦莉为禾山街道人大工委主任。

【区政府组成部门人员任免】 2023 年，湖里区人大常委会任免区政府组成部门人员 21 人次。1 月 12 日，湖里区九届人大常委会第九次会议任命吕方、朱校园为区政府副区长，免去朱碧蓉区政府副区长职务。2 月 23 日，湖里区九届人大常委会第十次会议免去朱觉区文旅局局长职务、刘梓良区政府信访局局长职务，任命高翔为区文旅局局长、沈墩彪为区信访局局长。6 月 15 日，湖里区九届人大常委会第十二次会议免去曹荣宝区政府办公室主任职务、庄伟区司法局局长职务、邱舒艺区市政园林局局长职务，任命郭顺强为区司法局局长、文晓鸣为区市政园林局局长。8 月 29 日，湖里区九届人大常委会第十三次会议，免去胡振强区发改局局长职务、高翔区文旅局局长职务、邱巍区统计局局长职务，任命胡振强为区政府办公室主任、邱巍为区发改局局长、肖琼为区文旅局局长、陈惠旋为区统计局局长。11 月 17 日，湖里区九届人大常委会第十五次会议免去邓小达区政府副区长职务，任命陈炜为区政府副区长。

【区监察委员会监察人员任免】 2023 年，湖里区人大常委会任免区监察委员会委员 1 人。6 月 15 日，湖里区九届人大常委会第十二次会议免去许付志的区监委委员职务。

【区法院审判人员任免】 2023 年，湖里区人大常委会任免区法院审判人员 20 人次。4 月 25 日，湖里区九届人大常委会第十一次常委会免去蔡守业、宋晋勇区法院审判委员会委员、审判员职务，陈慧琳区法院审判员职务。6 月 15 日，湖里区九届人大常委会第十二次会议任命尹胜虎、王迎春、姚亮、李艳斐为区法院审判委员会委员，魏修修为区法院审判员，张明梅为区法院审判员、殿前人民法庭副庭长，陆启亮、周华萍为区法院审判员、刑事审判庭副庭长。8 月 29 日，湖里区九届人大常委会第十三次会议免去王友平区法院民事审判二庭庭长、审判委员会委员、审判员职务，刘洲区法院刑事审判庭庭长职务，陈惠清区法院简易案件审判庭副庭长职务，郭顺强区法院审判员职务。任命刘洲为区法院民事审判二庭庭长、龚晓星为区法院刑事审判庭庭长、薛潇为区法院自由贸易区法庭庭长、李福清为区法院自由贸易区法庭副庭长。12 月 19 日，湖里区九届人大常委会第十六次常委会免去刘晓洪区法院综合审判庭庭长、审判委员会委员、审判员职务。

【区检察院检察人员任免】 2023 年，湖里区人大常委会任免区检察院检察人员 5 人次。1 月 12 日，湖里区九届人大常委会第九次会议任命陶孟英为区检察院检察员、检察委员会委员，免去吴华峰、林莉区检察院检察委员会委员、检察员职务。6 月 15 日，湖里区九届人大常委会第十二次常委会免去罗琳区检察院检察员职务。11 月 17 日，湖里区九届人大常委会第十五次常委会免去王琢区检察院检察员职务。

（薛月霞　王　珏）

代表工作

【概况】 截至 2023 年底，湖里区有区九届人大代表 219 人，市十六届人大代表 47 人。全年组织开展视察活动 20 场次；督办代表议案、建议 54 件；81 名市、区人大代表向原选举单位或选区选民报告履职情况；组织人大代表 800 余人次开展联系群众活动，解决群众难题 534 件。

【议案建议督办】 2023 年，湖里区人大常委会成立区人大代表议案建议工作专班，制订《湖里区人大代表议案建议工作流程》，实行代表议案建议提报前置。落实常委会领导领衔督办、专（工）委对口督办、办公室每月跟踪督办、重点建议办理督查和满意度测评等工作机制。区九届人大二次会议代表所提建议 53 件，办理、答复 53 件，代表满意率和基本满意率 100%。继续抓好“关于探索实行矛盾纠纷调解程序前置的议案”的督办工作，并作出议案办结决定。

【代表视察】 2023 年，湖里区人大常委会组织市、区人大代表、专（工）委委员开展专题视察和跨区视察 20 场次。

2 月 17 日，殿前街道代表团

到厦门航空有限责任公司新总部视察厦门航空有限责任公司近年的发展情况，了解湖里区临空产业链的发展机遇和发展情况。

4 月 28 日，湖里街道人大工委组织部分区人大代表视察鼓浪屿美术学院，围绕艺术和城市发展座谈交流。

5 月 16 日，区人大常委会组织部分区人大代表和科教文卫侨工委委员视察湖里区新开办学校建设情况。代表们实地视察厦门市尚文实验学校、厦门市金林湾花园实验幼儿园、厦门长菁外籍人员子女学校。

5 月 24 日，市十六届人大湖里代表小组视察湖里区企业服务中心、艾恩姆集团有限公司、欣贺研发设计中心，了解湖里区经济发展、营商环境建设等情况。

6 月 21 日，江头街道人大工委组织市十六届人大湖里代表小组到集美区开展跨区视察。代表们实地察看厦门塔斯曼生物工程有限公司、二农社区埭溪桥社、天水鹭（厦门）农业开发有限公司。听取企业关于生产经营、技术研发、规划建设等情况介绍，了解农业特色产业、农村人居环境治理等工作具体做法。

6 月 28 日，部分市区人大代表联合视察一元花园、莱茵花苑小区、金尚小区，考察老旧小区改造情况。代表们实地察看小区改造后的新貌，听取 3 个老旧小区的改造情况、资金投入及后续管理等工作介绍。

6 月 30 日，湖里街道人大工委组织部分区人大代表到厦门沃丰食品有限公司视察，调研海产品加工业现状与发展前景，听取食品安全情况工作汇报。

7 月 2 日，殿前街道代表团组织代表视察全市首个智能化企业服务驿所殿小二智荟家园，了解殿前街道辖区营商环境情况和企业服务做法。

7 月 25 日，区人大常委会组织部分区人大代表到湿地公园 TOD 项目、区政务服务中心实地视察湖里区“无欠薪标杆项目”创建情况，听取关于保障农民工工资支付工作情况的汇报。

7 月 26 日，区人大常委会组织区人大代表视察湖里区高新技术企业发展情况。代表们到立达信物联科技有限公司、科华数据股份有限公司、大洲新燕生物股份有限公司实地察看，听取介绍，沟通交流，了解企业规模、生产工艺、产业布局、发展规划和人才队伍建设等情况。

8 月 2 日，禾山街道人大工委组织部分市区人大代表视察城中村综合改造进展情况，视察组先后到尚忠社、卢厝社、围里社实地察看，并听取公共停车位、环卫设施、消防设施等民生工程的规划情况汇报。

8 月 4 日，区人大常委会组织视察城中村现代化治理进展情况。视察组实地察看尚忠社、卢厝社，了解社区基础设施建设、道路景观建设、强弱电缆线落地、雨污病害治理等工作开展情况。

8 月 21 日，区人大常委会组织部分区人大代表和区人大城建环资工委委员视察湖里区城中村综合治理情况。视察组先后到江头街道后埔社区、金山街道后坑社区，听取工作开展情况介绍，实地走访，举行座谈，了解湖里区城中村综合治理工作开展情况。

8 月 25 日，金山街道人大工委组织湖里区第九届人大代表金山代表团到湿地公园 TOD 项目、路桥集团党群服务中心视察，看发展，谈感受，献良策。

9 月 13 日，区人大常委会组织部分区人大代表视察湖里区消防救援能力建设情况。代表们听取华荣消防站建设及日常运行情况介绍，了解队伍建设和器材配备情况，现场观摩消防员实操训练；实地察看围里小区消防救援站各类消防救援车辆、器材装备及队伍建设情况。召开座谈会，听取湖里区消防救援能力建设情况的汇报，并开展交流讨论，代表们提出意见建议。

9 月 22 日，区人大常委会组

2023 年 5 月 24 日，市、区两级人大代表视察湖里区企业服务中心

（陈金爱　摄）

织区人大财经工委、金山街道人大工委有关人员，14名市、区人大代表以及3名专家到万科云玺视察金砖数字新城建设进展情况。代表们观看宣传片，听取讲解，实地察看，现场交流，了解东部金砖数字新城建设进展情况。

9月26日，市十六届人大湖里代表小组到塘边社区、兴隆路、东渡片区，实地察看城中村综合治理、“断头路”打通、城市更新等项目进展情况，并提出建议。

10月18日，区人大社会建设委员会组织社会建设委委员视察湖里区全民健身活动推进情况。代表们实地视察禾山运动中心、金枋世家近邻运动场、区文旅体指挥中心。

11月7日，江头街道人大工委组织部分区人大代表视察湖里区东部拆迁安置房建设情况，实地走访蔡塘古地石安置房和蔡塘G22地块项目，听取代建单位介绍安置房建设工作进展情况。

11月16日，湖里街道人大工委组织辖区部分人大代表到后浦社区、厦门市绿百合食品有限公司视察。代表们实地调研后浦城中村缆线整治、配套设施建设、共享空间打造、智慧管理平台建设等情况，听取“两改造三提升”工作汇报，调研厦门市绿百合食品有限公司安全溯源管理、对口帮扶等情况，围绕城中村现代化治理、食品安全监管等建言献策。

12月13日，禾山街道人大工委组织部分市区人大代表视察社区发展用地规划建设情况。代表们实地察看钟宅畲族社区发展中心项目、坂尚社区发展中心项目建设情况，听取围里社区发展中心项目选址及规划介绍。

12月22日，金山街道人大工委组织湖里区人大代表金山代表团到后坑社区城市更新指挥部、两岸金融中心片区企服工作站开展视察。听取指挥部的工作情况汇报，了解项目整体规划及工作进展、城中村空间梳理和“四打通”工作情况，提出意见建议。

【人大代表专题座谈会】 2023年，湖里区人大常委会围绕“湖里区低效工业用地再开发”“城中村现代化治理”“东部金砖数字新城建设”3个主题，成立由区人大常委会领导、区人大常委会及政府等有关部门人员、相关行业领域的市区人大代表以及专家为成员的专题调研组，召开人大代表专题座谈会3场，梳理出14个方面的意见、建议，并形成报告，供区委决策参考。

3月29日，区人大常委会在湖里街道人大代表联系群众活动室召开“湖里区低效工业用地再开发”代表专题座谈会。会议听取“湖里区低效工业用地再开发工作方案”“厦门湖里区汽车智能网联系统产业发展规划（2022—2025）”“湖里老工业区低效用地实践和调研情况”等有关工作介绍。与会人员围绕湖里区低效工业用地再开发现状、存在的问题、下一步规划等进行深入交流讨论，为老工业区及低效用地盘活建言献策。

8月4日，区人大常委会召开城中村现代化治理人大代表专题座谈会。会前，调研组到尚忠社、卢厝社视察城中村现代化治理进展情况，了解社区基础设施建设、道路景观建设、强弱电缆线落地、雨污病害治理等情况。视察后，调研组听取禾山街道和区建设局分别作的城中村现代化治理工作情况汇报。代表们围绕城中村现代化治理中存在的问题进行交流讨论，并提出意见建议。

9月22日，区人大常委会召开东部金砖数字新城建设人大代表座谈会。会议听取金山街道关于东部金砖数字新城策划与建设情况的介绍和关于湖里区东部金砖数字新城片区产业策划研究报告。与会人员围绕东部金砖数字新城建设进行交流讨论，就产业规划布局、招商引资、基础配套等方面提出意见和建议。

【代表履职平台建设】 2023年，湖里区成立厦门市首个企业服务中心人大代表联系群众活动站。至年底，全区建成代表联系群众活动室（站）66个，其中，行业等特色站点5个。打造湖里街道濠头社区“‘濠’在有邻”、江头街道金尚社区“‘金’‘尚’添‘画’”（“锦上添花”）等基层人大工作品牌。代表在活动室（站）开展专题辅导和小组学习，提高代表履职能力。先后组织81名市、区人大代表向原选举单位或选区选民报告履职情况。全年组织代表800余人次，接访群众1700余人次，推动解决群众困难或问题534个。

【代表资格变动】 2023年，湖里区九届人大常委会接受8人辞去人大代表职务，补选区九届人大代表12名；接受1人辞去市十六届人大代表职务，补选市十六届人大代表2名。截至12月底，湖里区第九届人民代表大会实有代表219名、厦门市十六届人大代表47名。

（薛月霞　王　珏）

厦门市湖里区人民政府

综　述

【经济和社会发展】 2023年，厦门市湖里区人民政府（以下简称湖里区政府）在市场环境低迷、主导行业支撑减弱等压力下，推动经济复苏。全年实现地区生产总值1724.18亿元，比上年增长1.5%；一般公共预算总收入288.12亿元，增长2.9%。二、三产业结构优化至35.4∶64.6，高技术增加值占规模以上工业增加值的76.8%，居全市第一。建筑业产值1003.6亿元，规模升至全市第一。批发零售业产值12497.66亿元，连续三年蝉联全市第一。软件信息业实现营业收入翻番。盘活国企闲置资产，去化率全市第二。推进湖里老工业区2.5平方千米低效工业用地再开发，推动7个试点项目前期工作。启动后坑垃圾焚烧厂搬迁。106个老旧小区完成改造，实现建成超20年小区全覆盖。快速推进城中村“两改造三提升”工作，完成16个城中村空中缆线整治。东荣社区入选全国首批完整社区建设试点；后坑片区“留改拆并举”实现整治与开发一体化。9个大类38个为民办实事项目完成率100%，民生社会事业投入占财政支出超65%。每千名老人养老床位80张，位居全市第一。办理人大建议、政协提案247件。完成体量最大的钟宅社、泥金社征拆扫尾，历时5年的东部旧村改造征拆工作收官，乌石浦旧村改造项目完成返迁。金砖创新基地总部区摘牌落地，金砖数字工业智谷开工建设。邮轮母港成为全国邮轮运输试点示范港，东渡港区纳入全省实施启运港退税试点。成立全市首个台胞服务中心，台青创客家获批国家级海峡两岸青年就业创业基地。惠和石文化园入选国家AAAA级旅游景区，获评省级对台交流基地。厦金航线“小三通”有序恢复。山海协作不断深化，共建的闽宁产业园封顶通用厂房16栋、落户企业17家，拨付消费帮扶资金5.32亿元。全省首个通过“全国义务教育优质均衡发展区”省级督导评估，通过国家评估认定。成为全市唯一进入全国工业、创新百强双榜单的区，获评全国国土资源节约集约模范区、投资竞争力百强区、旅游综合实力百强区，全省“十优”发展区、基础教育综合改革实验区、平安建设示范区、建筑之乡等。

（童乔容）

【征地拆迁及返迁】 2023年，湖里区累计完成土地征收32.92万平方米，完成房屋征收23.96万平方米，房屋拆除21.87万平方米。区委、区政府调整片区指挥部人员架构。完成钟宅旧村整村改造征拆扫尾工作及泥金社签约扫尾拆除工作，完成东部旧村33个自然社超930万平方米建筑物征拆工作。返迁安置及产权办理工作稳步推进，完成美仑花园一期、浦东花园及乌石浦花园、钟宅北苑一期等项目返迁安置工作，安置房源2500套，建筑面积23万平方米。

（纪曼钰）

【政务督查】 2023年，湖里区政府办公室围绕经济增长、民生工程、项目建设、安全生产等重点工作，下发督查通知单45份、批示交办事项抄告单51份，发布督查通报7期。完成督办市政府工作报告涉及湖里区的工作任务86项和区政府工作报告工作中的任务88项（224个子项），跟踪督办区委、区政府主要领导批示件81件，区政府领导办公自动化系统（OA）批示件50件，在既定时限内办结反馈率100%。组织对群众投诉问题、安全生产、消防安全、城中村空间梳理和“四打通”等工作开展现场检查督办100余次。

【政务信息公开】 2023年，湖里区政府网站重点围绕惠企纾困、就业创业、财政投资、安全生产等方面，主动公开政府文件 598 份，全文电子转化率 100%；全区受理政府信息公开申请 168 件，按时办理答复 156 件，结转到下一年度办理 12 件；制发《湖里区人民政府公报》6 期。8 月底，梳理形成现行有效行政规范性文件目录清单，集中发布本级政府、所属部门、所辖街道的现行有效行政规范性文件。10 月 19—20 日，在湖里区委党校举办为期 2 天的湖里区政务公开业务培训班，邀请省、市专家为全区政务公开工作人员授课。10 月底，区政府门户网站增设教育、社保、住房、交通、就业创业、社会救助和福利、婚姻生育、医疗健康和企业开办等民生领域专题。12 月底，在区政务服务中心政务公开专区场地增设政府信息查询区、政府信息申请区、政务自助办理区、政策解读宣传区、政务活动开展区 5 个功能区。

【建议提案办理】 2023 年，湖里区政府办公室统筹开展市、区两级人大代表建议和政协委员提案办理工作，分解交办市、区人大代表议案 1 件、建议 92 件，政协委员提案 154 件。至年底，市、区人大代表议案、建议和政协委员提案全部办结，满意率 100%

【为民办实事】 2023 年，湖里区办结各级为民办实事项目 9 类 38 项 42 个子项目，其中，省市级为民办实事项目 26 项，区级为民办实事项目 16 项。

（童乔容）

重要会议

【区政府第一次全体成员（扩大）会议】 2023 年 6 月 15 日，湖里区政府第一次全体成员（扩大）会议暨廉政工作会议在区行政中心召开，区委副书记、区长黄颖主持。区政府领导班子，区直各部门主要领导参加会议。会议强调，要切实提高政治站位，铸牢忠诚之魂，深入抓好学习贯彻习近平新时代中国特色社会主义思想主题教育，大兴调查研究之风；要乘势而上全力而为，解放思想，开拓创新，敢闯敢试，探路先行；要敢打敢拼开创新局，传承弘扬特区精神，牢固树立正确的政绩观；要纵深推进廉政建设，深入贯彻全面从严治党战略方针，做到正己律人，严守廉洁从政各项规定。

【区政府常务会议】 2023 年，湖里区召开区政府常务会议 34 次，即第九届第三十六次至第六十九次常务会议，上会议题 220 个。会议详情见表 3。

（叶　杰）

2023 年湖里区人民政府常务会议情况一览表

表 3

日期	会次	会议议题
1 月 8 日	第三十六次	研究 2023 年第一季度“开门稳”有关工作、讨论《湖里区 2023 年一季度鼓励大型批发企业高质量发展实施办法（送审稿）》等议题 4 个
1 月 18 日	第三十七次	传达学习全国安全生产电视电话会议精神，听取区安委办关于 2022 年全区安全生产工作的情况汇报等议题 2 个
2 月 13 日	第三十八次	研究生态环境保护有关工作，讨论关于提请研究与自贸委共同出台促进外资扩增量稳存量提质量扶持措施的请示、关于提请研究 2023 年政府投资项目年度计划的请示等议题 10 个
2 月 26 日	第三十九次	研究城中村排水管道修复、关于购置海上世界 4 号楼部分物业有关工作等议题 5 个
3 月 8 日	第四十次	传达学习习近平总书记关于近期安全生产工作的重要指示精神、国务院安委办关于春节期间 2 起典型事故的通报，听取区安委办关于安全生产工作的情况汇报、区消安委办关于消防安全工作的情况汇报、湖里消防救援大队关于厦门市湖里区安岭二路 86 号综合楼重大火灾隐患销案摘牌的情况汇报；研究两会期间安全保障工作等议题 6 个
3 月 12 日	第四十一次	研究招商引资有关工作，讨论《关于 A31 地块监管协议的请示》等议题 3 个
3 月 22 日	第四十二次	传达学习全国两会有关精神，研究部署区政府贯彻落实意见；研究部署文明创建冲刺阶段重点工作等议题 6 个
4 月 10 日	第四十三次	研究影视文化产业高质量发展有关工作，讨论“关于提请开展湖边水库商住组团地块综合开发城市设计咨询工作的请示”“关于钟宅北苑二期安置型商品房工程项目采用评定分离办法事宜的请示”等议题 4 个

续表 3

日期	会次	会议议题
4 月 12 日	第四十四次	传达学习习近平总书记关于违建别墅清查整治工作重要指示批示精神，听取区发改局关于湖里区贯彻落实违建别墅专项行动“回头看”工作的汇报等议题 13 个
4 月 21 日	第四十五次	研究 2022 年湖里区为民办实事有关工作，讨论关于研究重启湖边水库东片区市政道路一期工程相关事宜的请示等议题 6 个
4 月 28 日	第四十六次	研究环岛慢行道项目、城中村（塘边社等 16 个社）空中缆线整治项目投资概算等议题 4 个
5 月 22 日	第四十七次	研究不可移动文物坂美九十九间修缮工程、调整国企化管养经费标准、申请 2023 年食品安全相关工作经费财政预算等议题 16 个
5 月 31 日	第四十八次	讨论厦门和航物流有限公司“1・31”亡人事故调查报告、设立象屿安监站等议题 5 个
6 月 8 日	第四十九次	传达学习《关于配合做好市党政主要领导经济责任审计和自然资源资产离任（任中）审计工作的通知》要求，听取区审计局关于湖里区配合审计工作的情况汇报；传达学习国家安全生产十五条硬措施、省 66 条细化措施和市 80 条措施，听取区应急局关于开展湖里区重大事故隐患专项排查整治 2023 年行动的情况汇报等议题 7 个
6 月 12 日	第五十次	讨论《湖里区关于鼓励和支持台湾青年创业就业实施办法（送审稿）》、2023 年湖里区第二批土地房屋征迁项目计划和资金预算等议题 5 个
6 月 21 日	第五十一次	研究开展 2023 湖里区魅力购夏季活动、解决环岛东路污水断头管等议题 3 个
7 月 13 日	第五十二次	传达学习习近平总书记关于安全生产的重要论述、对宁夏银川市兴庆区富洋烧烤店燃气爆炸事故作出的重要指示精神，以及全省、全市安全防范工作紧急视频会议要求；听取区应急管理局关于湖里区重大事故隐患专项排查整治 2023 行动开展情况、区市政园林局关于燃气安全专项排查整治情况的汇报等议题 12 个
7 月 19 日	第五十三次	研究湖里区群众身边健身运动场地设施建设工作方案、讨论研究湖里区 2023 年第三批土地房屋征迁项目资金预算相关工作等议题 5 个
8 月 6 日	第五十四次	研究全区安全生产及重大事故隐患专项排查整治等有关工作、完善消防工作体系有关事宜等议题 3 个
8 月 17 日	第五十五次	研究强化营商环境市场主体满意度工作相关事宜、营商环境绩效考核办法等议题 5 个
8 月 21 日	第五十六次	传达学习全国生态环境保护大会精神，研究初步贯彻落实意见；讨论关于组织学习新修订的《福建省消防条例》的请示、关于对湖里大道 24 号综合楼重大火灾隐患单位实施挂牌督办的请示等议题 8 个
9 月 4 日	第五十七次	传达学习全省、全市防御台风“海葵”会商部署会议精神及上级领导批示有关要求，研究湖里区防范应对台风有关工作等议题 3 个
9 月 13 日	第五十八次	研究 2022 年度湖里区行政案件司法审查情况、2023 年上半年湖里区信访工作形势、祥城路等 29 条道路命（更）名及 5 个居民点申报工作等议题 9 个
9 月 20 日、21 日	第五十九次	传达学习上级关于迎接省“点题整治”联合督导工作部署会议精神，研究部署湖里区生态环保有关工作、2023 湖里魅力购活动有关事宜等议题 5 个
9 月 27 日	第六十次	研究第四季度及“两节”安全生产、阶段性支持工业企业企稳回升、2023 年中国数字音乐产业大会有关工作等议题 8 个
10 月 8 日	第六十一次	研究湖里区禁毒工作、闽宁协作、政务服务指标提升“双牵头”、第二轮不可移动文物集中保护修缮等议题 9 个
10 月 16 日	第六十二次	研究枋湖民俗文化园健康步道及观景平台串联工程、成功大道西侧绿化景观提升、五缘湾湿地公园公厕及酒店外部污水管改造、忠仑公园盆景园及停车场直接委托厦门惠和股份有限公司建设管理等议题 5 个
10 月 27 日	第六十三次	研究湖里区国民经济和社会发展第十四个五年规划纲要实施情况中期评估、第四季度全区安全生产、1—8 月财政预算执行情况及年度预算调整、对一般不可移动文物林秀举宅实施迁移异地保护等议题 4 个
11 月 8 日	第六十四次	研究湖里区经济工作先进集体和先进个人表彰、加强财会监督、区本级预算执行和其他财政收支审计发现问题的整改等议题 16 个

续表 3

日期	会次	会议议题
11 月 18 日	第六十五次	研究安全生产、环保、林业改革发展、建设项目有效投资整改、市政道路工程项目等议题 8 个
11 月 29 日	第六十六次	传达学习习近平总书记关于安全生产重要论述和重要指示批示精神、安全生产十五条措施和全省安全防范工作视频会议精神，研究重大事故隐患专项排查整治推进情况及消防工作情况，讨论并通过区九届人大二次会议代表建议、批评和意见办理情况等议题 10 个
12 月 8 日	第六十七次	研究统计、安全生产、义务教育优质均衡发展区创建等议题 7 个
12 月 14 日	第六十八次	讨论《政府工作报告（送审稿）》《湖里区 2023 年预算执行情况和 2024 年预算草案的报告（送审稿）》等议题 4 个
12 月 19 日	第六十九次	讨论利晶微新一代微发光二极管显示器（MicroLED）封装显示项目支持方案议题 1 个

招商引资

【概况】 2023 年，湖里区出台《关于进一步强化招商引资和企业落地服务工作实施意见》，成立基金、平台、市属国企、外资 4 个重点领域招商小分队，推出“湖里招商一张图”小程序，优化招商工作机制。围绕全市“4+4+6”现代化产业体系，滚动生成促对接、促落地、促运营项目 263 个，计划投资 964 亿元。坚持大招商、招大商、大员招商，区委、区政府主要领导分别带队赴东南亚、欧洲招商，区领导挂钩跟进在谈重点招商项目 56 个。举办湖里·永宁·浦城·连城联合招商推介会、基金招商专题推介会，开展境内外招商活动 55 场、城市推介会 11 场，对接腾讯集团、哔哩哔哩等优质企业 353 家，签约百威亚太（厦门）赋能科技、桑若钙钛矿光伏等 173 个项目，总投资 964 亿元，落地通用金砖、奥佳华马德保康等 404 个项目。至年底，湖里区实际利用外资 7482 万美元，完成利用外资任务数的 30.5%，比上年下降 46.1%。新设及增资内资企业 18154 家，总注册资金 1200.46 亿元。

【第二十三届投洽会招商】 2023 年，湖里区精心筹备组织第二十三届投洽会相关招商推介活动。联手永宁县、浦城县、连城县召开招商推介会，围绕山海协作、综合改造、金砖、科创、服贸供应链、金融（基金）、文旅商、用地、外资等九大方向现场洽谈对接项目 223 个，投资总额超 1000 亿元，其中，现场签约项目数和投资总额实现双翻倍，均位居全市各区第一。召开城市更新项目推介会，邀请 23 家央企、国企代表出席，集中向企业推介优质城市更新项目 38 个，投资总额超 500 亿元。

（钱黎旋）

【央企和总部招商】 2023 年，湖里区对接央企和总部项目 44 个，总投资额 301.99 亿元。其中，旭日东升供应链项目、厦门城市免税综合体项目等促对接项目 9 个，总投资额 119 亿元；荣佳—百信数字科技产业园、蔡塘地铁连接体项目等促落地项目 15 个，总投资额 46.67 亿元；通用金砖创新基地总部区项目等促运营项目 7 个，总投资额 82.4 亿元；13 个项目退库；中国航天科技人才服务项目、乔丹总部大楼等实绩竞赛入库项目 8 个，总投资额 29.7 亿元。完成央企新落地项目 8 个，总投资 1.1 亿元；新签约项目 5 个，总投资额 176.9 亿元，2 个项目纳入省级跟踪管理重大招商项目，总投资额 105 亿元，其中，通用金砖创新基地总部区为 2023 年新入库项目。总部招商项目 18 项，总投资额 106.5 亿元。其中，落地项目 2 个，投资额 11.1 亿元；签约项目 4 个，投资额 95.1 亿元。

（黄姝颖）

【联动招商】 2023 年，湖里区联合市自贸委推动央企中科航天人才设立航天人力资源产业园，先后引进航天科技等 96 家软件信息、商务居民服务业企业，营收规模超百亿元。联合厦门火炬高新区管委会成立厦门新数科创有限公司，建设金砖工业智谷，按“挂牌即招商”“拿地即开工”“竣工即开园”模式有序推进，推动德尔气体科技有限公司、视源希沃电子科技股份有限公司等 20 家意向企业商洽入驻。

【招商活动】 2023 年，湖里区组织赴北京、上海、广州、深圳等重点城市招商 59 次，举行招商推介会 6 场，对接哔哩哔哩、腾讯集团等优质企业 312 家。组织赴新加坡、法国等 6 个国家及中国香港、澳门特别行政区招商，召开招商推介会 5 场，对接 SM 集团、德信集团、普德赋、Elle 酒店、滴灌通等 41 家企业，推动普德赋、Elle 酒店

2023 年 7 月 2—11 日，湖里区委书记吴新奎（前排左六）率团赴新加坡、印度尼西亚、菲律宾等国家开展招商推介活动。图为招商团与印度尼西亚中华总商会部分人员合影　　（区商务局　供图）

与招商蛇口合作打造中法产业园。

【“湖里招商一张图”小程序上线】2023 年 9 月，微信小程序“湖里招商一张图”上线。该程序由湖里区商务局与市规划数字技术研究中心联合开发，梳理出产业园区 15 个，可供招商面积 151 万平方米；摸排出可供出让商业服务、公共服务、酒店等地块 51 幅，总面积 95 万平方米。用户可在小程序线上浏览和查询湖里区产业园区、招商地块、招商楼宇等信息。

（钱黎旋）

人力资源管理

【概况】2023 年，湖里区人力资源和社会保障局（以下简称湖里区人社局）管理事业单位 119 家，在编、在职工作人员 5195 人，其中，管理人员 482 人（含“双肩挑”人员 178 人）、专业技术人员 4629 人、工勤技能人员 84 人；纳入湖里区劳务派遣有限公司统一管理的机关事业单位非在编人员 600 人，部门补充性工作人员 34 人。湖里区人社局以公开招考为主要方式，为湖里区事业单位及时补充各类优秀人才，市区联合招聘编内工作人员 43 名，通过简化程序选聘非在编人员 76 名。

【人才补贴发放】2023 年，湖里区人社局审核兑现高层次人才个人所得税奖励 28 人 151.56 万元，引进优秀高校毕业生引才补贴 22 人 59.5 万元，引进人才生活补贴 2345 人 5393 万元。兑现大学生入住“雁来公寓”费用补贴 3249 人 385.28 万元。审核通过紧缺专业毕业生人才公寓入住对象 31 人。

【事业单位人事管理】2023 年，湖里区人社局办理事业单位区内调整 5 人，区外调入 1 人，调出本区 2 人。办理事业单位退休 117 人，其中，干部 101 人、工勤人员 16 人。事业单位新聘用毕业生见习期满转正 121 人。办理政府系统事业单位岗位设置方案设置或变更申报 84 家，事业单位工作人员岗位聘任 3323 人次。指导监督区属事业单位做好聘用人员合同签订与管理工作，抽查区属事业单位 10 家、聘用合同 328 份。

【考核奖惩】2023 年，湖里区人社局指导各单位规范开展 2022 年度考核工作。政府系统事业单位年度考核总人数 5078 人，其中，被确定为优秀等次 927 人，嘉奖 1041 人。

【职称管理】2023 年，湖里区人社局（湖里区职改办）确认毕业生初级专业技术职务任职资格 572 人；指导教育、建设主管部门做好教师系列、综合类工程技术系列、土建工程技术系列的初级职务评审工作，通过评审取得相应的初级专业技术职务任职资格 180 人。

【工资福利管理】2023 年，湖里区人社局办理各项工资变动审批 11804 人次，其中，审批办理事业单位核增业务定级 181 人次、岗位（工资）变动 753 人次、基础绩效奖励 4994 人次、奖励晋升工资 1 人次、军转复退 1 人次、考试录用（含毕业生）298 人次、事业调入 179 人次、职务变动 361 人次、正常晋升岗位工资（机关工勤）7 人次、正常增加薪级 4767 人次、其他 67 人次；办理核减业务调出 169 人次、岗位变动（工资转系列）1 人次、解聘辞职 22 人次、其他 3 人次。

【人事人才代理】2023 年，湖里区新增企业立户 233 家，人事代理企业存量 3265 家。档案转入、审核及信息录入 2816 份，档案转出 716 份，档案存量 22244 份。档案基础信息采集 2930 份、档案电子化 2208 份。零星材料归档 573 份，借出档案材料 32 份，政审 143 人，复印档案材料 551 份 5013 页。受理人才流动934人，职称确认审核盖章134人次，个人委托单纯寄档390人。

（王晓滨）

行政审批

【概况】 至2023年12月底，湖里区设有区级政务服务中心1个、街道便民服务中心5个、社区便民服务站58个。全区有审批服务事项4223项，其中，全流程网办事项3567项、"一趟不用跑"事项3645项、自助办事项356项、"秒批秒办"事项65项、"一证通办"事项505项、"免证办"事项300项。区人社局、区税务局、区市场监管局等26个审批服务部门，"e"通卡、邮政速递、顺丰速运等8个便民服务机构进驻区政务服务中心，进驻事项902项，全年累计办件79.92万件；5个街道便民服务中心受理审批服务事项295项，全年累计办件1.7万件。

【审批服务手续简化】 2023年，湖里区行政审批管理局推动政务服务事项"三减一提升"改革，推动政务服务事项减时间、减材料、减跑动，提升即办件比例。推行信用承诺审批模式，区建设局、区人社局、区市场监管局等18个部门、248项事项适用告知承诺制，区教育局、区应急管理局、区司法局等16个部门221项事项适用容缺受理。压减涉企审批手续和办理时限，241个涉企服务事项100%实现全程网办，总办理时限累计再压缩14个工作日。推出"一件事"集成套餐服务45项，全年办理各类"一件事"套餐服务事项64万多件。截至年底，政务服务事项"一趟不用跑"事项占86.96%，"全程网办"事项占83.98%，承诺时限压缩比例为93.14%，平均申报材料2.58份。湖里区"'一窗受理'向社区延伸 家门口享受'一站式'服务"举措入选市2023年深化行政审批制度改革持续优化政务服务软环境典型经验做法，并在全市推广。

【审批服务效率提升】 2023年，湖里区行政审批管理局开辟"自助办"和"网上办"专区。探索试运行证照到期延续短信提醒办理。新设立9个政务服务小站。推动"e政务"自助终端向社区延伸，覆盖率100%，22个部门203个高频服务事项可通过"e政务"实现"自助办"。

【率先全市建成三级政务服务规范化平台】 2023年7月底，湖里区在全市率先建成"区—街道—社区"三级政务服务规范化平台，出台《湖里区三级政务服务标准化管理规范》，规范各级政务服务平台的场所、事项管理、审查审核、人员配置与服务要求、监督评价等方面。该举措获2023年度厦门市区级"十佳"营商环境创新举措，并被省审改办、省市场监管局推荐参选国家级标准化试点。

【审批平台一体化】 2023年，湖里区行政审批管理局推动区级事项向全市统一的"厦门市一体化政务服务平台"迁移，截至12月，除区税务局使用自建系统外，全区22个部门646个事项全部使用厦门市一体化政务服务平台审批系统。

【"小湖陪办"线下帮办服务】 2023年4月，湖里区行政审批管理局推出"小湖陪办"线下帮办服务，建立"常态化+专题"服务模式，面向企业、群众提供"一对一"咨询、指导、协调等全流程陪同办理服务，并适时开展各审批部门领导干部"陪办"专题活动，全年服务企业群众22次，涉及审批服务事项15个。

【线上服务】 2023年5月，湖里区行政审批管理局上线"小湖e

2023年，湖里区行政审批管理局推出"小湖陪办"线下帮办服务。图为12月14日，线下帮办服务专员全流程陪同群众办理业务 （区行政审批管理局 供图）

办”线上服务模式，利用“智能客服＋人工客服”，提供线上帮代办服务，全年提供各类线上咨询服务640件。9月，在全市率先推出“政务＋直播”服务，开设“小湖政务直播间”，打造常态化的政企、政民互动机制，全年开展政务直播活动8场，累计2.68万人次观看。

【组建“行政办事员”服务队伍】 2023年11月，湖里区行政审批管理局组建“行政办事员”队伍，首批32名政务服务窗口工作人员“持证上岗”。“行政办事员”向办事群众提供咨询引导、帮办代办、综合窗口接件受理等服务。

（胡美婷）

机关事务服务管理

【概况】 2023年，湖里区机关事务管理局扎实做好机关办公用房、公车保障以及区行政中心动力设备、消防设施、安保维序、会务保障、餐食供给等各类服务管理工作。

【办公用房管理和修缮】 2023年，湖里区机关事务管理局管理外围办公用房20处，总建筑面积10.75万平方米。对办公用房、设备存在的问题进行修缮、改造，共修缮办公用房15处，花费修缮费用46.9万元。

【公务车辆管理】 2023年，湖里区机关事务管理局保障全区公务用车14259次。加快推进建设“电动厦门”，推进公共领域用车新能源化、电动化，区机关事务管理局、金山街道办、殿前街道办、区妇幼保健院报废燃油公务用车9辆，均更换为新能源汽车。

【创建节约型机关】 2023年，湖里区机关事务管理局接入光伏发电系统，在区行政中心大楼主楼、辅楼屋顶近6000平方米安装光伏板组件626块。投入使用后，光伏发电系统年发电量40.6万千瓦时，折算标煤119.82吨，年碳排放量235.89吨。

（薛雅琳）

信访工作

【概况】 2023年，湖里区信访总量4758件次，比上年增长13.7%。完成全国两会、海峡论坛、第31届世界大学生夏季运动会、杭州亚运会、中央生态环保督察等重大活动信访保障任务。信访件全系统及时受理率、按期办结率均为100%，群众评价满意率98.6%。

【“四门四访”工作】 2023年，湖里区委、区政府主要领导接访31批52人次，带案下访23次。其他区领导参与接访81批124人次，全区落实“四门四访”（开门接访、进门约访、登门走访、上门回访）共1640批3654人次。区信访联席会议总召集人、召集人会同责任单位先后约谈相关信访人22次，区信访联席办联合责任单位约谈相关信访人53次。

【信访积案化解】 2023年，湖里区信访局开展“治理重复信访、化解信访积案”（以下简称治重化积）专项工作，制订《第三批治重化积工作方案》《信访重点问题源头治理专项工作方案》，梳理排查库存积案42件，化解率100%。

【信访工作机制落实】 2023年，湖里区落实首办责任制，做到“四清”（弄清身份、问清来意、厘清诉求、搞清原委）、“三快”（快速研判、快速录入、快速交办）、“一到底”（全程跟踪督办到底）。落实领导审核签发制度，重点把好政治关、政策关、法律关、事实关、文字关、格式关、程序关。落实区领导包案化解责任制，全年包案领导推动疑难重点信访问题办理，办结化解疑难重点信访问题73个。落实区信访联席会议制度，65个成员单位定期分析研判全区信访工作形势，全年召开联席会议12次。

（赵晨阳）

企业服务

【概况】 2023年，湖里区印发《中共湖里区委办公室　湖里区人民政府办公室关于印发〈湖里区2023年度企业、项目驻点服务工作方案〉的通知》，开展专员挂钩服务重点企业活动，创新构建“前台＋中台＋后台”联动，线上、线下一体的企业服务机制，完善企业诉求跟踪办理机制，探索创新企业服务产品，推动益企服务再提升。在工信部中小企业公共服务体系工作座谈会上作为全国唯一县（区）企业服务机构作经验交流。湖里区企业服务办公室（以下简称湖里区企服办）全年收集办理各类企业诉求2344件，诉求解决满意率和非常满意率达97.17%；“亲清一家人”湖里“一站式”企业服务平台累计注册企业16301家，累计推出线上申报政策事项96项，含免申即享政策事项10项，上线活动174场、服务产品67个；“惠企直播间”开展政策宣讲、项目推介等惠企直播 60 场次；线上、线下企业服务平台开展各类惠企活动 300 场，吸引约 44 万家次企业 55.38 万人次参与。湖里区创新企业服务经验做法先后被中央、省委、市委等各级改革办发文推广，被市益企服务办通报表扬。“亲清一家人”湖里“一站式”企业服务平台被中国软件测评中心评为“2023 年数字政府服务能力评估数字政府类优秀创新案例”50 佳。

【企业服务工作机制】 2023 年，湖里区企服办建立健全企业诉求办理、跟踪办理、重新办理、企业回访、工作提示、市区协调办理等机制，先后发出问题整改通知单 83 份、跟踪办理通知 25 份、重新办理通知 46 份。回访企业 601 家，向区政府分管领导作出工作提示 154 件次，上报市益企服务办协调办理企业诉求 68 件。

【重点企业外迁预警联动机制】 自 2023 年 4 月起，湖里区企服办组织相关涉企服务单位、500 名服务专员建立重点企业外迁预警联动机制，对存在外迁倾向的“9+1+N”清单企业及时预警并处理。全年共收集处理专员上报企业预警信息 64 件，其中，企业外迁预警 42 件。

【企业项目驻点服务】 2023 年 3 月 1 日起，湖里区抽调 500 名干部挂钩 1954 家“9+1+N”清单重点企业和项目，每周 3 天到企业现场办公，当好企业和项目的联络员、宣传员、服务员，确保企业走访全覆盖、政策上门全覆盖、问题摸排全覆盖。年内，湖里区企服办录入服务信息 7.02 万条，帮助“9+1+N”清单企业提交各类诉求 990 件。

（董　婧）

小资料

“9+1+N”清单企业：“9”指 9 大重点行业的规上、限上企业；“1”指财政投融资及社会投资重点促建设项目；“N”指小升规企业、专精特新企业、高新技术企业、样本企业、税源企业、外资企业等各类重点关注企业。

帮扶协作

【概况】 2023 年，湖里区加强对口支援工作的组织领导，成立湖里区对口支援工作（含扶贫协作）领导小组，调整领导小组内设机构及组成人员。领导小组下设对口支援工作办公室，由区发改局局长担任办公室主任，负责组织湖里区对口支援工作，以及完成区委、区政府及领导小组交办的其他任务。湖里区按期拨付山海协作资金 200 万元，漳州市长泰区、龙岩市连城县各 100 万元；拨付推动左贡县乡村振兴战略资金 200 万元。

（李玉玲　陈洪波）

【闽宁协作工作】 2023 年 2 月 15 日，湖里区委书记吴新奎主持召开湖里—思明闽宁协作联席会暨年度工作会议，研究闽宁产业园招商政策、招商引资工作，以及 2023 年闽宁协作工作思路。全年湖里区共召开会议 7 次，研究部署闽宁协作工作，与闽宁镇开展互访 17 批次。联合思明区出台《关于促进闽宁产业园产业发展的若干措施》及申报指南，鼓励更多优质企业进入闽宁产业园投资。开展湖里魅力购活动，特设助农板块，多途径采购和帮助销售宁夏特色农产品。发动社会力量向闽宁镇捐赠现金 296.6 万元、价值 79.78 万元的爱心物资。组织辖区内 3 家企业赴宁夏永宁县参加 2023 年春风行动闽宁镇专场招聘会，提供就业岗位 160 个。

【省内帮扶】 2023 年，湖里区与南平市浦城县联合召开两地党政联席会议，就下一阶段深入推进对口帮扶协作方向达成一致意见，并签订“2023 年湖里区—浦城县对口协作协议”。组织辖区 32 家企业赴浦城县举办“春风行动”专场招聘会，提供岗位 88 个（需求 1685 人），现场达成务工意向 50 人。选派医师 7 名、教师 5 名到浦城县支医、支教。

（李玉玲）

2023 年 2 月 15 日，湖里—思明闽宁协作联席会召开，市农业农村局、湖里区、思明区相关领导及援宁工作组参加会议　（孙子雯　摄）

政协厦门市湖里区委员会

综　　述

【政协委员构成】 截至 2023 年年底，第九届湖里区政协委员有 222 人。其中，男委员 156 人，占 70.27%；女委员 66 人，占 29.73%；少数民族委员 8 人，占 0.04%；中共党员委员 85 人，占 38.29%。委员由 19 个界别构成，其中，中共和特邀界别 26 人、各民主党派界别 58 人、无党派界别 5 人、各群众团体组织界别 57 人、医卫界别 9 人、教文体界别 18 人、经济界别 25 人、少数民族和宗教界别 5 人、港澳台侨界别 19 人。

【政协文史信息工作】 2023 年，湖里区政协整理编辑《湖里文史资料（美景美食卷）》，辑录美景 5 类 30 处、美食 8 种。该书总计 9.15 万字，选用照片 369 张。全年被各级刊物、简报采用信息 27 篇（条），通过微信公众号推送政协信息 40 篇。

【政协委员联系点创建】 2023 年，湖里区政协开展委员联系点创建活动，授牌联系点增加到 12 个，驻点委员 66 名，实现对街道和民主党派界别全覆盖。支持政协委员到基层开展“微宣讲”“微协商”“微服务”，倡导委员“双岗建功”，讲好委员履职故事，推动协商民主向基层延伸。在汇元台青基地设立全市首个台籍委员联系点，与区委组织部、区委台港澳办共同举办首届台胞国情研习班，委员联系点惠和石文化园被评为省级对台交流基地。

【委员研习班】 2023 年 5 月 23—26 日，湖里区政协在福建省龙岩市武平县举办 2023 年度委员研习班，区政协领导班子成员、常委会委员和各专委会主任、副主任 50 人参加培训。研习班教师围绕“学习贯彻党的二十大精神”和“武平林改赋能乡村振兴”等专题授课辅导。学员先后赴捷文、尧禄、云寨等生态文明示范村和梁山书院、叶剑英纪念园、黄遵宪纪念馆、才溪乡调查纪念馆等红色革命旧址学习。

（胡桂通）

重要会议

【区政协九届三次会议】 2023 年 12 月 26—27 日，湖里区政协九届三次会议在区行政中心召开，200 名政协委员及政协各界别代表出席会议。会议听取审议通过政协第九届厦门市湖里区常务委员会 2023 年度工作报告，听取并讨论 2023 年度政府工作报告、2023 年财政预算执行情况和 2024 年财政预算草案报告，以及湖里区法院、区检察院年度工作报告。大会收到提案 153 件，建议立案 112 件。通报表扬优秀提案 20 件、提案先进承办单位 9 个、社情民意信息工作先进集体 4 个、反映社情民意信息工作先进个人 10 名、优秀调研报告 12 篇、优秀委员 30 名。

【主席会议】 2023 年，九届湖里区政协召开主席会议 10 次，即第十三次至第二十二次主席会议。

第十三次会议　2 月 1 日召开，由区政协主席王秀珠主持。会议传达学习省委“深学争优、敢为争先、实干争效”行动动员部署会精神、市“开门稳”“开门红”工作动员部署会议精神和省政协十三届一次会议精神、市政协十四届二次会议精神，研究区政协贯彻落实会议意见。

第十四次会议　3 月 17 日召开，由区政协主席王秀珠主持。会议传达学习全国两会精神和省、市政协会议精神，并研究贯彻意见。会议审议区政协常委会 2023 年工作要点和2023年度重点提案、重点协商和民主监督议题等其他重要事项。

第十五次会议　4月6日召开，由区政协主席王秀珠主持。会议听取各政协办公室、提案委办公室、专委办公室、研究室汇报第一季度工作进展情况及第二季度工作计划，研究区政协机关党支部与湖里街道怡景社区党委2023年度文明创建共建经费事宜。

第十六次会议　5月5日召开，由区政协主席王秀珠主持。研究举办2023年区政协委员研习班相关事宜。

第十七次会议　6月13日召开，由区政协主席王秀珠主持。会议研究区政协经济科技城建委员会调整相关事宜，研究关于聘请区政协特约社情民意信息员事宜，确定区政协九届七次常委会会议召开时间、上会议题。

第十八次会议　7月13日召开，由区政协主席王秀珠主持。会议通报2022年度综合效能考评结果，听取各政协办公室、提案委办公室、专委办公室、研究室汇报第二季度工作进展情况及第三季度工作计划。

第十九次会议　8月25日召开，由区政协主席王秀珠主持。会议审议“九届湖里区政协委员联系点名单（第二批）”，研究湖里区组织台胞学习宣传贯彻党的二十大精神暨国情研习班费用支出事宜，研究区政协2023年年中预算调整事宜，研究湖里区2023年政情通报会相关事宜，确定区政协九届八次常委会会议召开时间、上会议题。

第二十次会议　10月25日召开，由区政协主席王秀珠主持。会议听取各政协办公室、提案委办公室、专委办公室、研究室汇报第三季度工作进展情况及第四季度工作计划，研究2023年委员活动费的相关支出，研究区政协2024年财政预算编制事宜，确定区政协九届九次常委会会议召开时间、上会议题。

第二十一次会议　11月29日召开，由区政协主席王秀珠主持。会议研究区政协九届三次会议筹备工作方案、会议相关材料、先进个人及单位建议名单，确定区政协九届十次常委会会议召开时间、上会议题。

第二十二次会议　12月8日召开，由区政协主席王秀珠主持。会议审议政协第九届湖里区委员会不再担任常委、委员及增补委员、各街道委员联络组、各专门委员会委员、界别活动小组分组的名单；审议九届三次会议相关材料。

【常委会会议】 2023年，九届湖里区政协召开常委会会议5次，即九届政协第六次至第十次常委会会议。

第六次会议　3月30日召开，由区政协主席王秀珠主持。学习传达全国政协十四届一次会议精神，审议区政协常委会2023年工作要点和2023年区委、区政府与区政协协商和民主监督工作安排。

第七次会议　6月27日召开，由区政协主席王秀珠主持。会议围绕“推进全国义务教育优质均衡发展区创建”协商议政；审议九届区政协常委会关于调整专门委员会的决定（草案），专门委员会主任、副主任、委员调整名单（草案）。

第八次会议　9月26日召开，由区政协主席王秀珠主持。会议围绕“深化党建引领，提升小区治理水平”协商议政，听取区政府通报九届二次会议提案办理情况，为6个九届湖里区政协委员联系点（第二批）授牌。

第九次会议　11月15日召开，由区政协主席王秀珠主持。会议围绕“湖里东部金砖数字小镇谋划与建设”协商议政；开展“委员讲堂”活动。

第十次会议　12月12日召开，由区政协主席王秀珠主持。会议围绕“2023年度湖里区政府工作报告”协商议政；审议九届湖里区政协三次会议相关材料。

（胡桂通）

协商议政

【概况】 2023年，湖里区政协广泛协商议政、资政建言，反映群众的愿望和诉求。全年开展协商议政8次，其中，召开政协常委会协商议政4次、主席会专题协商议政4次，协商范围涉及湖里区经济社会建设和改革发展各领域协商项目25个。

【常委会协商议政】 2023年，湖里区政协常委会开展专题协商4次。

6月27日，湖里区政协召开九届七次常委会会议，开展“推进全国义务教育优质均衡发展区创建”专题协商。区教育局副局长叶泽军介绍湖里区推进义务教育优质均衡发展工作情况。与会委员围绕湖里区推进义务教育优质均衡发展区创建工作情况及下一步工作重点提出“合理布局，加快学校建设步伐”“拓展提升，优化教育资源配置”等5个方面13条意见建议。

9月26日，湖里区政协召开九届八次常委会会议，围绕“深化党建引领，提升小区治理水平”专题开展协商议政。区委组织部、区民政局汇报湖里区“深化党建引领，提升小区治理水平”工作情况，与会委员提出“强化基层党

2023年6月27日，湖里区政协开展“推进全国义务教育优质均衡发展区创建”专题协商议政 （区政协办 供图）

建”“完善制度机制”等5个方面15条意见建议。

11月15日，湖里区政协召开九届九次常委会会议，围绕“湖里东部金砖数字小镇谋划与建设”开展协商议政。区工信局局长王海洋汇报“湖里东部金砖数字小镇谋划与建设”工作情况，第三方咨询公司戴德梁行策略发展顾问部相关负责人汇报“湖里东部金砖数字小镇产业规划”。委员们从“制定全面的规划和发展战略”“积极打造公共服务平台和产业支持体系”“加强与金砖国家的合作和交流”等6个方面提出15条建议。

12月12日，湖里区政协召开九届十次常委会会议，围绕“2023年度湖里区政府工作报告”（征求意见稿）展开协商议政。区政府办主任胡振强作关于“2023年度湖里区政府工作报告”（征求意见稿）起草情况的说明，与会常委和列席人员听取区政府2023年工作回顾和2024年工作计划，围绕经济发展、民生事业改善、两岸融合发展、文旅事业发展等方面提出意见建议。

（胡桂通）

民主监督

【提案办理监督】 2023年，九届湖里区政协专题听取区政府提案办理情况通报，区政协领导带队督办重点提案，实施提案办理“回头看”监督。先后组织提案办理监督4次。

4月27日，区政协办联合区政府办召开提案办理协商会，跟踪了解2023年区政协重点提案《关于提升“15分钟养老生活圈”服务能力的提案》办理情况。会上，区民政局通报提案办理进展情况，各街道办作补充发言。与会的政协委员就办理过程中出现的问题与承办单位座谈交流。

5月17日，区政协联合区政府召开会议，跟踪了解2023年区政协重点提案《关于厚培科技创新“沃土”，推动我区“专精特新”中小企业发展的提案》办理情况。提案主办单位区工信局通报提案办理进展情况，协办单位区财政局、区人才办做补充发言。与会委员探讨研究提案中提出的更为迫切的个性化需求和困难，提出意见建议。

5月21日，区政协副主席谢国勇带队走访区文旅局，督办主席会议确定的重点提案《关于打造青年文旅品牌，助推湖里文旅产业高质量发展的提案》办理情况。会上，区文旅局局长高翔通报提案办理进展情况。提案人、提案委委员、部分政协委员参加会议，并对下一步工作提出意见建议。

7月19日，区政协副主席黄格成带队开展区政协重点提案《关于加快湖里东部新城建设的提案》办理情况视察，委员们实地参观东部新城相关在建项目，听取金山片区指挥部和两岸金融中心指挥部情况介绍，针对东部新城建设发展提出意见建议。

【党风政风评议监督】 2023年，九届湖里区政协全年组织开展党风政风评议监督活动6次。选派委员10人担任厦门海事法院、区法院、区检察院、区直部门、街道等单位特约监督员，对公正司法、依法行政和加强效能建设等方面进行监督。

（胡桂通）

视察调研

【概况】 2023年，湖里区政协组织委员开展视察考察22次，完成调研报告40篇，编辑完成《湖里区政协2023年度专题调研报告汇编》，内容覆盖改革发展、民生改善、社会治理等多个领域。其中，《关于为在厦台胞开设就医便捷通道的建议》等12篇调研报告被区政协评为年度优秀调研报告。委员报送反映社情民意信息261条，其中，被省级以上政协采用20条。

【专委会调研视察】 2023年，湖

2023 年湖里区政协优秀调研报告一览表

表 4

序号	调研报告名称
1	《关于推进厦门岛内北部滨海文旅开发　加快贯通环岛旅游发展的建议》
2	《完善政策支撑体系推动民营经济高质量发展》
3	《多方拓展 TOD 建设模式　助力城市高质量发展》
4	《关于为在厦台胞开设就医便捷通道的建议》
5	《留住城中村城市乡愁　提升“新市民”归属感与幸福感》
6	《关于促进湖里区集成电路产业发展的建议》
7	《关于湖里区发展汽车智能产业打造科技创新高地的建议》
8	《推动绿色街道创建　打造节能环保社区——湖里街道屋顶光伏产业分析》
9	《融合健全“三育”体系　构建儿童生存力发展型城市助力人口增长》
10	《关于湖里区加强跨境电商产业集群建设　进一步打造双循环产业发展新格局的建议》
11	《湖里区新业态新就业群体发展调研报告》
12	《关于打造医网联合系统　实现社区居民健康服务联动的调研报告》

里区各专委围绕群众身边体育场地建设情况、湖里区安置房和社区发展中心项目建设发展情况等方面调研视察 5 次，参加委员 132 人次。

5 月 10 日，湖里区政协教文委、文史学宣委组织委员和部分特邀研究员开展群众身边体育场地建设情况视察活动。视察金枋世家小区、诺斯蒂文化体育公园建设情况，针对场地设置、功能布局、运维管理等方面展开交流。提出城市发展要始终把人民健康放在优先发展的地位，加强宣传引导，科学统筹规划，满足居民群众多层次的体育运动需求，提升人民群众的身体素质和健康水平等意见建议。

5 月 11 日，湖里区政协经科建委组织委员和特邀研究员视察海上世界商圈招商及运营情况。视察组先后参观海上世界 2 号楼云上会客厅、奈尔宝、雪亦世界、观海平台、海洋馆，听取商圈相关负责人介绍商圈业态、空间规划、招商情况等。区政协副主席张金坪参加视察。

7 月 19 日，湖里区政协城市建设和环境资源委员会组织委员视察湖里区“城市大脑”建设运行情况，视察组肯定湖里区“城市大脑”建设现阶段的成果，并对“城市大脑”未来发展提出建议。区政协副主席张金坪参加视察。

9 月 1 日，湖里区政协港澳台侨委联合台盟界别、江头街道联络组组织开展专题视察活动，实地走访调研湖里区台胞服务中心及闽台文化交流馆，并围绕“推动两岸融合发展”进行座谈研讨。区政协副主席谢国勇和 20 多名政协委员参加联合视察。

10 月 25 日，湖里区政协专委办组织城建环资委委员视察湖里区安置房和社区发展中心项目建设发展情况，委员先后视察坂尚社区发展中心项目和下忠安置房项目，重点探讨居民收益保障、历史文化保护与传承等议题。区政协副主席张金坪参加视察。

【专题调研视察】 2023 年，湖里区政协组织“湖里东部金砖数字小镇谋划与建设”“深化党建引领，提升小区治理水平”等专题调研视察 4 次，参加调研委员 93 人。

6 月 28 日，湖里区政协副主席洪志彬带领社法委委员到湖里区社区矫正中心，开展提升社区矫正工作实效主题视察，听取相关情况介绍，并围绕在矫对象日常监管和教育帮扶、社矫队伍建设等方面进行座谈研讨。

8 月 24 日，湖里区政协组织开展“湖里东部金砖数字小镇谋划与建设”专题协商视察，实地视察东部金砖数字小镇建设情况，并围绕项目计划开展座谈交流。区政协

2023 年 8 月 31 日，湖里区政协委员在达嘉馨园小区视察小区治理工作

（区政协办　供图）

副主席张金坪、经济科技委、城建环资委委员和部分特邀研究员参加视察。

8 月 31 日，湖里区政协组织部分政协委员和特邀研究员开展“深化党建引领，提升小区治理水平”专题视察。走访达嘉馨园小区、联发欣悦园小区，委员们讨论小区治理工作中存在的矛盾问题，提出可行性意见建议。区政协副主席洪志彬参加视察。

10 月 12 日，湖里区政协组织委员开展全周期健康产业情况视察。参观厦门市弘爱妇产医院、弘爱康复医院、弘爱养护医院以及弘爱医院，听取医院的建设运营情况介绍。区政协副主席黄格成参加视察。

政协提案与社情民意信息工作

【概况】 2023 年，湖里区政协共收到提案 148 件，其中 78.8% 的提案涉及民生议题。经审查后区本级提案立案 99 件，其中，财政经贸方面提案 32 件、政法民政方面 16 件、科教文卫方面 28 件、城建城管方面 23 件。至年底，所有提案全部收到委员反馈意见，满意率 100%，其中，满意 98 件、基本满意 1 件；有 20 件提案被评为年度优秀提案。区建设局等 9 个单位被评为提案办理先进单位。

【优秀提案及提案先进承办单位评选】 2023 年 9—10 月，湖里区政协提案委组织开展 2023 年优秀提案和提案先进承办单位民主推荐活动，经提案委委员无记名投票和区政协主席会议审定，评选《关于打造青年文旅品牌，助推湖里文旅产业高质量发展的提案》《关于厚培科技创新“沃土”，推动我区“专精特新”中小企业发展的提案》等 20 件提案为年度优秀提案，湖里区建设局等 9 个单位为 2023 年度提案先进承办单位，并在区政协九届三次会议上进行表彰。

2023 年湖里区政协优秀提案一览表

表 5

序号	提案名称
1	区政协民盟界别提交的《关于打造青年文旅品牌，助推湖里文旅产业高质量发展的提案》
2	陈盛存委员提交的《关于厚培科技创新“沃土”，推动我区“专精特新”中小企业发展的提案》
3	陈小兵委员提交的《关于加快湖里东部新城建设的提案》
4	张伟杰委员提交的《关于提升“15 分钟养老生活圈”服务能力的提案》
5	经济科技委员会提交的《关于不断优化我区现代化产业体系、打造创新创业新高地的提案》
6	区政协民盟界别、社会法制委员会提交的《关于提高网格化整合治理能力，提升社区精准服务水平的提案》
7	区政协民革界别提交的《关于湖里区发展预制菜产业的提案》
8	区政协民建界别提交的《关于加快建设湖里区成为厦门重要物流节点的提案》
9	区政协民进界别提交的《关于进一步完善湖里区家庭教育体系的提案》
10	区政协农工党界别、医卫界别提交的《关于进一步拓展我区健康旅游产业的提案》
11	致公党湖里区基层委提交的《关于以科技创新为引擎，推动制造业数字化转型升级的提案》
12	区政协九三学社界别提交的《关于支持我区小微企业加快发展的提案》
13	区政协台盟界别提交的《关于多举措扶持台湾青年创业基地发展的提案》
14	陈文良委员提交的《关于做强集成电路产业招商的提案》
15	吴建绍委员提交的《关于打造湖里高崎渔港片区夜经济的提案》
16	曾琛委员提交的《关于加快疫情后湖里区高端酒店行业健康发展的提案》
17	张思凯委员提交的《关于系统推进城中村综合治理打造“湖里样本”的提案》
18	林志楷委员、杨喜爱委员提交的《关于湖里区低碳示范区建设的提案》
19	魏立成委员、林明聪委员提交的《关于提质湖里文化创意产业集群的提案》
20	邱晨阳委员提交的《关于发挥社区组织作用，推进两岸融合的提案》

【社情民意反映】 2023 年，湖里区政协委员报送反映社情民意信息 261 件，其中，被省级以上政协采用 20 件。民盟界别、九三学社界别、民革界别、民进界别被评为年度社情民意信息工作先进集体，毛鑫、曾琛、魏立成等 10 名信息员被评为年度社情民意信息工作先进个人。

（胡桂通）

中共厦门市湖里区纪律检查委员会 厦门市湖里区监察委员会

综　　述

【主题教育】 2023 年，湖里区纪委监委落实“第一议题”制度，围绕党中央重大决策部署和习近平总书记重要讲话、重要指示批示精神开展专题学习 21 次。班子成员带头践行“四下基层”，开展领题调研 7 场次。打造“五有课堂”（有高度的理论学堂、有深度的专题课堂、有温度的青年讲堂、有厚度的案头学堂和有硬度的实践课堂）学习品牌，纪委监委领导先后上党课 11 堂，作廉政教育报告 7 场，开办主题读书班 3 个班次。湖里区纪委监委运用“每周两晚”集中学习机制，开办理论学堂 3 堂、专题课堂 53 堂、青年讲堂 7 堂，举办交流研讨 23 场次，95 名干部作主题发言。

【纪检监察履职能力建设】 2023 年，湖里区纪委监委分级分类开展全区纪检监察干部综合能力培训、纪检监察干部履职能力建设专题培训、村级纪检委员履职能力建设专题培训 3 场，培训学员 220 人次，主要培训心理辅导、信息写作、谈话技巧、问题线索处置、近邻监督、农村“三资”管理等内容。从区委巡察办、纪委监委机关推选 6 名年轻干部参加市纪委监委“师徒帮带”实训锻炼。

（黄雪琦）

2023 年 3 月 16 日，湖里区纪委机关党支部组织党员干部到神山党员综合教育基地开展主题党日活动

（蓝雅婷　摄）

重要会议

【区纪委常委会会议】 2023 年，湖里区纪委监委召开区纪委常委会会议 34 次，上会议题 140 个。会议传达学习并贯彻落实上级关于主题教育、教育整顿等会议精神和部署要求，研究布置有关案件、办案安全、小微权力监督和新时代廉洁文化建设等工作。

【区纪委九届三次全会】 2023 年 2 月 3 日，中共厦门市湖里区纪委九届三次全会在湖里区召开。区委、区人大常委会、区政府、区政协领导，区纪委监委班子成员，区法院、区检察院，各街道办、区直各部门负责人，区纪委委员，区监委特约监察员等 162 人出席会议。会议传达学习二十届中央纪委二次全会、省委十一届三次全会、省纪委十一届三次全会、市委十三届四次全会、市纪委十三届三次全会和区

2023 年 2 月 3 日，中共湖里区纪委九届三次全会召开　（区纪委监委　供图）

委九届四次全会精神。区委书记吴新奎讲话，对持之以恒推进全面从严治党工作提出明确要求。区委常委、区纪委书记、区监委主任叶荣昌作题为《在新征程上坚定不移推进全面从严治党　为更高水平建设“两高两化”中心城区提供坚强保障》的工作报告，全面总结 2022 年纪检监察工作，研究部署 2023 年任务。

（黄雪琦）

监督执纪

【概况】 2023 年，湖里区纪委监委强化政治监督，聚焦中心工作开展分地域、分领域、分层级、分阶段监督检查，督促整改问题，追责问责 41 人。实施立项监督 11 项，推动问题整改 221 个、建章立制 16 项。强化“关键少数”监督，常态化开展区委常委会“廉政课堂”，建立健全对街道、区直部门“一把手”和领导班子谈心谈话工作机制，开展谈心谈话 56 人次。协助区委开展 2022 年度全面从严治党主体责任落实情况检查，移交问题清单 6 份，党内问责 4 人。精准运用监督执纪“四种形态”，开展批评教育帮助和处理 161 人次，其中，第一、二种形态占 75.8%。

【“四风”纠治】 2023 年，湖里区纪委监委开展区委常委会“廉政课堂”“一月一主题”纪律教育，强化干部遵规守纪意识。严格落实中央八项规定精神，紧盯“四风”问题，开展联动监督检查 56 次，发现个别单位存在公务接待陪同人员和接待费超标，虚构活动发放慰问品等问题 10 个，对相关责任人进行谈话提醒。坚持风腐同查，深挖不正之风和腐败问题，查处违反中央八项规定精神案件 5 起，查处 7 人；查处形式主义、官僚主义案件 6 起，查处 13 人。

【立项监督】 2023 年，湖里区纪委监委围绕“岛内大提升”，选取惠企政策落实、基础设施建设、民生工程建设、社会治理等关键环节开展监督，发现并推动完成整改问题 69 个，建章立制 22 项，追责问责 41 人。开展限额以下工程招投标管理监督，围绕 13 类 24 项重点问题，抽查 12 家单位 1435 个项目，发现并督促整改问题 365 个，制发廉情抄告单、工作意见函等 23 份，谈话提醒 18 人次，推动建章立制 31 项。深化“一街一组一专项”监督，指导各街道纪工委、各派驻纪检监察组选取老旧小区改造、社区集体资产管理、安置房建设、社会救助金发放管理、政府购买服务等 11 个监督重点开展立项监督，发现并推动整改问题 221

2023 年 8 月 16 日，湖里区纪委监委对辖区重点在建工程项目开展立项监督。图为在钟宅安置房项目施工现场检查　（蓝雅婷　摄）

个，建章立制 16 项，谈话提醒 13 人。

【基层监督】 2023 年，湖里区纪委监委用活基层小微权力监督平台，出台工作指引，规范舆情处置流程，建立定期评查、挂钩联系、诉求投诉转办等机制，梳理小微权力清单 6 个大类 56 项，建立小微权力监督群 1300 余个，近 17 万名居民群众参与监督。公开事项 9216 项，解决民生诉求 4859 件。抓好近邻监督，近邻监督队伍接访 4300 人次，发现问题 853 个，推动问题解决 805 个，建章立制 32 项，发现违纪违规案件 6 起，追责问责 8 人次。开展“强基促稳”专项行动，推进“村改居”社区集体“三资”管理、乡村振兴领域专项监督，查处群众身边不正之风和腐败问题 3 起，查处 4 人。

【点题整治】 2023 年，湖里区纪委监委聚焦 15 个群众急难愁盼问题，开展点题整治。推动各街道纪工委自选社区高龄老人补贴发放、物业公司侵占业主公共收益、机动车占用消防通道等群众反映集中问题开展整治。核查处置问题线索 18 条，处理 2 人，推动建立完善制度机制 9 项。

【“一季度一专项”整治】 2023 年，湖里区纪委监委深化“一季度一专项”整治，精准纠治基层减负落实不到位、不担当不作为、违规吃喝、违规收送礼品礼金等突出问题，督促整改问题 24 个，处理责任人 21 人。其中，与区交警部门建立酒驾醉驾背后“四风”问题线索快移快核机制，核查公职人员酒驾醉驾行为 2 起，处理 3 人；设立区级基层减负监测点 3 个，发现并督促整改增加基层负担问题 8 个；推进惠企政策落实、基层治理不良现象纠治、乡村建设盲目“造景”、非参公事业单位 2020 年以来绩效工资以及医疗、统计、粮食等领域专项整治工作，督促责任部门落实问题整改，处理相关责任人 7 人。

【营商环境监督】 2023 年，湖里区纪委监委配合做好市营商环境监督联系点动态调整，推荐 20 家企业协会、商会为新一届营商环境监督联系点，收集意见建议 27 条。开展惠企政策提质增效专项监督，督促有关部门自查惠企政策；联合部门走访调研企业，收集意见建议 3 条，对抽查、巡察发现的问题督促责任单位做好整改。与区企业服务中心建立信息共享机制，推动营商环境相关问题及时解决。

（黄雪琦）

反腐倡廉

【反腐败工作】 2023 年，湖里区纪委监委接收群众信访举报 377 件，受理问题线索 122 条，办结 131 条，立案审查调查 51 件，查处 55 人，党纪政务处分 49 人，移送检察机关审查起诉 9 人。运用监督执纪“四种形态”，开展批评教育帮助和处理 161 人次。统筹力量加快问题线索清理，成立问题线索处置专班，对长期未结线索分类研判、精准施策，销号问题线索 31 件。严抓案后整改，针对某区属国企原“一把手”蔡某某严重违纪违法案件，抓好督促整改、建章立制。依法依规处置与该案相关的其他问题线索，党纪政务立案 10 件 10 人，运用第一种形态处理 10 人。拟定纪检监察建议书，推动健全国有企业监督等领域制度机制建设。推动国企领域开展专题警示教育、“一企一清单”专项整治、限额以下工程招投标管理立项监督，组织旁听职务犯罪案件庭审等。针对查办的某街道办原主任陈某某等人涉黑涉恶腐败案件中暴露出的相关问题，发出监察建议书，督促加强监督、健全机制。

【廉政教育】 2023 年，湖里区纪委监委邀请厦门廉洁家风故事宣讲团为区委党校处科级干部培训班

2023 年 9 月 15 日，湖里区纪委监委、区委宣传部等单位联合举办厦门市廉洁家风故事巡回宣讲活动。图为湖里区专场　　（区纪委监委　供图）

学员、区纪检监察领导干部等120人，讲述名人廉洁家风故事。组织旁听职务犯罪案件庭审3场，引导广大党员干部崇廉尚洁。严格把好党风廉政建设意见审核关，审核反馈廉政意见2115条，提出暂缓意见4条。凝聚宣传合力，与省市纪委、国企纪委、区委宣传部等联合推出漫画说纪长图、动画微视频、“理绽湖里”宣讲视频、中秋节日动画等。夯实廉政教育阵地建设，提升改造湖里家规家训馆，举办“最是清风传家远”家风展，推动禾山中学“清风图书角”、康乐社区“清风堂”建设。

【第二次政党协商会议召开】 2023年7月5日，湖里区纪委监委、区委统战部联合在吕厝社区召开2023年中共湖里区委与各民主党派、无党派人士第二次政党协商会议。区委统战部部长刘云标、副部长蔡碧月，区纪委副书记、区监委副主任秦璐，各民主党派、工商联、无党派人士、区特约监察员参加会议。会议专题通报湖里区廉洁文化建设工作情况，听取各民主党派、工商联、无党派人士、区特约监察员意见和建议。

【国企领域警示教育大会召开】 2023年12月25日，湖里区纪委监委在天地集团召开国企领域警示教育大会暨案后整改工作推进会。湖里区纪委监委、区委组织部、区国资办相关领导，天地集团、区国投集团、区产投公司相关人员参加会议。会议通报天地集团系列案件查办情况及纪检监察建议，区国资办、天地集团领导作案件反思发言。会议指出天地集团系列案件暴露出区属国企在党风廉政建设和企业经营发展方面存在的突出问题。

（黄雪琦）

政治巡察

【概况】 2023年，湖里区纪委监委完善巡察组与被巡察单位“同题共答”、巡审联动等机制，凝聚巡察工作合力。开展2轮5批常规巡察，巡察区直部门12家、街道2个、社区27个。发现问题144个，推动建章立制31项，移送问题线索24条，立案9人，追责问责12人。

【常规巡察】 2023年，九届湖里区委开展常规巡察2轮：3—7月，完成第三轮常规巡察，巡察区发改局、区文旅局、区委老干部局、区关工委、区委统战部、区工商联、区侨联、区建设局、区工信局、区科协，发现问题79个，完成整改77个，移送问题线索9条，追责问责10人。9—12月，完成第四轮常规巡察，巡察湖里街道办、殿前街道办以及所属27个社区居委会，区卫健局（含下属事业单位和5个街道社区卫生服务中心）、区市政园林局2家区直部门，发现问题65个，完成整改51个，移送问题线索15条，立案9人，追责问责2人。

【专项巡察“回头看”】 2023年，湖里区纪委监委对4家行政事业单位和2家区属国有企业的国有资产管理使用情况专项巡察中发现的问题开展“回头看”巡察。6家单位共盘活去化资产总量20.64万平方米，推动建章立制15项，新增收益5537.96万元，挽回损失948.62万元。其中，追回租金287.82万元，追责问责6人。

（黄雪琦）

民主党派与工商联

中国国民党革命委员会厦门市湖里区基层委员会

【概况】 2023年，中国国民党革命委员会厦门市湖里区基层委员会（以下简称民革湖里区基层委）加强组织建设，新发展党员3人，新发展党员联系对象4人。截至年底，共有支部5个，党员135人，其中，有省政协常委1名、市人大代表2名、市政协委员1名、湖里区人大代表8名、湖里区政协委员6名。民革湖里区基层委组织党员参政议政，完成调研报告12篇，全年提交人大建议、政协提案21件。组织党员开展民主监督。开展助老、爱幼等公益活动。

【参政议政】 2023年，民革湖里区基层委围绕教育、文旅、工业产业发展、乡村振兴等方面开展课题调研，完成调研报告12篇，其中，市年度专题调研报告8篇，区年度专题调研报告4篇；报送建言献策信息77篇，其中，被民革中央采用信息2篇。全年提交人大建议、政协提案21件，其中，市人大建议7件、区人大建议7件、区政协提案7件。

【民主监督】 2023年，民革湖里区基层委党员对乡村振兴进行调研，对农村改造和农业发展问题提出意见建议；主委参加湖里区2023年第三次民主协商会议，听取湖里区2023年经济运行情况和下一步重点工作安排。民革湖里区基层委党员被聘为市审计局特约审计员2人，受聘担任湖里区特约审计员1人，被区纪委、区监察委员会聘为特约监察员1人，任市烟草专卖局行风监督员1人，受聘湖里派出所党风监督员1人，受聘人员任职期间均认真履职，完成各项监督工作。

【社会服务】 2023年，民革湖里区基层委围绕社会服务，创新服务形式和方法，关注弱势群体和社区需求。组织开展爱心助老、关爱留守儿童等公益活动7场。参与湖里区委统战部组织的“迎春送暖同心行”走访慰问活动，走访慰问民主党派、归侨侨眷、少数民族困难群众和台胞台属60多人，发放慰问金3万多元；民革湖里区基层委慰问禾山街道残疾人职业援助中心学员。与蔡塘学校签订助学共建协议，帮助学生10名。第二支部主委洪艺玲带领部分支委到同安区莲花镇白沙仑小学开展“爱润白沙仑”送教捐赠活动。党员洪艺玲、王迎春在湖里区法院禾山人民法庭，为蔡塘学校学生举办“模拟法庭”活动1场。第一支部参与举办2023湖里区青少年法治夏令营。

（郑雅兮）

中国民主同盟厦门市湖里区基层委员会

【概况】 2023年，中国民主同盟厦门市湖里区基层委员会（以下简称民盟湖里区基层委）下设综合、科技、经济、文创、火炬园区、三中、禾山中学、信息学校、湖里实验中学9个支部及调研委、老龄委、青年委、文体委、社服委5个跨支部的专门委员会。新增盟员27人，截至年底，基层委共有盟员388人，比上年增长7.48%。其中，省人大代表1人、省政协委员1人、市人大代表2人、市政协委员1人、湖里区人大代表10人、湖里区政协委员16人、霞浦县政协委员1人、永春县政协委员1人。年内，完成综合、科技、火炬园区、经济、文创5个支部换届工作，林志福、李瑞芬、李金烽、由海、肖明分别当选为新一届支部主委。民盟湖里基层委全年共完

2023年1月13日，民盟湖里区基层委慰问金山街道金湖社区困难居民

（民盟湖里区基层委　供图）

成课题调研报告59篇，报送信息334篇，提交人大建议、政协提案29件。

【参政议政】 2023年，民盟湖里区基层委共完成59个调研课题，其中，民盟中央立项1个、民盟厦门市委立项52个、湖里区政协立项7个（1个民盟市委和湖里区政协同时立项）。50篇调研报告转化为市政协专题协商会发言、厦门民盟教育研讨会发言和市、区两会提案。全年报送信息334篇，在全市各基层委（总支）中排名第一，其中，被国家级采用48篇（中央统战部4篇、全国两会12篇、民盟中央32篇），获省级领导批示2篇、市级领导批示6篇。在湖里区两会期间，民盟湖里区基层委提交人大建议11件、政协提案18件（界别提案3件）。魏立成作题为《关于促进湖里区集成电路产业发展的建议》的大会发言。4个提案被评为区政协优秀提案。民盟界别被评为湖里区政协2023年度反映社情民意信息工作先进集体。4人获评2023年度反映社情民意信息工作先进个人，7人获评2023年度履职优秀委员。

【社会服务】 2023年1月13日，民盟湖里区基层委走访慰问金湖社区困难家庭10户。2月，分别与金山街道办和湖里街道办座谈，商定年度共建计划，全年完成共建课题3个，开展共建慰问、重点项目考察、课题调研等多项共建活动。5月24日，到国光民办学校开展六一儿童节爱心捐赠活动，向学校捐赠图书200多册。

【民盟悦读会启动】 2022年9月，民盟湖里区基层委在厦门市金林湾实验学校图书馆举办“阅书香，悦成长——民盟悦读会”启动仪式暨第一期活动。邀请作家、盟员推荐读书书目、分享读书心得、组织读书交流等，引导盟员多读书、读好书、善读书。

（王　婧）

中国民主建国会厦门市湖里区基层委员会

【概况】 2023年，中国民主建国会厦门市湖里区基层委员会（以下简称民建湖里区基层委）下设支部7个，有参政议政工作委员会、经济工作委员会、信息工作委员会3个跨支部的工作委员会。发展新会员21人，至年底，有会员249人，其中，一支部36人、二支部41人、三支部41人、四支部39人、五支部38人、六支部38人、七支部16人。会员中，有省政协委员1人、市人大代表1人、市政协委员3人、区人大代表5人、区政协委员12人（常委1人）。民建湖里区基层委盟员担任市国土局、市人社局、市检察院、市党风廉政监督员4人，担任湖里区特邀纪检监察员2人。年内，开展“凝心铸魂强根基、团结奋进新征程”主题教育。全年上报社情民意信息127篇，提交人大建议6个、政协提案19个。

【参政议政】 2023年，民建湖里区基层委共上报社情民意信息127篇，被民建市委会采用127篇。《推动绿色街道创建，打造节能环保社区——湖里街道屋顶光伏产业分析》被区政协评为年度优秀调研报告，《关于加快湖里区成为厦门重要物流节点的提案》被区政协评为民建界别优秀提案。向市区两会提交人大建议和政协提案25个，其中，人大建议6个、政协提案19个。参加区政协组织的飞鱼天下信息科技有限公司、可口可乐公司调研，视察海上世界商圈招商及运营情况。

【社会服务】 2023年，民建湖里

区基层委组织湖里民建会员企业先后慰问福建森林消防总队厦门支队、思明交警大队、厦门市社会福利院、湖里区禾山街道卫生服务中心、湖里区实验小学、厦门市外国语中学等单位，送去总价值 50 余万元的慰问品。

【主题教育动员会】 2023 年 7 月 18 日，民建湖里区基层委在团结大厦召开三届一次全委（扩大）会议暨“凝心铸魂强根基、团结奋进新征程”主题教育动员会。民建厦门市委组织处处长郑有卫、宣调处二级调研员翁毓琦，民建湖里区基层委副主委吴晶、曾建华、王毅林、蔡培植、邱晨阳、林明聪及基层委委员、支部副主委等参加会议。会上，翁毓琦传达民建厦门市委“凝心铸魂强根基、团结奋进新征程”主题教育工作方案以及市委主委黄世忠在民建厦门市委主题教育动员会上的讲话精神。

【三届二次全委（扩大）会议】 2023 年 8 月 19 日，民建湖里区基层委三届二次全委（扩大）会议召开。会议表决通过民建湖里区基层委委员分工安排。表决通过聘任许炳坤、蔡琦、郑汝岳、沙萌春为民建湖里区基层委副秘书长。表决通过改组成立课题调研工作小组、信息工作小组。新成立文体工作小组。

【参政议政骨干提升培训】 2023 年 12 月 15—18 日，民建湖里区基层委在重庆大学举办参政议政骨干提升培训班，50 名基层委参政议政骨干委员参加培训。培训期间，组织学员参观中国民主建国会成立旧址和黄山抗战遗址博物馆，讲授“全方位社情民意的获取与参政议政提案的撰写”“构建经济内外双循环新发展格局”等课程。

（罗　榅）

中国民主促进会厦门市湖里区基层委员会

【概况】 2023 年，中国民主促进会厦门市湖里区基层委员会（以下简称民进湖里区基层委）下设经济、科技、综合、教育、信息学校 5 个支部，设立文旅、经贸、生态、法律、教育 5 个议政调研工作小组。至年底，有会员 158 人。其中，市人大代表 1 人，市政协委员 2 人，区人大代表 4 人（常委 1 人），区政协委员 7 人（常委 1 人）。民进湖里区基层委全年完成课题调研 20 个，上报社情民意信息 144 篇，提交人大建议和政协提案 10 件。开展敬老助学活动，通过视察企业、参加湖里区各种会议等方式履行监督职责。

【参政议政】 2023 年，民进湖里区基层委完成课题调研 20 个，其中，民进省委立项课题 1 个、民进市委立项课题 16 个、湖里区委统战部及区政协立项课题 3 个；被民进市委评为重点课题 5 个、重要课题 6 个、一般课题 4 个，市委统战部理论课题 1 个，被民进省委采用课题 1 个。向民进厦门市委和湖里区委统战部报送社情民意信息 144 篇。民进界别获评湖里区政协 2023 年度社情民意信息工作先进集体，2 人获评湖里区政协 2023 年度社情民意信息工作先进个人。湖里区两会期间，民进界别向区人大提交人大议案 1 件、人大建议 2 件，向区政协提交界别提案 1 件、委员提案 6 件。民进界别与湖里区政协牵头完成的《关于推进厦门岛内北部滨海文旅开发　加快贯通环岛旅游发展的建议》获评湖里区 2023 年度优秀调研报告并作大会发言。提交的《关于进一步完善湖里区家庭教育体系的提案》《关于湖里区低碳示范区建设的提案》获评湖里区政协 2023 年度优秀提案。会员朱敬恩和林桂兰提交的建议分别获民进中央 2023 年参政议政成果二等奖、三等奖，5 人获评民进省委 2023 年度参政议政工作先进个人，1 人被评为湖里区政协 2023 年度履职优秀委员。

【民主监督】 2023 年，民进湖里区基层委组织视察湖里区企业服务中心、艾恩姆集团、欣贺集团等；参加湖里老工业区及低效用地盘活代表专题座谈会，湖里区政府政情通报会，湖里区人大常委会第十三次、第十五次会议；参加湖里检察院组织召开的“全面履行检察职能推动民营经济发展壮大”动员通报会暨检察开放日；向区人大提交《关于提升营商环境，惩戒被执行人、案外人滥用执行异议逃避执行的建议》和《关于提升营商环境，规范区属招标公司在法律服务等行业领域的行为及监督主体的建议》。

【社会服务】 2023 年，民进湖里区基层委与江头街道签订共建协议，经协商，除延续做好每年围绕区委中心工作的调研课题申报共建以外，增加合作举办普法、生态、文化等进社区主题公益宣讲活动。与象屿慈爱养护中心签订为期 3 年的共建协议，联合举办端午嘉年华传统民俗游戏、香文化体验、闽台香文化基地参观 3 场老年人雅趣活动，并组织会员参与公益敬老事务。湖里科技支部在吕岭社区开展 2023 年度“凤凰绿荫”爱心助学和公益讲座，民进会员、厦航机长缪旻为社区 30 多名少年儿童举办航空科技知识讲座。依托厦门民进会员之家廖木森香学堂，湖里区基层委与安溪民政局联合举办“香伴童真・情暖童心”安溪县青少年暑

2023 年 6 月 20 日，民进湖里区基层委与象屿慈爱老年养护中心社会服务共建签约仪式在慈爱老年养护中心举行　　（民进湖里区基层委　供图）

期香文化研学公益夏令营。

【民进湖里区基层委二届四次全委会】 2023 年 2 月 28 日，民进湖里区基层委二届四次全委会在厦门民进会员之家召开。会议由民进市委常委、湖里区基层委主委曾理琳主持，基层委全体委员参加会议。会议听取基层委班子成员 2022 年度述职报告，讨论研究 2022 年度工作总结和 2023 年度工作计划报告，审议通过 2022 年度表彰方案。

（方翔鸣）

中国农工民主党厦门市湖里区基层委员会

【概况】 2023 年，中国农工民主党厦门市湖里区基层委委员会（以下简称农工党湖里区基层委）发展新党员 18 名，新成立农工党建发弘爱支部。截至年底，有支部 13 个、党员 345 名，其中，男党员 155 名、女党员 190 名，拥有高级职称党员 169 人、中级职称党员 110 人，医药卫生界党员 180 人，党员平均年龄 54 岁。有各级人大代表、政协委员 14 名，其中，全国人大代表 1 名，九届湖里区人大常委会委员 1 名、代表 4 名；市政协副主席 1 名、市政协委员 1 名，九届湖里区政协副主席 1 名，湖里区政协常委 1 名、政协委员 7 名。入选农工党厦门市委主委 1 名、副主委 1 名、常委 2 名、委员 4 名。全年完成调研课题 5 个，提交人大建议和政协提案 7 件。向农工党厦门市委上报信息 72 篇。

【参政议政】 2023 年，农工党湖里区基层委承担并完成湖里区政协调研课题 5 个，调研报告均入选《湖里区政协二〇二三年度专题调研报告汇编》，其中，2 篇调研报告被湖里区政协评为 2023 年度优秀调研报告。在区两会期间，提交代表建议 2 个、委员提案 5 个和社情民意信息 2 篇，农工党湖里区基层委提交 3 个集体提案，其中，1 个提案被评为 2023 年度优秀提案。参加两会的 4 名区人大代表、8 名区政协委员在分组讨论中围绕医疗卫生、幼儿教育、医养结合、经济发展等热点难点问题积极建言献策，履职尽责。湖里区基层委各支部向农工党厦门市委报送社情民意信息 72 篇，其中，被农工党中央采用 2 篇，被全国政协采用 1 篇，被中共福建省委采用 1 篇，被福建省政协采用 4 篇，被农工党福建省委采用 14 篇，被农工党厦门市委采用 42 篇。湖里区基层委各支部承担并完成农工党厦门市委立项课题 12 个，其中，2 个课题报告转化为市政协专题协商发言材料；1 个课题报告转化为信息，被市委统战部采用；1 个课题报告转化为市两会提案。

【民主监督】 2023 年，农工党湖里区基层委积极参加湖里区委统战部组织的党派政治协商专题会议、区政协重点提案督办会、提案办理单位和委员见面沟通会、建议办理会议、执法检查会议等各种会议 12 场次；参加湖里区人大组织的代表视察活动、区政协组织的委员视察活动等 6 场次，履行民主监督职责。

【社会服务】 2023 年，农工党湖里区基层委发挥自身资源优势，开展社会服务 7 场次，96 人次参与。农工党湖里区基层委与农工党湖里区综合支部到湖里区江头街道残疾人就业援助中心开展同心助残慰问活动。1 名党员参加干休所义诊，为退休老干部提供健康咨询、疾病诊断、治疗建议及提供中医非药物治疗。1 名党员到社区为中老年人开展“膝骨关节炎的防治”知识讲座，到学校开展“青少年脊柱侧弯的防治”讲座。1 名党员为厦门市劳模志愿者义诊，向莲花小学学生宣讲长江支队英雄事迹。厦门市中医院第一支部、第二支部党员到伍心敬老院开展义诊服务。

（林国平　林　聪）

中国致公党厦门市湖里区基层委员会

【概况】 2023年，中国致公党厦门市湖里区基层委员会（以下简称致公党湖里区基层委）共有3个支部，新发展党员6人，截至年底，有党员108人，其中，市政协委员1人、市侨联委员4人、区人大代表6人（常委1人）、区政协委员6人（常委1人）。湖里区第二支部被市委会授予“调研与提案工作先进集体”和“社情民意信息优秀集体”。全年致公党党员获省、市表彰4人，其中，被致公党中央评为参政议政工作先进个人1人，被致公党省委会评为调研和提案工作先进个人2人，被市委统战部评为信息工作先进个人1人。2项调研成果获评中国致公党参政议政优秀成果。全年完成调研课题22个。

【参政议政】 2023年，致公党湖里区基层委完成调研课题22个，其中，完成致公党省委课题5个，市委课题13个，区委统战部和区政协课题4个。1篇调研报告入选致公党中央“建设生态屏障，保障国家生态安全”专题座谈会口头发言。1篇提案被市政协评为“2023年度优秀提案”。6篇信息分别被市政协十四届三次会议大会快报、致公党中央、致公党省委采用。8篇参政议政成果分别被省、市政协推荐书面发言或口头发言。区两会提交人大建议4个、政协提案7个。全年参加各类调研、视察15场次。

【民主监督】 2023年，致公党湖里区基层委骨干党员积极参与湖里区经济社会发展民主监督。参加湖里区安置房和社区发展中心项目建设发展情况、党建引领提升小区治理水平情况视察。从历史文化的保护与传承、探索“碳音惠”机制深化小区垃圾分类水平等方面，为湖里区民生事业和生态文明建设建良言、献良策。

【社会服务】 2023年，致公党湖里区基层委发挥“侨、海”特色，协助举办海外华裔青少年夏令营（厦门致公营），菲律宾中国洪门致公党总部和缅甸曼德勒福庆学校孔子课堂的16位华裔青少年参加活动。甘肃临夏州积石山县发生6.2级地震后，组织党员向厦门市慈善总会捐款1万元。

（吴毅彬）

九三学社厦门市湖里区基层委员会

【概况】 2023年，九三学社厦门市湖里区基层委员会（以下简称九三学社湖里区基层委）下设12个支社及专家工作委员会、青年工作委员会。新发展社员22人，至年底，有社员362名，社员主要分布在科技、医卫和教育界别。其中，具有博士研究生学历214人、硕士研究生学历100人；具有正高职称55人、副高职称153人、中级职称129人；水产研究所支社29人、海洋研究所支社26人、亚热带植物研究所支社23人、厦门出入境检验检疫局支社31人、厦门信息学校支社18人、厦门市中医院支社35人、医卫支社36人、湖里综合支社41人、湖里高新支社25人、航空工业支社42人、复旦大学附属中山医院厦门医院支社16人、湖里区工程支社40人；有市人大代表1人、市政协委员1人、区人大代表8人（常委1人）、区政协委员15人（常委3人），被聘为区政协特邀研究员3人，2人担任区政协提案委成员。全年上报社情民意信息172篇，提交人大建议和政协提案23件。开展义诊、慰问困难群众、志愿服务等社会服务活动15场次。

【参政议政】 2023年，九三学社湖里区基层委在区两会期间，提交建议与提案23件，其中，人大建议3件、政协提案20件（界别提案4件、个人提案16件），3人被区政协评为2023年度履职优秀委员，4件提案获评区政协2023年度优秀提案。组织社员开展课题调研18个，其中，被九三学社市委评为重点课题3个，评为一般课题15个（其中，一类课题11个、二类课题4个）。全年报送各类社情民意信息172篇，被采用20篇，其中，市委统战部采用3篇，省政协采用11篇，九三学社中央采用6篇。九三学社界别被评为2023年度反映社情民意信息工作先进集体，2人被评为2023年度反映社情民意信息工作先进个人。

【民主监督】 2023年，九三学社湖里区基层委有民主监督员6人，其中，福建省检察院人民督导员1人、厦门市党风政风监督员1人、东渡海关监督员1人、区审计局特约审计员2人、区机关效能建设和督查工作监督员1人。监督员积极开展工作、认真履行监督职责。

【社会服务】 2023年，九三学社湖里区基层委组织社员开展健康惠民义诊、慰问困难群众、公益志愿等活动15场次。其中，1月16日，2位社员参加九三学社厦门经济委组织的结对困难群众走访慰问，为困难群众送上慰问金；4月

2023 年 12 月 28 日，九三学社湖里区人大代表、政协委员参加区两会。图为代表、委员合影
（九三学社湖里区基层委　供图）

2 日，3 名社员参加九三学社厦门市委组织的第十六届“世界自闭症日”主题宣传活动，与自闭症孩子做互动游戏，参与爱心义卖和捐赠活动；8 月 31 日，1 名社员参加九三学社厦门经济委走访慰问 3 名结对困难学生；10 月 29 日，复旦大学附属中山医院厦门医院支社联合同安区洪塘头社区居委会，到社区开展公益义诊活动，多个专业领域的医疗专家，为当地居民提供免费的健康咨询和医疗检查；11 月 11—12 日，厦门市中医院支社到南安市诗山镇开展同心义诊活动。

【特色共建】 2023 年 7 月 12 日，九三学社湖里区基层委、龙岩市新罗区工委在新罗区委统战部举行共建签约仪式。九三学社厦门市委常委、湖里区基层委主委张跃平与九三学社龙岩市新罗区工委主委、区政协副主席陈丽萍分别代表湖里区基层委、新罗区工委签署共建协议。11 月 2 日，张跃平带领福建海洋研究所支社、福建省水产研究所支社、福建省亚热带植物研究所支社社员 10 余人到新罗区开展结对共建及助力乡村振兴调研。调研组一行实地察看白沙水库、黄地村、益坑村和龙岩森林公园等，了解新罗区种植基础、水产养殖现状、乡村振兴试点项目等。在苏坂镇召开座谈会，会上，调研组成员从政策解读、闽台融合发展、产业经营模式、打造特色品牌、养殖种植品种等方面提出建议。

（吴建芳）

台湾民主自治同盟厦门市湖里总支部

【概况】 2023 年，台湾民主自治同盟厦门市湖里总支部（以下简称台盟湖里总支）下设 3 个支部，有盟员 60 人。其中，具有高级职称 6 人、中级职称 20 人，担任区人大代表 3 人、市政协委员 1 人、区政协委员 3 人。台盟湖里总支参加湖里区政党协商会议 2 次，撰写调研报告 5 篇，上报反映社情民意信息 8 篇。

【参政议政】 2023 年，台盟湖里总支参加湖里区 2023 年第一次、第二次政党协商会议，参加区人大组织的视察湖里区公共体育设施建设情况等调研活动，并结合党派实际情况撰写调研报告 5 篇，提交社情民意信息 8 篇。吴维超执笔的调研报告《促进渔业产业商旅融合，助推厦门渔村经济发展》，获台盟市委 2023 年度优秀调研报告一等奖；信息《“刷脸时代”应进一步

2023 年 6 月 30 日，夏季中医养生知识讲座在兴华社区举办。图为郑乾文为居民讲授安全用药知识
（台盟湖里总支　供图）

健全完善人脸识别信息数据安全管理体系》被台盟中央采用。李丽莎执笔的调研报告《持续打造台湾高端人才“强磁场”的政策分析及建议》，获台盟市委2023年度优秀调研报告二等奖。张旸执笔的信息《应警惕台湾当局借纪念八田与一宣扬台日亲善》被中央统战部重要刊物采用。

【社会服务】 2023年6月30日，台盟湖里总支和台盟厦门市妇委会共同在兴华社区举办居民安全用药科普讲座，特邀厦门市中医院药学部主任、厦门市药学会中药药事专业委员会主任、全国中药特色技术传承人才郑乾文为居民讲授安全用药知识。厦门市中医院互联网医院的工作人员为居民讲解互联网医院的使用方法。8月10日，台盟湖里总支协办湖里区台胞台商子女文化寻根夏令营。

（蔡少纯）

厦门市湖里区工商业联合会

【概况】 2023年，厦门市湖里区工商业联合会（以下简称湖里区工商联）有执委理事会成员197名，其中，主席1名、副主席15名、常委39名、执委68名；区总商会副会长47名、监事长1名、副监事长11名、监事15名，会员600多名。区工商联全年举办投资环境推介会、民营企业家座谈会，开展民企联欢市集活动，举办民营企业家培训等活动。湖里区工商联按照“五好”标准，加强自身建设，获2022—2023年度全国“五好”县级工商联、2023年度全国工商联调查点工作先进基层单位和2023年湖里区经济工作先进集体等称号。

【七届三次执委会暨投资环境推介会】 2023年3月20日，湖里区召开工商联（总商会）七届三次执委会暨投资环境推介会。市工商联党组成员、副主席周敏，湖里区委常委、统战部部长刘云标，湖里区政府副区长朱校园等领导和湖里区工商联（总商会）执委会、监事会成员，所属商协会及会员代表等200余人参加会议。会议学习党的二十大精神、全国两会精神、中国工商业联合会第十三次全国代表大会精神、全省工商联第十二次代表大会精神，及中央、省委、市委经济工作会议精神，听取并审议《湖里区工商联（总商会）七届三次执委会工作报告》；通报湖里区总商会2022年会费收支情况和2023年经费预算，审议有关人事事项。在投资环境推介会议上，湖里区发改局、工信局、商务局相关负责人分别作湖里区现代产业体系规划、湖里区促进实体产业发展政策、湖里区营商环境等有关情况介绍和相关惠企政策解读。

【民营企业家座谈会】 2023年9月14日，湖里区召开民营企业家座谈会。区委书记吴新奎主持会议，区长黄颖，区委常委、统战部部长刘云标，区政府副区长邓小达参会。福建省岩田基建工程技术有限公司、福建博业建设集团、厦门惠和股份有限公司、厦门市绿百合食品有限公司、科技谷（厦门）信息技术有限公司等14家民营企业家代表先后发言，围绕人才引进、企业融资、产业空间、政企合作、营商环境等工作，说问题、谈诉求、提建议。

（林　澜）

【民营企业家主题培训】 2023年10月16—21日，湖里区工商联（总商会）在北京大学举办“学精神、悟思想、勇担当、促发展”为主题的学习培训班，辖区民营企业家50人参加培训。特邀资深专家、教授围绕“党的二十大精神解读”“当前宏观经济形势与《中共中央国务院关于促进民营经济发展壮大的意见》解读”“民营经济政策、数字经济、商业模式”等进行课堂教学与现场教学。

【民企联欢市集活动】 2023年11月5日，湖里区在海天广场举办民营企业“勇担当　促发展”联欢市集活动，邀请全区400多名民营企业家参加。活动现场举办民营经济项目签约，有13个民企项目参与签约，总投资7.7亿元。近40家湖里区企业带着各自特色产品、服务、文化信息到场展示，湖里区多个部门工作人员现场提供惠企政策咨询服务。

（邱舒密）

厦门市湖里区总工会

【概况】 2023年，厦门市湖里区总工会（以下简称湖里区总工会）举办“劳动最美丽　幸福回家路”主题征文、三八节健步行、女职工周末学校送教下基层讲座、单身职工联谊派对、职工趣味运动会、集体协商大赛等活动18场次。做好消费扶贫工作，发动基层工会使用职工福利费1500余万元购买对口扶贫地区的商品。年内，湖里区新组建工会594家，其中，单独组建160家，联合覆盖建会434家，新增会员13048人。至年底，全区独立工会2235家，联合覆盖建会17296家，共有会员198361人。有共享职工之家37个，工会爱心驿站44个，女职工周末学校1个，哺乳室（女职工休息室）2家，宝妈馨屋1家，职工书屋38家、模范职工之家8家，省级劳模创新工作室5家、市级7家，市级职工创新工作室10家。“共享职工之家的创建和发展”获评首届福建省工会改革创新“十佳”成果。

【职工思想政治引领】 2023年，湖里区总工会开展学习贯彻习近平新时代中国特色社会主义思想主题教育，在神山党员综合教育基地开展党史学习教育，组织工青妇联合党支部10名党员参观奋斗幸福里展馆，探寻奋斗印记。在湖里区总工会微信公众号发布原创推文180篇，其中，46篇次被《工人日报》、中工网、“学习强国”学习平台等转载。举办“我为湖里发展出良策‘金点子’”征集活动，征集金点子117个，其中，50个金点子获奖。开办2期新任工会主席（干部）上岗培训班，工会干部思想政治及业务水平得到提升。三八国际劳动妇女节，宣传网约车女司机和环卫女职工，讲好劳动故事。五一国际劳动节，宣传劳模、工匠先进事迹。

【劳动竞赛】 2023年，湖里区总工会举办各种比赛5场次，其中，以“当好主人翁、建功新时代”为主题，由行业主管部门和行业协会牵头，举办竞赛4场次、集体协商大赛1场次。

智慧餐厅营养餐技能竞赛　8月5日，厦门市第二十九届职工技术比赛“湖里区智慧餐厅营养餐技能竞赛”在厦门市蔡塘学校举行，全市各大团餐企业47名选手参赛。福建食悦集团有限公司的谢伍一、黄荣坤分获第一名和第二名，新华丰华大餐饮（厦门）有限公司的胡健获第三名。

社区消防微站比武竞赛　12月29日，湖里区总工会、湖里消防救援大队在鹭港万达广场联合举办2023年湖里区社区微型消防站冬季比武竞赛，全区5个街道、60个社区微型消防站的300多名选手参赛。金湖、北站、金山社区微型消防站分获竞赛团体总分前三名，高殿社区微型消防站获得消火栓40毫米水带操第一名。

家庭教育指导知识技能竞赛　8月2日，湖里区家庭教育指导中心、区检察院、区总工会、团区委、区妇联在湖里区检察院共同举办湖里区家庭教育指导知识技能竞赛。教育、卫健、司法、民政、街道等成员单位的13支参赛队伍参赛。禾山街道代表队获一等奖，区教育局二队、四队获二等奖，区教育局三队、一队，金山街道代表队，殿前街道代表队，区民政局代表队获三等奖，殿前司法所代表队、湖里街道代表队、区教育局五队、区卫健局代表队、江头街道代表队获优秀奖。

森林消防技能竞赛　此条目详见“应急管理”类目“防灾减灾”分目相关条目。

首届集体协商大赛　8月17—29日，由湖里区总工会、湖里区人社局、湖里区工商联共同举办湖里区首届集体协商大赛。全区18

支代表队 108 名选手参赛，10 支队伍的 60 名选手获奖。

【先进典型培育】 2023 年，湖里区获评全国五一劳动奖状单位 1 个、福建省模范职工小家 3 个、福建省模范职工之家 3 个、市级五一先锋号 45 个、市级五一先锋号优胜集体 2 个、市级党建带工建示范点 3 个。培育产业工人建设改革试点单位 1 个。创建市级职工技术创新工作室 1 个；获评省先进工作者 1 人、省劳动模范 2 人、省数字工匠 2 人、厦门行业（数字）工匠 1 人。

【职工关爱帮扶】 2023 年元旦、春节期间，湖里区总工会慰问市政、绿化、园林、环卫等一线苦脏累险职工，社区网格员、春节期间坚守岗位的重点单位（交警、公安、消防、医疗卫生机构）一线职工，新就业形态劳动者（货车司机、网约车司机、快递员、外卖配送员）1 万余人，慰问基层工会困难职工、困难劳模 329 名，走访慰问重点工程拆迁指挥部、“双拥”共建单位等。共发放慰问金及慰问品价值 172 万元，惠及全区 1.1 万名职工。开展“夏送清凉”高温慰问活动，慰问企业 396 家、职工 55797 人，发放慰问品价值 139 万元。开展金秋助学活动，帮扶 14 户困难职工家庭学生 22 名，发放助学金 11.91 万元。

【工会服务】 2023 年，湖里区总工会推动 3 家职工书屋升级，全区有 38 家职工书屋，其中，4 家全国级职工书屋。落实小微企业工会经费返还工作，返还小微企业 14951 家工会经费 618 万元。推进职工医疗互助保障工作，共有 63119 名职工参保，参保金额 378.7 万元，其中，为 430 家非公有制企业 43927 名职工补助医疗互助参保金 263.56 万元；有 1663 名职工申请专项医疗补助，补助金额 362.8 万元。关爱女职工，区总工会、湖里团区委、区妇联联合组织 400 名女职工开展三八节健步行活动。新增 3 家“宝妈馨屋”，举办 8 场女职工周末学校送教下基层讲座。关爱职工子女，先后开办暑期公益托管班 44 个，服务职工子女 1070 人，区总工会补助资金 121.6 万元。六一儿童节，慰问 60 名网约车司机子女，送出慰问金 1.2 万元。关爱医生群体，新创建医生休息室 1 家，被评为福建省星级医生休息室 1 家。关心关爱户外劳动者，新建工会爱心驿站 3 家，列入省委、省政府为民办实事项目，推动 41 家工会爱心驿站服务升级。

【助力企业复工复产】 2023 年，湖里区采用多种举措帮助企业员工返岗。为玉晶光电 146 名甘肃省临夏州广和县回族职工提供包机服务，赠送返岗接机礼包；为松川（厦门）精密电子有限公司提供包车服务，出动 6 辆大巴车，接送 285 名龙岩职工返厦；对于零星返厦职工，通过总工会平安返厦平台申请交通补贴，累计补助职工 9672 人，补助金额 440 万元。

【职工维权】 2023 年，湖里区总工会组织 19 家企业签订《行业性网约车女司机特殊权益保护专项集体合同》，是全市首份网约车女司机集体合同。深化工会劳动法律监督，先后在媒体发布包含保障农民工工资支付等内容的 6 份普适性和 57 份“点对点”给特定企业的“工会劳动法律监督提示函”，提醒企业遵章守法，防范用工风险。在福建“12345”政务服务便民热线系统、福建省信访信息系统和中华全国总工会职工维权热线等平台办理 33 起热线投诉。全年接待职工法律咨询 201 件 240 人，提供法律援助 3 起；区总工会参与案件调解，调解成功 97 起，涉及 156 人，调解金额 137.76 万元，其中撤回仲裁申请 28 件。

【职工文体活动】 2023 年，湖里区举办第九届“回家的路”主题

2023 年 11 月 7 日，湖里区总工会在湖里创新园职工法律服务一体化基地举行行业性网约车女司机特殊权益保护专项集体合同签约仪式 （区总工会 供图）

征文活动，50 篇作品获奖；与区委宣传部、区文旅局联合主办“人民就是江山”合唱比赛，有 14 支队伍、800 多人参赛；与区直机关工委联合举办区直机关干部职工运动会，95 支队伍、1425 名职工参加；各街道工会分别举办辖区职工趣味运动会，有 363 支队伍参加，其中，企业队伍 279 家、4000 人参与；开展“工悦领读”活动，分别在新景地大厦和凌云玉石博物馆共享职工之家举办“领读中国·晨念厦门”和“数字领航，匠心传承”“工悦领读”活动 2 场，近 200 人参加。组织职工参加厦门市职工艺术节，工间操和排舞分别获二、三等奖。

【职工疗休养】 2023 年，湖里区总工会开展技术工人暨一线职工疗休养活动，各基层工会共组织 48 期 1520 人参加，其中，抗疫专班 5 期 156 人。

【单身职工联谊派对】 2023 年 2 月 17 日，湖里区总工会联合湖里团区委、区妇联、区工业园区管委会，在湖里创新园共享职工之家举办单身职工联谊派对。设置心动集合、互动游戏、知识有奖竞答、深入交流等环节，约 200 名单身职工参加。

【区总工会八届六次全委（扩大）会议】 2023 年 4 月 18 日，湖里区总工会第八届第六次全委（扩大）会议召开，区总工会八届委员会、经审委员会委员 33 人参加会议。会议听取区总工会常务副主席林文作的题为《全面贯彻落实党的二十大精神　奋力谱写工会工作新篇章》的工作报告，回顾总结 2022 年工会各项工作情况，部署 2023 年工作；区委副书记、区总工会主席陈晓东讲话，提出“打造引领型工会、服务型工会、活力型工会”目标要求。

【厦门网约车行业调解中心揭牌】 2023 年 11 月 7 日，厦门网约车行业调解中心揭牌仪式在湖里创新园职工法律服务一体化基地举行。该调解中心由湖里区总工会联合市网约车行业工联会共同成立，旨在推动网约车行业所产生的矛盾纠纷和法律问题就地化解、源头化讼；加强网约车行业规则塑造、促进行业有序发展；切实保障网约车司机合法权益、维护社会和谐稳定。调解中心采取律师坐班制，周一至周五上班时间有专业律师现场免费答疑。厦门市网约车工联会配套成立由网约车企业行政方和工会方组成的调解委员会，牵头负责调解中心相关工作。工联会和调解中心建立联动机制，共同为网约车司机提供维权服务。

（区总工会供稿）

共青团厦门市湖里区委员会

【概况】 2023 年，共青团厦门市湖里区委员会（以下简称湖里团区委）加强基层团组织建设，面向广大团员和青年开展学习贯彻习近平新时代中国特色社会主义思想主题教育。做好省级青年发展型县域试点工作。组织开展“青春微联盟”之践学篇——“践青年使命　赴时代之约”活动。组织各级团组织开展大学习活动，主办“团团半月谈”主题沙龙 7 场。组建“青春守护者”联盟，开展“青友伴行”成长营、“助青起飞”支持计划及“青春私语”信件辅导支持计划三大主题服务。推进未成年人司法工作社会支持体系建设。举办“筑梦杯”城中村青年篮球赛、青年歌手赛。举办“悦动五四湖里有 YOUNG”挑战赛。组织 2189 名青年志愿者开展各类志愿服务活动 1410 场。至年底，湖里区有团员 10155 人、团干部 1104 人，基层团组织 1096 个，其中，团委 23 个、团总支 15 个、团支部 1058 个。有“两新”团组织 737 个，其中，新经济组织 348 个、新社会组织 389 个。

【基层团组织建设】 2023 年，湖里团区委以智慧团建系统为抓手，落实星级团支部创建、新发展团员报到、团组织关系转接等基础团务，实现新发展团员 100% 报到，“学社衔接率”100%。新发展团员 992 人。新建 23 家非公有制企业团组织，指导天地集团、国投集团 2 家直属团组织完成换届选举，社会组织服务园团总支升格为团工委。

【青少年思想政治建设】 2023 年，湖里团区委以“青春微联盟”为载体，通过“专家授课 + 青年宣讲 + 团建”的方式，带动青年群体做好学习贯彻习近平新时代中国特色社会主义思想的深化、内化、转化工作。举办湖里区主题教育“共学课堂”青年专场，面向全区 500 名团员青年开展理论授课。组织各级团组织开展大学习活动，全年共开展“青年大学习”网上主题团课 21 期，团员青年 4.4 万人次参与学习。开展“团团半月谈”主题沙龙活动 7 场，300 余人参与。依托“智慧团建”系统，指导动员 1058 个团支部 100% 完成“思想旗帜”“坚强核心”“强国复兴”“挺膺担当”学习任务。

【青少年关爱】 2023 年，湖里团区委依托青少年权益中心，组建

“青春守护者”联盟，举办“青友伴行”成长营，组织大学生志愿者在社区开设“寓教于乐”的丰富课程，开阔青少年的眼界，累计服务青少年114人次；实施“助青起飞”支持计划，着重加强安全自护禁毒教育，全年服务青少年834人次；实行“青春私语”信件辅导支持计划，为厦门市蔡塘学校、厦门市江头三小、宁夏闽宁镇铁西回民小学、厦门市乌石浦小学提供信件辅导服务，全年回复信件75封。

【困境青少年帮扶】 2023年，湖里区青少年权益中心联合各街道未保站共同开展困境青少年帮扶，探访困境儿童60人次。开展“湖娃”团团主题冬令营，组织困境青少年到忠仑公园、区检察院开展研学活动；六一儿童节，组织新业态、新就业人群子女及困境儿童到鼓浪屿海底世界开展探秘鼓浪屿海底世界研学活动。

【青少年权益维护工作】 2023年5月31日，湖里团区委联动湖里公安分局、区法院、区检察院、区民政局等部门，面向青少年社工以及各街道、社区团干开展未成年人司法保护主题沙龙。落实开展司法保护未成年人工作，全年开展青少年司法保护个案6个，举办防校园欺凌、自然灾害自救、中高考减压等主题教育活动4场次，服务青少年344人次。

【青年突击队组建】 2023年底，湖里团区委牵头组建省市重点项目青年突击队22支、城中村综合治理青年突击队17支、消防救援青年突击队7支。5月13日，湖里团区委为活跃在省市重点项目一线的22支“青年突击队”举行集中授旗仪式。9月20日，在华荣消防救援站举行区消防救援大队“青年突击队”授旗仪式。

【青年创业就业服务】 2023年5月26日，由区委人才办、湖里团区委、区人社局、区工信局联合举办湖里区青年创新创业大赛，为青年创新创业搭建展示交流、实现梦想的综合平台。赛后，区委人才办、区工信局分别宣讲青年创新创业人才政策、科技政策，投融资机构解答创业团队提出的问题。7月19日，区委组织部、湖里团区委、区工信局共同举办青年科创人才圆桌论坛，与厦门市科技服务行业协会共建湖里区青年人才科创服务站。开展“扬帆计划”，发动机关、企事业单位提供优质实习岗位1215个。开展湖里区青春面对面大学生暑期企事业单位研学活动，30名高校学子参与，区人社局从生活补贴、住房保障、引才补贴以及就业补贴四方面介绍2023年毕业生政策，组织学子参观台青创客家、飞鱼科技、海西MCN两岸青年创业基地，吸引大学生到湖里区就业创业。

【青年志愿服务】 2023年，湖里团区委着力打造“领军型、专业型、技能型、普众型”四大类型志愿者，推进平战结合应急志愿服务体系建设。成立湖里区青年志愿者协会防治结核病志愿服务宣传队。区青年志愿者协会与香港“义连班”缔结青年友好社团，在青年工作、文化、公共服务、创新创业等领域加强志愿合作。团属外来务工青年志愿者协会聚焦城中村治理志愿服务重点领域，围绕村社治理、卫生健康、应急救援、交通安全、少年儿童关爱服务等领域到村社调研，设计服务内容。青年志愿者全年开展各类志愿服务活动1410场，累计参加志愿者2189人次，总服务时长49598小时。

【省级青年发展型县域试点工作】 2023年，湖里团区委牵头编制《湖里区青年发展型县域试点实施方案》，提出打造创新有为的“宜商宜业之城”、健康时尚的“山海悦居之城”、生生不息的“幸福真爱之城”、多元融合的“尚学致用之城”、两岸交融的“台青寻梦之城”等五大方面14项行动计划。元旦期间，首发青年发展型县域试点宣传片《筑梦·湖里》，五四青年节期间，推出县域试点主形象“湖宝”及系列微信表情包。开展争创青年友好型城区活动，全区共确定青年友好型场所27处。

【省级共青团城市基层组织改革】 2023年12月，金山街道金海社区被确定为共青团城市基层组织改革省级试点社区。湖里团区委围绕5项改革重点措施和6项指标查缺补漏，安排专职干部驻点推进金海社区改革试点，选派优秀机关干部、团代表和委员联系并领办团组织、青年社团，促进诚毅学院志愿服务队、湖光救援队等志愿组织与社区共建，帮助社区构建“团组织＋青年社团”的基层组织体系，完成共青团城市基层组织改革试点调研评估。

【“青马工程”暨基层团干培训】 2023年11月1—3日，湖里团区委举办“青马工程”暨基层团干培训，辖区各级团组织新任团干部，部分直属团组织、社区团组织负责人70人参加培训。学习习近平生态文明思想的“厦门实践”及对干部的启示，培训基层团务及智慧团建系统等；组织学员开展实践教学，在金海社区了解基层团务开展情况，在台青创客家与台湾青年交流，参观神山党员综合教育基地。

（黄定兰）

厦门市湖里区妇女联合会

【概况】 2023年，厦门市湖里区妇女联合会（以下简称湖里区妇联）学习宣传贯彻党的二十大精神、习近平总书记关于妇女儿童和妇联工作的重要论述，开展学习贯彻习近平新时代中国特色社会主义思想主题教育。召开妇女儿童发展纲要统计监测工作会议，开展妇女政治引领、妇女儿童关爱维权、妇女创业扶持等工作。实施“基层妇联‘领头雁’培训计划”，联合区委党校举办三级妇女干部培训班，80多名基层妇女干部、执委参加培训。全区培育2022年度全国巾帼建功先进集体1个、2022年度全国巾帼建功标兵1个、2023年福建省巾帼文明岗2个、2021—2022年度福建省三八红旗集体2个、2021—2022年度福建省三八红旗手1名、福建省妇联系统先进集体1个、福建省新时代巾帼志愿服务十大优秀社区（2022年）1个。涌现出全国“最美家庭”1户、福建省“最美家庭”2户、福建省“绿色家庭”2户、厦门市“最美家庭”22户、厦门市“最美绿色家庭”20户。

【妇联组织阵地建设】 2023年，湖里区建设“妇女之家”“妇女微家”“儿童之家”等各类妇联组织基层阵地，新建“妇女微家”20家，其中，在“三新”（新产业、新业态、新商业模式）领域新建14家。在“三新”企业新建妇联执委工作室9个，执委履职3000余人次。培育3家女性集中的社会组织成立社会团体会员。全区59个社区妇联成立网格妇女小组116个，实现妇联工作在“最小单元”落地生根，打通服务妇女群众“最后一米”。

2023年湖里区获奖家庭一览表

表6

家庭	称号	颁发单位	颁发时间
王小兵、徐青怡家庭	全国“最美家庭”	全国妇联	2023年5月15日
陈伟业、陈丽娇家庭	福建省“最美家庭”	福建省妇联	2023年4月28日
林碧华、谢东发家庭	福建省“最美家庭”	福建省妇联	2023年4月28日
郑秋云家庭	福建省“绿色家庭”	福建省妇联	2023年5月23日
赵文琳、庄毅家庭	福建省“绿色家庭”	福建省妇联	2023年5月23日
张月、刘航家庭	厦门市“最美家庭”	厦门市妇联	2023年8月31日
黄建伟、邱惠娟家庭	厦门市“最美家庭”	厦门市妇联	2023年8月31日
蔡秀妹、蔡兵跃家庭	厦门市“最美家庭”	厦门市妇联	2023年8月31日
施华杰、龚燕瑜家庭	厦门市“最美家庭”	厦门市妇联	2023年8月31日
陈应周、郭露梅家庭	厦门市“最美家庭”	厦门市妇联	2023年8月31日
庹军、黄红梅家庭	厦门市“最美家庭”	厦门市妇联	2023年8月31日
刘路英、温春辉家庭	厦门市“最美家庭”	厦门市妇联	2023年8月31日
王更儒、陈桦家庭	厦门市“最美家庭”	厦门市妇联	2023年8月31日
赵凤国、朱思衍家庭	厦门市“最美家庭”	厦门市妇联	2023年8月31日
陈淑妹、王舒家庭	厦门市“最美家庭”	厦门市妇联	2023年8月31日
刘曼英、陈利平家庭	厦门市“最美家庭”	厦门市妇联	2023年8月31日
蔡靖靖、陈彬家庭	厦门市“最美家庭”	厦门市妇联	2023年8月31日
范烨、兰泉家庭	厦门市“最美家庭”	厦门市妇联	2023年8月31日
常慧、邵永吉家庭	厦门市“最美家庭”	厦门市妇联	2023年8月31日
胡跃、李方慧家庭	厦门市“最美家庭”	厦门市妇联	2023年8月31日
刘忠木、王益婷家庭	厦门市“最美家庭”	厦门市妇联	2023年8月31日
李梦为、朱明华家庭	厦门市“最美家庭”	厦门市妇联	2023年8月31日
黄启荣、余惠芬家庭	厦门市“最美家庭”	厦门市妇联	2023年8月31日
徐冠胜、朱美萦家庭	厦门市“最美家庭”	厦门市妇联	2023年8月31日
钟俊杰、林耀妹家庭	厦门市“最美家庭”	厦门市妇联	2023年8月31日
兰金华、李晓国家庭	厦门市“最美家庭”	厦门市妇联	2023年8月31日
吴清满家庭	厦门市“最美家庭”	厦门市妇联	2023年8月31日
万金锋、张倩家庭	厦门市“绿色家庭”	厦门市妇联	2023年8月31日
周春超、苏竞勋家庭	厦门市“绿色家庭”	厦门市妇联	2023年8月31日
郭怀璧、聂根泉家庭	厦门市“绿色家庭”	厦门市妇联	2023年8月31日
赵秋瑞、林小燕家庭	厦门市“绿色家庭”	厦门市妇联	2023年8月31日

续表 6

家庭	称号	颁发单位	颁发时间
李永敬、雷广太家庭	厦门市“绿色家庭”	厦门市妇联	2023 年 8 月 31 日
张智厚、林乖治家庭	厦门市“绿色家庭”	厦门市妇联	2023 年 8 月 31 日
毛双英、张东振家庭	厦门市“绿色家庭”	厦门市妇联	2023 年 8 月 31 日
黄华南、王玲玲家庭	厦门市“绿色家庭”	厦门市妇联	2023 年 8 月 31 日
祝萍、朱建新家庭	厦门市“绿色家庭”	厦门市妇联	2023 年 8 月 31 日
陈金萍、陈鹭龙家庭	厦门市“绿色家庭”	厦门市妇联	2023 年 8 月 31 日
柯晓珊、陈心情家庭	厦门市“绿色家庭”	厦门市妇联	2023 年 8 月 31 日
黄凯、黄海兰家庭	厦门市“绿色家庭”	厦门市妇联	2023 年 8 月 31 日
尚小煜、许恺家庭	厦门市“绿色家庭”	厦门市妇联	2023 年 8 月 31 日
黄进发、郑海燕家庭	厦门市“绿色家庭”	厦门市妇联	2023 年 8 月 31 日
刘朋朋、赵燕家庭	厦门市“绿色家庭”	厦门市妇联	2023 年 8 月 31 日
郑小远、杨雅洁家庭	厦门市“绿色家庭”	厦门市妇联	2023 年 8 月 31 日
庄志坚、庄枝花家庭	厦门市“绿色家庭”	厦门市妇联	2023 年 8 月 31 日
林亚丽、戴灿煌家庭	厦门市“绿色家庭”	厦门市妇联	2023 年 8 月 31 日
张爱农、朱明英家庭	厦门市“绿色家庭”	厦门市妇联	2023 年 8 月 31 日
刘少峰、钟玉璇家庭	厦门市“绿色家庭”	厦门市妇联	2023 年 8 月 31 日

【“两纲”实施监测】 2023 年 8 月 23 日，湖里区召开“两纲”统计监测工作会议，湖里区妇儿工委 35 家成员单位分管领导和联络员等 70 余人参会。区妇联量化分解“两纲”目标任务，对重点指标提前预警研判，统计监测结果显示，辖区妇女儿童生存环境不断优化提升，妇女儿童合法权益得到进一步保障，“两纲”监测指标继续保持良好的发展态势。

【妇女儿童权益维护】 2023 年，湖里区妇联组建一支由 8 名具有调解经验的小区妇女娘家人组成的“婚姻咨询服务队”，在婚姻登记处，为不同婚姻阶段的居民提供婚前咨询、婚俗新风宣传、离婚调解等服务。开展“探寻幸福婚姻密码”婚姻家庭辅导系列活动 4 场。“12338”妇女法律援助咨询热线、“12345”便民服务平台、湖里区维权接访室，接听维权热线电话 121 通，个案辅导 18 人次、婚姻咨询 20 人次，婚姻辅导 12 人次，反家暴服务 21 人次，婚姻调解 28 人次，法律援助 80 人次，心理疏导 15 人次。区妇联受理各类诉求 61 件、个案 2 个，受理“12345”平台转办件 2 件、国家信访局平台转办 1 件、综治平台转办 1 件，接收率、办结率、满意率均为 100%。

【困难妇儿关爱帮扶】 2023 年，湖里区妇联常态化开展妇女儿童关爱慰问，救助贫困妇女“四癌”患者 3 人，发放救助金 3 万元；开展春蕾、金秋等助学活动，为 70 名困难女大学生发放助学金 8.28 万元。在元旦、春节、三八妇女节、六一儿童节，慰问妇女儿童 481 人次。实施“雨露育青苗”行动，慰问 23 名困境儿童，发放爱心学习礼包 23 份，价值 4600 元；与湖里天伦医院联合举办关爱女性健康免费体检公益活动，为辖区困难女同胞、巾帼志愿者 300 多人免费体检。开展“我在鹭岛过新年”慰问行动，为 200 名春节期间坚守岗位、留厦过年的女员工送去大礼盒及新春问候。

【家庭教育工作】 2023 年，湖里区妇联联合区教育局、区检察院成立教育系统家庭教育指导联动站。举办家庭教育指导骨干培训，累计培训学员 300 多人次。选送 10 名妇女骨干参加福建省 2023 年家庭教育指导服务能力提升项目。举办“湖里区家庭教育指导知识技能竞赛”，区家庭教育指导中心的 13 个成员单位参赛。成立一支由 41 名家庭教育指导师、家庭教育讲师队伍组成的“湖里区妇联家庭教育讲师”队伍，开展家风家训、职场父母、家庭关系、隔代教育等家庭教育公益讲座 20 场，惠及 2829 个家庭。区妇联举办“传承好家风 涵养新时代”家庭教育主题征文活动以及家庭教育论坛，400 多名家长和教育工作者参与活动。发挥家庭教育创新实践基地、家长学校、家庭教育指导服务站等阵地作用，开展家庭教育公益讲座“五进”活动，举办心理健康、亲子共读、防灾减灾等各类讲座、活动 115 场。分别在惠和石文化园、凌云玉石博物馆等家庭教育实践基地打造具有特色活动品牌的家庭教育课程。依托专业社会组织，邀请专家到社区、学校、企业举办“线上 + 线下”家庭教育专题讲座、亲子活动，开展线下活动 56 场。聘请专业家庭教育指导师或心理咨询师每周三上午开展线上咨询，发布家庭教育短视频等近 100 次。禾山社区、江村社区被确认为“福建省家校社协同育人工作试点社区”。金安社区被确认为“福建省家庭亲子阅读体验基地”。

【女性创业就业帮扶】 2023 年，湖里区妇联举办影雕手工作业培训、母婴护理师培训（第十九期、第二十期）、育婴师培训（第一期、第二期）、收纳整理师“女性创业就业计划”技能培训 6 场，培训学员 281 人。协助提供妇女创业小额贴息贷款，为创业妇女 27 人申请小额贴息贷款，其中，24 人申请到小额贴息贷款 480 万元。3 月 11 日，联合湖里区人社局举办春风送岗专场招聘会，累计 400 多名求职者咨询求职，达成就业意向 35 人；现场设置“厦门市妇女创业小额贷款”“贫困妇女大病救助”等惠民政策宣传摊位，接受妇女咨询 100 多人次，发放宣传单 200 多份。

【巾帼思想领航工程】 2023 年，湖里区妇联组建“让新思想飞入寻常百姓家”湖里巾帼宣讲团，吸纳宣讲成员 45 名，到机关、社区、企业、学校等开展各类宣讲活动 10 场次。组织各级妇联学习、宣传《习近平走进百姓家》、中国妇女第十三次全国代表大会会议精神。开展“争做巾帼好网民”活动。《中国妇女报》《厦门日报》等媒体累计报道区妇联工作 8 篇，“湖里头条”微信公众号宣传报道妇联工作 20 条。

【三八妇女节活动】 2023 年 3 月，湖里区开展“巾帼奋进新征程，携手同行助公益”主题健步行活动，区直机关、区妇联执委、妇女微家等单位 500 余人参加活动；举办学习《习近平走进百姓家》读书沙龙，4 名嘉宾围绕《习近平走进百姓家》一书，与读者研讨交流；开办维权普法课堂，律师林锋云就生活中侵害妇女权益问题，向 60 名巾帼志愿者释法、普法；开展三八维权宣传活动；举办巾帼志愿者技能培训志愿服务活动，传授心肺复苏急救知识；举办关爱女性健康免费公益活动。

2023 年 12 月 12 日，湖里区妇联召开第八次妇女代表大会。图为新当选的湖里区妇联第八届执行委员会委员合影 （杨旭清 摄）

【国际反家暴日活动】 2023 年 11 月 25 日，湖里区妇联联合区法院、禾山社区妇联、培善社会服务中心，举办反家暴游园宣传活动。活动现场设置《中华人民共和国反家庭暴力法》漫画解读、正确识别家暴行为“钓鱼”游戏、防范家暴知识拼图、“反家暴大富翁”“毒品消消乐”等趣味游园活动，200 余人参加活动。

【区第八次妇女代表大会召开】 2023 年 12 月 12 日，湖里区妇联在区行政中心召开第八次妇女代表大会，164 名妇女代表参会。大会听取并审议通过湖里区妇联第七届执行委员会工作报告，选举产生区妇联第八届执行委员会委员 35 名，选举邱凌蓝为执行委员会主席，郭琦玮为挂职副主席，李亚华、李淑莲为兼职副主席，苏建娟、吴丽敏、柯春景、洪萍、殷颖、曹梅媛、薛顺亮为常务委员会委员。

（杨旭清）

厦门市湖里区科学技术协会

【概况】 2023 年，湖里区建立街道科学技术协会（以下简称科协）5 个，配备专（兼）职科协秘书长，社区配有负责科普工作的工作人员 59 人，有稳定的区、街道科普志愿者 936 人。截至年底，辖区有国家级科普（教育）基地 1 个、省级科普（教育）基地 7 个、市级科普（教育）基地 3 个。全年安排科普专项经费 200 万元，区科协向每个社区拨付科普宣传补助经费 0.2 万元，用于延伸拓展科普宣传工作；向每个社区青少年科学工作室拨付 0.45 万～1.65 万元不等的经费，用于日常运行；向每个社区科普大学拨付 0.7 万～1.3 万元不等的经费，用于教学活动；成立满 8 年的 18 个青少年科学工作室，每年给予科普阵地提升补助经费1万元；向每个社区赠送科普挂图、科普图书等科普宣传资料。区、街、社区科协三级联动，开展科技周、防灾减灾等群众性主题科普活动。成立湖里区科技工作者之家。湖里区2023年全国科普日活动启动仪式暨“科普市集”活动被中国科协授予“2023年全国科普日优秀活动”称号，湖里区科协被福建省科协评为“2023年福建省全国科普日活动优秀组织单位”。

【科普阵地建设】 2023年，湖里区新建濠头、后浦2个青少年科学工作室。至年底，全区建成青少年科学工作室38个，其中，市级28个、区级10个，市级青少年科学工作室数量居全市首位。各社区工作室开展“一社区一特色”创建活动，建成长乐社区“小乐科普”直播、康泰社区智能机器人等特色科普体验室22个。打造亲民科普大学，新建社区科普大学1所。至年底，建有市级社区科普大学5所、区级社区科普大学21所。3个社区青少年工作室被中国科协评为全国科创筑梦青少年工作室，2个社区青少年工作室获评全国2023年度特色工作室，其中，1个社区青少年工作室被评为2023年最具特色工作室。

【“湖小普陪你学科学”活动】 2023年，湖里区打造“湖小普陪你学科学”活动2场。3月18日，区科协联合厦门移动电视，举办“湖小普陪你学科学”系列活动之“探秘福建省亚热带植物研究所”，参观香草原、东华园、1280园艺中心、中试基地和鱼菜共生园，认识研究所内特色植物，体验无土栽培的乐趣，了解鱼菜共生系统等，植物学博士何恩铭为学生答疑解惑。12月10日，区科协联合区台港澳办，组织20多名学生到成功大道隧道

2023年8月8日，湖里区科协在万达鹭港社交广场举办湖里区科普嘉年华暨“翔鹭杯”星际开拓青少年机器人挑战赛 （区科协　供图）

主题文化教育基地参加“湖小普陪你学科学”主题研学活动之“探索交通工程”，参观隧道监控中心和模型展览间，了解厦门隧道发展历史。

【全国科普日活动】 2023年9月16日，湖里区科协以“提升全民科学素质，助力科技自立自强”为主题，在厦门市华师希平双语学校和科华数据股份有限公司分别开展2023年全国科普日湖里区启动仪式暨“科普市集”活动、“科普超市”进企业活动。“科普市集”设有科普知识问答墙，机械臂AI人脸画像，食品安全VR体验以及邀请专业人员宣讲应急救援知识等。“科普超市进企业”活动开展摊位互动、宣传活动，举办亲子科普课堂以及“光伏小屋”模型制作竞赛。

【青少年科技竞赛】 2023年，湖里区科协举办青少年科技竞赛2场。

“翔鹭杯”星际开拓青少年机器人挑战赛　8月8日，湖里区科协在万达鹭港社交广场举办湖里区科普嘉年华暨湖里“翔鹭杯”星际开拓青少年机器人挑战赛，共有36个社区80名选手参赛。获一等奖10名、二等奖16名、三等奖22名、优秀奖32名。

“怡景杯”青少年F4越野车模竞速挑战赛　12月16日，湖里区科协在天安小学举办湖里区科普嘉年华暨“怡景杯”青少年F4越野车模竞速挑战赛，40万人次观看直播。36个社区代表队117名选手参赛。评选出一等奖15名、二等奖24名、三等奖33名，优秀奖45名；评选出优秀组织奖1队、优秀团队协作奖4队。

（许玉清）

厦门市湖里区归国华侨联合会

【概况】 2023年，湖里区归国华侨联合会（以下简称湖里区侨联）指导5个街道侨联完成换届工作，选举产生新一届街道侨联委员会。举办区侨联成立35周年庆典系列活动，开展学习贯彻习近平新时代中国特色社会主义思想主题教育，

组织侨界群众深入学习贯彻党的二十大精神，举办侨界理论学习讲座2场。举办侨务工作业务、《中华人民共和国民法典》、涉侨法律法规解读培训2场。指导湖里街道康晖社区侨联、金鼎社区侨联，金山街道金海社区侨联申报省级“五有”侨胞之家，濠头社区侨联被命名为省级“五好”侨胞之家；接待到访海外代表团5个78人次。湖里区侨联2人被评为全国归侨侨眷先进个人，禾山街道侨联1人被评为全省侨联系统先进工作者。湖里街道侨联被省侨联评为全省侨联系统先进集体。

2023年10月20日，湖里区举办“侨家乐·福建省华侨美食风情文化节”（厦门湖里专场）活动。图为群众品尝侨味美食　　（区侨联　供图）

【困难华侨帮扶】　2023年，湖里区侨联落实访贫问苦工作，走访慰问困难归侨侨眷107人次，发放慰问金6.33万元；助侨专款帮扶辖区特困归侨8人，发放补助金4.8万元。帮助2户因病致贫的特困归侨申请市侨联特困资助0.9万元。

【侨界参政议政】　2023年，湖里区侨联被中国侨网、市侨联、《鹭风报》等采用信息59条，完成《增强中华文化的海外传播能力，促进中国春节成为国际性节日》《浅谈加强基层侨联调研创新工作的相关思考》等调研课题6篇，提交《凝聚侨力，推动中华文化更好走向世界》《挖掘“五缘”优势　促进闽台文旅经济融合发展》等社情民意信息19条。

【联络联谊】　2023年，湖里区侨联拜访海外华侨华人社团厦门联络总部，加强与新加坡华源会、菲律宾福建厦门联谊会（商会）等海外侨团联络，建立友好关系，为湖里区出访新加坡、印度尼西亚、东南亚等国家招商引资搭建平台。接待著名的共和国归侨、侨领徐四民之女徐新英夫妇，著名的共和国归侨、华侨将军黄登保之子黄纪凯，区侨联第一届主席张基良之子张立国，厦门市缅甸归侨联谊会等到访。参与接待菲华各界联合会、菲律宾厦门联谊会（菲律宾厦门商会）、马来西亚槟城同安金厦公会、新加坡禾山公会、新西兰国际妇女会等回乡探亲访问考察的海外侨团、侨胞；随厦门市侨联商务团出访新西兰、澳大利亚5个城市，拜访10多个海外社团。全年接待及拜会华侨华人200多人次。

【区侨联成立35周年庆典系列活动】　2023年，湖里区侨联举办区侨联成立35周年庆典系列活动。开展2023湖里区涉侨文化调研，形成《湖里区涉侨文化调研报告》；走访侨资企业，探望侨史专家、侨联名誉主席、顾问30人次。举办“侨与特区共成长”书画展及笔会，制作“湖里区侨联35周年画册”及宣传视频。

8月10日，召开侨联35周年纪念座谈会，历届区侨联主席、副主席、顾问，侨企、归侨代表，区侨联第六届常委，区“五侨”部门、各街道分管领导等参加座谈会。市侨联主席陈俊泳，区委副书记陈晓东，区委常委、统战部部长刘云标，副区长朱校园等出席座谈会。参会人员观看湖里区侨联成立35周年的回顾短视频，侨界代表共同回忆侨联发展历程，展望未来发展。

10月20日，湖里区举办“侨家乐·福建省华侨美食风情文化节厦门湖里专场”活动，400多名侨界代表参与。活动由开幕式、第十届厦门市侨界联欢节、华侨美食与文化集市、“侨与特区共成长”书画展及笔会、区侨文化馆揭牌仪式五大板块组成，现场设华侨美食与文化集市摊位32个，吸引人流量超2万人次，营业额近15万元。

（区侨联供稿）

厦门市湖里区文学艺术界联合会

【概况】　2023年，厦门市湖里区文学艺术界联合会（以下简称湖里区文联）主管文艺家协会7

个，指导文艺家协会1个，共有会员1662人，其中，国家级会员70人、省级会员166人、市级会员254人，区级会员1172人。全年举办文艺作品展览4个，开展文艺活动项目5个，创作文艺精品项目3项。在第十五届湖里区社区文化艺术节期间，举办文艺专场活动115场。与区委宣传部联合开展“文化进万家·走进新时代文明实践所（站）”文化惠民活动，发动区属各文艺家协会走进社区参与教学，涵盖13个艺术门类2122个课时，惠及5万名群众。举办青少年暑期书法、美术培训夏令营。开展“凤凰花读书会”进校园、进社区活动，举办公益文学讲座16场次，举办各类文艺沙龙讲座5场。在第七届厦门文学艺术奖评选中，湖里区文联被市委、市政府授予优秀组织奖，下属艺术家协会文艺作品获一等奖1个、三等奖4个。搭建文艺交流创作平台，新建区级文联服务点2个，海丝艺术品中心获得中国文联“文艺两新”集聚区实践基地称号。

【文艺家协会】 2023年，湖里区有文艺家协会8个。

湖里区书法家协会　成立于2022年7月，同年11月完成登记注册。2023年，在册登记会员140人，其中，国家级会员35人、省级会员58人。

湖里区美术家协会　2022年10月成立，2023年3月完成登记注册，在册登记会员153人，其中，国家级会员13人、省级会员40人。

湖里区音乐家协会　2000年成立，2020年完成登记注册，是湖里区首个登记注册的文艺家协会。2023年，在册登记会员93人，其中，国家级会员4人、省级会员6人。

湖里区作家协会　2018年8月成立，2022年完成注册登记。2023年，在册登记会员64人，其中，国家级会员2人、省级会员13人。

湖里区摄影家协会　1998年成立，2023年有会员210人，其中，国家级会员7人、省级会员14人。

湖里区舞蹈家协会　1998年成立，2023年有会员150人。

湖里区诵读协会　2009年成立，是厦门市首个诵读协会，2023年有会员100余人，其中，国家级会员11人、省级会员7人。

湖里区社区文化艺术协会　2015年6月成立，协会集合馨雅艺术团、禾山社区艺术团、嘉福韵艺术团、湖里街道濠头社区蔓菁艺术团、湖里街道和通社区阳光艺术团、殿前街道兴隆社区同漾艺术团、金山街道金湖社区金彩艺术团、江头街道祥店社区祥梦艺术团。

【文艺作品展览】 2023年，湖里区文联举办文艺作品展览2场，总观展人数1.5万人次。5月11—17日，在厦门美术馆举办湖里区美术家协会会员学习贯彻党的二十大精神作品展，展出区美术家协会92名会员的150件作品，涵盖国画、油画、漆画、岩彩、综合材料绘画等多个画种。11月22—29日，在厦门美术馆举办湖里区书法展，共展出书法作品200幅，其中，展出中书协、省书协以及市书协部分领导的作品10余幅。开展当日现场组织交流笔会，多名书法艺术家现场挥毫创作。

【第29届全国摄影艺术展览配套活动】 2023年12月2日，第29届全国摄影艺术展览在厦门开幕，12月4—10日，湖里区文联协同市文联举办配套活动湖里区优秀摄影作品展，共展出优秀摄影作品100余幅；12月6日，在区文化馆举办摄影名家讲座，邀请第29届全国摄影艺术展入选作品“云览厦门”的作者、厦门日报社摄影部一级首席记者王火炎分享入选作品创作过程和拍摄技巧。

【文艺志愿服务队伍建设】 2023年，湖里区文联发动区属各文艺家协会组建书法、美术、摄影等各艺

2023年12月4—10日，湖里区文联在区文化馆举办优秀摄影作品展

（区文联　供图）

术门类文艺志愿服务队伍8支，开展志愿服务活动进校园、进社区、进机关活动54场，其中，区书法家协会举办暑期书法公益培训18场，培训辖区中小学书法爱好者120人；区美术家协会举办暑期美术公益培训14场，培训辖区中小学美术爱好者80人；区作家协会举办作家进校园公益文学讲座16场；区摄影家协会开展摄影沙龙讲座进社区活动3场。

【主题征文活动】 2023年2月，湖里区文联指导区作家协会举办“礼赞新中国　特区新时代”征文活动。共收到中、小学生创作的作品203篇，评选出获奖作品75篇，其中，小学组37篇、中学组38篇。

（白紫珊）

厦门市湖里区残疾人联合会

【概况】 2023年，厦门市湖里区残疾人联合会（以下简称湖里区残联）持续抓好“爱心助残”建设，推进《湖里区“十四五”残疾人事业发展规划》，完善残疾人社会保障制度，健全残疾人关爱服务体系建设。推行“网上办理”“跨省通办”“马上办”“最多跑一趟”“全程网办”等工作方式。推进“扶残助困”一件事套餐改革。为行动不便重度残疾人85人提供残疾评定上门服务。全年审批发放残疾人证700本，其中，新办证363本，等级变更72本，遗失补办140本，换领14本，迁移111本，注销264本，跨省通办55本。截至年底，全区有持证残疾人5004人。投入28.12万元专项资金，为全区103户重度残疾人家庭实施无障碍改造。为98个身心障碍患者家庭提供“喘息服务”。全区有专职残疾人联络员48名，其中，区级联络员2名、街道联络员4名、社区联络员42名，有福乐家园1家、街道残疾人职业援助中心4家、残疾儿童康复机构12家。全年开展文体活动90场，共有残疾人2718人次参加。

【残疾人社会保障及救助】 2023年，湖里区残联春节期间走访慰问困难残疾人家庭65户，发放慰问金7.8万元；全国助残日期间，全面慰问辖区持证残疾人4980人，累计发放慰问金29万余元；协助32户68人申请一户多残低保和低收入家庭生活补助，发放补助金18.51万元；为350名残疾儿童发放六一儿童节慰问金17.5万元；为符合条件的20名残疾人发放机动轮椅车燃油补贴5200元。为263人次发放重残托养补助金98.76万元。为全区所有持证残疾人购买意外伤害保险。

【残疾人康复补助】 2023年，湖里区残联落实儿童康复救助补助政策，受理儿童康复补助申请1364人次，发放补助金555.23万元；受理残疾儿童康复训练陪护补助1101人次，发放补助金258.48万元；为39名残疾人发放辅助器具适配补贴4.44万元。为重度残疾人提供机构托养补助263人次98.76万元。开展精神疾病患者医疗康复补助工作，为全区422名精神疾病患者申报每月300元处方用药及基本检查医疗康复补助。

【残疾人教育帮扶和就业扶持】 2023年，湖里区残联为430人次残疾人及困难残疾人家庭子女发放就学补助53.62万元；开展“中式面点”“钻石画”等就业实用技术培训4期，培训学员53人。全年新增就业残疾人115人。为残疾人74人次审批发放自主创业补贴66.38万元和经营性补贴10.5万元。

【爱心“助残”服务】 2023年，湖里区残联通过政府购买服务的方式落实“老厝情·新家园”“复元支持性共处”“暖心·享康居”“以爱之名·携手守护”等社会支持项目。爱心企业龙骧鑫睿（厦门）科技有限公司和福建中电华控智能科技有限公司与区福乐家园签订落实认捐、认领、认养协议。在“爱耳日”期间，厦门市新声科技助听器公司和厦门市医疗器械协会向湖里区聋人协会捐赠助听器50台。3月，成立湖里区残疾人无障碍环境建设体验促进队，组织针对城市道路、公共场所、商超、酒店等场所22处，开展无障碍环境建设体验，累计收集需整改问题41个，反馈至区建设局，区残联跟进整改情况。各街道抓好老旧小区无障碍环境建设工作。湖里街道开展无障碍环境示范样板街道创建。提供身心障碍患者家庭“喘息服务”，通过提供社区日间“喘息”和家庭应急“喘息服务”，让身心障碍患者家长获得暂时的喘息机会，缓解压力，身心障碍患者通过和同伴交流及简单康复促进身心健康发展，全年有48户52名残疾儿童接受服务。推进金安社区、吕岭社区爱心助残驿站试点，为2个社区残疾人提供爱心助餐服务1741人次。

【社区残协规范化建设试点】 2023年，湖里区残联围绕基层残协组织“七有”（有组织机构、有专门人员、有办公活动场所、有制度规范、有职责区分、有服务项目、有档案材料）目标，走访东渡、怡景、金尚等11个社区残协，其中，金尚社区残协组织机构健全，需求调查、入户访视、档案管理、公示、年度考核等规章制度较为规范，协会专职联络员尽职尽责，助残活动多样，确定金尚社区为社区残协规范化建设试点。11月7日，在金尚社区召开现场观摩会，与会人员参观金尚社区的无障碍设施建设，听取金尚社区关于残协建设的工作汇报，区残联理事长郑高良对社区残协建设提出意见建议。

【助残项目获奖】 2023年，湖里区有2个助残项目获奖，其中，湖里街道精神障碍社会支持项目《“有‘园’相伴，绿意同行”——精神障碍患者家属减压小组服务案例》，获福建省民政厅举办的全省2020—2022年社会工作优秀案例评选三等奖；精神障碍患者社会支持提升项目获湖里区2023年度“改革创新奖”三等奖。

（谢　曲）

厦门市湖里区红十字会

【概况】 2023年底，湖里区累计建立基层红十字会101个，拥有红十字会会员1551人，覆盖5个街道、58个社区、34所公办中小学；全区成立红十字志愿服务队68支，有红十字志愿者近1500人。湖里区红十字会以“我为群众办实事”为抓手，开展募集救助资金、应急救护、人道资源动员等工作，举办各类宣传和志愿服务活动近300场。鼓励群众参与无偿献血、遗体（器官）捐献，年内，新增遗体（器官）捐赠志愿者10名。

2023年2月11日，湖里区红十字会在厦门海鑫金融保安守押有限公司举办救护员取证培训

（区红十字会　供图）

【红十字募集】 2023年，湖里区红十字会募集爱心款物价值1235.22万元，其中，为闽宁镇筹集帮扶款物411.49万元；为甘肃省临夏州积石山县募捐抗震救灾款物价值37.96万元；9月，腾讯“99公益日”活动期间，湖里区红十字会、各基层红十字会、爱心单位及爱心个人共同为“爱过年　情暖厦门”项目募集善款65.85万元；发动爱心单位、爱心个人进行爱心捐赠，接收爱心款物价值719.92万元。

【应急救护培训与宣传】 2023年，湖里区红十字会新增安装自动体外除颤仪（AED）13台，培训红十字救护员3106名。举办水上安全教育讲座、心理健康讲座、应急救护普及等公益培训81场，受众7.3万人次。开展以消防、疏散、溺水等为主题的应急培训演练活动36场次，受众5000余人次。

【人道救助】 2023年元旦、春节期间，湖里区红十字会开展“博爱送万家”活动，走访慰问重病患者、孤寡老人、困难红十字志愿者、“三献”家庭等重点人群440户，发放慰问款物价值51.57万元。救助本区患大病群众5人次，发放救助款1.3万元；协助辖区居民申请中央专项彩票公益金大病儿童救助及市红十字会大病救助18人次，申请救助款19.5万元。

（林莺群）

政法委与综治

【概况】 2023年，湖里区落实重大决策社会稳定风险评估制度，各责任单位向湖里区委政法委备案的社会稳定风险评估项目39个。全系统信访及时受理率、按期办结率均为100%，第三批“治重化积”上报化解率100%，治重化积工作排名全市第一，区信访局获评“治重化积”全国优秀集体；开展全国信访工作示范区创建活动，创建信访评理室79个，全区落实“四门四访”共1640批3654人次。全区各级人民调解组织共化解矛盾纠纷9306起；成立湖里创新园职工法律服务一体化基地，建立完善“园区枫桥”机制；金安社区“金哥安妹”矛盾纠纷排查化解工作法被列为厦门市“枫桥经验二十年”典型案例。出台《关于助力企业合规建设　亲清护企服务发展若干措施》，推动成立湖里区企业合规建设工作领导小组及其办公室，探索涉案企业合规改革、推行包容审慎监管执法、开展企业合规培训宣传三条路径，营造安商惠企法治化营商环境。区法院实行买卖合同纠纷全流程“集中＋优先”办案模式，买卖合同纠纷结案数比上年上升60.12%；在全市首创在线刑移退款模式，执行案件结案率超93%，有财案件平均执行天数比上年缩短11.2%。在全省平安建设“三率”测评中，湖里区群众安全感率99.01%，在全市平安建设考评中，连续20年被评为优秀区。

【平安湖里建设】 2023年，湖里区常态化开展扫黑除恶斗争，捣毁裸聊敲诈涉网恶势力犯罪集团3个，提前半年超额完成全年目标，专项工作成效位居全市第一。坚持对突出违法犯罪“零容忍”，破获13起部省级挂牌督办的“黄赌毒”案件，侦破2023年“3·20”特大跨省系列入室盗窃案件，成功发起全市首起电信诈骗全国集群战役。升级湖里区防控体系，推进4个现有警务站勤务运作机制落实，试点探索“智慧城中村”应用场景，全区智慧安防小区设备建成数、在线数均位居全市第一，辖区“两抢”警情保持低位，盗窃电动自行车比上年下降50%，入室盗窃略有上升、趁其不备盗窃案件与上年持平，“110”刑事警情比上年下降19.7%。禁毒工作成效明显，累计抓获毒品犯罪嫌疑人116人。

（郑奕昕）

【综合网格建设和管理服务】 2023年，湖里区推进以网格化管理为基础、精细化服务为宗旨、机制化运行为动力、信息化手段为支撑的基层社会治理体系建设。至年底，全区有社区工作者2090名，参与综合网格建设和服务管理工作，织密“网格全覆盖、力量全到位、工作零缝隙”的管理和服务网。常态化开展网格巡查、信息采集上报工作。全区社区网格员自行处置网格事件14.28万件，上报平台促进解决8659件，结案率97.15%。

【企业合规经营建设】 2023年，湖里区成立湖里区企业合规建设工作领导小组，研究制定《企业合规体系构建指引》等指导性文件8份，为百家建筑企业开展专题辅导，帮助自查刑事、行政合规风险点531个；区法院审结全市首例企业合规的附条件量刑建议案，在全市率先于诉前介入行政处罚企业纠错工作。

【城中村现代化治理和深化网格化治理工作推进会】 2023年5月26日，湖里区召开城中村现代化治理和深化网格化治理工作推进会。区委书记吴新奎主持会议并讲话。区委副书记、区长黄颖，区委副书记

2023 年 5 月 11 日，湖里区建设行业协会企业合规经营指导中心揭牌仪式举行

（区委政法委　供图）

陈晓东以及区领导林天德、戴乐生、潘敏毅、王达出席会议。会议学习贯彻党的二十大精神，贯彻落实党中央、国务院关于实施城市更新行动、关于加强基层治理体系和治理能力现代化建设的决策部署和省委、市委工作要求，对下一阶段城中村治理和网格化治理工作进行再动员、再部署、再落实。会议通报表扬金牌网格员 10 名、优秀网格员 90 名，号召全区上下向先进典型学习。

【“税网共治”签约仪式】 2023 年 11 月 2 日，湖里区网格办组织举办“税网共治”工作机制合作签约仪式。湖里区网格办和区税务局共同签订“税网共治”合作备忘录，双方将围绕建立沟通协调、数据共享、信息安全、诉求响应和联合治理等机制进行合作，依托“税务 + 网格”，提供“供给 + 需求”精准服务，探索“入户 + 说理”柔性执法，构建“资源一网共享、诉求一网收集、问题一网办理”的税收共治新模式。

（郑传贵）

【“扫黄赌、净风气”专项行动】 2022 年 11 月 19 日至 2023 年 4 月，全省公安机关开展“扫黄赌、净风气”专项行动，湖里公安分局开展新一轮打击黄赌违法犯罪活动。专项行动期间，共查破黄赌刑事案件 130 起、行政案件 585 起，抓获犯罪嫌疑人 851 人，其中，涉赌刑事案件 92 起，比上年上升 13.6%，涉赌治安案件 282 起，比上年上升 3.2%，刑行比比上年上升 10.2%。涉黄刑事案件 38 起，比上年上升 72.7%，涉黄治安案件 293 起，比上年上升 3.5%，刑行比上升 67%，实现“三升”目标；侦破省厅挂牌督办案件 2 起，获得省厅贺电 4 次。

（郑奕昕）

法治政府建设

【概况】 2023 年，湖里区严格落实党政主要领导法治建设第一责任人职责，将法治政府建设作为区委、区政府年度重点任务，召开区委常委会、区政府常务会专题研究相关工作。建立区政府常务会专题学法和重要议题学法前置机制，组织学习相关法律法规 4 次。开展全区行政执法业务培训 2 期，培训学员 300 余人次。组织 12 批次 68 名领导干部参加任前法律知识考试。举办领导干部法治专题培训班，开展“八五”普法活动 600 多场。创新构建企业刑事合规、行政合规、行业合规“三位一体”的企业合规治理体系。全区党政机关、街道法律顾问应设尽设，实现法律顾问全覆盖，强化“一社区一法律顾问”工作机制运行，59 个社区全部聘用法律顾问。推进严格规范公正文明执法工作，区人社局包容审慎监管执法案例入选全市行政处罚典型案例，江头街道开出全市首张街道针对电动自行车违规停放的消防执法处罚单。

【行政复议】 2023 年，湖里区深化行政复议机制建设，采用听证审理等办案方式推进行政争议实质性化解，全年共收到行政复议申请 466 件，因涉及管辖权问题转送 93 件，实际立案受理 369 件，不予立案 4 件，审结 333 件，调解结案 67 件，占结案总量的 20.12%。形成《湖里区行政复议体制改革工作报告》，制定《湖里区行政复议工作规则》。健全现场勘验、听取意见、复议咨询等案件审理机制，提高案件审理质效。听取当事人意见 39 次，当事人阅卷 5 次，组织听证 1 次，现场勘察 7 次，邀请行政复议咨询委员会 12 人次参与办理案件，组织案件研讨会 7 次，编印《行政复议典型案例汇编》200 本。依托诉非联动机制，在诉讼前端化解纠纷 8192 件，推动绝大多数矛盾纠纷通过法定渠道得到解决。成立湖里区行政争议调解中心，增强府院联动实效。

【行政应诉】2023年，湖里区深化政府和法院良性互动机制，区政府常务会专题听取区司法局2022年涉行政诉讼案件情况汇报，邀请集美法院行政庭参加行政诉讼调研座谈。落实定期通报行政诉讼案件行政机关负责人出庭应诉情况，全年办理以区政府为被告的一审行政应诉案件44件，行政机关负责人出庭应诉率100%，比上年提高1.31%。

【行政执法监督】2023年，湖里区深化包容审慎监管执法，落实不予行政处罚事项清单、从轻行政处罚事项清单、减轻行政处罚事项清单、不予实施行政强制措施事项清单，规范行政处罚自由裁量权，运用行政指导、行政奖励、行政和解等手段柔性执法。开展全区行政处罚案卷评查工作，首次将街道执法案卷纳入评查范围，采取"一案一表，逐项评查"的方式抽查案卷131卷。探索助企合规机制建设，区司法局与区委政法委、区检察院共同打造全省首个刑事合规、行政合规、行业合规"三位一体"的企业合规治理体系。全区各行政执法部门落实包容审慎监管执法，实施不予处罚案件10件，从轻处罚案件13件，警示告知案件163件，减免罚款164万元。强化行政执法主体和行政执法人员管理，加强日常执法资格考试、执行证件申领等工作，全区执法人员均持证上岗。将行政执法工作情况纳入绩效考核体系。年内，市对区绩效考评中，湖里区行政机关负责人出庭应诉率、抽象行政行为合法率、行政执法案件评查合格率、行政复议合法率均位居全市第一。结合赋权街道改革，组织开展对街道实施第一批54项行政处罚权情况专项监督检查，推动赋权部门对街道开展培训76次，30名执法人员取得行政执法资格，推动各街道开展行政检查743次，作出行政处罚488件。加强业务培训，召开2期全区行政执法业务培训，邀请专家学者、上级执法检查业务骨干、行政审判法官等授课，并组织开展以庭代训活动。

【规范性文件审查】2023年，湖里区开展全区行政规范性文件评估清理和集中公开发布，加强证明事项目录清单动态管理。对6件规范性文件进行事前合法性审核，对256件市、区级文件、行政协议等提出法律意见。

【街道综合执法体制改革】2023年，湖里区开展街道综合行政执法改革工作，完善执法案件信息共享协同、执法争议协作解决等机制建设。指导赋权部门开展街道综合行政执法培训76次，30名执法人员取得行政执法资格，确保第一批54项执法事项放得下、接得住、管得好。年内，各街道开展赋权执法1058次。

【信用管理】2023年，湖里区率先在全市完成市区公共信用信息平台一体化建设。修订区级公共信用信息基础目录，归集信用信息目录1269条。强化信用修复机制，举办信用修复培训会30余场，为574家企业修复信用记录。

【行政执法业务培训】2023年，湖里区举办年度行政执法业务培训2期。5月10—12日，区委依法治区办、区司法局在区委党校举办第一期培训，区直各行政执法部门业务骨干，各街道综合执法队部分队员，湖里公安分局、高崎机场公安分局、湖里交警大队、高崎机场交警大队的法制审核人员，各司法所所长以及司法局行政复议和应诉科工作人员114人参加培训。专题宣讲"党的二十大精神及习近平法治思想"，讲授"行政规范性文件合法性审核与备案审查"、《福建省行政执法条例》、行政处罚实务、《中华人民共和国行政强制法》、"行政复议审查要点"和"行政应诉实务指导"等课程。10月23—25日，湖里区委依法治区办举办第二期培训，区直各行政执法部门、各街道的综合执法队部分人员、公安系统的法制审核人员、各司法所所长以及征收一线工作人员200余人参加培训。主要培训行政处罚、行政执法、行政行为司法审查、征收拆迁工作等内容。

（林高翔）

公　安

【概况】2023年，厦门市公安局湖里分局（以下简称湖里公安分局）统筹推进防风险、保安全、护稳定、促发展各项工作，完成全国两会等重大活动安保维稳任务。建立重复警情全警"大闭环"管控工作模式，完善矛盾纠纷多元化解闭环工作机制，矛盾纠纷化解率位列全市第一。健全完善"警种主战""两队一室"警务运行机制，加强"1+3+N"（1名社区民警+3名网格辅警+N名网格员）社区警务团队建设，紧贴公安实战，探索形成"智慧城中村""智慧工地""金鸳"执法前置预警监督平台等科技应用项目，获评全省首批"科技兴警创新单位"；打造"湖警陪办"政务服务品牌，创新"加减乘除"工作法，拓展服务广度、便民深度、品牌亮度和营商服务温度，优化办事指南144个，缩减流程29个，各类公安政务服务实现"即受理、即审核、即制证"和

"零差评"。湖里区全年接报刑事类警情2071起，比上年下降19.6%。1人获评全国公安机关成绩突出青年民警，1人立个人二等功，20人立个人三等功。

【刑事案件侦查】 2023年，湖里公安分局侦破各类刑事案件1764起，破案率100%，命案破案率100%。

【经济案件侦查】 2023年，湖里公安分局深入推进经济金融风险研判预警"防风林"工程，落实护企安商"亲清八闽 益鹭同行"服务企业机制建设，在辖区企业建立全省首批、岛内首家经侦警务联络站。破获经济案件107起，追赃挽损3770余万元。侦破侵犯商业秘密犯罪案件1起。

【打击电信网络诈骗】 2023年，湖里公安分局聚焦电信诈骗，组建并实体化运行反诈专班，纵深推进"打防管治建宣"（打击、防控、管控、建机制、宣传）治理六项措施，创新"两卡"（银行卡、电话卡）核查小程序，打击职业电诈团伙和上下游犯罪。年内，辖区全口径诈骗警情比上年下降19.7%，电信诈骗刑事警情比上年下降13%。

【社会治安管理】 2023年，湖里公安分局组织开展"夏季治安专项打击整治""缉枪治爆""扫黄打非""食安8号"等行动。侦破全国"扫黄打非"办联合公安部挂牌督办案件1起，省厅挂牌督办案件18起。优化完善"统筹接警、集中研判、提级办理"的黄赌举报处置工作机制，定期组织对"五小场所""城中村"等重点区域、场所开展"暗访式+突击式+地毯式+拉网式"清查。全年刑事类警情比上年下降19.6%。

【公共安全风险防范】 2023年，湖里公安分局加强大型活动审批监管和现场安全管理，抓实烟花爆竹、枪支弹药、易制爆危险化学品安全监管，对辖区特种行业、企事业单位、学校、公共娱乐场所、商业门店、"三合一"场所、"九小场所"进行专项整治排查。

【海防管理】 2023年，湖里公安分局严格落实24小时沿海岸线警力巡逻、沿海视频监控巡查、小型船舶防越线预警系统巡查，打造由集岸线巡防队、无人机小队等4支队伍组成的岸线巡防力量，落实辖区40千米沿海岸线常态化巡逻防控机制；打击涉海违法犯罪，推进"猎鲨"专项行动，开展陆地涉海砂突出问题常态化整治行动；排查辖区涉海隐患，开展"靖岸2023"专项执法行动，辖区"人、船、场、企"沿海基础要素信息核实动态达到"四个100%"，实现全区"零走私、零偷渡、零抓扣、零输入"目标。

【科技兴警示范创建】 2023年，湖里公安分局按照公安部"科技兴警"三年行动计划部署，探索"智慧工地""金鸳"执法前置预警等平台系统实战应用，在后浦、围里社区试点开展"智慧城中村"建设及场景应用，全区建成智慧安防小区数位列全市第一。自主研发的"调证助手"软件被公安部及省厅在全国推广介绍，五通派出所获评全省景区和非景区智能防控单元示范点，湖里公安分局被省公安厅、省科技厅评为"科技兴警创新单位"。

【公安政务服务】 2023年，湖里公安分局打造"湖警陪办"政务服务品牌；创新"加、减、乘、除"工作法，以政务服务全科办理、全域覆盖、全时保障、全心服务，纵深推进政务服务提升年行动，并在全市推广。优化办事指南144个、缩减流程29个，建设金海、江头、创新园等14个智慧警务室，加大

2023年，湖里公安分局被评为科技兴警创新单位。图为8月30日，副区长、分局局长戚乐健（右二）在全省首批科技兴警创新基地、创新单位、创新点授牌仪式上领牌

（湖里公安分局 供图）

"15 分钟便民服务圈"建设，各类公安政务服务实现"即受理、即审核、即制证"和"零差评"目标。

【全区公安工作会议召开】 2023 年 2 月 16 日，湖里公安分局召开全区工作会议，湖里区副区长、公安分局党委书记、局长戚乐健，分局党委班子成员及局属各部门、各派出所主要领导参加会议。戚乐健总结湖里公安分局 2023 年工作成绩及经验，并代表分局党委向大会作题为《奋进新征程　护航新发展　为奋力开创湖里公安事业新局面而不懈奋斗》的工作报告。

（阮燕瑄）

检　察

【概况】 2023 年，湖里区检察院共办理各类案件 4929 件，其中，受理审查逮捕案件 379 件 498 人，受理审查起诉案件 1104 件 1390 人，依法批捕 338 人，起诉 999 人，有罪判决率 100%。落实群众信访件件有回复和领导包案办理首次申诉信访机制，妥善办理群众来信来访 130 件，重复信访量比上年下降 76.9%，落实"应听证尽听证"要求，开展公开听证 41 件。入选省级以上典型案例 6 件，信息工作保持全省基层法院首位。50 篇调研文章被市级以上刊物采用或获奖，1 名干警被聘为厦门大学法学院实践教学导师，2 名干警入选省级业务条线人才库，3 项调研课题获省院立项。获省、市集体表彰 2 次，1 人获评省信息工作先进个人，1 人获评市基层检察院建设先进个人。

【刑事检察】 2023 年，湖里区检察院共办理刑事案件 2465 件，其中，起诉盗抢骗、"黄赌毒"等严重影响群众安全感案件 279 件 409 人，起诉危险作业、重大责任事故、妨害安全驾驶等危害公共安全案件 266 件 268 人。守护群众生命财产安全，全链条打击电信网络诈骗及其关联犯罪，起诉 114 人，追赃挽损 529 万余元。加大妨害国（边）境管理犯罪打击力度，成立检警工作专班，全面深挖彻查，起诉 7 人。建立全省首个检察长列席公安机关执法监督管理委员会会议制度，依法介入引导侦查案件数比上年增长 88.46%，无不捕、不起诉复议案件。规范化运行侦查监督与协作配合办公室，依法监督立案、撤案 14 件，追捕、追诉 75 人，比上年增长 74.72%，自行补充侦查 29 件，是上年的 3.8 倍。完善认罪认罚自愿性保障机制，推进刑事案件律师辩护全覆盖。

【民事行政检察】 2023 年，湖里区检察院共立案受理各类民事行政检察案件 61 件，其中，民事行政检察监督案件 49 件、上级院交办案件 12 件；民事生效裁判监督案件 42 件、民事审判程序违法监督案件 1 件、民事执行监督案件 1 件、支持农民工起诉案件 4 件、行政生效裁判监督案件 1 件、行政非诉执行监督案件 2 件、督促行政机关履职案件 10 件；虚假诉讼案件 16 件，移送市院虚假诉讼线索案件 3 件。监督全市首例虚假调解司法确认程序违法案，涉案标的达 900 万余元。提出再审检察建议 14 件，制发检察建议 14 件，发出支持起诉意见书 3 份，组织公开听证 1 场。开展行刑反向衔接工作，接收刑检部门移送案件 95 件 112 人，发出检察意见书 24 件，终结审查 72 件。"刑民一体"打击黑恶势力犯罪及其关联的民事虚假诉讼，主动梳理"套路贷"嫌疑线索 34 件，追加犯罪事实 11 起，追加诈骗数额 200 余万元，发出民事再审检察建议获采纳。

【公益诉讼检察】 2023 年，湖里区检察院共立案办理行政公益诉讼案件 19 件，向有关行政机关发出诉前检察建议 6 件，磋商函 12 件；立案办理民事公益诉讼案件 2 件，发出公告 1 件，起诉 1 件，参与行政机关提出的生态损害赔偿磋商 3 件，促成支付生态损害赔偿金 72.4 万元；围绕酒店安全监管、网络空间治理、住宅小区共有资金管理等问题发出社会治理类检察建议 43 份，办复率达 100%。围绕公园水体污染、保健品食品安全、小区消防隐患、违法排污排海等民生痛点，制发检察建议、磋商函 20 份，提起诉讼 1 件，督促处罚违规企业 15 家、整改安全隐患 50 处，以法治之力守护湖里高品质生活。与湖里消防救援大队签订《关于建立健全消防行政执法与行政检察及公益诉讼检察协作机制的意见（试行）》，共筑消防安全新格局。与厦门市鹭江公证处签订《刑事案件保证金提存公证服务协议之补充协议》，实现刑事案件赔偿金提存公证服务全覆盖。

【市场主体平等保护】 2023 年，湖里区检察院依法起诉破坏社会主义市场经济秩序及民营企业内部人员侵害企业合法权益犯罪 68 人。融入海丝中央法务区、厦门自贸片区建设，参与知识产权基层服务站工作，联合厦门市海丝法务办、依法治区办举办"法律服务进千企惠万企"活动，开展法治宣讲、检企座谈等 56 场次。开展涉民营企业财产刑执行专项检察工作，为被害企业监督执行到位退赔款 200 余万元。

【企业合规监督】 2023年，湖里区检察院在全国创新构建企业刑事合规、行政合规、行业合规指导的“三位一体”的企业合规治理体系。推动成立湖里区企业合规建设工作领导小组，出台《关于助力企业合规建设 亲清护企服务发展若干措施》，20家成员单位会签《关于建立企业合规建设工作机制的意见》，构建“党委领导、同题共答”的企业合规建设格局。与湖里公安分局、区法院建立企业合规协同机制，推进涉案企业合规改革，对完成整改验收的2家涉案企业及主管人员依法不起诉，追回税款987万元。推动在湖里区建设行业协会设立企业合规经营指导中心，联合高校、行业协会摸排300多家建筑企业所涉行政、刑事处罚情况，制定《企业合规体系构建指引》系列材料，帮助企业梳理刑事、行政合规风险点531个，为150余家企业提供合规指导，防范企业违法触规风险。

【法治政府建设监督】 2023年，湖里区检察院深化协同联动，规范涉企行政执法，当好法治政府建设的保障者、推进者和服务者。汇编、宣传全市29家行政执法单位落实“包容审慎监管执法”制度事项1180项。针对行政处罚信息公示不规范问题，督促行政主管部门下撤相关失信信息。《行政执法“重罚轻纠”影响建筑行业发展》的检察建议获评全省检察机关“十佳”优秀社会治理检察建议，入选省院第十六批典型案例、全省营商环境领域行政检察监督典型案例。举行“全面履行检察职能推动民营经济发展壮大”通报会暨检察开放日活动，邀请100余名企业界人大代表、政协委员、人民监督员、台胞检察联络员等参加，线上观看人数达2万余人，点赞数近4万个。

【未成年人和特殊困难群体司法保护】 2023年，湖里区检察院办理涉未成年人案件199件211人，开展心理疏导、社工帮扶、家庭教育指导等94人次，帮助6名学生重返校园。10名法治副校长深度履职，开展“送法进校园”活动20余场次。与区法院建立救助线索移送机制，开展助推乡村振兴、关注困难妇女、“春晖护蕊”司法救助专项活动，为8名困难当事人发放救助金24.67万元。

【数字检察】 2023年，湖里区检察院运用取保候审云监督小程序对454名犯罪嫌疑人实行线上监督，依法逮捕逃脱监管的犯罪嫌疑人1名。自主研发的“洗车场所违法排水用水公益诉讼监督模型”在全省首届检察机关大数据法律监督模型竞赛中获优秀作品奖。依托“益心为公”检察云平台，聘任20名志愿者协助开展线索收集、专业研判、整改监督等6件次。在全国首创“元宇宙”检察履职新模式，“云”送达督促监护令获评全国优秀检察新媒体应用案例二十佳。打造“未检闽e站”全省首站模板，为全省2万余名“春蕾”安全员开展法治宣讲，提供寒暑假儿童关爱服务35万人次，并在数字中国建设峰会进行展示。推出“两会看检察”“元宇宙”，234万名网民沉浸式体验检察，获评首届中国行业媒体短视频大赛三等奖最佳创意作品。

【检察工作创新】 2023年，湖里区检察院探索基层检察轻罪治理体系建设，联合高校开展课题调研，形成20万字理论成果。梳理10类轻微刑事案件适用相对不起诉情形，向公安机关发出《慎用羁押强制措施的研究情况通报》。完善认罪认罚自愿性保障机制，推进刑事案件律师辩护全覆盖。联合厦门市鹭江公证处推行全类型刑事案件保证金提存制度，对7件案件开展保证金提存公证543万元，不捕、不起诉354人，不捕率、不起诉率分别比上年上升4.34和3.46个百分点，认罪认罚案件一审服判率97.71%，诉前羁押率下降至22.43%。

（林惠嫔）

法　　院

【概况】 2023年，湖里区法院受理各类案件32581件，比上年下降3.42%，新收案件28047件，比上年上升1.89%。共审结各类案件28712件，比上年下降1.67%。员额法官人均结案562.65件，比上年增长4.06%，人均结案数位列全省法院第一。以全国法院审判质量管理指标体系为抓手，聚焦“案－件比”及关联指标，严格管控案件质量，一审服判息诉率85.29%，位列全市基层法院第二。长期未结案件数降至2件，比上年下降96.92%；审限内结案率90.58%，比上年提高6.19个百分点；平均结案时间66.21天，比上年缩短28.26%。联合湖里公安分局启动全市首个全方位联防联动工作机制。1个集体被市中级人民法院评为先进集体，2人获省级表彰、24人获市级表彰。

【刑事审判】 2023年，湖里区法院共受理刑事案件1031件，比上年下降0.39%，审结刑事案件978件，比上年上升12.54%，判处罪犯1378人。常态化开展扫黑除恶，依法从严、从快审结涉黑恶犯罪案件12件52人，建立“打财断血”

长效机制，追缴涉黑恶财产570余万元。审结电信网络诈骗、非法吸收公众存款等涉众型经济犯罪22件，为群众挽回经济损失5000余万元。维护医保基金安全，审结医保诈骗案件81件106人。深入开展禁毒斗争，审结毒品犯罪案件15件23人。严厉打击职务犯罪，审结职务犯罪案件8件9人。妥善审结涉未成年人犯罪案48件53人。推进刑事附带民事案件调解工作，被害人实际获赔约350万元。贯彻宽严相济刑事政策，判处拘役、三年以下有期徒刑1193人，其中适用缓刑611人。

【民商事审判】 2023年，湖里区法院共受理各类民商事案件20330件，审结民事案件17207件，分别比上年下降2.06%、4.86%。审结涉及房屋买卖、房屋租赁等房地产纠纷案件638件，审结民间借贷案件2353件；守护家庭和谐，审结婚姻家庭纠纷案件595件；致力营造和谐稳定劳动关系，开展劳动争议巡回审判，审结劳动争议案件721件。湖里区法院构建调解组织分流、员额法官“把脉”、专业法官联席“会诊”、审判委员会“开方”的四段式商事案件专项审理模式，审结合同类、金融类商事案件12810件，平均审理时间比上年缩短26.94%。

【行政审判】 2023年，湖里区法院共受理各类行政案件83件，比上年上升13.70%。审结行政案件66件，比上年上升6.45%。

【审判方式改革】 2023年，湖里区法院坚持“简案批量办、小案不小办”，对系列案件实现“全生命”周期监管。建立系列案件首案庭室领导首办、分管领导阅核机制，系列案件一审服判息诉率92.42%，发改率0.24%。指派法官助理在送达阶段靠前做实庭前工作，引导当事人补正材料，组织证据交换，开展线上调解等，诉中调解成功数是上年的3倍，开庭后当月结案率85%以上。对无争议但无法调解案件，依法依职权适用审前督促程序，发出支付令。妥善处置知名线上文旅商品平台预付式消费纠纷系列案，从立案到文书生效平均用时20.8天。在全市率先开发“款e得”涉众案款发放平台，区法院与建设银行厦门分行合作开发“款e得”微信小程序，自7月上线，为2885人次发放涉众案款4578.18万元，案款清退率比使用“款e得”前提升21%。适用电子送达，比传统送达时间缩短至13天。优化司法鉴定流程，新收司法鉴定案件413件，结案378件，平均用时64天，比上年缩短16%。严格上诉移送管理，完善“上诉移送”小程序功能，上诉案件平均移送天数比上年缩短19.33%。

【案件执行】 2023年，湖里区法院受理各类执行案件11093件，执结10419件，执结率93.92%，结案平均用时比上年缩短21.16天，实际到位标的52.12亿元，比上年增长204%。打造综合治理“执行难”大格局，联合湖里公安分局在全市首创全方位联防联控工作机制，与拘留所建立执拘直通矛盾联动化解机制，在全市基层法院中率先试行车辆处置一体化工作。开展“夏日护航”“冬日攻坚”等专项行动，发布悬赏公告138份，拘留137人次，移送拒执犯罪线索6件6人，判决有罪5件5人，腾房5万余平方米。坚持“生道执行”，给予698家企业宽限期，促成执行和解1341件，屏蔽企业失信信息576家，为855家符合条件企业进行信用修复。实现网络拍卖常态化，挂拍执行标的物1639次，比上年上升312%，成交金额达3.9亿元。加强执行与破产工作衔接，及时将39家符合条件的企业移送破产审查，帮助“僵尸企业”出清重生。

【未成年人保护】 2023年，湖里区法院集成寓教于审、社会调查、封存犯罪记录等少年审判刑事特色制度，审结涉未成年人犯罪案件48件53人，封存未成年人犯罪记录6份，对涉案未成年人家属提供家庭教育指导9场，发出刑事领域“责令履行家庭教育职责告诫书”6份。

【区法院优化服务】 2023年，湖里区法院增强导诉引导力量，靠前为当事人提供法律咨询、诉讼指引等便民服务。优化立案办理流程，严格实行立案登记制，加强网上立案宣传引导，网上立案5427件，占全部一审民商事立案总数的33.65%。畅通沟通联络渠道，“12368”服务热线接听电话18529通，跟踪督办群众反映事项，快速回应群众诉求。推进执行服务中心升级改造，集合执行立案、查询反馈、材料收转、信访接待等服务项目。设置车辆一体化处置中心、网络司法拍卖辅助中心、执行警务室3间特色工作室，新增特色调解室2间，为群众提供“一站式”、便捷司法服务。落实执行法官定期接待制度，湖里法院微信公众号每周公示排班表。降低当事人解纷成本，驻法院律师及特邀调解组织成功调解案件3222件，比上年上升83.69%。强化与市、区两级劳动人事争议仲裁院对接，实现线上裁审衔接，建立群体性劳动争议预警机制，推动劳动争议源头预防化解。

【参与社会治理】 2023年，湖里区法院与基层治理单位强化诉非联动，深化道路交通、医疗纠纷等“一站式”解纷服务，指导完善“警民联调”协同联动解纷机制，于诉前化解纠纷8192件。发出司法建议28份，对金融借款转贷、校园霸凌等问题提出治理建议，加强跟踪落实，司法建议反馈率96.43%。就银行信用卡管理、商品房预售监管等领域存在问题与相关单位交流研讨，协同推进纠纷源头治理。向区委汇报重点领域矛盾纠纷诉源治理专项工作，就解决城中村自建房安全隐患、建立矛盾纠纷调处机制建言献策，在“我为湖里发展出良策”金点子征集活动中获奖。区法院主动走访行政机关，助力钟宅畲族社区改造、泥金地块征收等重大项目建设。推动湖里区行政争议调解中心挂牌成立，增强府院联动实效。强化矛盾风险隐患排查，90%以上的首次信访事项当场处理，或导入相应法律程序。涉诉信访做到“有诉必复”，受理各类信访件409件，办结397件，办结率97.06%，“治重化积”专项工作信访事项全部化解，实现清零。

【知识产权司法保护】 2023年，湖里区法院妥善处理涉互联网空间商标侵权、恶意干扰“关键词”搜索、非法向用户提供破解版网游等数字经济新业态侵权案件。共审结知识产权保护案657件，比上年下降39%。守护本土老字号商誉，妥善处置涉“鱼宝福”“义澜”等商标侵权案。保障创新主体合法权益，发出全市首份支持知识产权行为保全裁定书，阻止涉嫌侵犯著作权货物流向海外市场。区法院知识产权基层服务站提供公益咨询服务250余次，辐射企业270余家，举办全省首场跨境电商知识产权模拟法庭等知识产权特色宣传活动。1名员额法官获评2023年福建省知识产权保护工作成绩突出个人。

【护航经济发展】 2023年，湖里区法院将提升市场主体满意度作为党组2023年度重点调研课题，向企业发放调查问卷，收集司法需求。出台《关于服务保障各类市场主体高质量发展工作意见》，制定细化举措24条。深化“集中+优先”审理模式，买卖合同纠纷一审平均用时比上年缩短58.08%，上诉案件平均移送周期缩短31.01%。

【法治宣传】 2023年，湖里区法院到区企业服务中心“直播带法”，开展“元宇宙”沉浸式庭审观摩，拍摄禁毒普法短剧。“老旧小区增设电梯”案例登上央视《今日说法》栏目，“防范电信诈骗”等原创普法微动漫被最高法院微信公众号转载，湖里法院微信公众号发布原创推文150篇，开展“法律六进”“法院开放日”等活动22场。

【因楼道拥堵延误送医纠纷案诉前化解】 2023年1月，某小区发生1起因楼道堵塞导致延误送医产生的纠纷。湖里区法院与区司法局、金山街道办、金安社区联动，组织双方当事人调解，促成双方签订调解协议并履行完毕，将纠纷化解在诉讼前端。在调解案件同时，解决当事人家庭生活困难问题，同步开展小区治理。

（杨莉苹）

2023年3月22日，湖里区法院联合海沧海关查封涉嫌侵犯著作权货物太阳能灯具

（区法院　供图）

司法行政

【概况】 2023年，湖里区开展社区矫正、法治宣传、法律援助、人民调解等各项工作。公共法律服务实体平台全年接待来访咨询8656人次、热线咨询1340件，流转办理调解案件5750件。受理法律援助案件2741件，为受援人挽回损失或取得利益2071.09万元，接待法律咨询5957人次，办理审查起诉阶段律师提供法律援助案件55件，推进刑事案件审查起诉阶段律师辩护全覆盖，完善区法院及劳动仲裁法律援助工作站点。全年列管社区矫正对象1536人。做好刑满释放人员安置帮教工作，接收刑释解矫人员304人。成立行政争议调解中心。完善“诉调”“访调”“警调”等矛盾纠纷多元化解衔接机

2023 年湖里区调解案件情况一览表

表 7

单位	书面案件（件）	口头案件（件）	疑难复杂案件		涉及金额（万元）	涉及人数（人）	访调案件（件）	警民联调案件（件）	小区调解案件（件）	调解案件总数（件）	调解成功案件（件）
			疑难复杂案件（件）	涉及死亡案件（件）							
湖里司法所	6	1580	3	3	306.81	3172	59	356	66	1586	1582
殿前司法所	93	1874	13	10	1860.82	3934	407	1155	48	1967	1967
江头司法所	22	1973	8	6	742.61	3990	281	754	55	1995	1995
禾山司法所	79	2061	9	6	2181.93	4280	296	1037	177	2140	2140
金山司法所	14	1325	6	4	824.02	2678	600	646	81	1339	1338
合　　计	214	8813	39	29	5916.19	18054	1643	3948	427	9027	9022
区　行　专	6	15	—	—	—	—	—	—	—	21	21
交　调　委	258	0	4	4	1351.73	558	—	—	—	258	258
总　　计	478	8828	43	33	7267.92	18612	1643	3948	427	9306	9301

说明：“区行专”是区级行业性、专业性人民调解委员会的简称，“交调委”是道路交通事故人民调解委员会的简称

制，全区各级人民调解组织排查化解矛盾纠纷 9306 件。

【社区矫正】 2023 年，湖里区司法局累计信息化核查社区矫正人员 4.1 万人次，训诫 73 人次，警告 32 人次，表扬 6 人次，开展调查评估 194 人次，外出审批 746 人次。面向社区矫正对象开展各类教育 89 场次，提供心理辅导 165 人次，社区矫正对象就业率 77%。开展“减假暂”案件专项执法检查 6 次，检查案件 33 件，合格率 100%。打造“湖里区智慧矫正中心”，形成全面覆盖、移动互联、智能应用、信息共享的社区矫正新模式。全年迎接专项执法检查 4 次，接待各级单位参观调研 15 场次。

【安置帮教】 2023 年，湖里区做好刑满释放安置帮教人员跟踪管理和风险隐患排查，做到底数清、情况明，开展“强弱项，建机制”专项活动，预防刑满释放安置帮教人员重新犯罪。

【人民调解】 2023 年，湖里区开展“‘枫桥经验’在厦门，提升矛盾纠纷化解质效”专项行动，全区各级人民调解组织排查化解矛盾纠纷 9306 件，涉及金额 7267.92 万元。完善“诉调”“访调”“警调”等矛盾纠纷多元化解衔接机制，实行矛盾纠纷调解程序前置，建立社区警民联调室 59 个、劳动争议调解组织 309 家，全年“警民联调”机制调处各类纠纷 3948 件，“访调对接”机制调处 1643 件，调解成功 2570 件，复议调解率 20.2%。参与厦门自贸片区“园区枫桥”机制建设，支持区总工会新业态矛盾纠纷调解机制建设。举办全区调解

2023 年 12 月 28 日，厦门市湖里区行政争议调解中心在区信访大楼挂牌成立

（区司法局　供图）

业务专项培训，培训学员 135 人。

【公证事务】 2023 年，湖里区公证处办理各类公证业务 3573 件，为 580 个家庭提供家庭打包式公证办理 863 件，“公证 + 认证”一窗受理涉及台湾地区及涉外公证 752 件。

【公共法律服务品牌创建】 2023 年，湖里区司法局按照“一所一品牌”策划生成湖里司法所“益企利商”多元调解中心、殿前司法所“德法润家”家庭教育指导服务站、江头司法所“与邻有约”公共法律服务智库、禾山司法所标准化公共法律服务工作站和金山司法所“1+2+N”（1 个法律顾问智囊团，1 个专业队伍和 1 个志愿队伍，N 个法律明白人）法律顾问团法律服务项目 5 个，其中，殿前司法所“德法润家”家庭教育指导服务站入选全市“148”公共法律服务品牌。

【普法宣传】 2023 年，湖里区开展法律“六进”活动 380 余场次，线上超 3 万人次参与普法知识有奖竞答。在金山街道建成全省首个民法典广场，举办民法典知识竞赛、开设直播讲堂等“美好生活·民法典相伴”系列普法宣传活动，1.6 万人次参与活动。组织开展宪法宣传周集中宣传活动。建立领导干部应知应会党内法规和国家法律清单制度。实施社区“法律明白人”培养工程，培养“法律明白人”311 人。推进民主法治示范村社区创建、社区法律顾问、“法律明白人”全覆盖，在社区举办法律知识讲座 235 场次，现场提供法律咨询 1334 人次。以 5 个公共法律服务站点为依托，推进法治建设与新时代文明实践融合发展。举办《中华人民共和国社区矫正法》宣传活动，参与宣传的社团 6 个、街道和社区 64 个，累计发放《中华人民共和国社区矫正法》读本 1320 册，宣传彩页 900 余份，解答咨询 76 次。举办“大力弘扬宪法精神　扎实推进企业管理法治化”专题讲座，全区用人单位的投资经营管理者、行政人事主管、工会干部、工会劳动法律监督员、工会会员等 70 余人参加。厦门大学法学院博士围绕劳动权、性别平等权、劳动报酬权、休息休假权、社会保障权现场授课。

（林高翔）

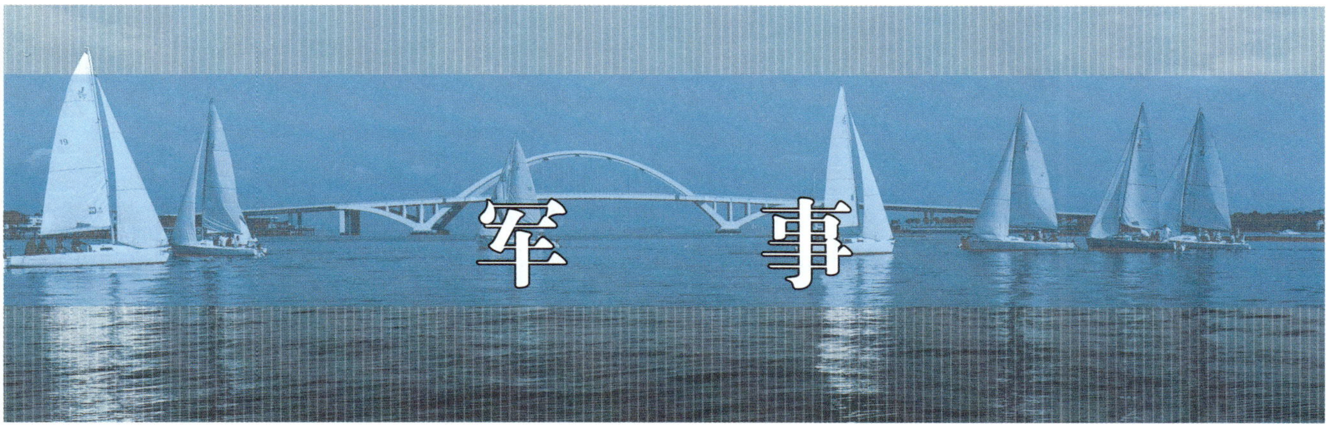

人民武装

【概况】 2023年，厦门市湖里区人民武装部（以下简称湖里区人武部）完成党管武装、思想政治教育、国防动员、民兵训练、征兵、拥政爱民等各项工作。协调召开区委议军会，开展各街道党工委书记党管武装述职，研究相关备战打仗、服务保障重点问题，组织区“四套班子”领导到部队营区过军事日。开展基层武装部部长、政治教导员任命，推进天地集团、区国投集团2个区属国企武装部有关规范化建设。开展八一慰问走访活动，慰问厦门警备区、联勤保障部队第一储备管理局厦门管理站。到辖区遂行任务部队支前慰问。联合区教育局开展扶贫助学活动，组织教官完成资质认证，完成6所学校军训任务。安置退役士兵和随军随调家属，协调解决军人子女入学入托问题。

【思想政治建设】 2023年，湖里区人武部组织学习贯彻党的二十大精神，开展学习贯彻习近平新时代中国特色社会主义思想主题教育，举办“学习强军思想　建功强军事业”教育实践活动，落实4个季度党委理论学习中心组学习，推进“六个如何始终”思想政治教育创新试点工作。开展春季新兵役前教育，落实民兵政治教育。

【国防动员】 2023年，湖里区人武部深化国动援战重难点问题研究攻关，完善修订各类主案、子案，推动方案体系落地落实。拉动民兵分队组织专项备勤，狠抓民兵任务行动训练。保障上级领导、兄弟单位、地方国动领导到辖区调研经济动员中心、机场码头建设，到新质新域公司、党员教育实践基地、航运公司、信息化企业走访调研。动员湖里街道民兵协助完成任务部队演训活动。

【民兵训练】 2023年，湖里区人武部组织开展“动员精兵—2023”大练兵，开展民兵训练。对接挂钩训练单位，完成应急、支援2个分队训练任务；协调编实编建基干民兵分队，完成基干民兵编组任务，新域新质力量、党员、退伍兵比例均达到要求；7月，组织基干民兵应急分队、民兵营连长集训，围绕共同基础、轻武器操作、战场救护等科目展开12天集训。精心组织民兵群众性练兵，参加省军区民兵“四会”教练员比武，民兵教练员潘坚

2023年5月23日，湖里区人武部参加福建省军分区举办的民兵“四会”教练员比武竞赛。图为获全省第一名的潘坚强（中）和区人武部领导合影

（区人武部　供图）

强获个人评分全省第一名；组织基干民兵便携式地空导弹连骨干参加全省实弹射击，成功击中目标；11月，迎接省军区民兵工作检查。

【征兵工作】 2023年，湖里区落实征兵工作责任制，以大学毕业生、高级技工人才为征集重点。到街道社区、学校开展多场春季征兵宣传动员巡回宣讲活动。利用广播、电视、报刊等新闻媒体宣传发动，全区兵役登记率100%，完成年度征兵工作。大学毕业生占48.89%，高级技工人才占6.67%。

（吴忠南）

【全民国防教育】 2023年，湖里区委宣传部开展全民国防教育活动，打造金山社区国防文化苑、厦门三中等国防教育示范阵地，举办全民国防教育主题宣讲比赛8场，开展5场巡回宣讲活动，参与超过1万人次。各街道《踔厉奋发强国防　勇毅前行向复兴》等巡回宣讲推文被转载转发2万余次，点击量达5万人次，宣传国防知识和兵役知识，鼓励和动员适龄应征青年响应国家号召投身军营。

（蔡欣宜）

人民防空

【概况】 2023年，湖里区人防办组织“5·10”防空警报试鸣暨人员紧急疏散行动演练。开展人防宣传“五进”活动，推进人防基层规范化建设。新建成马垅社区人防工作站。

【人防应急演练】 2023年5月10日，湖里区开展“5·10”防空警报试鸣暨人员紧急疏散行动演练，全区所有防空警报器按照预先警报、空袭警报、解除警报的信号顺序依次鸣响。湖里街道和通社区综合文化服务中心作为湖里区人员紧急疏散行动演练的主场，15:00预先警报响起，现场400人分为3组20个小分队，按照演练方案有序疏散到指定区域和地下人防工程，15:10空袭警报响起，社区居民及师生全部进入掩蔽区域，引导员及志愿者负责保障工作，15:20解除警报响起，开展消防抢险、应急保障等消除遭空袭后果的行动，展开医疗救助、心理疏导、灭火行动，社区居民从指定区域和地下人防工程撤离。区行政中心大楼、区政务服务中心约300人和全区12万名师生同步开展紧急疏散行动演练。结合防空警报试鸣，开展国防动员（人防专项行动）演练活动，现场展示湖里区人防机动指挥平台展开过程，并通过无人机采集演练现场的信息实时传输至市国动办，与市国动办实现音视频等信息互联互通的指挥调度功能。

【人防宣传教育】 2023年，湖里区结合“3·1”国际民防日、“5·10”防空警报试鸣演练活动、“10·31”新中国人民防空创立日、“12·4”国家宪法日等，开展人防宣传教育。在和通社区、吕岭社区、厦门市东渡二小、厦门市龙湫亭实验学校、区行政中心大楼、区政务服务中心等展示人防宣传栏板、悬挂宣传标语，分发人防宣传资料。参与达2万多人次，发放各类宣传资料2万余份。

（廖艳妮）

退役军人事务

【概况】 2023年，湖里区退役军人事务局推进组织管理体系、工作运行体系、政策制度体系建设。开展退役军人安置、就业创业帮扶、优抚优待、帮扶解困、褒奖慰问等工作。开展“我为老兵办实事”“我为军属办实事”等办实事活动10项，建档立卡更新率98.5%，位列全市各区第一。接待省、市及外地退役军人事务系统到湖里区交流学习7批次52人次。

【移交安置】 2023年，湖里区退役军人事务局开展“八个一”活动（一场欢迎仪式、一份报到须知、一条欢迎绶带、一束鲜花、一辆迎接专车、一个亲人拥抱、一场欢迎座谈会、“一站式”报到服务），迎接春、秋季退役士兵光荣返乡，完成“一件事报到”服务和适应性培训。完成退役军人档案移交管理、社保接续工作。协调提供岗位，安置符合政府安排工作的退役士兵和随军随调家属。落实安置经费，发放退役士兵自主就业一次性补助金和奖励金，发放无军籍退休职工退休费。

【就业创业帮扶】 2023年，湖里区退役军人事务局召开2场专场招聘会，提供就业岗位120余个。联合湖里区就业中心帮扶推介有就业意愿的困难退役军人实现就业。区民政局拿出多个社区工作者指标专项招聘退役军人。推荐多家军创企业参加省、市第三届退役军人创业创新大赛，获市一等奖和省二等奖。3家企业获“厦门市退役军人就业创业示范点”称号。落实培训、学历提升政策，审核通过成人高考、专升本考试和学费减免退役军人身份确认申请21名和“兵教师”专项培训申请2名，推荐4家退役军人承训机构申报上级审批。

（杨俊贤）

2023 年 3 月 31 日，湖里区退役军人事务局与中国联通湖里区分公司签订战略合作协议，推出“八一拥军卡”拥军服务项目　（区退役军人事务局　供图）

【双拥共建】 2023 年，湖里区广泛开展拥军活动。春节、八一建军节，走访慰问部队，送去价值 88.11 万元的慰问品。开展“文化进军营”活动，为某部队送去 20 套价值 37.2 万元的唱吧机。投入近 40 万元，保障省军区开办“学习贯彻习近平新时代中国特色社会主义思想”培训班。区司法局开展“送法进军营　共建和谐城”活动，为某驻训部队送去法律书籍 150 余本，邀请军嫂律师为官兵讲解刑法知识和解答法律问题。区爱国拥军促进会走访慰问驻高山部队。开展 2 场“送政策进军营”活动，为入伍新兵解读入伍、退伍、就业创业、学历教育等方面政策。湖里区帮助解决现役军人子女入学入托、7 块涉军地块清理整治等实际问题 6 项 50 余个。同驻地部队协调，推进解决仙岳山公园一工地棚拆除及卫生清洁、金山街道原旧货市场空置营地卫生死角清洁等实际问题 9 项 40 余个。

（丁　勇）

【优待抚恤】 2023 年，湖里区退役军人事务局落实优抚补助标准调整机制，按时精准发放各类优抚金、补助金、奖励金。春节、八一建军节期间，开展优属活动，累计发放慰问金、慰问品价值 349.88 万元。慰问帮扶困难优抚对象累计 207 人次，发放慰问帮扶金 27 万元，市级委托慰问 53 人次。稳步推进退役军人和其他优抚对象优待证申领，开展优抚对象年审工作，帮助符合条件的优抚对象落实抚恤补助待遇，转移伤残关系，评定伤残等级和健康检查等。区退役军人事务局鼓励社会力量参与拥军优属工作，围绕“我为老兵办实事”活动，在厦门邮轮中心、湖里颐豪酒店打造拥军驿站 2 家，在中国联通厦门湖里分公司、福建广电厦门湖里分公司打造新型退役军人服务站 2 家。打造标杆示范拥军工作品牌，在神山党员综合教育基地设立双拥主题公园，在湖里区军梦双拥双创园打造双拥文化一条街。

（张丙昌　张翔晔　丁　勇）

【英烈精神传承】 2023 年，湖里区退役军人事务局做实褒扬纪念工作，创新为烈士寻亲方式，会同驻厦部队为 10 名烈士找到亲属。联合厦门信息学校在薛岭山烈士陵园开展“缅怀革命先烈·为烈士墓碑描红”爱国教育志愿活动。组织开展清明祭英烈活动，举行“9·30”烈士纪念日向烈士敬献花篮仪式，约 360 人参加祭扫。落实烈属慰问金 1.6 万元，报销 5 名异地烈属到湖里区祭扫差旅费 0.66 万元。会同区人武部、街道社区服务站为 11 户荣立三等功军人家庭送喜报并发放慰问金 1.6 万元。常态化悬挂及更换光荣牌 106 块。

（张丙昌）

【退役军人志愿服务品牌】 2023 年，湖里区退役军人事务局围绕“一街道一品牌、一社区一队伍”的志愿服务格局，成立特色志愿服务队 5 支，开展无偿献血、文明创建、社区治理等志愿服务活动。鹭岛老兵志愿服务队的无偿献血志愿服务项目先后获厦门市、福建省新时代文明实践志愿服务项目大赛金奖，厦门邮轮中心老兵志愿者服务队的文明旅游志愿服务项目获省、市新时代文明实践志愿服务项目大赛优秀奖，厦门邮轮中心老兵志愿者服务队被福建省评为 2023 年度学雷锋志愿服务“五个最美”先进典型最佳志愿服务组织，被厦门市评为 2023 年度最美志愿服务组织。

【退役军人思想政治建设】 2023 年，湖里区退役军人事务局发挥老兵宣讲团作用，开展“学习贯彻党的二十大精神，激励老兵永远跟党走”主题宣讲活动 20 场次。以纪念延安“双拥”运动 80 周年为契机，到全区中小学、街道、部队及社区、银行开展宣讲活动 35 场次，累计参与活动 2000 余人。组织退役军人事务系统业务骨干、退役军人志愿者、老兵宣讲团成员开展“我与老兵面对面”宣讲活动 54 场次，累计参与活动 6524 人次。

（张翔晔）

外事　侨务　对台事务

外　事

【概况】 2023年，湖里区做好党管外事体制机制建设、拓宽对外交流合作等工作，优化提升外事服务保障能力。全年接待外宾10批149人次，保障3个因公出国团组完成出访任务。做好亚太经合组织（APEC）商务旅行卡的宣介工作，支持符合条件的企业办理亚太经合组织商务旅行卡，办卡总量556张，占全市办卡数的28%。推动新增厦门惠和石文化园为外事接待参访点。

【因公出国保障】 2023年，湖里区外事办从严把好因公出国（境）关，做好领导干部因公出国（境）报批服务工作。围绕湖里区经济社会发展和招商引资等中心工作，制订年度因公出国计划并按计划组团出访，全年保障3个团组完成出访招商任务。7月，区委书记吴新奎带队出访新加坡、印度尼西亚、菲律宾；8月，区委副书记、区长黄颖带队出访荷兰、法国、意大利；12月，区委常委、宣传部部长沈萍带队出访马来西亚、柬埔寨、泰国。

【外宾接待】 2023年，湖里区做好外宾团组来访接待和重要外事活动保障工作，共接待外宾团组9批136人次。1月17日，接待菲律宾、新加坡和泰国三国驻厦总领事团13人参访湖里创新园创新驿站、亿联网络技术股份有限公司、欣贺研发设计中心、凌云玉石博物馆。5月22日，接待日本友人塚本贵文赴辖区闽南朝天宫和清水宫参访。9月8日，接待乌兹别克斯坦副总理一行6人到金安社区参观访问。10月13日，接待斯里兰卡议会议长阿贝瓦德纳一行7人到五缘湾天虹商场参观访问。11月1—3日，分3批接待参加全球南方智库对话会的50多个国家80位高级别外国政府官员和智库专家到五缘湾天虹商场参观访问。12月18—21日，接待柬埔寨王国文化与艺术部国务秘书哈贝拓屈一行10人参加2023中国福建·厦门—柬埔寨电影周活动。12月21日，接待拉丁美洲11个国家智库和拉美社科院专家组成的拉美国家智库考察团一行19人参观访问金安社区。

（李雪珍）

2023年12月21日，拉美国家智库考察团一行在金安社区参观访问

（区政府办　供图）

侨　务

【概况】2023年，湖里区侨务办公室（以下简称湖里区侨办）着力加强和改进侨务工作，在关心关怀、团结引导归侨侨眷方面做文章、下功夫。走访慰问贫困归侨74人次，发放慰问金3.76万元；落实特困归侨4名，发放补助金1.44万元；配合厦门市委统战部落实低保归侨7名，发放补助金1.68万元。开展2023年度华侨华人捐赠兴办公益事业情况的统计工作，了解海外华侨华人在湖里区捐赠兴办公益事业情况，维护捐赠人的合法权益。开展侨法进社区、侨法现场咨询等活动，宣传涉侨法律法规。

【侨胞服务】2023年，湖里区侨办高质量做好侨胞服务工作，出具“三侨子女”身份证明1份，出具国外中国公民回国落户证明43份，出具华侨、归侨、侨眷身份证明5份。配合市委统战部，落实低保归侨7名，定期给予200元/（人·月）补助。落实特困归侨4名，定期给予300元/（人·月）生活补助。开展“社区为侨服务好，侨为社区贡献多”双向服务活动。

【华侨联络联谊】2023年，湖里区邀请海外侨团、侨商到该区考察和交流，先后接待菲华各界联合会、菲律宾厦门联谊会、菲律宾厦门商会、马来西亚槟城同安金厦公会、新加坡禾山公会等侨团共100余人，接待侨领徐四民之女徐新英、吴厉山夫妇一行及著名的共和国归侨华侨将军黄登保之子、中国华侨历史博物馆原馆长黄纪凯、湖里区侨联第一届侨联主席张基良之子张立国等到湖里区寻根问祖、考察交流。

2023年10月20日，湖里区侨文化馆开馆　（区侨办　供图）

【区侨文化馆开馆】2023年10月20日，湖里区侨文化馆开馆，省、市侨联主席和区委有关领导参加开馆仪式。该展馆位于仙岳路1279–31–1，分序厅、移民史诗、家国情怀、同心聚力、筑梦中华、结语6个部分，从禾山历史沿革入手，深入了解禾山华侨简史，挖掘禾山华侨的奋斗史和爱拼才会赢的精神，以历史为经线，人物为纬线，将湖里涉侨文化遗产串珠成链，从22个展组进行归类、整理，汇集。通过浮雕人像、造景还原、视频、沙画、实物、触摸屏幕等多种形式，以影像、声音、图文等方式讲述近百年来120余名禾山华侨故事。

【陈楚楠生平展陈馆启用】2023年11月7日，湖里区举行爱国华侨陈楚楠生平展陈馆启用仪式，福建省侨联主席陈式海，厦门市委统战部常务副部长、市侨办主任、一级巡视员何秀珍，厦门市侨联主席陈俊泳，湖里区委书记吴新奎，厦门市侨联副主席杜瑞田，加拿大华侨华人团体联合总会、多伦多华人团体联合总会主席翁国宁，湖里区委常委、统战部部长、二级巡视员刘云标等相关领导出席仪式。学术界、侨界专家学者、归侨侨眷代表以及陈楚楠族亲代表等参加仪式。陈楚楠生平展陈馆位于厦门市湖里区中埔社1198号，楼高三层，建筑面积约390平方米。展馆分“身在南洋　根在殿前”“爱国爱乡　少年有志”“救国图存　倾心革命”“夙愿未成　家国勿忘”4个部分，介绍陈楚楠的生平故事、与孙中山的革命友谊以及如何回馈家乡的事迹。

（沈丹婷）

对台事务

【概况】2023年，湖里区委台港澳办公室（以下简称湖里区委台港澳办）落实各级惠台政策，完善保障台湾同胞福祉和实现同等待遇的制度安排及政策措施，开展两岸人文、宗亲、民俗等双向交流活动，探索台胞参与社会、社区基层治理新模式，深化湖里区与台湾各领域合作。全年走访台资企业180余家次，组织政策培训和解读会14场次，兑现台青创业就业补助290人次1700余万元，引入台资企业138家、个体户20家。组织台商、台胞开展联谊、交流主题活动40余场，评选台湾专业人才12名。成立湖里区台胞服务中心，建成投用闽台文化交流馆。台青创客家、汇元台青基地分别获评国家级和省级台青创业就业基地。

【惠台政策宣传及兑现】 2023年，湖里区委台港澳办落实台胞、台企同等待遇，修订完善《湖里区鼓励和支持台湾青年创业就业实施办法》，鼓励台湾青年到湖里区创业就业。发放惠台政策小册子6000余本，组织政策培训和解读会14场次，受理台湾青年创业申报咨询2000余人次，兑现台湾青年创业就业补助290人次1700余万元。举办台青特色产品进社区推广活动3场，推广160余家青创企业的特色产品280种。加大对台企的帮扶力度，兑现工业类台企扶持资金120余万元，推动重点台资招商项目欣贺股份元宇宙时尚中心项目落地运营，松川（厦门）精密电子有限公司的“大电流快速导热的热能源继电器的产业化”项目获得2023年区级立项支持，兑现立项奖励50万元。第二十三届投洽会期间，签约海峡两岸医学就业创新创业基地暨厦门燕来集、聚富谷智能工厂等一批涉台项目，引进台资10亿余元。

【联谊交流】 2023年，湖里区委台港澳办围绕传统节日组织开展台湾同胞联谊交流20场次，其中，重要交流活动3场次。湖里五缘文化交流促进会先后接待台湾宗亲参访交流团18批次1500余人次。

第二届海峡两岸七夕牵手会　8月22日，湖里区委台港澳办在仙岳山闽台文化交流馆举办2023湖里区第二届海峡两岸七夕牵手会。60对嘉宾参与，其中，金门嘉宾30对。新人执红绸、踏红毯、跨火盆，步入殿堂，行却扇礼、结发礼，佳偶对拜，落签婚书，交换信物，循祖制，效古礼，完成集体婚礼大典。活动多点联动湖里区文旅资源，让嘉宾在湖里度过“蜜月之旅”。

第15届海峡两岸福德文化节　10月12日，第十五届海峡两岸福德文化节开幕式暨颂典仪式在仙岳山福德文化广场举行。台湾、香港、厦门、泉州、漳州等地的信众、宫庙代表、两岸民俗文化专家学者、在厦台商台青代表、湖里区有关社会团体等约600人参加活动。该届福德文化节组织嘉宾参观湖里对台交流图片展，参观访问台青创客家、海西MCN两岸青年三创基地、万科云玺、海上世界，举办博饼联欢活动。

【台湾人才引进】 2023年，湖里区修订完善《台湾专业人才政策申报指南》，新评选台湾专业人才12名，兑现台湾专业人才补贴18人97万余元。梳理制作“市、区台湾人才政策一张图”。在汇元台青基地加挂湖里区人才驿站牌子。拍摄《幸“湖”所向·“里”想当燃》台湾青年人才宣传片。

【涉台宣传】 2023年，“湖里台胞缘地”微信公众号围绕政策推广、活动创建、台商故事等方面推出宣传报道46期154篇，举办“两岸一家亲　共叙中华情”——2023湖里区留厦台胞新春围炉座谈会，“2023两岸奇‘妙’会——闹个元宵”涉台宣传主题活动分别被人民网、《福建日报》等国家、省、市级媒体报道，区委台港澳办连续23年被中央台办“两刊”评为对台宣传工作先进单位。

【涉台服务】 2023年，湖里区政务服务中心的台胞、台企服务专窗先后为台胞、台企办理各类服务事项3556件。举行对台政策解读及招商引资活动，现场解读对台政策、回答关切问题。成立“缘聚湖里”台胞服务中心，接受台胞惠台政策咨询、证件办理2000余人次。组建涉台纠纷人民调解委员会，组织5名台胞调解员参与全省涉台纠纷调解14起。聘请北京大成（厦门）律师事务所为台胞法律顾问单位，该所走访台资企业15家，解答涉台涉诉问题35个。加大对台胞、台企司法供给力度，为涉台企业提供“一对一”的专项法律服务，办理涉台公证103件，服务台胞53人次。

【两岸新农人乡建乡创发展论坛】 2023年3月21—22日，“2023两岸新农人乡建乡创发展论坛”系列活动在湖里区举办，160余名海峡两岸新农人参加。嘉宾参观兴隆社区党群服务站、闽台文化长廊、暇谧隆屋、兴隆之家以及现代家园小区；在海西MCN产业基地，参观两岸青年三创基地、达人直播间、基地运营平台等，学习短视频直播带货。以“讲好乡村故事，助力乡村振兴发展”为主题，两岸学者、农创人共同探讨乡村振兴的发展之路，各领域嘉宾分享对两岸乡村产业融合发展的看法。百度百家号、厦门软件职业技术学院、海峡人才厦门工作站签约，共建海峡青创学院“两岸乡村人才头雁培养基地”，为10名两岸百度“三农”创作者颁发基地讲师聘书。

【厦金航线恢复双向对开】 2023年3月25日，载有133名旅客的“迅安”客轮从厦门五通码头起航开往金门，对岸的“金星6号”客轮从金门出发开往厦门，厦金航线因疫情停航3年后首次开航。同行人员范围扩大至所有台湾民众及其大陆配偶。每日6个往返（12个航次）。

【赴金旅游办证中心新址启用】 2023年5月18日，厦门市公安局出入境管理局赴金旅游办证中心新址启用，新址位于湖里区环岛东路2500号，建筑面积6647平方米，中心一楼出入境公共服务大厅分前厅、中厅和后厅，前厅共有5个区域，分别是智能签注区，设置6台智能签注设备；自助填表区，设置自助填表机6台；赴金游办证区，设置服务柜台4个、面见通道4个；便民服务驿站及旅行社受理区。通过网上预受理的申请人可在此实现“一站式”完成自助填表、自助拍照、指纹采集等流程，经民警核验后即可自助缴费办理邮寄。人工窗口设置办理窗口12个，其中，受理窗口8个、缴费窗口2个、邮政窗口2个。还设置“一站式”爱心小屋，老人、孕妇、婴儿、残疾人及现（退）役军人均可免预约，优先办理。中厅是两岸家书侨批护照展，展出清朝及民国等不同时期的护照及两岸家书、侨批等。后厅是两岸融合发展的主题展馆“融·境”。新址启用后位于湖里区钟宅路846号原办证点停止使用。

【第十八届台湾人才厦门对接会】 2023年5月20日，第十八届台湾人才厦门对接会在悦华酒店举行。福建省厦门市及浙江省温州市60家用人单位、10家台青双创基地、5家政策咨询机构以及260余名台湾专业人才参与。对接会配套活动涵盖惠台引才政策宣讲，在厦门的台湾人才代表分享就业经验，台湾特聘专家（专才）聘用，实习见习及就业创业对接，重点产业观摩等。

2023年6月18日，“第十五届海峡论坛·建设厦金共同生活圈论坛”在湖里区闽台文化交流馆举行。图为厦门台青创客家、海西MCN两岸青年三创基地分别与金门县台湾同乡会、台湾工党签订“两岸青年就业创业互助合作协议”

（区委台港澳办　供图）

【湖里对台交流图片展开展】 2023年6月18日，湖里区委台港澳办在区闽台文化交流馆举办湖里对台交流图片展，划分“习近平总书记关于对台工作的重要论述”“打造台胞、台企登陆第一家园的第一站”“湖里区涉台历史与文物古迹”“见证重要时刻”4个板块，展出图照312张。

【建设厦金共同生活圈论坛】 2023年6月18日，“第十五届海峡论坛·建设厦金共同生活圈论坛”在厦门市湖里区闽台文化交流馆举行。海峡两岸的专家学者、行业代表、社团负责人、青年学生、在厦门台胞、两岸媒体等各界嘉宾共180余人参加论坛。台青创客家与金门县台湾同乡会，海西MCN两岸青年三创基地与台湾工党共同签订“两岸青年就业创业互助合作协议”。两岸嘉宾参观土地公庙，参访台青创客家、湖里海西MCN两岸青年三创基地，实地考察两岸金融中心五通金融商务区、海丝中央法务区、海上世界等地；台湾嘉宾和湖里区金尚社区交流探讨基层社会治理。

【海峡两岸书画名家交流展】 2023年11月3日，海峡两岸（厦门）书画名家交流展在湖里区中国好书画产业园开展，展出福建、海南、台湾的100多名艺术家书画作品近300幅。其中，反映海峡两岸一家亲的时代变迁、人物风华、地域风貌、美好家园、两岸风光、幸福和谐等主题的书画作品150幅。展览期间，主办方通过线上直播，全方位展现两岸书画名家的作品。

（区委台港澳办供稿）

应急管理

应急救援

【概况】 2023 年，湖里区加快应急预案体系建设，指导各街道完成“一总九分”基层应急预案编修。制定印发《关于进一步规范应急值班工作的通知》《关于进一步做好领导带班工作的说明》，更新完善各类值班职责，从值班要求、文明用语、工作交接等方面规范应急值班值守工作。升级改造区应急指挥中心，完成对指挥中心、控制大厅、值班室、机房等场所全面体检和功能提升，湖里“城市大脑”加强防汛指挥信息化决策。

【应急救援队伍建设】 2023 年，湖里区共有 5 类 53 支应急救援队伍，有应急救援人员 994 人。其中，有国家综合性消防救援队伍 13 支、救援人员 226 人；有各行业领域应急救援队伍 32 支、救援人员 422 人，其中，危化品领域救援队伍 1 支、救援人员 20 人，建筑施工领域救援队伍 25 支、救援人员 250 人，防汛防台领域救援队伍 3 支、救援人员 94 人，森林防灭火领域救援队伍 1 支、救援人员 30 人，医疗卫生领域救援队伍 2 支、救援人员 28 人；预备役部队和民兵应急救援队伍 1 支、救援人员 120 人；基层单位组建的专（兼）职应急救援队伍 5 支，救援人员 166 人，其中，湖里街道综合救援队 25 人、殿前街道应急救援队 50 人、江头街道应急救援队 41 人、禾山街道应急处突队 30 人、金山街道综合救援队 20 人；社会应急力量救援队伍 2 支，救援人员 60 人。

【区级应急演练】 2023 年，湖里区政府及部门、企业和应急救援队伍等共组织开展应急演练 2247 场，6.46 万人次参与。其中，3 月 24 日，区应急管理局在中国航油厦门分公司油库组织开展危险化学品事故应急处置演练，模拟 5 号航空煤油罐进油管金属软管卸油过程发生断裂造成油品泄漏，油库人员在关闭阀门过程中，因未采取防护措施导致其油蒸气中毒昏迷，在回收油品时地面溢油因静电引发火灾险情。演练各部门在突发事件情况下的反应速度、组织协调能力、协同作战能力；4 月 7 日，区防汛办在金山拆迁指挥部开展防汛排涝应急演练，参演人员 53 人，出动装备 18 辆台，共完成下穿通道积水、路面积水等 4 个科目演练，检验应急队伍协同作战和物资设备保障能力，快速反应和应急处置能力；7 月 6 日，湖里生态环境局组织开展湖里区突发环境事件应急演练，湖里生态环境局、区应急管理局、湖里公安分局、湖里消防救援大队等 9 家单位共 120 人参加演练；10 月 27 日，湖里区森林防火办公室（以下简称湖里区森防办）在园山组织森林防灭火应急演练，区森防办、区市政园林局、区消防救援大队、殿前街道、江头街道、曙光救援队、厦门山海步道景区管理有限公司 50 人参与演练，演练街道、区市政园林局、区森防办三级联动响应，完成发现火情、应急响应、集结队伍、赶赴火场、组织扑救、安全灭火、清理余火等环节演练；11 月 21 日，湖里区抗震办和区应急管理局在湖里街道濠头社区开展防震减灾培训、演练和宣传活动，通过宣传培训防震避险知识和讲解撤离、疏散、自救的方法技能，居民正确快速反应和应对处置地震、火灾事故的能力得到提升。

（何　斌）

安全生产监督管理

【概况】 2023 年，湖里区先后组织召开区委常委会 4 次、区政府常务会 8 次、区政府专题会 5 次，传达学习习近平总书记关于安全生产重要指示精神以及国务院、省、市安全生产会议精神，研究部署湖里区安全生产工作。贯彻落实国务院安全生产十五条措施，开展重大事故隐患专项排查整治 2023 行动，狠抓重点行业领域隐患排查整治。加大安全生产监管力度，维护全区安全生产形势稳定。全年安全生产行政处罚 121 起，罚款 290.93 万元。其中，事前处罚 103 起，罚款 71.5 万元；事故处罚 18 起，罚款 219.43 万元。引导危险化学品企业 100% 投保，5 家重点工贸企业投保安全生产责任保险，涉及重点高危岗位工作人员 35 人次。全年发生生产安全事故 7 起，死亡 8 人，未发生较大及以上生产安全事故，未发生亡人的自然灾害事件。

【安全生产责任落实】 2023 年，湖里区制定《湖里区地方党政领导干部安全生产任务清单》《安全生产委员会会议制度》等文件，按照“三管三必须”和属地监管原则，压实各方责任。先后印发《关于进一步做好当前安全防范工作的通知》《湖里区重大事故隐患专项排查整治 2023 行动总体方案》等文件 157 份，组织开展焊接与热切割作业安全专项整治，“提升整治质效　坚守安全底线”专项行动等专项整治活动 14 个。区领导带队开展重点时段、重大节日期间安全生产检查，到辖区建筑工地、道路交通、景区景点、工贸企业、商业综合体等重点行业、领域、企业检查 49 次 127 家（处）。

【安全生产工作机制完善】 2023 年，湖里区先后出台《水上交通安全工作协调机制》《生产安全事故一盘棋响应工作机制》《湖里区生产安全事故复盘评估工作机制》《湖里区生产安全事故研判标准及调查处理程序》《湖里区亡人事故后续隐患排查整改工作机制》等 10 余份文件，完善安全生产制度机制建设。组织召开自贸区湖里辖区安全生产事故防范工作交流会、亡人事件研判会等工作协调会 9 次，启动相应机制 6 次，约谈单位和企业 22 家，下达警示函 4 份，挂牌督办 67 家。

2023 年 4 月 26 日，湖里区安委办开展第二季度安全生产督导检查。图为在厦门医学院附属口腔医院科教综合用房项目工地检查　（区应急管理局　供图）

【安全隐患排查整治】 2023 年 5 月，湖里区开展重大事故隐患专项排查整治 2023 行动。成立重大事故隐患专项排查整治行动领导小组和工作专班，明确机构设置、工作职责和运行制度等事项。工作专班共检查各街道、各行业部门工作落实情况 16 次，分阶段组织开展专项督查并下发情况通报。湖里区制作 10 个重点领域重大事故隐患排查整治宣讲课件，区安委会成员单位负责人分领域到所属企业宣讲 334 次。湖里区出台《湖里区安全生产违章冒险行为举报奖励办法》，共收到安全生产举报件 65 件，发放举报奖励 1.82 万元。辖区企业自查发现重大事故隐患 128 个，部门检查发现重大事故隐患 909 个，政府挂牌督办重大事故隐患 85 个，全部完成整改。全区共抽查检查企业 32862 家次，帮扶指导重点企业 2480 家次，行政处罚 646 次 387.6 万元，责令停产整顿 21 家，曝光、约谈、联合惩戒企业 295 家，公布典型执法案例 24 个，其中，危险作业罪案例 6 个，约谈通报有关单位 25 家次。

【燃气安全监管】 2023 年，湖里区制定《湖里区城镇燃气安全专项整治实施方案》，检查餐饮场所 31120 家次，发现漏气等隐患 197 处，整改一般隐患 340 处。其中，开展联合执法检查 359 次，检查餐饮场所 1307 家次，完成燃气隐患整改96处。检查燃气运输车13辆，发现疑似存在违规配送的情况1起，处罚1.05万元。捣毁“黑气”窝点1个，现场查扣“黑气”瓶13个、倒灌设备1套。推进燃气管网基础设施数字化、智能化安全运行监控能力建设，4717家餐饮经营企业完成升级、改造、安装可燃气体报警设备，形成餐饮经营场所燃气闭环管理“一张网”。

【重点车辆整治】 2023年，湖里区出动检查人员1356人次，检查“两客一危一货”重点运输企业587家次，查处货车超限261起，货车查处超载1290起，下发占道施工整改通知书60份，约谈企业138家次，开具罚单13张，处罚6.5万元。为7045辆大货车安装视觉盲区预警系统，7183辆大货车接入市交通运输局大货车融合监测服务系统。

【建筑施工单位安全监管】 2023年，湖里区出动检查人员684人次，检查建筑施工单位164家次，排查整改隐患908处，开展“双随机”检查111次，发出“责令改正（整改）通知单”110份；对209家次责任单位及209名责任人发出“责任主体项目违规记分告知单”。利用湖里区小散工程日常巡查系统平台，实现项目全过程线上监管，平台登记纳管项目4985宗，共完成日常巡检45096次。

【危险化学品管理】 2023年，湖里区应急管理局加强重大危险源日常监测调度，先后8次督促重大危险源企业安全隐患问题整改，指定专人落实线上每日一监测一巡查。制订相关执法计划，组织危化品经营使用企业专项检查和安全隐患问题“回头看”，检查危化品生产经营单位120家次，下达限期整改指令书7份，排查出一般安全隐患7处，全部完成整改。立案处罚危化品经营企业8家，涉及行政处罚17万元，罚没1.3万元，立案处罚危化品使用企业1家，处罚3.25万元。开展燃气自备站、存储危化品企业安全风险和环保危害专项排查，组织对13家重点危化品经营企业进行危化品安全教育培训，检查工业气体使用单位11家；对辖区发证的183家危化品经营许可企业，特别是涉及仓储经营企业逐一进行采购、仓储、运输、配送等全链条检查。开展安全生产领域投保安全生产责任保险工作，组织专项培训2次，覆盖企业45家，强制类危险化学品企业投保率100%。

【安全生产执法监管】 2023年，湖里区应急管理局共执法检查企业918家次，发现隐患659条，发出整改指令103份，约谈企业15家，挂牌督办存在重大事故隐患的企业4家。行政处罚127起，罚款总额303.8万元，其中，事前处罚103起，罚款总额71.5万元，事故处罚24起，罚款总额232.3万元，上报应急管理部典型案例6件。年内，湖里区安全生产执法情况位列全省第一，行政处罚数位列全市第一，全省安全风险指数年度排名全省第17、全市第一。

【安全监管基础建设】 2023年，湖里区开发安全生产监管信息平台，建立行业领域企业基础数据台账，用信息化手段促进安全生产监管向数字化、智能化升级。通过“2+1”（区、街道安全生产监管队伍＋专业技术服务团队）湖里模式，推进企业安全生产主体责任落实。开展安全大走访活动，全面梳理安全现状，形成安全工作“体检”报告。制定《湖里区安全生产违章冒险作业行为举报奖励办法》，创新设立“一键扫码”举报功能，加大对违规开展高处作业、电工作业、空调安装作业、焊接与热切割作业、有限空间作业发现查处力度，及时核实查处举报，兑现举报奖励。对照街道安全生产领域19项赋权清单，举办街道综合执法人员培训10次。探索街道综合执法队跟班带训工作机制，安排街道综合执法人员参与安全生产执法大队行政执法工作。

【安全生产宣传教育】 2023年，湖里区应急管理局开展以“人人讲安全、个个会应急”为主题的“安全生产月”活动，312块LED显示屏，播放各类宣传标语2.04万条。“学习强国”学习平台、“湖里头条”公众号等媒体矩阵推送安全生产相关图文、视频宣传报道49万条次，浏览量达65万人次。会同区城管委办开展“百姓金点子·幸‘湖’金钥匙”第四期征集活动，表彰获奖者10人。制作发放宣传资料2.2万份。

（何　斌）

防灾减灾

【概况】 2023年，湖里区加强灾害信息监测预警，启动防御暴雨洪水响应15次，其中，四级应急响应7次、三级应急响应5次、二级应急响应2次、一级应急响应1次；启动防御台风应急响应10次，其中，四级应急响应4次、三级应急响应3次、二级应急响应2次、一级应急响应1次；响应市森林防灭火指挥部发布的高森林火险橙色预警4次35天，未发生因台风、洪涝、森林火灾、寒潮等自然灾害产生的较大险情及人员伤亡，防灾减灾形势总体稳定。

【防汛防台风】 2023年，湖里区防汛防台风工作做到预防为主、快速响应，突出隐患排查治理，着力健全工作机制，强化应急处置，各项工作有序开展。全年召开全区防汛工作部署会1次、防汛工作专题会2次，部署防汛防台工作。汛前全区共出动检查人员1139人次，排查各类场所581处，排查整改隐患6处；共调整充实防汛抢险队伍105支1530人，储备龙吸水2辆、抢险车1辆、液压动力站9部、冲锋舟6艘、橡皮艇3艘、汽（柴）油发电机65台、各类抽水泵185台、救生衣1080件、编织袋3.1万条。全年先后5次召开易涝点整治工作推进会，完成易涝点整治9处、易涝点位监控安装12处。7月底至9月上旬，湖里区先后遭遇“杜苏芮”“苏拉”和“海葵”3个台风正面影响。区委、区政府主要领导和区防指领导坐镇指挥，周密部署安排，各街道、各部门加强值班值守，做好防范应对和应急处置，全区累计下沉干部10607人次，排查检查易涝点、地灾点、乡镇船舶、建筑工地、危房等各类重点场所12350处，转移各类人员22443人，全区无人员伤亡。1—7月，在全区所有街道和社区全面开展基层防汛能力标准化建设，共召开工作推进会9次，开展督导检查25次，组织现场观摩学习8次，下发检查通报3次，组织培训137场，培训学员11197人次，组织演练95场，8219人次参加。7月，组织基层防汛能力标准化建设自评，所有街道和社区基本达标。

【防灾减灾宣传】 2023年5月6—12日，湖里区减灾办、湖里区应急管理局围绕“防范灾害风险　护航高质量发展”主题开展一场线下巡回展览活动、一次线上微信朋友圈宣传（有奖竞答）、一场校园防震疏散演练和培训、一系列新闻宣传报道“四个一”宣传活动。线上向湖里辖区居民推送防灾减灾知识，20万人次观看。5月9日，湖里区减灾办、区教育局和曙光救援队在金林湾实验学校现场展示大型无人机、声呐探头、潜水设备等救援装备，向师生讲解相关的装备知识及应用场景，普及溺水紧急救助常识。湖里区全年共开展学习培训237场，进企业、学校、社区和家庭等宣传422场次，网络宣传推广累计覆盖56万人次。10月13日第34个国际减灾日，区应急局在湖里万达广场举办2023年全国减灾应急宣传活动，主要宣传减轻洪水、台风、地震、滑坡、火灾等各类可能发生的自然灾害常识，动员居民主动了解灾害、认识风险，掌握如何开展预防、自救和互救相关知识。

【“第一响应人”比武竞赛】 2023年5月11日，湖里区减灾办、区应急管理局在五缘湾运动馆举办2023年区“第一响应人”应急救援技能竞赛。5个街道、教育、工信、卫健、应急（危化）、市政园林等行业领域100人组成10支队伍，围绕消防安全（扑救初期火）、心肺复苏、急救处置、检伤分类、搜索标识识别、气道异物梗阻急救、简易担架制作、救援绳索使用八大内容展开技能比武。江头街道、金山街道和厦门太古飞机工程有限公司分获团体前三名。

【森林消防专业、半专业队伍大比武】 2023年6月26—27日，湖里区组队参加厦门市第三届森林消防队伍业务技能大比武，获团体第一名。在6个单科目比赛中，湖里区获3千米负重跑、风力灭火机吹砖和班组灭火战斗3项第一名。

【森林消防队伍技能竞赛】 2023年9月21日，湖里区森防办联合区总工会在仙岳山举行2023年湖里区森林消防队伍业务技能竞赛，5个街道及区园林绿化中心、山海健康步道公司7支队伍70人参赛。金山街道办陈佳威、林镇飞、大俊祥分获个人项目总成绩前三名，区园林绿化中心、禾山街道办、金山街道办获背负式消防泵架设出水与撤收项目团体单项前三名，金山街道、园林绿化中心、江头街道获灭

2023年9月21日，湖里区在仙岳山举办森林消防队伍业务技能大比武

（区应急管理局　供图）

火弹投掷项目团体单项前三名，金山街道办、区园林绿化中心、禾山街道办分获团体前三名。

（徐小林）

消防救援

【概况】 2023年，湖里区先后召开区政府常务会17次、专题会议23次，部署全区消防工作。湖里消防救援大队联合区政府办督查科、区委安全委员会办公室等部门对辖区5个街道和重点行业部门开展消防工作实地督导检查。制订《湖里区进一步完善消防工作体系》，与各公安派出所签订委托消防执法协议，各公安派出所检查场所11150家次，下发责令改正通知书6863份，办理行政处罚案件694起，罚款1.4万元。开展“三合一”场所、城中村、电动自行车、高层建筑和工业企业等专项整治，推进电气领域等消防安全隐患治理。湖里消防救援大队全年接处警1545起，其中，火警375起，无人员伤亡，直接财产损失291.19万元，火警起数比上年上升12.28%，死亡人数下降100%，受伤人数下降400%，直接财产损失下降26.7%。完成海峡论坛、第二十三届投洽会等重要活动和重要时段消防安保工作。

【消防安全基础设施建设】 2023年，湖里消防救援大队以“六改”工作推进夯实城中村消防安全整治：实施电力改造，完成表前强电整治10处、弱电整治14处，完成954户低收入群体居住场所智能感烟火灾报警探测器、漏电保护器、灭火器、消防逃生面罩配置安装；增设缺水区域消火栓，完成施工建设106座，至年底，累计建成消火栓207座；开展城中村专项燃气整治工作，累计为城中村安装燃气泄漏报警器4232个，其中，餐饮场所2882个、居民家庭1350个；加强道路改造规范管理，通过开展空间梳理和“四打通”，累计拆除违章建筑3526处、面积75570.99平方米；推动城中村电动自行车充电点建设，全年城中村新增建成集中充电点80处、充电桩867个、出租屋“保命墙”2面，至年底，累计建成集中充电点998处、充电桩9774个、出租屋“保命墙”118面；深化消防技改工作，累计为自建房配备灭火器15.15万个，开设逃生窗3598扇，设置简易喷淋设备322套，安装独立式感烟报警器2540处，建设硬隔实体墙13面。落实老旧小区消防设施改造工程，完成老旧小区消防改造101个（高层14个），涉及746栋建筑的消防设施改造，惠及居民2.77万户。

【消防监督执法】 2023年，湖里消防救援大队牵头制定《消防安全重大风险隐患专项排查整治2023行动工作方案》《湖里区“三合一”场所“发现—整治—回访”滚动排查整治机制》《湖里区燃气消防安全专项整治工作方案》《湖里区养老机构消防安全专项督导检查工作方案》等多个专项整治机制和方案。规范“三合一”场所整治工作，共排查单位136164家，实现全覆盖，摸排发现“三合一”场所2845家，整改2845家，实现动态清零；制定《高层公共建筑消防安全专项督导检查工作方案》，检查高层公共建筑106栋，发现隐患问题812个，督促整改191个，立案处罚辖区存在消防安全隐患问题的高层建筑40栋，罚款53.98万元；常态化开展电动自行车消防联合执法检查51轮，检查小区、城中村、群租房154处，清理违规停放电动自行车28590辆，劝导制止电动自行车或蓄电池进电梯入楼27212次，劝导飞线充电行为50023起，开具处罚决定书263份；落实违规施工整治工作，开展“小散工程”与“零星作业”巡查56723处，发现隐患364处，督促整改隐患348处，督促动火作业场所隐患整改10处。截至12月底，湖里消防救援大队排查各类单位场所4524家次，下发责令改正通知书1921份，下发消防行政处罚决定书390份，其中，责令停工、停用、停业28家，罚款318.52万元；接处核查群众消防投诉举报2304件；各公安派出所检查单位11150家次，下发责令整改通知书1930份，下发消防行政处罚决定书429份，其中，当场处罚392份，罚款0.24万元。

【街道消防工作】 2023年，湖里消防救援大队完成赋权街道行政处罚权事项4项，指导各街道完成消防违法行为行政处罚354起，其中，江头街道开具新修订的《福建省消防条例》实施后全市首张街道级电动自行车违法行为行政处罚决定书。指导各街道摸排辖区“五类”重点场所1157家，发现隐患1021处，整改875处，督促辖区944家重点场所开展隐患自查。推动街道“智慧安监”平台与“5+3”（5个检查重点及3项“保命”措施）模块的数据互通，实现数据自动同步，摸排录入单位63463家，检查93827家次，发现“九小场所”隐患6147处，隐患整改率87.9%；摸底全区微型消防站建设情况，指导街道出台微型消防站规范管理制度及规定，组织全区微型消防站开展比武竞赛2次，将10个城中村社区微型消防站接入市消防救援支队智能接处警系统，落实“一张图”指挥调派蓝图。全年社区微型消防站拉动演练520次，开展城中村夜巡前置执勤238次，督促整改城中村消防违规现象115个，对城中村市政消火栓开展滚动排查1146次。

【消防队伍建设】 2023年，湖里消防救援大队及所辖7个消防救援站开展联合演练14场次。开展熟悉演练1004场次，修改、制订预案135份，开展实战化训练195场次，装备器材训练239场次，安全避险训练157场次，成功处置“3·21”湖里区华润燃气有限公司殿前供应站液化气泄露事故、“3·29”环岛干道油罐车交通事故。加强消防站、小型站、社区微站建设，组织开展全区高层建筑、地铁、社区微型消防站比武竞赛，社区与重点单位微型消防站举行演练537场次。开展城中村及住宅小区夜巡426次，排查消火栓3000余个。举办社区微型消防站夏季、冬季2次比武竞赛。湖里区代表队在全市基层综治力量消防业务比武竞赛中获团体二等奖，1支队伍获单项竞赛二等奖，2支队伍获单项竞赛三等奖。建强社区志愿消防队伍，完善末端网格工作，全区有注册消防宣传志愿者2154人。全面开展“全民消防安全学习平台”注册学习工作，全区注册人数10.94万人。

2023年6月30日，湖里区社区微型消防站比武竞赛在万达鹭港广场举行

（湖里消防救援大队　供图）

【消防宣传教育】 2023年，湖里消防救援大队紧密结合“全生命周期”消防安全宣传教育工作，联合区委宣传部打造消防全媒体宣传矩阵，刊播发布消防安全相关图文、视频宣传报道264条，阅读量超594万人次；联合区教育局开展“小小消防员”绘画、作文征集评选活动，组织全区7.5万名师生收看“2023年秋季全国中小学消防安全公开课”网络直播。印发《福建省消防条例》《电动自行车案例警示宣传单》等35万份消防宣传材料，完成入户宣传53974户；固化消防救援站、消防主题公园等宣传阵地作用，面向社会免费预约开放，共开放参观116场次，殿前街道翔鹭社区率先建成全市首个社区消防科普体验馆，并对外开放。建强社区志愿消防队伍，完善末端网格工作，全区共有注册消防宣传志愿者2154人；开展“全民消防安全学习平台”注册学习工作，全区10.94万人注册。

（谭迪迪）

经济管理

宏观经济管理

【概况】 2023年，湖里区出台《湖里区主导产业工作方案》，坚持“研发＋总部＋委外制造”的制造业总部经济发展思路，重点发展机械装备、电子信息、商贸物流、金融服务、文旅创意“3+2”主导产业。湖里区发改局联合8个区直部门出台《湖里区2023年一季度“开门稳”若干措施》，包含6个方面18条政策举措，全年累计兑现各类扶持资金7095.7万元。全区经济总体呈现企稳回升态势，全年实现国内生产总值1724.18亿元，比上年增长1.5%，增速较全市平均水平低1.6个百分点，全市排名比上年提高1个位次，排名第四位，经济总量占全市的21.4%，排名保持全市第二位。

【主要经济指标制定与实施】 2023年，湖里区制定的主要经济指标预期目标为：地区生产总值增长5.5%以上，区级财政收入增长6.1%，规模以上工业产值增长10%，批发零售业销售总额增长13%。由于国内外有效需求不足、社会预期偏弱，加之外部环境的复杂性、严峻性、不确定性上升，湖里区外向型经济增长受到较大影响，全区地区生产总值二、三季度连续出现负增长。全区上下按照“以月保季，以季保年”总体要求，及时做好经济运行分析研判、预警和跟踪，提出针对性意见建议，推动经济复苏回暖。全年实现地区生产总值1724.18亿元，比上年增长1.5%，排名全市第四。其中，财政方面通过聚焦财源建设，在做大做强收入上持续发力，区级财政收入增长9.6%；工业方面克服龙头企业大幅下滑不利局面，区属工业持续发力，区属规模以上工业产值增长12.5%，增速连续两年位居全市第一；批发零售业在龙头国企缺口较大的情况下，引入恒安集团、比亚迪股份有限公司等零售业巨头，零售业销售额增长10%。建筑业克服市场信心不足等困难，落实领导分级走访机制，专人负责、专班跟进，实现总产值1003.6亿元，首次突破千亿元大关；固定资产投资各季度增速稳定保持在全市第二名，全年累计增长29.4%，其中，建安投资增速排名从全市末位提高至全市第二位；房地产业在总量全市第一、增速第二的高起点下保持高速增长，销售面积增长54.7%，拉动全市房地产销售面积增速11.6个百分点；住宿业在原防疫隔离酒店高基数的缺口下，在“悦游湖里”旅游品牌推动下，住宿业稳中有升，总量保持全市第二；其他营利性服务业全年累计增长28.4%，以全区地区生产总值15%的占比贡献120.2%的增量，拉动地区生产总值1.8个百分点，成为对全区地区生产总值拉动作用最大的行业。

【政府投资项目制定与审批】 2023年，湖里区科学编制政府投资年度计划，全年安排投资项目80个，年度计划投资23.92亿元；推进16个城中村改造、106个老旧小区改造、城市更新、厦门一中湖里分校、市政配套道路设施、正本清源等项目建设，加强项目统筹协调，主动靠前服务，加快项目审批进度；1—12月，完成立项审批项目73个，总投资额64.34亿元，其中，含征地拆迁费、管线迁改费及土地使用成本25.37亿元。

【固定资产投资】 2023年，湖里区完成固定资产投资668.5亿元，比上年增长29.4%，固定资产投资完成总量在全市排名第一，增速全市排名第二。其中，地价投资约410亿元，比上年增加约210亿元，增长105%，占固定资产投资完成总额的60%；自贸区飞机融资租赁业务全年完成技改投资约

81 亿元，比上年增加约 35 亿元，增长 76%，占固定资产投资总额的 12%。

（邱广源）

【重点项目建设】 2023 年，湖里辖区有省、市重点项目 67 个，计划总投资 2033 亿元，完成总投资 1185 亿元，完成总计划投资的 58.29%。年度计划投资 160 亿元，完成投资 255 亿元，完成年度投资计划的 159.38%。其中，湖里区作为责任单位的省、市重点项目 34 个，计划总投资 768 亿元，累计完成投资 489 亿元，完成投资计划的 64%。年度计划投资 88 亿元，完成投资 156 亿元，完成年度投资计划的 178%。

有区重点项目 57 个，项目总投资 939 亿元，完成投资 636 亿元，完成总投资计划的 67.73%。年度计划投资 101 亿元，完成投资 172 亿元，完成年度计划的 170.29%。其中，产业类项目年度计划投资 33 亿元，完成投资 56 亿元；基础设施类项目年度计划投资约 88 亿元，完成投资约 150 亿元；社会事业类项目年度计划投资约 59 亿元，完成投资约 100 亿元。计划开工项目 19 个，计划完成投资 11 亿元，实际开工项目 19 个，完成投资 12 亿元，完成年度计划的 109%。计划竣工项目 11 个，计划完成投资 4 亿元，实际竣工项目 11 个，完成投资 4 亿元，完成年度计划的 100%。

2023 年湖里区重点项目一览表

表 8　　单位：万元

序号	项目名称	总投资	年度计划投资	完成投资额
2023 年区重点项目 57 个		9387821	1007329	1715574
（一）产业类（11 项）		3385030	333220	561173
1	厦门圣元绿能氢能源研发中心实验室 *	33820	5000	5003
2	闽昱大厦	32000	6000	7350
3	西海湾邮轮城 *	1300000	50000	66834
4	厦门 SM 商业城三期、四期 *	200000	19000	37061
5	厦门泉州（安溪）经济合作区（湖里园）*	200000	12000	18000
6	江村社区发展中心二期 *	17000	3000	5970
7	坂尚社区发展中心 *	86175	9120	18239
8	高林金林成片综合开发（2021P07）*	1216635	171500	342455
9	昌富源公司酒店	52000	4000	4231
10	厦门国际艺术品交易中心	65000	6000	7300
11	金砖数字工业智谷项目 *	182400	47600	48730
（二）基础设施类（7 项）		2217569	88467	149922
12	忠仑路、忠仑规划一路道路工程 *	11400	4000	4021
13	禾山街道正本清源完善工程	1725	1725	1725
14	五通金融商务区片区旧改项目 *	1350000	55000	109421
15	湖边水库东片区旧村改造项目 *	800000	3000	8970
16	湖里公交生产生活基地	28346	10000	10000
17	湖里街道正本清源完善工程	22623	12442	13108
18	殿前二路、殿前六路及延伸段提升改造工程	3475	2300	2677

续表 8

序号	项目名称	总投资	年度计划投资	完成投资额
（三）社会事业类（39 项）		3785222	585642	1004479
19	金林湾花园安置房三期工程 06-08F29、06-08F33 地块★	27948	900	1799
20	下忠安置房★	91500	10000	13377
21	新港社区服务中心和幼儿园项目★	8657	1200	1350
22	五缘湾北片区 06-08C16 地块钟宅配套幼儿园	2800	600	1250
23	东部文物保护工程包	7187	1253	1356
24	第二西通道沿线湖里片区老旧小区改造提升工程	5943	5943	5527
25	金山街道 2023 年老旧小区改造提升工程项目	2038	2038	1179
26	体育公园片区高林安置型商品房二期工程★	167100	8500	16961
27	西潘安商房★	180965	9000	17888
28	蔡塘安商房 06-10G22 地块★	209123	40000	79400
29	钟宅北苑安置房一期★	301800	50000	96550
30	钟宅北苑安置房二期（C20、C23）★	293799	103800	137509
31	钟宅北苑安置房二期工程（06-08C11、06-08C13 地块）★	315000	105000	167286
32	下湖安置型商品房一期工程★	164266	11500	22951
33	下湖安置型商品房二期工程★	460557	26500	52990
34	金林湾花园安置型商品房四期工程★	132004	28000	55541
35	坂美花园★	118074	4000	7800
36	仑后花园安置房★	97960	4500	8396
37	古地石安置房★	114582	6000	11297
38	美仑花园安置房（二期）★	274731	98630	197020
39	金禾苑安置房★	36045	6000	11960
40	2023 年湖里区老旧小区改造提升工程★	20000	15000	23257
41	钟宅民族小学★	25000	4250	8406
42	厦门市儿童医院科研教学楼项目★	19625	3500	5403
43	厦门医学院附属口腔医院科教综合用房项目★	21008	3000	5476
44	石时荣宅及坂美石氏家庙迁移修缮工程	7772	1000	1000
45	湖里创新园保障性租赁住房用地	16468	3200	4514
46	保障性租赁住房古地石公寓项目★	92763	6100	11900
47	墩上学校★	39500	2000	3985
48	蔡塘安商房 06-10G19 地块★	360000	2000	3900
49	金山街道社会事务综合服务中心及幼儿园项目★	23000	3500	6925

续表 8

序号	项目名称	总投资	年度计划投资	完成投资额
50	厦门三中宿舍楼项目	9000	500	1975
51	坂美民俗文化园	38978	1200	1486
52	坂尚社区服务中心	8995	1000	790
53	钟宅畲族社区发展中心	80000	7000	5376
54	湖里街道华海苑小区等 37 个老旧小区改造提升工程	2825	2825	3950
55	湖里街道新丰家园等 24 个老旧小区改造提升工程	3923	3923	4034
56	江头街道中港花园一期等 17 个老旧小区改造提升工程	3632	1960	2295
57	禾山街道双鲤新城等 3 个老旧小区改造提升工程	654	320	420

说明：标★的项目是省市重点项目

【营商环境优化】 2023 年，湖里区印发《湖里区关于进一步强化营商环境市场主体满意度工作机制的意见》和《湖里区 2023 年度营商环境绩效考核办法》。出台产业政策 60 条、“一企一策” 17 个，兑现各类扶持资金 16 亿元。提供“无偿、短期”应急还贷资金 9 亿元。完成增值税留抵退税超 3 亿元。率先建立“2+2+N”线上、线下一体化企业服务体系，创新“帮代办”“码上办”等服务，新开设 24 小时融资服务热线。推出 45 项“一件事”集成套餐，241 个涉企服务事项 100% 全程网办，总办理时限压缩 14 个工作日。打造全省首个“三位一体”企业合规治理体系。常态化开展“直播带策”，抽调 500 名企业服务专员服务对接 2096 家“9+1+N”清单企业和项目。树立“质擎未来”品牌，食品、药品安全及产品质量稳中向好。开展优化营商环境网格化试点工作，探索建立“网格员 + 营商环境”社会治理模式，提高社区精细化管理服务水平。实施“智汇湖里”人才强区战略，开展引才引智专项行动，优化人才服务保障体系。

【“十四五”规划中期评估】 2023 年 3 月，湖里区发改局开展“十四五”规划中期评估工作，评估规划纲要提出的七大主要任务以及涉及的 20 个主要指标。20 项主要指标中，16 项指标完成序时进度或预期可完成，完成率 80%，提出下一步深化实施规划的举措。

（邱广源）

小资料

“2+2+N”线上、线下一体化服务体系：湖里区企业服务中心、500 名企服专员线下服务队伍 2 个线下服务平台，“亲清一家人”湖里“一站式”企业服务平台、“湖里区惠企直播间”微信视频号 2 个线上服务平台，“前台 + 中台 + 后台”联动服务单位、专业机构、专家、协会、商会等 N 个企业服务资源。

三位一体：刑事合规 + 行政合规 + 行业合规指导。

9+1+N：“9”是指 9 大重点行业的规上、限上企业；“1”是指财政投融资及社会投资重点促建设项目；“N”是指小升规企业、“专精特新”企业、高新技术企业、样本企业、税源企业、外资企业等各类重点关注企业。

土地资源管理

【概况】 2023 年，厦门市自然资源和规划局直属分局深入推进自然资源生态保护和修复。自然资源例行督察整治率 100%，卫片图斑涉及耕地整治率 100%，在册地灾点整治率 100%，未发生较大地质灾害风险。在世界地球日、“5・12”防灾减灾日、“6・25”全国土地日等开展普法宣传 15 场次，覆盖群众近 8 万人。协调湖里区筹措经费 200 万元，搭建区级地质灾害防治指挥平台，为汛期地质灾害防御响应提供便捷途径。抓好自然资源执法监察，推进违建别墅、海砂整治、农村乱占耕地建房、违法用地等专项整治工作。

【城市更新用地保障】 2023 年，厦门市自然资源和规划局直属分局推动《厦门市商业办公项目变更为酒店项目暂行规定》《厦门市商业办公项目土地用途变更和建筑功能临时变更管理暂行办法》《厦门市商业办公项目变更为租赁住房项目管理暂行办法》《厦门市工业（仓储）用地改造管理暂行办法》等新政策落地。1宗工改政策项目签订补充合同，完成变更手续；2宗商办改酒店项目取得市政府批复；4宗非住宅类房屋临时改建为保障性租赁住房取得改建项目认定书，其中，2宗办理完工规划意见函；指导4宗市国有企事业单位利用自有用地建设保障性租赁住房项目开展前期工作。履行控制性详细规划调整职能，06-01编制单元长岸路与长歌路交叉口东南侧地块（先力电影院）控制性详细规划修改方案、06-10编制单元吕岭路与金边路交叉口东北侧地块（花木集团）控制性详细规划修改方案等通过厦门市空间规划委员会审议。

（李　莉）

【土地挂牌出让】 2023年，湖里区实现经营性用地出让11宗，总用地面积29.6万平方米，总建筑面积106.8万平方米，土地出让收入171.82亿元。其中，商住用地出让4宗，总用地面积9.5万平方米，总建筑面积31.3万平方米，土地出让收入149.5亿元，其中，区级收入88.45亿元。产业用地出让7宗，总用地面积20.1万平方米，总建筑面积75.6万平方米，土地出让收入22.32亿元，其中，区级收入7.81亿元。

（邱广源）

【“批而未供”土地处置】 2023年，厦门市自然资源和规划局直属分局配合市局及湖里区政府，梳理“批而未供”土地项目，加大红线报批指导力度，定期督办建设单位进展；对已明确招商项目的市级、区级工业用地，全力推进出让工作，加快推动“批而未供”土地处置工作。湖里区“批而未供”土地处置任务完成7.16公顷，处置率11.82%，完成年度任务的47.28%。

【卫片图斑核查】 2023年，厦门市自然资源和规划局直属分局完成自然资源部下发的175个卫片图斑核查上报工作，经核查判定湖里区有违法图斑13个，未涉及耕地，其中，完成整改上报2个。完成自然资源厅下发福建省自然资源执法监察综合管理系统3个图斑核查上报工作，并完成整改。

【建设用地批后监管】 2023年，厦门市自然资源和规划局直属分局共办理建设项目动工开工申报37宗；办理建设项目竣工申报36宗；发出开竣工履约通知单、提醒通知单43份；发出逾期开竣工违约缴款通知单3份；跟踪催办湖里区近十年产业项目审计中发现的逾期开竣工未处理项目5个，其中，五矿大厦项目处于司法处置流程中，其余4个项目均于12月底发送竣工逾期通知单。

【闲置土地处置】 2023年，湖里区加强闲置土地处置工作，全年有闲置土地处置任务7宗11.08公顷，完成处置3宗1.64公顷，处置率14.8%。

【“供而未用”土地处置】 2023年，湖里区有“供而未用”土地处置任务17宗43.48公顷，完成处置12宗40.67公顷，处置率93.54%。

【自然资源执法】 2023年，厦门市自然资源和规划局直属分局开展自然环保领域非法平整土地、破坏林地、乱占耕地、耕地非农化、非法盗采海砂、擅自改变建筑使用功能、违章搭盖等违法乱象核查整治工作。成立各类专项整治领导小组，做好建设项目、事中事后监管和信用认定工作。按要求推进违法用地专项清理整治工作。根据下发的耕地流出图斑，完成核查工作之后未发现违法图斑。

【城中村现代化治理专班成立】 2023年6月，厦门市自然资源和规划局直属分局成立城中村现代化治理专班，由用地科、建设科分管领导及主要负责人组成，分为审批组、规划组，完成湖里区5个街道17个城中村的城市更新改造规划编制工作，服务城中村规划编制与公共配套设施项目审批。专班通过内部政策研讨，结合城中村改造项目实际情况，在《厦门市城中村现代化治理公共配套设施项目规划用地审批管理暂行规定》的基础上，细化审批规则，明确项目类型清单，为后续城中村改造项目规划与审批工作提供指导意见。

（李　莉）

国有及集体资产管理

【概况】 2023年，湖里区出台《湖里区行政事业单位国有资产处置管理办法》，编制《湖里区国有资产管理工作手册》，建立国有资产调剂共享平台。截至年底，湖里区全区行政事业单位有固定资产原值644820.56万元，其中，房屋和构筑物501535.88万元、设备113804.22万元、文物和陈列品776.76万元、图书和档案4062.82万元、家具和用具24638.36万元、特种动植物2.52万元；无形资产原值8101.49万元，其中，非专利技术类18.67万元、资源资质类1117.19万元、信息数据类6965.63万元。委托区属国企代管经营土地、房产共50.12万平方米，全年累计上缴租金5680.26万元。

【国资国企监管】 2023年，湖里

区国资委跟踪6家单位的国有资产使用情况专项巡察整改进展情况，派员参与国有资产巡察“回头看”工作。督促国企做好涉及境外资金项目排查、管理工作，防范风险隐患，提高国企合规经营能力。组建征地拆迁项目评估专家库，创新出台《财政投融资项目全流程闭环管理机制》，建立“容缺受理”“联核联议”“平行编审”等审核机制，推行“互联网＋财政审核”新模式，上线湖里区财政性投融资建设项目审核业务管理系统，实现一键报审。全年完成区财政性投融资建设工程预结算审核项目94项，送审值44.21亿元，审核值40.46亿元，核减值3.75亿元，核减率8.48%。

【国有资产管理优化】 2023年，湖里区财政局出台《湖里区行政事业单位国有资产处置管理办法》，明确单位管理职责、审批权限及程序、处置方式、处置收入及账务管理、监督管理等，优化湖里区资产监管平台功能，建立区级国有资产调剂共享平台（公物数据仓）。年内，区属国企（含受托代管）实现租金收入21547.9万元；理顺飞利浦厂房项目资产划转及产权关系，推动飞利浦厂房再开发工作，促进盘活低效工业用地；为区残疾人综合服务中心以及江头街道江华社区提供江华里59号作为其办公场所，解决资产错配问题；通过预警功能，追回欠缴租金3910万元，占欠款租金总额的98%。

【国有资产年报】 2023年，湖里区财政局开展2022年行政事业单位国有资产编报工作，印发《关于编报2022年行政事业单位国有资产报表的通知》，明确编报依据、范围和内容，提出具体工作要求。全区145个行政事业单位国有资产完成年报，区财政局汇总报表，形成书面分析报告及填报说明上报市财政局。

【国有资产盘活】 2023年，湖里区贯彻落实上级关于盘活存量资产扩大有效投资和盘活行政事业单位国有资产有关精神，累计盘活房屋类国有资产14.58万平方米，其中，内部挖潜4672.09平方米，调剂利用4518.92平方米，对外出租3.21万平方米，转让出售1.45万平方米，其他方式8.97万平方米；盘活土地类国有资产320平方米、办公设备家具类国有资产883个、其他资产5个。

【区级行政事业单位资产处置】 2023年，湖里区处置报废区级行政事业单位资产29157件，资产原值6681.11万元，处置收入27.95万元；办结无偿调拨资产申报24478件，资产原值6872.32万元；资产转让1件，资产原值17.78万元，转让17.78万元；对外捐赠资产20件，资产产值37.2万元。

（王吉晖）

【厦门市湖里区国有资产投资集团有限公司】 2023年，厦门市湖里区国有资产投资集团有限公司（以下简称湖里国投集团）下设8个职能部门，有一级全资子集团、子公司9家，二级全资子公司4家，一级对外控股及参股公司15家。完成9家全资子公司市场化改革，初步构建起“征地拆迁—土地收储—投资策划—开发建设—运营管理”全链条产业服务体系。全年完成投资62.04亿元，实现合并营业收入10.8亿元，利润总额1.01亿元，纳税总额8956.47万元，上缴国有资本收益1733.64万元。

工程建设　2023年，湖里国投集团推进城中村综合治理、老旧小区改造、安置型商品房、社区发展中心、枋湖民俗文化园、闽台交流馆、不可移动文物修缮等建设项

2023年，禾山街道安兜社城中村空中缆线整治前后对比图

（湖里国投集团　供图）

目 129 个，完工 47 个，完成投资 21.93 亿元。

国有资产运营 2023 年，湖里国投集团自有资产 180 处、24.79 万平方米；代管资产 728 处、34.87 万平方米。购置海上世界 4 号楼办公楼 3.14 万平方米及车位 310 个，完成招商招租运营方案及项目功能层策划设计工作，推动福建视晞电子科技、德尔科技等优质企业入驻。以原湖里区人武部民兵训练基地楼为试点，首次尝试探索从房产租赁模式转变为房产运营模式。完成太阳岛大厦 8～13 层重大消防隐患问题的整改工作。跟投亿联凯泰数字创业基金，认缴金额 2000 万元，约定返投金额 2000 万元，策划返投项目落地。

土地收储出让 2023 年，湖里国投集团完成土地交地 8 宗 33.19 万平方米。其中，5 宗公开出让交地、2 宗协议出让交地、1 宗划拨交地。年内，在管土地面积 66.5 万平方米。

产业园开发建设 2023 年，湖里国投集团参与低效工业用地——飞利浦地块再开发工作，完成实施方案编制。联合火炬资运公司、软投公司合资成立厦门新数科创有限公司，3 月完成湖边东地块摘牌，年内开工，招商储备入库项目 34 个，意向购楼面积约 9 万平方米。谋划忠仑科创产业园项目。购置金砖创新基地总部区项目 7.5 万平方米研发空间及配套车位。

城市更新项目建设 2023 年，湖里区国投集团推动后坑社区和村里社区城市更新项目建设，后坑社区中部、南部村庄地块完成签约，1798 块地块完成主体签约，229 家企业签订搬迁协议；优先启动“两改造”工作，推进强弱电改造、雨污分流、室外消火栓系统等工程；与后坑社区达成合作意向共谋运营管理，打通后坑中部地块出让路径并完成制订整体运营方案。湖里国投集团与建发房地产集团合资成立厦门兆祥城市建设投资有限公司，推进湖里街道湖里片区拆旧建新区域暨村里社的征拆业务及开发建设事宜。

（叶淑红）

【厦门天地开发建设集团有限公司】

厦门天地开发建设集团有限公司（以下简称天地集团）注册资本 19.15 亿元，资产总额 138.55 亿元，净资产 55.4 亿元。主要业务涵盖旧村改造、工程代建、物业服务、资产管理、园区运营、教育养老、文体服务、股权投资等领域，旗下有全资及控股子公司 14 家、全资及控股孙公司 8 家、对外参股公司 18 家。2023 年，实现营业收入 4.33 亿元，利润总额 0.61 亿元，上缴税收 0.69 亿元。

旧村改造 2023 年，天地集团完成乌石浦花园一期安置房返迁工作，实现返迁率 100%；完成蔡塘社旧村改造项目拆除扫尾工作，拆除房屋面积 106.06 万平方米；完成忠仑社旧村改造项目征收补偿协议报审 750 份；推进蔡塘片区已征地块入库收储，移交面积 25.95 万平方米；推进墩上、岭下旧村改造项目征迁扫尾工作，完成产权办理 1367 套；完成江头街道中港花园一期等老旧小区改造提升工程 17 个。

工程代建 2023 年，天地集团完成乌石浦花园安置房一期、忠仑路、规划一路、坂美花园安置型商品房建设项目 4 个；推进墩上学校、西潘安置型商品房、古地石安置型商品房、蔡塘安置型商品房 G22 地块、蔡塘安置型商品房 G19 地块、金禾苑安置房、古地石市政道路二期等建设项目 8 个，其中，金禾苑安置房、墩上学校项目分别在第二季度、第四季度被厦门市建设局、市重点项目建设办公室评为“2023 年市重点项目专项指导服务”优秀等级。

资产管理 2023 年，天地集团管理资产规模 41.55 万平方米、车位 8409 个。其中，自营经营性资产 33.92 万平方米、车位 2813 个；代管政府性资产 4.91 万平方米、车位 5596 个；代管集体性资产 2.72 万平方米。开展自营资产公开招租事宜，推动国有资产盘活去化。

物业管理 2023 年，天地集团在管项目 46 个，管理面积 414 万平方米，服务领域涵盖创新园区、工业园区、写字楼、学校、安置房、保障房等，全年营业收入 18104.12 万元。下属物业公司被评为“2022 年全国物业服务企业综合实力 500 强”，位列第 372 名，排名比上年提升 3 位。

园区运营 2023 年，天地集团下属产业园公司运营湖里创新园创新驿站平台（湖里区企业服务中心），全年累计组织参与涉企惠才活动 250 多场，覆盖企业超 30 万家次。园区职工法律服务一体化基地被列入全国首批基层劳动关系公共服务样板站点培育单位名单，并获评 2022 年度“园区枫桥”机制建设优秀单位。

民生事业兴办 2023 年，嘉宝、创新园托育中心分别与江头街道、禾山街道社区卫生服务中心签订医育结合工作协议，嘉宝托育中心被市卫健委定为“市医育结合试点机构”；3 所幼儿园完成秋季招生工作。承接金尚社区近邻餐厅运营，全年提供午餐 10284 餐次。禾山照料中心全年在院 26 人，出床 36 张，助餐 7114 份；园山照料中心全年在院 3 人，出床 6 张，助餐 9941 份。承接湖里区群众身边全民健身场地设施统筹建设及运营管理，配合区文旅局摸排全区闲置用地资源，确认40处点位纳入年度建设项目，年底完成项目招标，启动建设工作；为区直机关单位等策划开展30余场落地活动、20余场线上活动、40余项品牌设计。在管停车场16个，其中，代管学校地下停车场6个、自有地面停车场10个，共有停车位3995个；在管停车场全部接入云控中心，实现实时数据与市停车管理平台对接传输。

闽宁协作　2023年，天地集团落实湖里区企事业单位消费帮扶产品购销工作，帮扶宁夏闽宁镇1180.45万元；开展闽宁展销馆“湖里魅力购”等多个专项促销活动。运营闽宁产业园平台公司，累计对接招商企业257家，引进企业落户17家，在谈意向企业20余家。

（天地集团）

【厦门市湖里区产业投资有限公司】厦门市湖里区产业投资有限公司（以下简称湖里产投公司）是湖里国有独资区属一级企业，注册资金10亿元。2023年，湖里产投公司紧紧围绕湖里区“3+2”（机械装备、电子信息、商贸物流、金融服务、文旅创意）主导产业规划，打造“基金投资＋招商引资＋产业发展＋企业服务”综合性产业投资及服务平台。挖掘基金投资项目，新增对接50余个基金管理团队，获批参投基金3支，出资1200万元，至年底，累计参投基金6支，出资1.89亿元，撬动社会资本约48亿元，财政资金杠杆率超过10倍。坚持基金投资前置招商策略，强化落实基金返投工作，新增对接招商项目97个，其中，落地项目14个，注册资本2.45亿元；第二十三届投洽会期间，导入22个项目在联合招商推介大会、“中银e企赢”投资贸易对接会现场签约，投资总额153.45亿元。湖里产投公司与象屿物流集团合资设立的厦门禾屿贸易有限公司实现含税销售额（纳统口径）192.65亿元。

（龚悦灵）

【集体经济组织换届选举】2023年3月，湖里区制定《湖里区“村改居”社区集体经济组织换届选举工作实施方案》，成立换届选举工作指导小组，推进湖里、高殿、枋湖、五通等19个集体经济组织集中换届。至7月底，全部完成换届工作，产生新一届理事会、监事会及成员代表大会。

（李玉玲）

财　政

【财政收入】2023年，湖里区一般公共预算总收入288.12亿元，比上年增长2.9%；区级财政收入59.46亿元，比上年增长9.56%，区级收入增速全市排名第二。全年完成增值税留抵退税超3亿元，累计兑现各类扶持资金超16亿元。做好税源分类管理和动态跟踪管理等基础工作，加大重点税源培植力度，厦门保润房地产开发有限公司、厦门悦琴房地产有限公司等前十大重点房地产税源企业累计纳税21.65亿元。精准服务制造业企业发展，全年投入科技创新政策资金超2亿元，辖区制造业企业全年实现税收32.88亿元，比上年增长20.88%。发挥产业引导基金杠杆作用，累计参投基金6支，总承诺出资4.16亿元，实际出资1.89亿元，撬动社会资本约48亿元。

【财政支出】2023年，湖里区大力优化财政支出结构，全力保障重点领域支出，统筹财力兜底民生，加大民生投入力度。全年一般公共预算支出94.33亿元，其中，民生和社会事业支出61.32亿元，比上年增长3.4%，集中投在教育、城中村改造、环境整治提升等公共服务领域和为民办实事项目。全年实现教育支出18.26亿元，比上年增长5.25%，新开办幼儿园5所，增加公办学前学位1440个，完成47所学校56个暑期修缮改造项目。落实“为民办实事”项目资金保障，社会保障支出超12亿元，比上年增长21.4%，发放低保救助、特困人员救助供养、临时救助、价格临时补贴等资金2393万元。新建1家养老院、1家养老服务照料中心，全区专业养老机构和养老服务照料中心共20家，千名老人享受养老床位数位居全市第一。拓展筹资、融资渠道，保障东部旧村改造、老旧小区改造、城中村综合治理等重点项目资金需求。完善市政道路和慢行系统建设，总长23.6千米的湖里环岛慢行道全线贯通。安排正本清源项目资金1.78亿元，推动解决辖区污水治理问题，提升

2023年湖里区财政收入一览表

表9

指标	收入数（万元）	比上年增长（%）
一般公共预算财政总收入	2881229	2.9
区级财政收入	594636	9.56
政府性基金预算收入	1402485	24.81
国有资本经营预算收入	2082	19.58

2023 年湖里区财政支出一览表

表 10

指标	支出数（万元）	比上年增长（%）
财政总支出	2609559	−2.94
一、一般公共预算支出	915770	−4.13
一般公共服务支出	86452	3.85
教育支出	182570	4.99
科学技术支出	6281	−3.57
文化旅游体育与传媒支出	22377	−1.70
社会保障和就业支出	125326	20.93
卫生健康支出	72767	−25.10
节能环保支出	1943	14.41
城乡社区支出	170820	−3.02
农林水支出	7545	55.49
交通运输支出	1721	−223.13
资源勘探信息等支出	174839	−32.97
商业服务业等支出	200	—
金融支出	13886	—
自然资源海洋气象等支出	311	−82.64
住房保障支出	21897	37.62
粮油物资储备支出	22	−9.09
灾害防治及应急管理支出	12103	37.07
其他支出	2973	8.04
债务付息支出	11661	−9.31
债务发行费用支出	76	88.16
二、政府性基金支出合计	1693739	−2.27
城乡社区事务	1646154	−2.48
其他基金支出	1937	−15.33
债务还本付息支出	45612	6.30
债务发行费用支出	32	−359.38
文化旅游体育与传媒支出	4	100.00
三、国有资本经营支出	47	−155.32

说明：财政总支出和一般公共预算支出不包含国防支出和公共安全支出

生态环境水平。为因临时资金周转困难、无法按时还贷的企业累计提供应急还贷资金 10.64 亿元。

【财政监管】 2023 年，湖里区加强预算管理，全力做好增收节支各项工作，确保兜牢、兜实“三保”底线。大力压减一般性支出和非急需、非刚性支出，落实中央八项规定精神，严控“三公”经费支出，严格执行会议费、培训费、差旅费标准，严控办公费用，坚持集约利用资源。落实基层“三保”预算事前审查机制，强化“三保”支出优先顺序，确保兜住“三保”底线。增强新增项目事前评估，对金额 500 万元以上的新增产业、民生政策和项目开展事前评估。运用好直达机制，严格资金分配使用管理，落实资金绩效管理和全程监控，加快支出进度，确保中央直达资金直达基层、直接惠企利民，推动直达资金落地见效，全年共接收年度中央直达资金 3.53 亿元，支出 3.48 亿元，支出率 98.6%。

【工程项目审核】 2023 年，湖里区财政局继续采用“容缺受理”“联核联议”“并联式联审”等审核机制，利用线上财政审核系统，按时保质保量完成审核工作，累计完成区财政性投融资建设工程预结算审核项目 94 项，送审值 44.21 亿元，审核值 40.46 亿元，核减值 3.75 亿元，核减率 8.48%。成立老旧小区项目审核工作专班，与厦门市通信管理局开展联合会商议事，统一审核口径和标准，保障城中村空中缆线整治项目审核工作的严谨性、科学性；6 月，完成湖里区城中村（不含后浦社）缆线改造电力变压器及三箱集中采购项目控制价审核，审核金额 3667.27 万元。坚持前移审核关口，到待改造老旧小区，现场实地勘测，做细做实各类审核工作，从源头上控制项目工程造价，湖里区 7 个老旧小区改造项目预算控制价审核工作全部完成，送审金额 1.68 亿元，审核金额 1.41 亿元，核减率 16.27%，节约财政资金 0.27 亿元。

【竣工财务决算】 2023 年，湖里区财政局聚焦全区发展重点，以制度约束切实提高财政性投资评审服务质量和财政资金的使用效益，实现财政资金投入政府资产形成全过程“资金流—资产流”闭环管理。全年完成工程财务竣工决算项目 7

个，涉及金额5.03亿元。

【政府采购监管】 2023年，湖里区财政局受理并办结政府采购投诉案件6起，成功调解政府采购投诉案件1起，出具政府采购投诉处理文书17份。开展政府采购营商环境检查。督促6家存在问题的预算主管部门和2家采购代理机构及时整改。

（吴淑娟）

税　务

【概况】 截至2023年底，国家税务总局厦门市湖里区税务局（以下简称湖里区税务局）有管户22.13万户，占全市的25.8%，其中，正常开业户17.67万户，占全市的27.4%，正常开业户居全市第一位。一般纳税人4.14万户。推进“税费并重”统征统管，加强收入形势分析研判，动态掌握税源变化情况，提升收入质量。湖里区税务局全年组织各项收入570.72亿元，比上年减收184.56亿元，下降24.4%。其中，税收直接收入160.36亿元，比上年增收9.64亿元，增长6.4%；入库各项费金收入399.98亿元，比上年减收194.86亿元，下降32.8%。其中，增值税收入68.01亿元，比上年增收21.96亿元，增长47.69%；企业所得税收入38.01亿元，比上年减收6.41亿元，下降14.43%；个人所得税收入22.30亿元，比上年增收0.45亿元，增长2.06%；免抵调库10.38亿元，比上年增长6.78%。办理出口退税6.78亿元，比上年下降3.96%。

【税收征管】 2023年，湖里区税务局扎实推进精细服务、精确执法、精准监管、精诚共治“四精”建设，中期评估位居全市第一。数电票推广11.49万户，居全市第一位，辅导辖区企业国贸集团股份有限公司成为全市首家“乐企”直连单位。以登记业务为切口，推进“税务＋市监”合作，开展信息交互61次。优化企业跨省迁移工作，办理全市首笔跨省（市）迁移即时迁出业务。完成25.07万人2022年度综合所得汇算清缴工作，17.7万人退税1.05亿元。完成9.32万户企业2022年度企业所得税汇算清缴工作，准期申报率97.82%。

【减税降费】 2023年，湖里区落实税费优惠政策，新增减免退缓金额22.15亿元，其中，新增减税降费18.39亿元。全年办理留抵退税3.74亿元、小微企业免征增值税5.95亿元、小型微利企业减免企业所得税3.97亿元、小规模纳税人减征增值税2.08亿元。完善“政策找人”机制，设立优惠政策标签155个，涉及正常纳税人14.8万户次，覆盖面达83.2%，确保减税降费红利“直达快享”。

【出口退税工作】 2023年，湖里区税务局组织开展5期出口退税素质提升讲堂，针对全国税务系统出口退税典型案例相关风险分析，加强出口退税风险防控，以案促改、以案促管、以案促控。探索免抵退税快速审核“4321”工作法（依据4个对照点、3个抽查项，丰富日常管理、风险管理2个台账，完善免抵退税企业画像），审核出口退税6.78亿元，免抵税额7.57亿元，出口退税平均办理时间提速至2个工作日内。

【依法治税】 2023年，湖里区税务局推进法治税务建设，开展会前学法10次，审理重大税务事项6起。落实“首违不罚”事项清单，3412户纳税人因符合“首违不罚”条件而免予处罚，比上年增长40.6%。公职律师及法治人才办理破产清算案件94件，协助解决破产企业面临的难点、堵点问题10个，出台《破产清算案件涉税事项办理三项工作指引》，畅通破产清算涉税办理全链条，该项目获第十届“创青春”中国青年创新创业大赛税务专项赛铜奖。

【涉税风险防控】 2023年，湖里区税务局完成风险应对1876户，查补入库税款及滞纳金8312万元。编制《政策落实风险应对指引》，按户覆盖率99%。个税异议申诉在全市平均处理时长最短、任务超期率最低。开展继续教育专项附加扣除疑点信息核查工作，整改率在全市税务系统排名第一。开展数电票风险任务季度交叉抽查，应对任务户均问题从2.41个降至0.7个。选派“风险哨兵”，代表厦门市税务局参加数电票红蓝攻防专项赛，获全国第二名。“深化查管互动　共建‘三库’提升受托协查工作质效”的经验，被国家税务总局在全国推介。

【纳税服务】 2023年，湖里区税务局提升窗口服务水平，全年进厅19.18万人次，窗口办理业务49.84万件次，业务总量居全市第一名。向辖区2500户纳税人、缴费人开展需求征集，纳税人满意度调查位居全市第二。涉税咨询专线全年接听咨询电话12.3万通，接通率95.9%，比上年提升2.8%，技术专线接听电话1.5万通。依托税企互动平台建立管户群40个，答复纳税人信息2万人次。落实《优化营商环境条例》，联合区行政审批管理局等多部门延伸服务进湖里创新

2023 年，湖里区税务局创建“春风直通车”服务品牌，到社区、商圈开展政策宣讲。图为 12 月 4 日，税务干部为金山社区居民讲解城乡居民医保缴费政策和参保缴费方式流程（区税务局 供图）

园，实现 12 项税费业务靠前帮办。建立“社区网格员 + 税务网格专员”双员互补机制，让税费小事就地解决。

【“益企服务湖税尖兵”专项行动】 2023 年，湖里区税务局贯彻落实省委“三争”行动，投身湖里区助企发展项目建设攻坚战，启动“益企服务湖税尖兵”专项行动，选派 110 名党员业务骨干，为民营企业、高新技术企业和重点项目建设单位提供服务 1268 户次，解决涉税费问题 230 个。

【税收宣传辅导】 2023 年，湖里区税务局开展“税收发力助台青、惠台企、暖台胞”活动，依托辖区 6 个重点台青创业基地，建立“台企—涉税服务小管家—税费政策智囊团”问题快速解决机制。开展线上纳税人学堂和直播课程 17 场，短信提醒 8.2 万户次，税企邮箱推送“红利账单”、涉税提醒 137 万条。加大税收宣传力度，税收新闻获中央媒体报道 90 余篇，税务宣传作品获评北京大学生电影节优秀作品、全国税收公益广告大赛入围奖、中央保密办“人人话保密”微视频征集评选活动二等奖等奖项。

（张　弘）

金融服务管理

【概况】 截至 2023 年底，湖里区有金融企业 466 家，其中，银行及营业网点 137 家，证券、保险、期货分公司及营业部 125 家，交易中心 3 家，小额贷款公司、融资担保公司、典当等地方金融组织 201 家。有投资类企业 4500 家。深交所厦门基地和上交所厦门科创培育中心均落户湖里区，湖里区有五通金融核心区、古地石基金小镇、自贸区湖里片区等重要金融产业平台载体。至年底，湖里区金融保险业增加值 1428703 万元，比上年增长 5.7%。

【金融产业发展】 2023 年，湖里区累计引进金融投资项目 100 个，注册资金 125.9 亿元；通过中基协备案私募基金 37 家，注册资金 40.56 亿元；登记私募基金管理公司 6 家。引入台商鹭台创新融合创业投资基金、金圆展信股权投资基金等基金项目 26 个，引入华特气体员工持股平台、T3 员工持股平台。古地石基金小镇成为厦门第一个具有母基金、私募股权、私募证券投资基金“三策”叠加的特色金融基地。截至年底，古地石基金小镇入驻股权投资类企业 315 家，注册资金 443.51 亿元，中金资本、经纬创投等 12 家知名基金在基金小镇形成集聚，加快打造上市企业“湖里板块”，新增 1 家转板创新层企业，新迁入 1 家新三板基础层企业。

【金融风险防范化解】 2023 年，湖里区财政局（区金融办）组织对辖区 284 家涉金融类企业开展非法集资常态化风险排查；对群众举报、市金融局转来的 35 家线索企业开展专项联合检查及约谈，推动化解辖区非法集资陈案积案 3 起；落实非法集资举报奖励 14 件，发放奖励金 1.3 万元。印制“守住钱袋子 护好幸福家”宣传单，制作防非法集资短视频。举办宣传月活动，开展讲座及宣传活动 69 场次。金尚社区成为市首家省级防范和处置非法集资宣传教育示范社区。

【金融服务】 2023 年，湖里区举办政银企对接会，向辖区企业宣传首贷户贴息等财政金融政策及各类惠企金融产品，惠及企业 200 余家；引导各类金融机构开展精准对接服务，为 200 多家企业解答融资咨询问题。举办绿色金融、古地石证券投资下午茶、“智造引航·邂逅未来”古地石投融对接会先进制造专场等政银企对接会或资本对接活动24场次。建立健全政府性融资担保体系，充分发挥政府性融资担保政策功能作用，湖里区融资担保有限公司全年提供融资担保177笔，融资金额60839.03万元。

（黄 倩）

审 计

【概况】 2023年，湖里区审计局完成审计项目21个，其中，经济责任审计12个、同级财政审计7个、自然资源资产审计1个、专项审计1个，出具审计报告和审计结果报告26篇，查出问题58个，涉及管理不规范资金7095万元，促进增收节支3020万元，提出审计建议54条，被审计单位采纳率100%。配合区委组织部等部门开展5个街道25个小区的住宅小区共有资金专项审计指导工作，发现问题134个，完成整改70个，涉及不规范资金900余万元。

（柯凯鹏）

【同级财政审计】 2023年，湖里区审计局依法审计2022年度湖里区本级预算执行和其他财政收支情况，重点审计预算管理规范性、预算收入的真实完整和合规性、落实过“紧日子”要求、地方政府专项债券资金管理使用、盘活政府资金资产资源、全面实施预算绩效管理、审计整改情况7个方面，发现问题27个，提出建议19条，查出问题资金金额1785.5万元。牵头制定《做好财政增收节支工作的若干措施》，提出培育税源、厉行节约、严守红线等3个方面11条建议。

（赵克潮）

【领导干部经济责任审计】 2023年，湖里区委审计办、区审计局坚持把审计作为促进权力规范运行、促进反腐倡廉的重要抓手，实现审计对象全覆盖。受区委组织部委托，区审计局开展区文旅局等12个单位的党政领导干部经济责任审计，审计领导11人，发现问题18个，提出建议14条，查出不规范资金金额4921.7万元。

（林瑶云）

【自然资源资产离任审计】 2023年，湖里区审计局开展区直某机关原局长黄某自然资源资产离任审计，重点审计该单位2019年1月至2022年4月土地等自然资源和相关生态环境保护事项，重点抽查重要科室，对持续开展国土资源监管、坚持高质量发展等重要事项进行必要的延伸和追溯。发现问题4个，提出建议4条。

（陈丽娜）

【专项审计】 2023年，湖里区审计局开展老旧小区改造资金管理使用专项审计调查，发现小区公共收益未按要求及时、全面公示，公示内容虚报、漏报、假报，公共收益管理、支出不规范等问题9个，提出建议5条。

【审计整改】 2023年，湖里区审计局推进2022年省审计厅对湖里区原3名党政主要领导干部审计发现的55个问题整改，其中，完成整改50个，完成率90.91%。印发《2022年审计发现主要问题的情况通报》，推动区直各部门加强自查自纠、举一反三、建章立制、防患于未然。2022年本级预算执行和其他财政收支情况审计发现的24个问题全部整改完成。部署开展审计整改“回头看”，推动以上年审计发现问题中7个未整改问题全部整改到位。

【检审协作】 2023年，湖里区审计局继续与区检察院协作。针对个别严重损害社会公共利益和群众权益问题，移送检察机关查处，截至年底，移送检察机关查处问题1个，检察机关下发检察意见书4份，根据检察建议书，区建设局依法行政处罚物业公司1家。2月，审计监督与检察公益诉讼监督“双监合璧形成合力”项目获评厦门市市域治理优秀创新案例；6月，与区检察院共建的海洋生物多样性和鸟类公益保护展馆被评为市级文明实践基地；10月，与区检察院共同主办“万物共生 美好共建”生物多样性公益保护论坛。

（赵克潮）

统 计

【概况】 2023年，湖里区统计局严格按照“应统尽统、统必合规、数出有据”的工作要求，认真做好规模以上工业、建筑业、重点服务业、限额以上商贸业、劳动工资、教育、科技等常规统计工作，编印《湖里区统计年鉴（2022）》，发布《湖里区2022年国民经济和社会发展统计公报》。开展第五次全国经济普查、专项治理行动2项重点工作。抓好“四上”企业入库，全年入库企业245家。做好数据质量核查、统计监督检查，夯实源头数据质量。加强经济运行分析，提升统计服务，为区委、区政府决策提供依据。

【统计服务】 2023年，湖里区统计局强化业务指导，提升统计服务水平。建立纳统高效联动机制，推进重点企业、项目应统尽统，全年新增入库企业245家；强化统计监测预警，针对全区近1900家“四上”企业，102家规下、限下样本企业，增加沟通查询频次，了解掌握其经营趋势，预判数据异常波动情况并及时核实处理；结合时政热点，开展课题研究，撰写《从产业结构调整看湖里区经济发展新机遇》《湖里区房地产现状及发展前景》等多篇专题分析文章。

【企业“一套表”工作】 截至2023年底，湖里区有131家区属规模以上工业企业、966家限额以上商贸及餐饮住宿业企业、353家资质以上建安企业和59家房地产开发企业、364家重点服务业企业通过“一套表”联网直报系统报送统计数据；各类企业1903家通过“第五次全国经济普查采集系统”报送劳动工资情况。

【执法监督检查】 2023年，湖里区统计局开展“双随机”统计执法检查和专项执法检查。“双随机”执法检查随机抽取5名执法人员、50家企业，检查企业工业总产值，电力消费量，建筑业总产值，固定资产投资额，房地产销售面积、销售额、营业额、营业收入、从业人员工资总额、研发费用等主要指标，处罚2家存在违法行为的企业；开展专项执法检查，检查批发零售业、住宿餐饮业近一年内报送报表时间迟于国家制度要求时间的14家企业，指出企业存在对统计工作不重视、对指标理解不到位等问题，处罚1家存在违法行为的企业。

【第五次全国经济普查工作启动】 2023年8月，湖里区在全市率先成立“五经普”领导小组及办公室，指导各街道成立经普办。安排本区“五经普”三年专项经费1990.9万元。区、街两级经普办配备近60名工作人员，开展投入产出调查培训及清查培训10场，参训人员约1000人次。印发宣传折页、单位清查告知书等宣传资料22万份，向辖区经济普查对象发送宣传短信近20万条，借助区级融媒体中心在“湖里头条”公众号、新浪新闻、台海网、网易新闻、澎湃新闻等10个大型网站平台推送“五经普”宣传文章，浏览量达到12万余人次。

【统计法治宣传】 2023年，湖里区统计局制作2部经济普查宣传短片，在“湖里头条”视频号上发布，点赞上千人次，被“厦门统计”和“福建统计”公众号转发，通过移动彩铃和朋友圈广告宣传100万次。结合统计年报会，为1400多家企业开展普法宣传6场次。到社区开展经济普查宣传月活动，发放普查宣传资料和宣传品各1000份。在“9·20”中国统计开放日、“12·4”国家宪法日和“12·8”统计法颁布纪念日，设计线上普法游戏，吸引8.95万人次参与。

（连旭辉　许津津　杨　菲）

市场监督管理

【概况】 2023年，湖里区登记各类新设商事主体60562家（户），比上年增长54.13%，其中，企业11848家、个体工商户48714户。全年办理食品经营许可18595件，预包装食品备案4874件，药品、医疗器械经营许可1291件。截至年底，湖里区属地管理的商事主体存量28.3万家（户）（含自贸区），其中，企业13.7万家、个体工商户14.62万户。湖里区市场监督管理局打击市场监管领域各类违法、违规行为，营造公平竞争有序的市场环境，立案查处违法案件720起，结案874起，罚没款326.38万元。查处的商业贿赂案、未按规定展示医疗器械经营备案凭证和医疗器械注册证案、未经许可从事第三类医疗器械经营活动、提交虚假地理标志申请材料4个案件入选国家市场监督管理总局及省局公布的各类典型案例。

【商事登记服务】 2023年，湖里

表11

2023年湖里区商事主体存量情况表

单位：家（户）

项目	总计	湖里市场监管所	殿前市场监管所	江头市场监管所	禾山市场监管所
商事主体	283698	96691	48159	39806	99042
企业	137649	36942	27297	18327	55083
个体工商户	146049	59749	20862	21479	43959

区市场监督管理局推出“一窗通办、一网通办、半日办结”快捷服务，服务经营主体4.1万户。推出七大类营业执照与食品、药品、医疗器械等许可“证照联办”一件事套餐，实现即办事项占85.39%，事项压缩时限达82.97%，区政务服务中心市场监督管理局服务窗口日均办件量、网办率居全市第一位。打造“五心”（诚心、省心、耐心、暖心、细心）服务窗口，在全市率先推行“无柜台”智慧帮办、“大综窗”等服务。构建线上“AI智能客服平台”和线下“办事大厅+园区办+街镇办+银行帮代办”服务体系，累计服务2.2万人次。聚焦重点项目发展，成立重点项目登记服务专班，推进“金砖科创基金”等189个重点项目注册登记，激发辖区各类经营主体发展活力，全年新增注册资本338.3亿元。

2023年1月16日，湖里区市场监督管理局在湖里市场检查市场秩序、环境卫生等文明创建相关情况 （区市场监督管理局　供图）

【信用管理】 2023年，湖里区市场监督管理局创新联合“i厦门”小程序发送实名短信提醒，累计撤、吊销失联企业营业执照3281本，2023年度企业年报率98.18%，完成既定目标。先后出台《厦门市湖里区市场监督管理局冒名登记案件查处补充规定》等5份文件，全面优化区域监管、冒名登记案件查处等方面信用监管流程，撤销冒名登记企业176家、虚假地址注册企业9家，出具行政确认书21份。针对中央环保督察发现登记监管未闭环问题，出台《关于辖区商事主体经营场所备案登记及监管工作有关问题的函》，完成经营场所备案商事主体2608户。

【农贸市场监管】 2023年，湖里区继续推进农贸市场改造提升工作三年实施方案，破解大唐、禾缘等市场历史遗留问题，累计改造提升15个农贸市场。在全市率先开发启用农贸市场智慧监管系统，探索出“一套专班抓监管、一部手机助监管、一个闭环督监管”的农贸市场监管新模式。在全市率先出台《湖里区农贸市场长效管理绩效考评实施办法（试行）》，从市场的管理机制、食品安全等9个方面开展考评，对考评结果A、B、C等级的9家农贸市场发放奖励金22.5万元。将生鲜灯改造纳入市场改造提升计划，在全市率先完成农贸市场生鲜灯改造工作，改造生鲜灯1403个。年内，湖里区无农贸市场被列入督察通报黑榜，夏商江头市场获“中国商品市场功勋市场”“福建省五星市场”等称号。

【消费投诉调处】 2023年，湖里区市场监督管理局快速处理“12315”及“12345”双平台消费维权诉求7.5万件，其中“12315”平台调处5.5万件，“12345”平台调处2万件，为消费者挽回经济损失407.43万元。出台《“12315”投诉举报分级办理实施意见》，成立职业打假人处置专班，优化基层接诉反馈流程，转变投诉举报办理模式，实现一般性消费投诉办理时限压缩77.78%。出台《消费投诉举报处置指导手册》，归纳食品安全、家居建材、旅游服务等七大类投诉举报特点，分类提出监管建议，明确处置原则，细化处置流程，为处置人员提供参考借鉴。配套出台《“12315”投诉举报处置案例选编100例》，收集汇总100个典型案例，提供处置流程及反馈范例，为同类型投诉举报的处置和答复提供示范参考。扩大规模延伸前端触角，新增10家企业建立在线消费纠纷解决（ODR）渠道，在线消费解决纠纷比上年增长42.86%，自行化解率20.24%。严格落实涉旅游投诉当日办结、举报两日办结制度，全年共处置涉旅游投诉1368件，处置旅游投诉经验做法在全市投诉举报专题会议上作交流发言。

（王慧颖）

食品药品监督管理

【食品药品经营商事主体】 2023年，湖里区有食品流通经营企业17571家（含食品经营备案企业11131家）；餐饮服务经营企业10238家（含单位食堂409家）、生产企业75家，小作坊7家。共有各级各类学校食堂199家，3家学校采取集体用餐配送，设有食堂的学校中，公办学校100家、民办学校99家；中专1家、中小学58家、幼儿园140家，用餐师生10.39万名。有药店352家，医疗器械经营单位1114家，二级及以下医疗机构454家。

【食品生产监管】 2023年，湖里区有食品生产企业75家、小作坊7家。湖里区市场监督管理局在全市率先推出包保干部联络卡3.5万份，实现包保督导完成率100%，消除隐患1431个。完成食品抽检9266批次、食品快速检测15069批次。开展乳粉掺杂使假违法行为专项治理工作、重点食品生产安全整治、氨基脲食品安全风险排查防控等专项工作。

【食品销售监管】 2023年，湖里区有获得食品销售经营许可的市场主体17571户（含备案主体11131户），其中，特殊食品经营资格的市场主体5190户（含备案主体3213户），其中，经营保健食品3852户（备案主体2391户）、经营婴幼儿配方乳粉和其他婴幼儿配方食品858户（含备案主体473户）、经营特殊医学用途配方食品480户（含备案主体349户）；有农贸市场15个。开展过期食品许可清理，核查线索185条，其中，核查处理结果为已终止经营线索177条，新办证线索8条。运用宣传培训、执法检查、不定期通报等方式推进溯源工作，有8767家食品生产经营主体纳入系统管理，全市排名第二。推行食用农产品承诺达标合格证，到中埔蔬菜、夏商水产等源头批发市场，宣传新规，组织培训，检查指导，查处未建立食用农产品进货查验记录制度的违法违规行为。

【餐饮机构监管】 2023年，湖里区新增餐饮服务单位579家，其中，餐饮服务经营者577家、单位食堂2家。至年底，全区有餐饮服务经营企业9829家、单位食堂409家。湖里区多举措护航校园食品安全，完成学校食堂、供校配餐企业提升改造。在金林湾实验学校召开2023年校园食品安全现场观摩会。开展秋季校园及周边食品安全专项检查，出动检查人员1250人次，检查学校食堂、校园周边餐饮店、校外供餐单位656户次，督促整改隐患问题223个，市对区秋季校园督查位居全市第一。完成金鸡百花电影节等24项重大活动食品安全保障工作，保障就餐373餐次，覆盖8万余人次，实现食品安全保障“零事故”。开展反餐饮浪费等专项行动，推出“反餐饮浪费‘十佳’学校食堂”评选活动，厦门市湖里幼儿园、厦门信息学校等10所学校食堂被评为反餐饮浪费“十佳”学校食堂。联合市标准化研究院制定《养老机构食堂食品安全管理规范》，召开团标宣传贯彻推进会。

【“两品一械”监管】 2023年，湖里区市场监督管理局先后开展药品经营和使用环节、疫苗流通和使用环节、麻精药品监督管理、药品网络销售违法违规行为、化妆品“一号多用”违法行为等9个专项检查。建立问题线索清单及跟踪督办制度，精准发现问题线索，协助固定证据材料，全年共移送问题线索18件，立案8起，案件转化率47%，比上年提高19%。开展对药品零售企业和医疗机构的监督检查，全年共检查涉药单位1838家次，疫苗接种单位37家次，完成药械化抽样195批次，依法查处办结药械化违法违规案件52起，其中，厦门走启医疗科技有限公司未按规定展示医疗器械经营备案凭证和医疗器械注册证案、未经许可从事第三类医疗器械经营活动案分别入选国家药监局、省药监局通报典型案例。该局与湖里公安分局查办的“苏艺霞网络销售假劣药案”被列为国家药监局第六批药品网络查处典型案例。

（陈鸿莺　蔡钦榕）

价格监督管理

【概况】 2023年，湖里区认真落实重要民生商品保供稳价政策，扎实做好保供稳价工作。根据《福建省定价目录》文件精神，区发改局会同区教育局、区财政局制定区属义务教育阶段学校课后服务性收费工作文件。落实行政事业性收费工作要求，做好统计年报及分析工作。开展粮食应急网点监督检查及日报告工作，确保米面粮油等重要民生商品价格的稳定及充足供应；全年出动检查人员106人次，检查24家平价商店及36家粮食应急供应网点43次；区发改局联合区市场监管局对粮油企业执法检查2次；配合市粮油质监站进行“餐桌污染”“双随机”等专项检查4次；配合市发改委对第一、二粮库进行春秋季查仓（粮食库存）专项检查2次，应急成品粮专项检查1次。

湖里区市场监督管理局开展涉企专项、水电领域、医疗服务价格、停车场收费等9项收费专项检查。全年收到有关价格投诉举报1966件，立案11件，办结8件，案值48万元，罚没款15.6万元。

（徐良彪　高振宇）

【区属义务教育阶段学校课后服务性收费标准】 2023年，湖里区发改局联合区教育局、区财政局印发“区属义务教育阶段学校课后服务性收费标准工作文件”，规定中午课后服务时间为2课时/日，小学收取课后服务费90元/（月·生），初中收取课后服务费80元/（月·生）；傍晚课后服务时间小学为2课时，初中为1课时，小学收取课后服务费115元/（月·生），初中收取课后服务费50元/（月·生）。

（徐良彪）

【行政事业性收费监管】 2023年，湖里区强化行政事业性收费监管，湖里区有公办幼儿园、法院、市政园林局、人防办等33家有收费资质的收费单位，有9个收费项目。其中，涉及企业行政事业性收费单位3家，收费项目分别为区市政园林局的城市道路占用挖掘费、水土保持补偿费，区人防办的防空地下室易地建设费和区法院的诉讼费。各执收部门均依据国家和省、市相关政策文件，严格核定各类涉企行政性收费，未发现违反收费审批权限、擅自设立收费项目、提高收费标准、扩大征收范围，向企业乱收费、乱罚款、乱摊派、乱拉赞助、捐赠等违规收费问题。完成行政事业单位收费统计、报告、年审工作，全年收费总额18345.18万元，其中，事业性收费5680.12万元，行政性收费12665.06万元。

（徐良彪　高振宇）

【收费专项检查】 2023年，湖里区开展涉企违规收费专项整治行动，区直各部门及下属事业单位等46个单位完成涉企收费自查自纠；区市场监督管理局抽查区环境卫生中心、区红十字会、建设工程质量安全站、公证处等单位，均未发现涉企违规收费问题。开展电力行业涉企违规收费专项整治，检查厦门自贸片区港务电力有限公司、厦门火炬新源电力科技有限公司2021—2023年是否存在改变用电类别，变相提高销售电价等违法违规情况，检查中未发现违法违规行为。走访辖区2家供电工程项目业主单位，均未出现由用户承担建筑区划红线外费用情况。加强医疗服务和药品价格监管，检查各医疗机构是否按规定公示医疗服务项目和收费标准等行为，检查医疗机构40家，均未发现上述问题。

【市场价格监测】 2023年，湖里区市场监督管理局将民生商品和服务价格可能涉及未按规定明码标价，存在滥用市场支配地位以不公平高价销售粮食、食盐等及以不公平低价收购粮食、达成垄断协议等问题列为问题清单，下发各基层执法单位作为检查依据。加强价格监督检查及舆情信息监测和风险管控。

（高振宇）

质量技术监督管理

【概况】 2023年，湖里区有在册在用特种设备14986台（辆、条），其中，电梯10908台、压力容器2263台、场内专用机动车辆1017辆、起重机械694台、压力管道66条、锅炉37台、大型游乐设施1台。辖区有工业产品生产许可证获证生产企业1家，燃气器具销售单位191家，电动自行车销售主体118家、维修主体52家，换电柜经营企业14家38个点位。年内，湖里区市场监督管理局开展电动自行车市场、燃气器具质量安全整治，开展计量器具、电梯、特种设

2023年5月24日，湖里区市场监督管理局在厦门正懋贸易有限公司开展燃气器具质量安全执法检查

（区市场监督管理局　供图）

备等安全检查。3家企业获第六届厦门市质量奖，获奖企业数量位居全市第一。

【产品质量安全监管】 2023年，湖里区市场监督管理局牵头整治违法销售超标电动自行车等违法行为，对辖区电动自行车批发、零售门店、维修店、换电服务提供商等开展现场检查，出动检查人员5266人次，检查经营主体6019家次，立案查处电动自行车违法违规行为20起，查办全市首起源于群众举报的电动车违法案件，全年电动自行车立案数位居全市市场监管系统第二名。开展燃气器具产品质量安全监管，累计出动检查人员1871人次，检查燃气器具销售主体878家次，立案45起，查扣不合格灶具51台、不合格燃气配件205个，结案33起，罚没款1.24万元，立案数量位居全市市场监管系统第一名。开展工业产品获证企业日常监管，辖区有1家工业产品生产许可证（食品相关产品）获证企业，按照获证企业证后监管要求，对其100%巡查监管到位，确保产品质量安全。开展电线电缆质量监管，检查建材市场、个体销售门店、属地电商平台等经营场所，经排查，辖区未有电线电缆生产企业，有销售单位75家。开展塑料污染治理监督检查，出动检查人员49人次，排查辖区销售塑料制品相关企业21家，其中，正常销售经营塑料制品企业19家，未发现辖区有塑料购物袋、农膜产品生产企业。

【计量监管】 2023年，湖里区市场监督管理局大力推动计量惠民工作，围绕重点民生领域医疗机构、眼镜制配场所及集贸市场等开展计量器具专项监督检查，共检查相关计量器具2866台次，立案查处21起。督促指导139家企业完成173批次不合格产品处理工作，12家企业实现质量问题清零。

【特种设备安全监管】 2023年，湖里区市场监督管理局开展城镇燃气、“三员”填报及重大安全隐患排查整治等专项行动，省平台“三员”填报率100%，位居全市第一。推动湖里区成为全省首批、全市首推电梯检验检测分离的试点区域，创新推出“宣贯、告知、认领、检测、指导、整改、监管”七步工作法，实现告知提醒率、认领待检电梯及到期待检电梯完成率100%。落实特种设备使用安全主体责任“海上世界”示范点建设。全年检查特种设备使用单位1133家次，排查治理各类安全问题1361个。

【质量提升行动启动仪式】 2023年9月15日，湖里区“质擎未来”质量强区品牌发布暨质量提升行动启动仪式举行。回顾湖里区质量建设成果，颁发2022年度质量提升标准化战略奖金，发布“质擎未来”质量强区品牌，启动全区新一轮质量提升行动。

（官丽婕　张潇翎）

知识产权保护

【概况】 2023年，湖里区国内专利授权5099件，其中，发明936件、实用新型2799件、外观设计1364件；专利合作条约（PCT）国际专利申请37件，有效发明专利拥有量5225件。查处侵犯知识产权和制售假冒伪劣商品等违法案件46件，专利假冒行为17起，专利标识标注不规范20起，商标违法行为9起。查处的“厦门山天大蓄知识产权代理有限公司提交虚假地理标志申请材料案”入选福建省商标、地理标志行政执法指导案例。开展惠企活动，累计走访高新企业38家，为企业出具咨询解答及维权策略65份，指导7家企业开展贯标工作。制作“我为知识产权保护发声”人物专访系列短视频7期。

【知识产权培训】 2023年，湖里区市场监督管理局举办知识产权培训12场，其中，线下9场、线上3场，培训学员2420人次。主要培训内容为“高价值专利布局规划及风险防范”“新能源材料行业知识产权促进企业发展战略”等。

【知识产权宣传】 2023年知识产权周期间，湖里区市场监督管理局在五缘湾天虹商场、银泰百货商场开展知识产权公益海报宣传，在高林新城、国投商务中心等地设点摆摊宣传，发放政策法规等宣传手册2132份；制作“我为知识产权保护发声”人物专访系列短视频，采访区市场监管局、区法院、厦门钨业股份有限公司技术研发中心分公司、厦门市江平生物基质技术股份有限公司、知识产权管理公司、律师事务所、科技企业7个领域知识产权专家，每日在视频号、“湖里头条”微信公众号等新媒体平台发布。

（阮腮娟）

综　述

【规模以上工业企业发展】 2023年，湖里区有规模以上工业企业258家，完成规模以上工业增加值457.66亿元，比上年下降4.4%，增加值增速排名全市第五；完成现价工业总产值1791.01亿元，比上年下降11.2%。其中，区属规模以上工业企业131家，完成产值313.16亿元，比上年增长12.5%。计算机、通信和其他电子设备制造业完成产值1289.97亿元，比上年下降17.3%；电气机械和器材制造业完成产值120.32亿元，增长6%；航空航天器修理业完成产值116.1亿元，增长48.6%。产值排在前三位的工业企业为宸美（厦门）光电有限公司、宸鸿科技（厦门）有限公司、戴尔（中国）有限公司。

【工业增资项目】 2023年，湖里区工业增资扩产项目（含火炬园区）总投资80.73亿元，当年完成投资33亿元，比上年增长28%。主要集中在制造业技改投资及电力、水、燃气投资项目，其中，制造业技改项目增资18.9亿元，电力、水、燃气投资项目增资14.1亿元。湖里区受理企业技改备案项目54个，总投资额32.7亿元。其中，备案投资500万元以上的项目36个、备案金额32.5亿元。

2023年湖里区工业投资项目一览表

表12　　　　单位：万元

单位名称	项目名称	项目简介	总投资额
厦门太古发动机服务有限公司	固定资产投资项目	主要的设备投入为试车台改造、采购机床及磨床，土建类投资	25324
贝莱胜电子（厦门）有限公司	电路板加工制造设备及技术改造项目	引进波峰焊，高阶装配生产线，自动检测、表面组装技术（SMT）生产线升级	8941
厦门太古飞机工程有限公司	设备技术改造项目	设备投资	7465
厦门新科宇航科技有限公司	发动机维修能力更新及飞机短舱维修能力改造项目	工装设备、特许权许可投入，维修人员培训	6000
美捷特（厦门）传感器件有限公司	飞机聚合物产品项目	改造4800平方米新增场地，购置150～350吨热压机及水切设备3台，采购模具1000套以上	2161
厦门太古可口可乐饮料有限公司	冰柜投资项目	采购双门冰柜、收银台冰柜、无人冰柜、魔爪冰柜、阅塔机、自动贩卖机、咖啡机等销售设备	4641
厦门太古可口可乐饮料有限公司	企业运营固定资产投资项目	投资生产设备、技改项目、房屋及建筑物设备、电脑、车辆等企业运营固定资产	3870
厦门豪富太古宇航有限公司	厂房搬迁项目	将厦门豪富太古宇航有限公司现有的飞机部件维修车间搬迁至新厂	4600

续表 12

单位名称	项目名称	项目简介	总投资额
松川（厦门）精密电子有限公司	继电器生产车间技术改造项目	导入多条先进自动化生产线，采购继电器综合测试仪、自动上料机、绕线供料机、电动升降平台车、吹灰套壳自动机等设备	4500
同致电子科技（厦门）有限公司	自动泊车和模具生产技术改造项目	购置贴片机、焊接机、自动插件机、集成倒车雷达和摄像头，研发办公室改造	4000
厦门太古起落架维修服务有限公司	起落架维修改扩建项目	新增维修起落架 50 套、超音速喷涂系统 1 套、等离子喷涂设备 1 套、打砂房设备 1 套及热喷涂工艺等	3500
厦门太古起落架维修服务有限公司	厦门太古起落架 2022 技术改造第一期	购置机器设备、办公家具、电脑、工具等约 104 项	2700
厦门金鹭特种合金有限公司	钢基聚晶金刚石刀具产线建设项目	项目主要开展钢基聚晶金刚石刀具产品的结构设计与生产工艺等技术攻关，购置 5 轴加工中心、内外圆磨床及若干配套设备	2198
厦门台和电子有限公司	新型高效电源适配器、充电器生产线改扩建	引进自动化生产线、表面贴装（SMT）贴片机、高周波机、自动（ATE）测试系统、激光打标机等 150 台（套）	2000
厦门市特克模具工业有限公司	宽体引线框架模具生产线技术改造项目	购入 1 台精密坐标磨床、3 台精密电加工机床、检测仪器、磨床、周边配套设备，车间装修	1100
安保（厦门）塑胶工业有限公司	技改扩建项目	购置 1 台吹塑成形机、2 套呼气限压阀自动化设备、1 台紫外线固化机、8 副模具，购置一批自动化生产设备	1600
昕诺飞电子（厦门）有限公司	厦门工厂设备自动化升级改造	设备投资	990
太古部件维修（厦门）有限公司	飞机部件维修固定资产投资项目	购置机器设备、办公家具、电脑、工具等 121 项	632
厦门华润燃气有限公司	建设工程	燃气改扩建工程	30000
厦门市市政建设开发有限公司	高崎再生水厂西片区污水主干管及配套工程等 3 个项目	污水改造及配套工程	45000
各街道	空中缆线整治提升项目及电力进岛第二通道缆线迁改工程项目	空中缆线整治，电网改造与建设，增量配电网建设	130000
厦门火炬高新区招商服务中心有限公司	高新广场	项目建筑面积 13.22 万平方米，用地面积 3.91 万平方米，新建 1 栋厂房 8 万平方米，新建 1 栋宿舍楼 1.05 万平方米，改造原有办公楼 9717.59 平方米，新建地下车库 3.2 万平方米	68000
玉晶光电（厦门）有限公司	远红外光微型导光柱光学元件智能化生产项目	改造升级原有厂房，新增射出机、剪片机、镀膜机、全自动外观检测机、模具等光学精密设备，建设一个远红外光微型导光柱光学元件的设计、生产、制造全流程的智能工厂	30000
玉晶光电（厦门）有限公司	玻塑混合长焦手机镜头智能化生产项目	改造升级原有厂房，新增投资射出机、剪片机、镀膜机、自动组立机、全自动外观检测机、模具等光学精密设备，建设一个面向高端镜头产品的设计、生产、制造全流程的智能工厂	28000
未名生物医药有限公司	未名生物经济孵化器项目	该项目总建筑面积 5.49 万平方米，建设生物经济孵化器和相关配套用房，并在生物经济孵化器中建设试生产车间	42000
厦门火炬高新区	联想大厦（拆除重建）	重建后总建筑面积为 1.43 万平方米，其中计容建筑面积为 13.92 万平方米，地下建筑面积为 3831.7 平方米	28016
火炬高新区	荟智空间二期	建筑面积 3 万平方米，用地面积 6666.3 平方米，一栋七层厂房	16274

续表 12

单位名称	项目名称	项目简介	总投资额
厦门松下电子信息有限公司	2023 年松下 Lumix 数码相机新产品导入与视频定焦功能等升级改造	建筑面积 1800 平方米，用地面积 1800 平方米	7500
厦门柏恩氏电子有限公司	新能源汽车变压器及热敏电阻自动化生产线改造项目	购置测试机、高速测试包装机、激光剥皮机和自动绕脚机等设备，升级改造热敏电阻自动化生产线；新增新能源电动汽车电池管理模组的信号变压器及网络变压器生产线；扩充传感器新生产线及传输位置传感器生产线等	3115
厦门市芯颖显示科技有限公司	微米发光二极管显示器技术（Micro-LED）研发项目	建设约 750 平方米左右无尘实验室，购置微米发光二极管显示器（Micro-LED）研发设备等	6060
厦门建松电器有限公司	车载用产品智能化生产线扩建项目	投入干燥箱、单能机、自动检查设备、整流子熔接机、整流子压入机、纺光机、加工机、组立机等，投资一些设备用于振动纸的部品内制化，并且投资相关设备用于智慧工厂的推进	4060
厦门建松电器有限公司	家用电器智能化生产线扩建	投入 HB-1 菜单贴纸、面板自动照合系统、自动运搬 AGV*1MX-2 组立段简易台板组立线、安全插销自动组立设备、源泉成型部品自动装箱、塑料米双层仓储架 OT 简易台板式组立生产线	1584
厦门富士电气化学有限公司	紧急预警器电池包组装生产线改扩建	建设流水线专区，包含 3 条紧急预警器电池包组装生产线以及其他生产线的改扩建，引进日本设备和日本技术，生产紧急预警器电池包组装生产线规模电池包内容	1600
厦门紫硅半导体科技有限公司	紫硅碳化硅器件与设备的生产车间	建设 1 个万级碳化硅器件与设备生产超净间，包含研发车间、装配车间、调试车间、测试车间；新增半导体参数分析仪、ITC57300 测试主机、半自动晶圆探针台等试验设备	1052
福建端能细胞科技有限责任公司	细胞存储生物制药及基因药物研究基地	建设 2000 平方米细胞存储生物制药及基因药物研究基地，投入高速冷冻离心机等设备，引进高精尖技术人才	1000
科华数据股份有限公司	科华研发中心建设项目	建设研发中心，引进先进研发测试设备以及相关软件系统，持续扩充研发团队，引进一批高水平的专业研发人才	20565
科华数据股份有限公司	科华数字化企业建设项目	开展数字营销、数字研发（产品创新数字孪生）、数字供应链及智能制造（制造数字孪生）、数字财经、统一基础设施平台建设	16123.5
宸美（厦门）光电有限公司	宸美中尺寸触控屏生产线项目	建设中尺寸触控屏生产线，主要购买贴合机、绑定机、检查机等设备	7000
厦门新数创科有限公司	金砖数字工业智谷	项目建筑面积 22.6 万平方米，总用地面积约 5.3 万平方米，包括数字工业研发用房、工业企业中试用房，商业用房，代建体育馆、地下室	182400
厦门圣元绿能氢能源研发中心	实验室及车船氢动力装备总成项目	建设氢能源研发中心实验室及车船氢动力装备总成项目，包含厦门天地智慧交通产业园 14 号厂房及 15 号厂房第 5 层局部	33820
桑若厦门光伏产业有限公司	钙钛矿光伏项目	包含 2000 平方米洁净实验室和 1 条 100 兆瓦中试线，引进首批钙钛矿光伏产品核心制造设备和国际领先研发团队	9900
厦门中航秦岭宇航有限公司	机械车间 IDG 测试台技改项目	设备建设，厂房改造，测试维修设备升级等	2305
松川（厦门）精密电子有限公司	新能源继电器车间技术改造项目	导入多条先进自动化生产线，导入自动上料机、绕线供料机、自动组装机等设备	2000

续表 12

单位名称	项目名称	项目简介	总投资额
欣贺股份有限公司	供应链智能化、生产机器及电子设备更新改造项目	引进供应链各系统串联接口开发、系统集成管理，增加智能化系统、电子设备和软件若干台（套），购进 5G 工业平板电脑若干台，购进烫台机、缩水机及缝纫设备若干台（套）	2000
乔丹（厦门）实业有限公司	服装车间升级改造技改项目	对公司服装生产线进行技术改造升级，主要设备包含喷墨切割一体化、自动印花机、单臂烫台、伺服铺布机、拼缝机、全自动模板机等服装生产线的主要设备和辅助设施以及配套办公、运输设备投入	1000
厦门中航秦岭宇航有限公司	ARJ21、C919 新能力建设项目	厂房改造，购置控制器、蓄电池变流器、工具等，人员培训	658

【惠企政策兑现】 2023 年，湖里区开展惠企政策落实行动，兑现惠企政策奖补资金总计 16927.29 万元，其中，向 592 家次企业兑现工信领域政策扶持资金 9806.97 万元，湖里区承担 5187.59 万元；向 305 家次企业兑现科技领域政策扶持资金 4646.92 万元，湖里区承担 4619.42 万元。

【益企服务创新模式】 2023 年，湖里区工信局开展政策“益企讲”、问题“益企解”、资源“益企来”、产品“益企购”活动。面向辖区重点工信企业、专业园区“量身定制”政策包，逐家上门帮助企业梳理可享受的市、区具体政策条款，理清各项申报、受理流程，帮助企业对各项扶持政策应知尽知、应享尽享。全年到企业、园区举办宣讲 29 场次，服务企业 386 家次。为亿联网络、宸鸿科技等辖区企业协调处理各类问题 170 个。为服装、食品等日常消费品生产企业，开通线上直播，助力产品推广，推动企业产品进入京东工业品、万翔商城等电商平台和辖区大型商超。

【阶段性支持工业企业企稳回升若干措施】 2023 年 10 月 8 日，湖里区工信局出台《湖里区阶段性支持工业企业企稳回升若干措施》（以下简称“措施”），面向辖区规模以上工业企业（含火炬湖里、自贸湖里片区企业）、所有规模以下重点工业企业。“措施”对产值在 1 亿元以上的规模以上工业企业和规模以下重点工业企业，按季度给予企稳回升奖励及电费补助；对产值 2 亿元以上的规模以上工业企业和规模以下重点工业企业给予贷款贴息补助；规模以上工业企业和规模以下重点工业企业销售工业产品给湖里区企业，依据销售金额给予资金补助。

（黄思颖）

主要工业行业

【计算机、通信和其他电子设备制造业】 2023 年，湖里区计算机、通信和其他电子设备制造业完成工业总产值 698.31 亿元，占全区工业总产值 58.3%；全行业拥有资产 588.77 亿元，完成主营业务收入 731.7 亿元，创造利润总额 42.25 亿元，创利税总额 44.86 亿元；年平均用工 2.91 万人，占全部规模以上工业平均用工人数的 35.6%。该行业中，计算机制造企业 8 家，完成工业总产值 434.09 亿元；通信设备制造企业 9 家，完成工业总产值 51.83 亿元；电子器件制造企业 16 家，完成工业总产值 140.8 亿元；电子元件及电子专用材料制造企业 11 家，完成工业总产值 55.28 亿元。该行业拥有规模以上工业企业 48 家，其中，大型企业 7 家，中型企业 10 家；产值上亿元企业 24 家，完成工业总产值 689.33 亿元，占全行业的 98.7%，其中，产值 1 亿至 10 亿元的企业有 15 家，产值 10 亿至 100 亿元的企业有 7 家，产值超百亿元的企业有 2 家。该行业有外商投资及港澳台商投资企业 17 家，完成工业总产值 607.33 亿元，占全行业的 87%。

【电气机械及器材制造业】 2023 年，湖里区电气机械及器材制造业完成工业总产值 127.25 亿元，位居年度分行业产值第二位。该行业拥有资产 159.61 亿元，完成主营业务收入 128.94 亿元，实现利润总额 11.91 亿元，创利税总额 15.19 亿元，年平均用工 0.93 万人。该行业有规模以上工业企业 32 家，其中，输配电及控制设备制造企业 16 家，完成工业产值 91.45 亿元；照明器具制造企业 5 家，完成工业产值 8.97 亿元。该行业有大中型企业 7 家，其中大型企业 4 家；产值上亿元企业 10 家，完成产值

117.92 亿元，占全行业的 92.7%，其中产值超 10 亿元的企业有 4 家。该行业有外商投资及港澳台商投资企业 11 家，完成产值 76 亿元，占全行业的 59.7%。

【金属制品、机械和设备修理业】 2023 年，湖里区金属制品、机械和设备修理业产值位居规模以上工业分行业第三位，完成工业总产值 115.92 亿元。全行业拥有资产 110.78 亿元，完成主营业务收入 115.93 亿元，实现利润总额 12.36 亿元，创利税总额 12.97 亿元，年平均用工 0.56 万人。该行业有规模以上工业企业 9 家，均为航空航天器修理业，其中大中型企业 3 家。该行业产值上 10 亿元的企业有 3 家，外商投资及港澳台商投资企业 7 家。

【通用设备制造业】 2023 年，湖里区通用设备制造业完成工业总产值 66.71 亿元。全行业资产总计 81.74 亿元；完成主营业务收入 65.16 亿元，实现利润总额 9.02 亿元，创利税总额 9.63 亿元，年平均用工 1.33 万人。该行业有规模以上工业企业 20 家，其中大中型企业 3 家。该行业有外商投资及港澳台商投资企业 4 家，完成产值 57.12 亿元，占全行业的 85.6%。

【纺织服装、服饰业】 2023 年，湖里区纺织服装、服饰业拥有规模以上工业企业 18 家。其中，机织服装制造企业 8 家，针织或钩针编织服装制造企业 9 家；从企业规模上看，该行业有大中型企业 4 家。该行业年末固定资产原价 11.79 亿元，全年平均用工 0.84 万人；完成工业总产值 41.08 亿元，实现主营业务收入 25.46 亿元，利润总额 1.45 亿元，创利税总额 3.29 亿元。该行业外商投资及港澳台商投资企业有 4 家，拥有固定资产原价 11.11 亿元，完成工业总产值 35.36 亿元，实现主营业务收入 19.1 亿元，分别占全行业的 94.2%、86.1% 和 75%。

【专用设备制造业】 2023 年，湖里区专用设备制造业完成工业总产值 37.01 亿元。全行业拥有资产 43.09 亿元，完成主营业务收入 40.36 亿元，实现利润总额 3.62 亿元，创利税总额 4.52 亿元，年平均用工 0.33 万人。该行业有规模以上的工业企业 24 家，其中大中型企业 3 家；有产值上亿元企业 4 家，完成产值 29.58 亿元，占全行业的 79.9%。

【仪器仪表制造业】 2023 年，湖里区仪器仪表制造业完成工业总产值 16.8 亿元。该行业全年拥有资产总计 24.12 亿元，完成主营业务收入 16.85 亿元，实现利润总额 2.75 亿元，创利税总额 3.2 亿元。

【农副食品加工业】 2023 年，湖里区农副食品加工业年末资产总计 3.74 亿元，全年完成工业总产值 6.55 亿元，实现主营业务收入 6.36 亿元，实现利润总额 0.34 亿元，创利税总额 0.35 亿元。

【橡胶和塑料制品业】 2023 年，湖里区橡胶和塑料制品业完成工业总产值 11.81 亿元。全行业拥有资产 10.57 亿元，完成主营业务收入 11.89 亿元，实现利润总额 0.38 亿元，创利税总额 0.58 亿元。

【非金属矿物制品业】 2023 年，湖里区非金属矿物制品业完成工业总产值 11.95 亿元。全行业拥有资产 14.06 亿元，完成主营业务收入 11.19 亿元，实现利润总额 0.26 亿元，创利税总额 0.66 亿元。

【皮革、毛皮、羽毛及其制品和制鞋业】 2023 年，湖里区皮革、毛皮、羽毛及其制品和制鞋业完成工业总产值 9.06 亿元。全行业拥有资产 11.22 亿元，完成主营业务收入 10.93 亿元，实现利润总额 0.55 亿元，创利税总额 0.97 亿元。

（区统计局　供稿）

工业园区

【概况】 2023 年，湖里区工业园区管委会负责湖里创新园、厦门两岸集成电路产业园、厦门泉州（安溪）经济合作区湖里园 3 个在管园区的开发建设、管理服务和园区党建等工作。开展“深学争优、敢为争先、实干争效”行动，推动园区经济稳步前行和营商环境改善提升。全年接待省委、市委主要领导和中央组织部、中央统战部、中央社会工作部、全国总工会等单位到园区调研、考察 8 批次。

【园区管理】 2023 年，湖里区工业园区管委会组织走访上市企业、“三高”企业等 350 家，跟踪推动企业反映问题的解决和稳经济各项政策落地见效。对接博宏科技等新增招商资源，梳理、推介新招商空间近 10 万平方米。帮助艾恩姆集团、知本家等重点企业扩大经营，并在园区匹配数千平方米的新发展空间。配合区有关部门加快推进低效用地开发试点工作，协助荣佳生物地块做好开发方案调整及合作洽谈事宜，推动荣佳—百信数字科技产业园项目落地。整合、梳理园区创业大厦招商空间，协调广州新一代计算机、两岸股权交易中心等腾退低效空间，促进嘉庚创新实验室科创产业（湖里）加速器及其关联

2023年9月5日，湖里工业园区管委会举办创新创业就来湖里创新园专场直播推介
（湖里创新驿站　供图）

项目、中国工业互联网研究院“数字工匠”工业互联网人才培养基地等落户园区。湖里创新园新注册企业1356家，注册资本67.3亿元。制定《区工业园区学习贯彻习近平新时代中国特色社会主义思想主题教育实施方案》，召开动员会，举办“凝心聚力担使命　奋楫扬帆勇争先”主题教育宣讲比赛。策划举办“学习二十大　党建益企行”系列主题党日活动。

【园区服务】 2023年，湖里区工业园区管委会联合区企业服务中心，打造政银企对接、惠企直播间等服务品牌。引进第三方专业咨询机构为园区企业提供企业管理、知识产权、财税咨询、园区帮代办、工会职工服务等业务。为辖区自由职业者和初创公司提供免费创业工位及配套办公服务10团组，为园区企业提供会议室等场地、设备免费使用70余家次。举办“2023年春季网络招聘会”，提供1302个岗位，吸引3万人次参与。深化全国首批基层劳动关系公共服务站、省级人才驿站、省级统战工作实践创新基地等各项建设，拓展产业创新、企业服务、人才创业、劳动就业、职工保障、统一战线、社会治理、平安建设等各项工作。

【园区介绍】 2023年，湖里区有在管工业园区3个。

湖里创新园　2023年，有上市企业13家，“双百人才”企业15家，规模以上企业138家，形成以厦门乔丹科技有限公司、三六一度（厦门）工贸有限公司、厦门钨业股份有限公司等为代表的研发结算，以厦门亿联网络技术股份有限公司、哥们网科技有限公司、厦门飞鱼天下信息科技有限公司等为代表的信息技术，以厦门合立道工程设计集团股份有限公司、合诚工程咨询集团股份有限公司为代表的创意设计三大主导产业。建成项目72个、在建项目3个，总建筑面积277.71万平方米。年内，园区主营业务收入658亿元，完成税收13.35亿元，新注册企业1356家，注册资本67.3亿元。

厦门两岸集成电路产业园　园区聚焦集成电路设计及应用、开发服务等产业链关键环节，集中配套建设一批第三方检验检测、研发设计、保税交易、科技成果咨询评估等公共服务平台，培育国家级高新技术企业44家，国家级专精特新“小巨人”企业3家。2023年，新增企业21家，入驻办公企业121家，企业总注册资金8.04亿元，产值约5亿元。

厦门泉州（安溪）经济合作区湖里园　2023年，累计入驻企业25家，其中，17个购地自建项目中10个投产，8个购买厂房项目全部投产。入驻企业主要从事LED显示屏、电线电缆、智能化脚手架、铁艺家居工艺品、包装、食品、医疗用品等行业。年产值5.16亿元，完成税收602.4万元。

（王佳宁）

交通　物流　商贸服务业

公共交通

【轨道交通】 2023年，厦门已开通3条地铁线路，均经过湖里区。厦门轨道交通1号线起于思明区镇海路站，终于集美区岩内站，全长30.3千米，共设24个站点，其中，在辖区境内设置高崎、吕厝等6个站点，选用标准B型空调车辆，6辆编组，最高时速80千米。2号线起于海沧区天竺山森林公园站，终于湖里区五缘湾站，全长41.6千米，共设32个站点，其中，在辖区境内设置五缘湾、吕厝等11个站点，选用标准B型空调车辆，6辆编组，最高时速80千米。3号线起于思明区厦门火车站站，终于翔安区蔡厝站，全长26.4千米，共设站点21个，其中，在辖区内设置五缘湾站、钟宅站等8个站点。

【社区公交】 2023年，湖里区配合鹭城巴士公司新增加密班次40路、431路公交线路2条，调整6路、26路、M36路等29条公交线路。开通314路高峰专线，起于麦德龙，终于石湖山物流园区，沿途设5个站点。新增2条地铁接驳线，M8路起于怡景花园，终于万翔物流园区，沿途设11个站点；M16路起于东渡公交场站，终于邮轮母港公交场站，沿途设16个站点。

【公交线路站点优化】 2023年，湖里区优化公交线路站点，迁移优化站点10个，其中，迁移5个站点，增设5个站点。新建邮轮母港站等10个站点。

（黄思颖）

【翔安大桥建成通车】 2023年1月17日，省市重点工程翔安大桥主桥通车，厦门迈入“五桥两隧”（厦门大桥、杏林大桥、集美大桥、海沧大桥、翔安大桥，翔安隧道、海沧隧道）时代。该桥连接湖里区与翔安区，主线呈东西走向，西起湖里区金尚路，沿枋钟路向东，东接翔安南路，止于翔安大道刘五店互通立交，路线全长12.37千米，设计时速80千米，陆域段双向六车道，海域段双向八车道。翔安区进入厦门本岛最快仅需5分钟。该桥工程主要建设内容为主线、环岛东路互通立交、滨海大道互通立交、翔安西路互通立交，并同步建设平行主线的地面辅道，局部改造刘五店互通和临近道路。其中，主线由厦门岛枋钟路隧道、海域段桥梁及翔安南路高架桥组成。

（资料来源：湖里头条）

2023年4月15日，邮轮母港公交场站启用　　（区工信局　供图）

【邮轮母港公交场站启用】 2023年4月15日，邮轮母港公交场站启用。该场站位于海上世界综合体北侧，面积7411平方米，配备35个公交停车位，29支充电枪及相应站务设施。87路、B3路、M1路、M2路、942路5条线路进驻该公交场站。

（黄思颖）

道路交通管理

【概况】 2023年，湖里交警大队做好全国两会、第二十三届投洽会、金鸡百花电影节等重要活动以及春节、五一节、国庆节等节假日期间道路交通安保工作，累计完成各类警卫保障任务1053趟次。建立健全应急指挥预案，组织开展实战演练10次。推行重大活动、重要节假日“未堵先疏”研判指挥模式和事后复盘分析机制，共制订交通应急预案19份，召开各类交通研判分析会45次。开展道路安全、交通秩序整治等工作，加强道路安全管理。全年受理道路交通事故立案（一般程序）178起，比上年上升10.76%；交通事故死亡11人，比上年下降26.67%，造成直接经济损失27.78万元，比上年下降44.95%。

【交通秩序整治】 2023年，湖里交警大队紧盯辖区交通致祸、致乱问题，开展电动自行车综合治理，查处各类交通违法行为56.8万起，比上年下降5.07%。其中，查处电动自行车违法行为24.8万起，比上年下降14.87%，查扣违法电动自行车4.21万辆，比上年上升4.73%。开展“春季守护”、“夏季攻坚”、“冬季行动”、防控较大及以上道路交通事故攻坚等专项行动，重点查处“两客一危一货”（公路客运、旅游客运、危化品运输车、货运车辆）、两轮车、三轮车、工程作业“三类”车（叉车、机械车、履带车），严查酒驾、醉驾、“三超一疲劳”、“上桥进隧”、违法载人、涉牌涉证等重点违法行为。全年查处饮酒驾驶397起、醉酒驾驶359起，查处摩托车、三轮车违法行为3018起，查扣车辆993辆。查处货车违法行为1.54万起，查处斑马线未礼让行人2.3万起，查处工程作业“三类”车86起，查扣车辆35辆。

【交通运输安全管理】 2023年，湖里交警大队实地走访重点运输企业635家次，约谈相关企业负责人、安全管理人和驾驶人1055人次，下发限期整改通知书867份，发送抄告函645份。加强“两客一危”等七类重点车辆的动态监管，抽查全球定位系统平台车辆管理记录1310余趟次，发现超速1310起。通报逾期未年检、未报废车辆2.61万辆，催检临审和逾期驾驶人3996人次。公路客运车、旅游客运车、危化品运输车、校车、营转非大客车五类重点车辆检验率100%，重型货车检验率95.93%，重型挂车检验率95.68%。

【道路通行条件改善】 2023年，湖里交警大队开展校园周边交通组织改善，推动校园周边道路交通组织优化提升7处，其中，惠灵顿路、佐世保路口及五缘实验学校门口改善周边道路交叉口，优化过街设施，改善学校接送学生高峰期交通拥堵、秩序混乱、疏散困难等问题。机动车和非机动车隔离，行人和非机动车分离、增设隔离设施，减少各类交通冲突点，学校周边交通安全得到保障。该交通微改善方案被列为省级典型案例。在湖里中学周边南山路、华昌路路口，南山路、华嘉路路口，南山路、华泰路路口安装智能红绿灯，在东渡港区6个路口建设交通拥堵管控优化平台，形成交通信号智能化控制中枢。

【停车难题破解】 2023年，湖里交警大队会同区建设局及停车管理

2023年11月22日，湖里交警大队殿前中队开展大货车安全检查

（朱泉宇　摄）

公司，采用小微片区停车一体化优化提升措施，缓解停车难问题，累计推动增设停车泊位 1100 余个。

【道路安全隐患治理】 2023 年，湖里交警大队开展重大事故隐患专项排查整治行动，联合区道安办、区市政园林局、路权单位，开展突出道路交通安全点段、占道施工路段等道路交通隐患排查，共排查整改路面隐患 84 处。针对 10 起亡人事故，严格落实“一案双查”机制，逐起开展路面隐患排查，协调施工单位、路权单位进行现场调研，提出整改意见，推动排查整改道路隐患 4 处。全年建设“月牙形危险提示区”10 处，至年底，湖里区累计建成月牙形危险提示区 21 处。

【交通安全宣传】 2023 年，湖里交警大队开展进企业、进农村、进社区、进学校、进家庭、进机关、进公共场合的“七进”宣教活动 1825 次，向辖区“两客一危一货”等重点驾驶人、客货运企业负责人及安全管理人推送警示案例 175 次，辐射驾驶人 2 万余人。对辖区 51 所中小学、幼儿园家长，“点对点”推送电动自行车安全提示短信 1.8 万条。开展职业驾驶人交通安全专场培训 30 场次，培训学员 1300 余人。

【窗口服务优化】 2023 年，湖里交警大队全面梳理省网上办事大厅系统等窗口服务相关平台的用户及权限信息 8 个，优化窗口服务事项办理规程 5 个，发布办事指引 5 个。全年处理交通违法 9.7 万人次，接受现场咨询 1 万人次、电话咨询 1.4 万人次，落实延时服务约 160 个小时。规范违法处理窗口标志设置、环境布置、功能区划、基本配备等硬件设施建设，开展常态化窗口服务质效自查，发现并整改问题 15 个。

（蔡　蔚　廖彬彬）

小资料

一案双查：发生在辖区的道路交通事故，造成人员死亡、重大财产损失或者恶劣社会影响的道路交通事故，除对道路交通事故责任认定开展调查外，重点对道路交通事故发生的相关联的道路交通安全因素及道路交通安全管理存在问题等开展调查。

物　流

【概况】 2023 年，湖里区有规模以上交通运输、仓储和邮政业企业 188 家，实现营业收入 660.1 亿元，比上年增长 16.6%，占全区重点服务业的 69%；实现增加值 195.17 亿元，比上年增长 13.2%，占全区地区生产总值的 11.3%。修订《湖里促进现代物流业发展实施办法》。

【《湖里促进现代物流业发展实施办法》修订】 2023 年，湖里区修订《湖里促进现代物流业发展实施办法》，在助推企业增产增效、支持企业技术创新改造、发展物流区域总部、供应链创新发展、培育物流品牌方面给予扶持奖励。

【物流行业惠企政策兑现】 2023 年，湖里区开展 2022 年物流政策兑现申报。加大力度扶持行业龙头

2023 年获湖里区财政扶持现代物流企业一览表

表 13

序号	企业名称	序号	企业名称
1	商舟航空物流有限公司	16	厦门海蓝鹏程物流有限公司
2	厦门协畅物流有限公司	17	厦门通运达货运代理有限公司
3	厦门浥传供应链有限公司	18	厦门柏荣物流有限公司
4	厦门象屿易联多式联运有限公司	19	英骅（厦门）物流有限公司
5	厦门物牛人供应链服务有限公司	20	厦门国贸物流有限公司
6	厦门万荣航国际物流有限公司	21	厦门市大涵物流有限公司
7	厦门海鸿翔物流有限公司	22	厦门港务物流保税有限公司
8	厦门洪赞成物流有限公司	23	厦门万翔物流管理有限公司
9	厦门康同供应链管理有限公司	24	上港物流（厦门）有限公司
10	厦门洋航国际物流有限公司	25	厦门国贸泰达物流有限公司
11	厦门佳运兴实业有限公司	26	厦门国贸海运有限公司
12	厦门恩吉国际货运代理有限公司	27	国贸裕民（厦门）海运有限公司
13	港联运通（厦门）物流科技有限公司	28	厦门谷德供应链管理有限公司
14	厦门夏迅物流有限公司	29	厦门汉航物流有限公司
15	厦门联运发物流有限公司	—	—

企业、龙头项目，宣传及协助指导企业申报市、区各项扶持措施，兑现32家次企业2022年度促进现代物流业发展专项资金557.42万元。

【物流企业服务】 2023年，湖里区工信局建立区街联动服务走访物流企业机制，联合区企服办、各街道办等组成“益企服务”小分队，“量身定制”政策包，开展“一对一”企业走访，强化重点企业动态跟踪服务。联合市交通运输局、市物流协会举办市、区物流相关政策宣讲，解读厦门市政府印发的《关于进一步降低物流成本促进现代物流产业高质量发展的若干措施》和湖里区政府办公室印发的《关于促进湖里区现代物流业发展实施办法》，介绍企业评估相关工作。举办“助企纾困，直播带策”直播活动，线上直播物流产业政策，“面对面”为物流企业答疑解难。

（甘嘉庆 陈雪红）

商贸服务业

【概况】 2023年，湖里区出台一季度稳岗增产、大型批发企业高质量发展、汽车企业运营奖励、“首店政策”等政策措施，举办促消费活动，覆盖大型商圈、车企、餐饮、百货超市等重点行业，助推各类商贸企业发展。全年兑现商贸企业财政扶持资金超1.31亿元，惠及企业300余家次。实现批零销售额12498亿元，比上年下降7%，总量全市排名第一，占全市总额的31.6%；实现社会消费品零售总额548.16亿元，比上年增长3.1%，总量及增量位居全市第二；实现餐饮业营业额45.7亿元，比上年增长21.2%。商务居民服务业完成129.99亿元，比上年下降8.7%，其中，人力宝科技有限公司、邦芒企业服务有限公司、邦芒服务外包有限公司3家企业营业收入93.39亿元，占全区总数的71.84%。

【湖里魅力购】 2023年，湖里区继续举办“湖里魅力购”促消费系列活动，投入1880万元，举办促消费活动11场，覆盖大型商圈、车企、餐饮、百货超市、手机家电等重点行业。首次采用政府与商圈按1∶1比例共同投入消费补贴方式，商超百货的零售额达到38.73亿元，比上年增长24.8%；汽车板块投入助购券1070万元，直接拉动汽车企业销售额8.8亿元。餐饮板块投入助购券660万元，实现零售额17.67亿元，比上年增长20.71%。

【打造“一刻钟便民生活圈”】 2023年，湖里区按照《厦门市“一刻钟”便民生活圈建设试点方案》要求，继续开展“一刻钟社区便民生活圈”试点工作，全区共有10个试点社区，其中，根据市商务局公布的厦门市第二批“一刻钟便民生活圈”建设试点名单，湖里区新增金湖、后埔、枋湖南、后浦4个试点社区。江头街道金尚社区、禾山街道五缘湾北社区、金山街道金海社区3个便民生活圈入选福建省“一刻钟便民生活圈”。厦门SM广场商圈入选首批福建省智慧商圈。江头街道园山社区便民生活圈案例被商务部列入《全国城市“一刻钟便民生活圈”典型案例集》。

【进口贸易促进创新示范区建设】 2023年，湖里区制定实施国家进口贸易促进创新示范区发展规划，落地全市首个供应链协会，加快供应链产业发展，扩大矿产品、有色金属、能源、化工等大宗商品进口。深化产业园区建设，打造高端现代专业服务业产业园区；出台政策深化集成电路产业园区建设、发展；壮大跨境电商产业园集群，吸引更多优质跨境电商平台入驻。加大与厦门市现代供应链联合会合作力度，促进供应链服务产业生态集聚，服务保障供应链龙头企业发展。促进汽车、服饰、化妆品等进口产品展销。出台首店政策，支持商业综合体引进国际奢侈品和高端

2023年6月27日，厦门市湖里区与吉木萨尔县泉子街镇举行结对共建签约仪式

（区商务局 供图）

电子产品等首店；联合自贸委出台跨境电商产业发展、航空维修产业扶持政策等，鼓励外贸企业进一步开拓海外市场，扩大进口量。湖里区全年进口总额2640.8亿元，比上年增长8.57%。

【消费帮扶】 2023年，湖里区商务局会同湖里区总工会制定《关于落实2023年东西部消费帮扶实施意见的通知》，促进湖里区社会各界消费购买帮扶地区农特产品。全年机关食堂及工会福利采购宁夏永宁县闽宁镇、西藏左贡县、新疆吉木萨尔县消费帮扶产品，采购金额1654.32万元。其中，采购闽宁镇消费帮扶产品1033.24万元、左贡县300.2万元，吉木萨尔县320.88万元。

【厦门自贸区湖里片区】 2023年，厦门自贸区湖里片区新增注册企业2281家，注册资本121.2亿元。其中，新增外资企业31家，注册资本4.88亿元，合同利用外资3.87亿元。

（钱黎旋）

粮食安全

【概况】 2023年，湖里区制定《中共湖里区委常委会及其委员耕地保护和粮食安全工作职责清单》《湖里区人民政府领导班子及其成员年度耕地保护和粮食安全重点工作职责清单》，成立由区政府分管领导为组长的耕地保护和粮食安全工作专班，区委、区政府与5个街道分别签订《耕地保护和粮食安全责任书》，全面落实耕地保护和粮食安全工作。

【粮食安全管理】 2023年，湖里区发改局在市发改委的统一安排下，每季度安排人员参加对辖区第一粮库、第二粮库的检查，督促企业落实各项管理制度，账、物、卡均相符，未发现过期粮和变质粮，未发生涉粮案件。区发改局联合湖里区市场监管局抽查辖区粮油批发市场2次，重点查看成品粮经营情况，未发现违法违规经营现象。区委书记吴新奎带队调研第二粮库、金山街道耕地保护推进工作。区政府召开常务会，研究制定区政府领导班子及其成员年度耕地保护和粮食安全重点工作职责清单，区长黄颖对耕地保护和粮食安全工作进行再部署。

【粮食安全节粮减损宣传】 2023年，湖里区发改局制作粮食安全宣传微视频，通过微信朋友圈进行宣传。印制“践行大食物观　保障粮食安全”宣传海报，分发到街道、社区、学校、企业、机关食堂等处。开展全区反食品浪费情况调查，完成《2023年湖里区反食品浪费调查监测分析评估报告》。大型综合体、美食商圈组建“商圈反浪费大联盟”、爱心食物银行、企业爱心捐赠点等，举办“厉行节约　反对浪费”百人行活动，开展“反餐饮浪费‘十佳’学校食堂”评选活动，以及“文明用餐”“光盘行动”等各项主题活动，在学校、社区、公共媒体等多个平台开展粮食安全宣传、爱粮节粮、反食品浪费、科学减损等宣传。

（雷庆恩）

城市建设与管理

城市规划

【概况】 2023年，厦门市自然资源和规划局直属分局配合市资源规划局推进《湖里区国土空间分区规划（2021—2035年）》的编制工作。加强前瞻性规划研究，配合相关处室完成湖里市民中心概念方案设计、五缘湾西片区的开发策划。完善片区规划，构建岛内科学发展格局，协同市规划院完成五通三期空间详细规划方案等片区规划的编制。履行控制性详细规划调整职能，全年完成22宗控制性详细规划的局部修正，14宗控制性详细规划的修改入库。

【规划审批】 2023年，厦门市自然资源和规划局直属分局办理涉湖里区各类划拨国有建设用地使用权业务43项、土地出让类业务项目43项。完成成片开发方案报批1批次、面积24.98公顷，转用报批1批次，规划意见函20份，建设项目用地预审和选址意见书10项（含变更），规划条件核定11项。办理涉湖里区建设工程规划许可证80个[含规划许可变更、市政工程建设规划许可证50个（含变更）承诺制项目抽查及更正]。办理湖里区教育类行政审批事项21件，其中，建设工程规划许可证核发15件、变更6件。出具城市既有住宅增设电梯规划技术审查意见函180份、规划条件核实及土地复核验收60项、市政工程竣工规划条件核实意见书8份、农村土地房屋权属登记3项，普查湖里区260宗划拨用地租赁使用情况。

【既有住宅增设电梯及教育类项目审批】 2023年，厦门市自然资源和规划局直属分局落实既有住宅增设电梯惠民政策，改善人居环境。全年办理湖里区老旧住宅加装电梯审批57件。该局牵头组织相关部门，为厦门一中湖里分校、墩上学校等新建及改扩建教育类项目办理规划许可手续。

（李　莉）

城市管理

【概况】 2023年，湖里区城市管理局紧抓主业，紧盯与群众生活、切身利益紧密相关的“难点、困点、堵点”问题，组织开展专题调研29次，形成调研报告7篇，调研现场研究解决问题21个。优化整合市、区两级16个平台资源，打造“数字湖里”公共管理服务平台，在后浦开展“智慧城中村”试点工作，开发城中村管理服务平台，采集人脸信息、车辆信息等。举办“百姓金点子・幸福金钥匙”活动4期。常态化开展市容市貌整治，跨店经营、摊规点整治，户外广告专项整治，共享单车整治。探索形成小区“两违”治理“360”（“3”指属地、部门、物业三方，“6”指凡建必报、广而告之、联合巡防、快查快处、群防群治、理顺机制六个环节，“0”指新增零风险）管控机制。加强城管队伍建设，提高城管执法水平。组建东渡港区综合执法大队，提升改造湖里中队、禾山中队软硬件设施。区城市管理局在全市城管系统比武竞赛中获团体一等奖，在全市城管执法系统案件卷宗评查中排名第一，被评为全省住房和城乡建设系统先进集体。

【市容市貌管理】 2023年，湖里区率先在全市组建流动摊贩信息库988处，打造摊规点2.0模式，规范设置27处摊规点672个摊位，在全市首创规范餐具堆放区域和店铺招租广告，打造12条示范街，施划餐具堆放区域60个。推动适当跨店经营，以枋湖西三路、凤湖

2023 年，SM 商圈摊规点改造提升前后对比图　　（区城管局　供图）

街、永升新城周边等点位为模板，坚持“一点一策”，划定限设区 135 个、宜设区 159 个，涉及店家 9065 家。依托数字湖里事务中心，实现与智信小程序、公安公共视频系统联网运行，在全市率先建成区级共享单车监管平台。设置共享单车禁停区域，对异常散落停放共享单车进行智能监测，通过大数据中心获取共享单车实时数据，在线监管企业日常管理情况并进行评比考核，依据各共享单车的配额重新调整责任片区。开展占道经营、垃圾分类不到位、“门前三包”不落实、违规设置户外广告设施、违规养犬等问题的常态化整治，全年共纠正劝导各类违规行为 50.82 万起，实施行政处罚 2.56 万起。开展电动自行车联合执法 50 次，查处纠正违法行为 18.3 万起，行政处罚 1.5 万起。协助消防部门劝导纠正沿街店面“飞线充电”行为 1.67 万起。

（林　璐　庄英虹）

【环卫保洁】 2023 年，湖里区市政园林局推行道路“网格 + 街长”管理新模式，将辖区划分为 24 个道路网格，形成定路、定人、定责的“三定”管理责任制，实现辖区 24 个道路网格 366 条市政道路卫生管理全覆盖。推动保洁清扫“白 + 黑”新形式，组建专业清洗队伍，结合现代化清洗方式，投入 75 部水车实现“以洗代扫”，采取全天候“人工巡回保洁 + 定时机扫”相结合的模式，对全区主次干道、背街小巷进行全面清洗作业，实现道路清扫“零死角”，区域精细化保洁全覆盖。全年清扫道路 972.28 万平方米（含沙滩保洁），清运垃圾 39.75 万吨。

【垃圾分类】 2023 年，湖里区坚持以垃圾分类准确率为导向，在常态化自查基础上指导第三方机构实行全领域覆盖考评、错峰考评、专项考评、当天通报、现场督查、跟踪问效机制，督促问题整改。在辖区各街道召开垃圾分类考评情况现场交流会 6 场，分析街道考评综合情况。根据住房和城乡建设部、省、市“推动城市社区生活垃圾分类投放收集点（站、屋、亭）升级改造”工作要求，继续整合优化、美化投放点位，规范管理已建成的垃圾箱房，至年底，建成各类垃圾屋（亭）50 座，完成率 100%。以街道为单位下达低价值可回收物收运量指标，每日通报各街道收运量情况，函告完成情况较差的街道，要求街道研究措施，挖掘辖区低值可回收物回收潜力；督促收运责任企业驿鸿公司对接各街道，按需配足收运车辆、优化收运模式。年内，湖里区超额完成市里下达 13 吨 / 日的低价值可回收物收运指标，全年回收低价值可回收物 3885.51 吨。

（李玉玲）

【“两违”综合治理】 2023 年，湖里区城市管理局坚持控新拆旧，落实网格管理、快速处置机制，全年拆除违建 31.85 万平方米，完成年度任务指标的 127.4%。落实网格管理、快速处置机制，组织开展航拍图斑比对 12 次，发现涉嫌新增

2023 年 10 月 13 日，湖里区城管局组织人员拆除双浦路历史违建

（区城管局　供图）

"两违"图斑275宗，全部完成核查整改，核销率100%。在金林湾小区开展"两违"全周期管控试点工作，探索形成"360""两违"管控机制，并在全市推广。开展城中村综合改造，开展空间梳理和"四打通"工作，结合点状征收、拆违、清杂等行动，全年拆除违法建设面积超10万平方米，打通堵点、封点、杂占点9355个，腾退面积17.8万平方米。

【城管服务水平提升】 2023年，湖里区城市管理局受理各类信访举报3.9万件，处置第三方信息采集事件4.92万件，接待群众来访51批61人次，满意率100%。选派51名干部担任企业服务专员对接全区215家企业，办理企业诉求46件。优化临时户外广告审批申请服务，网上依申请受理和办结行政审批服务事项40件。指导SM城市广场、塘边宝龙天地等多个大型商超完成8个户外大型广告招牌审批事项。为共享单车企业协调解决临时免费转运场5000余平方米，累计减免租金100余万元。

【养犬管理】 2023年，湖里区城管局推进"文明养犬、依法养犬"工作，做好流浪犬的捕捉收容，开展养犬执法1157次，走访排查宠物店603家次，纠正不文明养犬行为671起，收容流浪犬482只，查处涉犬案件13起，罚款4700元。印制文明养犬宣传单4200余份，向群众科普文明养犬知识，辖区居民文明养犬意识得到提高。

（林　璐　庄英虹）

【"高质量落实空间梳理和'四打通'"动员部署会】 2023年10月11日，湖里区召开"城中村现代化治理　高质量落实空间梳理和'四打通'"动员部署会。区委书记吴新奎主持会议并讲话，副区长朱校园作具体工作安排。会上，传达学习上级有关调研、会议精神，区委组织部宣布督导协同组、包村监督协调组、包保干部名单和工作任务，区建设局解读空间梳理和"四打通"的标准规范和工作方法，各街道城中村专班和各街道作表态发言。

（王玉松）

市政建设与管理

【概况】 2023年，湖里区市政园林局统筹推进慢行系统建设，建成全长23.6千米的湖里环岛路慢行道。完成6个市政道路项目建设、城中村管网修复等工作。至年底，全区完成408条市政道路维护改造、养护管理、918万平方米主次干道的清扫保洁任务。完成62.1平方千米排污溯源排查，建成正本清源项目8个，覆盖44.8平方千米。完成城中村排水管道修复14.2千米。委托运管单位对70个排放口进行日常巡查，每月2次检测水质。整改杏林大桥下高崎码头排放口，观音山008、009等多处排放口，确保排放口水质达标。

【市政道路及设施建设】 2023年，湖里区策划生成市政道路项目33个，其中完成道路建设项目6个。其中，创业路道路长166.75米，双向两车道，投入资金281.02万元；下忠片区枋湖路东段与钟宅西三路道路工程，枋湖路东段长216.2米，双向四车道，钟智西三路长441.95米，双向四车道，投入资金2511.53万元。

【湖里环岛慢行道建设】 2023年11月4日，湖里环岛慢行道全线贯通，起自半屏山，终至铁路公园西侧出入口，全长23.6千米，途经五缘大桥、翔安大桥、集美大桥、厦门大桥、杏林大桥，串联灯塔公园、五通码头、五缘湾湿地公园、山海步道、时光海岸、"9·8"金钥匙、海堤纪念公园、渔港避风坞、铁路公园等环岛景点，集慢跑、健身、骑行、观光旅游功能于一体。

【城中村管网修复】 2023年，湖

2023年11月4日，湖里环岛慢行道全线贯通　（刘也凡　摄）

里区生成古塘垅社正本清源工程及塘边社等6个城中村雨污排水管道病害修复工程，将寨上社等10个城中村雨污排水管道病害修复就近纳入所在片区正本清源改造工程中实施，总投资8823.14万元。累计完成排水管道修复14.2千米，保障城中村排水管道畅通运行。

【河湖治理】 2023年，湖里区修剪补植五缘湾湿地水生植物景区1.6万平方米；新建湖里公园映仙湖荷花景观区约2800平方米；对埭辽湖进行3次补水，共计补水21.7万立方米。重点完善辖区景观湖水生态景观，提升水质净化能力。湖边水库水质类别三类达标，新丰湖、埭辽湖水质类别目标五类分别达到二类和四类，辖区水环境功能区达标率100%。

（李玉玲）

园林绿化

【概况】 2023年，湖里区完成408条道路绿化任务，完成新建或改造提升园林绿地20公顷，其中，新增12.45公顷，新增或改造公园绿地13.27公顷。建设“口袋公园”5处，面积2公顷。完成5处立体绿化项目、3处绿地改造项目建设。完成义务植树尽责人数77.1万人，完成率102.39%，折算尽责植树任务250.4万株，完成率100.81%。

【公园及绿地建设与管理】 2023年，湖里区完成金尚路厦门海事法院西侧绿地绿化景观提升、建发溢佰西北侧绿地提升、神山教育基地西侧山体景观提升、世贸湖边首府中轴“口袋公园”景观改造、高林安置房一期小区外围退线绿化等工程；新开放石头皮山等2处综合性公园。至年底，湖里区有综合性公园5个、“口袋公园”58个。

【林业生态保护工作】 2023年，根据国家林草局下发的国土三调融合后数据，湖里区林地保有量527公顷，森林覆盖率8.95%，蓄积量2.4万立方米，湿地保有量2996公顷。发布湿地名录，总面积1442公顷。稳步推进森林督查工作，经核查，2022年督查涉及湖里区的2块违法违规图斑均位于双狮山，为地质灾害隐患点治理工程，均完成复绿工作。年内，国家督查涉及湖里区疑似图斑12处，其中，4个图斑涉及查处整改，2个图斑为仙岳山消防通道附属配套设施，由区城管局查处，2个图斑分别涉及仙岳山炸药仓库地块和墩上储备用地，因涉及地类重叠，经请示区政府进行政府裁决，待批复为建设用地后即可销案。下发森林督察图斑7个，未涉及违法违规。

（李玉玲）

建筑业管理

【概况】 2023年，湖里区有建筑企业351家，有建筑从业人员6.3万人，建筑业总产值1003.6亿元，比上年增长10.5%，在全市各区排名第一。前50家重点企业完成产值903.2亿元，比上年增长11.02%，占全区建筑业总产值的90%；301家中小企业完成产值100.4亿元，比上年增长5.6%。辖区企业鲁班源集团有限公司、福建磊鑫（集团）有限公司获国家建筑工程施工总承包特级资质。根据《湖里区促进建筑业发展实施办法》文件规定，兑现69家建筑业企业奖励扶持金2835.12万元。组织开展2023年“安全生产月”和“质量月”活动，举办知识讲座7场、知识（技能）竞赛5场和观摩活动3场，宣传施工质量安全、建筑市场等法律法规政策，推广先进管理经验，提高从业人员整体素质能力。

【建设工程领域审批制度改革】 2023年，湖里区建设局继续推动建设工程领域审批制度改革，全类型服务事项承诺时限压缩92%，行政许可事项承诺时限压缩93%；推行“互联网+政务服务”，全流程事项网办、“一趟不用跑”事项占100%。全年办理各类审批服务事项2450项；优化城市既有住宅增设电梯项目施工许可和竣工备案办理，简化手续环节，将以上2个事项由审批制改为登记制；全面推行安全生产许可证电子证照，取消纸质证照。

【工程质量安全监管】 2023年，湖里区监管工程项目149个，其中，停工、完工待验、预验收以及2023年前延续在建项目55个，新开工项目46个、竣工项目48个，总建筑面积252.15万平方米，造价93.76亿元。年内，区建设局对区管在建工程项目开展“双随机”检查，出动检查人员787人次，检查工程项目150个，发出改正通知149份，按动态记分管理，对违规责任人284人次、记1130.18分，违规责任单位284家次、记1130.18分。

【“小散工程”安全生产管理】 2023年，湖里区建设局建立“小散工程”纳管机制，全市首建“小散工程”日常巡查系统平台，制定纳管实施细则、工作机制及工作职责，落实机构保障、制度保障、经费

2023 年 6 月 13 日，湖里区建设局检查口腔医院建设项目　（区建设局　供图）

保障、执法保障、平台保障五项保障措施，建立区、街道、社区三级监管队伍，推动“小散工程”全纳管。开展专题培训 11 场。截至 12 月 31 日，全区登记审核通过纳管“小散工程”项目 9387 宗，其中，完工 8363 宗、在建 1024 宗，完成日常巡检 28.62 万次，巡查覆盖率 100%，排查出隐患 1423 处，整改 1421 处，隐患整改率 99.9%。

【建筑施工安全检查】 2023 年，湖里区建设局印发《关于印发房屋市政工程安全生产治理专项行动巩固提升实施方案的通知》《湖里区房屋建筑和市政基础设施工程重大事故隐患专项排查整治 2023 行动实施方案》《厦门市湖里区建设局关于开展全区建筑起重机械专项整治行动的通知》等文件，开展各类专项整治隐患排查工作。共监管工程项目 95 个，开展“双随机”检查 150 次，定期召开季度安全生产形势分析会，通报安全生产等工作情况。全年企业自查自纠重大事故隐患 3 个，区建设局检查发现重大隐患 18 个，约谈企业 5 家，行政处罚企业 3 家，21 处隐患全部完成整改。开展建筑起重机械专项整治行动，区建设局全年全覆盖检查建机一体化企业 16 家，共扣企业信用分 3.8 分，检查起重机械 74 台，发现一般性安全隐患 49 条，全部完成整改。开展有限空间作业专项整治，全年对 10 个项目进行 4 轮全覆盖检查，发现隐患 12 处，全部完成整改。组织培训 11 场，举办应急演练 4 场，设置警示标识 88 处。

【建设工程专项整治】 2023 年，湖里区建设局加大在建工地扬尘管控力度，实行辖区内所有在建工地全覆盖监管，全年开展日常扬尘检查 166 次，发出整改通知单 80 份，整改率 100%，约谈处理扬尘管控落实不到位的 4 个项目的责任主体单位。开展建筑废土联合执法集中整治行动 55 次，出动执法人员 990 人次、执法车辆 165 辆次，检查项目 168 个，查处项目 4 个，拦查渣土车 486 辆，查处违规渣土车 243 辆，发出责令整改通知单 20 份，罚款 40.98 万元。落实住房和城乡建设部民用建筑能源资源消耗统计报表制度，全区完成建筑能耗统计 372 栋，建筑面积 938.99 万平方米，其中，统计居住建筑 100 栋、统计中小型公共建筑 120 栋。

【房屋安全整治】 2023 年，湖里区建设局开展房屋安全专项整治，全区共排查房屋 17729 栋，发现存在一般安全隐患经营性自建房 88 栋，销号 86 栋；市级下达一般安全隐患 50 年以上老旧房屋处置任务 40 栋，处置 42 栋，处置率 105%。开展经营性自建房挂牌巡检，对全区所有经营性自建房实行“挂牌”上墙，建立常规月检、专业年检的定期体检制度，挂牌房屋 12522 栋，挂牌率 100%，在全市率先完成全部经营性自建房“挂牌”月度巡检和年度专业巡检。开展既有建筑幕墙安全隐患排查，组织排查 484 栋各类建筑幕墙，其中，存在重大安全隐患问题建筑 10 栋、存在一般安全隐患问题建筑 20 栋、暂无安全隐患问题建筑 454 栋，完成整改存在一般安全隐患问题楼房 4 栋，其余发函督促尽快落实整改。完成 20 栋房屋安全“保险 + 监测”试点项目，试点投保房屋总面积 29693.34 平方米。邀请技术专家组织关于“自建房结构安全隐患排查技术标准（重大安全隐患判定标准）”及“房屋安全信息系统操作”培训 4 场，街道工作人员、社区网格员、技术人员 300 余人参加培训。

【老旧小区改造】 2023 年，湖里区 106 个老旧小区实施改造提升工程，涉及 5 个街道 8 个项目，惠及居民 2.93 万户，改造房屋 809 栋，总建筑面积约 294 万平方米。项目按基础类、完善类、提升类三大类推进实施，重点实施基础类改造，主要改造内容包括建筑物本体公共部位维修以及公共区域无障碍设施、适老化改造、适儿化改造、消防改造、雨污水改造、社区道路、停车系统设施、照明工程、线路规整及室外游乐设施、体育健身等配套设施老化缺失等影响居民生活安全和便利的问题。

（区建设局供稿）

房地产开发管理

【房地产开发】 2023年底，湖里区有在建楼盘26个、在售楼盘26个，房地产销售面积199.16万平方米，比上年增长54.7%。未开盘销售楼盘5个。

【安置房建设】 2023年，湖里区新开工钟宅北苑安置房二期、碧海嘉园、蔡塘安置型商品房3个安置房项目，总投资28.72亿元，总用地面积10.49万平方米，总建筑面积69.05万平方米，总住宅面积46.71万平方米，提供房源4492套。竣工下忠、金林湾三期、北苑一期、乌石浦花园一期4个安置房项目，总投资29.13亿元，总建筑面积68.98万平方米，房源面积45.89万平方米，提供房源5053套。其中，下忠安置房项目于9月竣工备案，钟宅北苑安置房一期项目于11月竣工备案，相比合同工期均提前6个月。

【物业管理】 2023年，湖里区完成物业住宅小区公共收益专项整治工作。辖区303个小区完成自查自纠及实地核查，审计小区303个，发现问题（线索）物业小区113个，发出整改通知书15份，推动48个小区公示公共收益情况；73个小区将公共收益收入从物业服务企业专户转入相关小区业委会或市建设局账户，累计转入小区业委会账户金额857.12万元，转入市建设局账户1032.53万元。

区委组织部、区检察院、湖里公安分局、区审计局、区建设局、区民政局6个部门联合制定《湖里区住宅小区共有资金专项审计工作方案》，全年审计辖区25个重点小区物业及业委会的共有资金，督促相关物业、业委会整改审计发现的问题。

【开出全市物业管理方面首张行政处罚单】 2023年12月，湖里区建设局开出厦门建设部门针对物业违规支配业主所得收益金的首张行政处罚单，此为厦门首例对物业企业在物业管理方面的行政处罚。深圳市开际商业物业管理有限公司厦门湖里分公司作为厦门湖里万达广场B、C、D区的物业公司，从2021年9月1日起未经业主大会决议，擅自将其管理的SOHO公寓B、C、D区底层商铺前的过道等公共区域出租，其行为违反《物业管理条例》第五十四条规定。鉴于以上情况，区建设局对被处罚人作出行政处罚，给予警告，并处14万元罚款，责令其限期整改。

（区建设局供稿）

生态环境保护

环境质量

【概况】 2023年，湖里区地表水环境功能区达标率、近岸海域水质优良比例和声环境功能区达标率实现“三个100%”。湖里区空气质量综合指数2.41，空气质量优良率99.7%。湖边水库水质为三类，新丰湖水质为二类、埭辽湖水质为四类，均达到或优于水环境功能区要求。近岸海域水质2个国控点位水质分别为一类、二类。危险废物和医疗废物安全处置率保持100%。地下水省控点位水质均达标。

【空气质量】 2023年，湖里区空气质量综合指数2.41，与思明区、海沧区并列全市第三，是近五年空气质量最好的年份。六项主要大气污染物中，二氧化氮（NO_2）浓度比上年下降5%，二氧化硫（SO_2）、一氧化碳（CO）与上年持平，臭氧（O_3）、可吸入颗粒物（PM_{10}）、细颗粒物（$PM_{2.5}$）浓度分别比上年上升0.8%、13.3%、14.3%。空气质量指数优的天数为231天，良的天数为129天，轻度污染1天，污染物为臭氧（O_3），空气质量优良率为98.63%，优级率为63.28%。

【声环境质量】 2023年，湖里区昼间、夜间区域声环境质量总体水平等级为三级，道路交通声环境强度等级为一级，符合声环境功能区划。昼间区域声环境平均等效声级为55.4分贝，道路交通声环境平均等效声级为67.6分贝；夜间区域声环境平均等效声级为47.8分贝，道路交通声环境平均等效声级为57.3分贝。全年湖里区昼间声环境年达标率为100%，夜间达标率为91.7%，均达到考核要求。

【土壤环境质量】 2023年，湖里区完成31个地块的土壤污染状况调查报告评审，评审结果显示，土壤环境保持稳定，与上年相比基本持平。动态更新涉重金属全口径清单，实现涉重金属固定源“一张网”监控。

（范晓东）

环境监管

【概况】 2023年，湖里生态环境局加强生态环保监督管理，开展重大事故隐患专项排查整治2023行动，发现一般隐患问题22个、重大隐患问题2个，全部完成整改；开展联合检查7次，检查企业16家次，召开联席会议5次。修订《湖里区突发环境事件应急预案》《湖里生态环境局突发环境事件应急预案》，抽查评估10家环境风险源企业应急预案，完成30家企业应急预案修订、备案；举办辐射突发事件、突发环境事件应急演练。实地走访企业58家次，帮助企业解决环境管理难题。落实企业环境信用评价结果应用，指导企业及时修复环境信用。

【优化政务服务】 2023年，湖里生态环境局优化政务服务，探索整合“一件事”集成服务套餐，区级“最多跑一趟”和“一趟不用跑”事项占100%。配合市生态环境局开展生态环境领域综合改革实践，实现环评审批、排污权确认、排污许可等审批事项深度衔接和融合。在项目策划生成阶段及时提出生态环境准入意见，为项目决策落地提供有力支撑。拓展环评告知承诺范围，对符合条件的建设项目实行审批告知承诺制，即来即办，审批效能得到提升。全年审批建设项目环境影响评价文件11个，发放排污许可证78家次，办理夜（午）间建筑施工作业证明680份，实行建设项目环评、排污许可和排污权交易融合的“一证式”审批项目2个。

2023年7月11日，湖里生态环境局执法人员在厦门太古可口可乐饮料有限公司开展“双随机”执法检查。图为检查该公司雨水总排口（湖里生态环境局　供图）

【环保执法】 2023年，湖里生态环境局统筹衔接排污许可管理，全链条事中、事后监管，配套建设的环保设施与主体工程同时设计、同时施工、同时投产验收。用好包容审慎监管不予处罚事项清单、从轻处罚事项清单、减轻处罚事项清单、免予行政强制事项清单，将辖区48家企业纳入正面清单，轻微违法行为不予处罚3件。全年检查企业317家次，下达行政处罚决定书27件，处罚金55.61万元。严格建设项目事中、事后及排污许可监管，完成生态环境损害赔偿磋商案件2件。

【环保督察整改】 2023年，湖里区全力抓好中央及省环保督察问题整改，召开区委常委会会议4次、专题会议3次，区政府常务会议13次、专题会议8次，推动生态环境问题整改。完成第二轮中央生态环保督察发现的10项问题整改任务，第一、二轮中央生态环保督察和省生态环保例行督察交办的129件信访件均验收销号。在第三轮中央生态环保督察期间，接收有关湖里区信访投诉37件，反映4个方面14个问题，在全省排名第43，为厦门六个区中最少；与第一、二轮相比交办信访件总量和排名实现“双下降”。

（范晓东）

污染防治

【大气污染防治】 2023年，湖里区实施蓝天工程，开展3轮守护蓝天“百日攻坚”专项行动。加强工业污染源整治，开展挥发性有机物（VOCs）企业测管联动24家次，均达标。指导12家简易低效挥发性有机物企业选择源头替代或建设适宜高效治污设施。完成14家加油站、1家储油库安装油气处理装置，完成3次油气回收治理，检测98台非道路移动机械尾气，均达标。湖里生态环境局等六部门联合印发《湖里区整治城市扬尘污染问题　改善城市空气质量工作方案》，召开环境空气质量提升暨整治城市扬尘污染问题、改善城市空气质量工作调度及联席会。各有关单位、街道按照城市扬尘“点题整治”方案分工，从建筑工地、城市道路、工业企业、储备土地、港口码头等5个方面做好扬尘污染防治工作，严格执行工地扬尘污染防治“六个100%”要求。开展联合帮扶21

2023年10月25日，湖里生态环境局、区建设局、区城管局和湖里街道联合检查南山新村后山加固工地扬尘治理情况
（李瑞祥　摄）

次，督促石湖山码头落实扬尘污染防治相关措施，完善扬尘污染防治硬件设施建设，做好巡查检查、视频监控巡查，及时发现问题、解决问题。码头装卸要求湿法作业，净车出港，优化作业时间，根据市、区轻微污染天气应急响应情况，及时通知码头增加洒水降尘作业频次，引导客户错时预约提货，减少燃油车辆进出港区，暂停和减少燃油装卸设备使用，减少尾气排放污染等。将4个项目11家单位纳入不良信用记录名单。

【水污染防治】 2023年，湖里区实施碧水工程，落实建设项目环境影响评价制度和排污许可证制度，强化水污染防治设施运行监管。推进雨污分流和管网建设，提高城市生活污水收集能力，高崎水质净化厂2023年污水处理量3103万吨，尾水排放达到城镇一级A标准。加强湖库水体监管，密切关注湖库水质变化，强化联防联控，加大巡查力度，保障湖库水质稳定。针对湖边水库夏季酸碱度（pH）超标的问题，开展现场调研10余次，向湖边水库管理单位发送预警11次，协调推进以鱼控藻项目实施、库区内水循环试验，适时补水，控制氮磷输入，水质得到改善。第四季度，湖边水库水质转好，水质达到二类，筼筜湖水质达到四类。

【土壤污染防治】 2023年，湖里区实施净土工程，对受污染地块落实“三防三监控”，做好防人体健康暴露风险、防渗漏、防扬洒，以及场内监测、场外监测、视频监控等措施；定期巡查受污染地块，防止地块违规开发利用。完成31个地块土壤污染状况调查报告评审，详查3个受污染地块土壤，1个污染地块完成修复并移出风险管控名录。推进重金属重点污染源整治，整治涉镉等重金属企业6家，形成问题整改清单，要求企业限期整改，提交整改报告。强化固体废弃物规范化管理，危险废物和医疗废物安全处置率100%。加强地下水污染防治，完成三航宿舍地下水监测点位调整。

【海洋污染防治】 2023年，湖里区实施碧海工程，完成62.1平方千米海域溯源排查；建成8个片区正本清源项目，覆盖44.4平方千米；完成5个污水管网建设项目、4个工程总承包（EPC）污水设施改造项目，新建雨污水管网340千米，雨污分流改造216.57千米，完成14.2千米城中村雨污管道病害修复。核实辖区入海排放口底数，全区有入海排放口102个，其中，拆除或封堵14个，设有截流设施30个，无截流设施58个。落实排放口管家制度，开展11轮入海排放口常态化巡查监测，实现入海排放口晴天污水“零排放”。制定《厦门市湖里区2023年海漂垃圾综合治理为民办实事项目实施方案》，投入1868.64万元，强化海漂垃圾治理和沙滩岸线常态化保洁，清理、转运海漂垃圾3476.82吨，海漂垃圾分布密度为96.63平方米/千米，远低于省里要求的300平方米/千米限值。近岸海域水质2个国控点位水质分别为一、二类，优良比例100%。

【噪声污染防治】 2023年，湖里区巩固提升“静夜守护”专项整治行动成果，印发《厦门市湖里区噪声污染专项整治工作方案》，建立“保施工、降投诉”统筹机制。多部门开展夜间噪声联合督导，出动101人次，检查噪声重复投诉点33个；实施《厦门市湖里区创建宁静小区试点工作方案》，开展宁静小区试点创建，由各街道挑选不同居住区类型的小区作为创建试点，6个小区通过市生态环境局验收，被授予“宁静小区”牌匾。

（范晓东）

小资料

工地扬尘污染防治“六个100%”：施工工地100%围挡，散装物料100%覆盖，出入车辆100%冲洗，施工现场路面100%硬化，土石方工序100%湿法作业，建筑废土运输车辆100%密闭运输。

生态环境建设

【概况】 2023年，湖里区加强生态文明建设和生态环境保护，召开区委常委会、区政府常务会等会议11次，研究推进责任考核、整改落实等工作，推动解决生态环保突出问题。探索美丽中国和健康中国融合实践，湖里区成为全省首个入选国家环境健康管理试点的行政区。加强生态保护，举办“万物共生 美好共建”生物多样性公益保护论坛，依托区审计局制定工作方案，推动领导干部切实履行自然资源资产管理和生态环境保护责任。区审计局、区检察院建立协作配合工作机制，打造海洋生物多样性和鸟类公益保护展馆，强化生物多样性保护。辖区森林覆盖率8.95%、蓄积量2.4万立方米，林地保有量527公顷；湿地保有量2996公顷，自然岸线保有率21.75%。海洋生物多样性和鸟类公益保护展馆获评市级新时代文明实践基地。印发《湖里区进一步深化“散乱污”企业整治工作方案》，常态化开展“散乱污”企业摸排整治和“回头看”工作，严防“散乱污”企业死灰复燃，累计开展联合执法19次。

实施22个城中村现代化治理，后浦社城中村成为全市城中村现代化治理现场会参观社区，东荣社区成为全市首个入选全国完整社区建设试点名单的社区。加快全域慢行系统建设，总长23.6千米的湖里环岛慢行道全线贯通，串联灯塔公园、时光海岸等环岛景点9个。新建石头皮山公园，完成“口袋公园”建设5处。

（范晓东）

【生态环境保护】 2023年，湖里区城市管理局成立工作专班，紧盯噪声、扬尘投诉“三张清单”，落实领导包案、现场督办。在湖里“城市大脑”增设“渣土车管控”模块，监管渣土车撒漏；开展高崎渔港片区海鲜场外交易专项整治行动，依法查处违规排放污水事件36起；推动23家区管在建工地安装并联网噪声检测自动监测系统，安装联网率100%。

（区城市管理局供稿）

【生态环保目标责任制考核】 2023年，湖里区坚持“每月强化调度、定期通报问题、紧盯季度考核、谋划激励加分”工作机制，保障辖区生态环境质量，推动市对区及区对街道、主要部门生态环保目标责任考核工作落地见效。湖里区在全市生态环境保护大会上作典型发言，介绍湖里区生态文明建设和生态环境保护工作成效。3月2日，湖里区举行2023年度党政领导生态环保目标责任书签订仪式，区委书记吴新奎、区长黄颖分别与5个街道和7个部门主要领导签订“2023年度党政领导生态环保目标责任书”。根据《湖里区生态文明建设目标评价考核办法》和《湖里区各街道、主要部门2023年度党政领导生态文明建设和生态环境保护目标责任考核细则》，区环委办、区生态办组织对5个街道、7个主要部门开展年度考核，12个单位考核等次均为优秀。

【碳达峰碳中和工作】 2023年，湖里区开展低碳试点示范创建工作，象屿综合保税区建成全国首个零碳综合保税区，获评国家绿色低碳典型案例；盛德东南新能源电动汽车生态园建成全市首个三星级低碳园区，在2023年全国低碳日厦门主场宣传活动上，介绍低碳试点示范创建工作经验成果。落实减污降碳工作，深化可挥发性有机物等工业污染源整治，年内，可挥发性有机物减排近15吨；督促厦门航空、元翔机场完成2023年度碳排放配额清缴履约。

【绿色产业发展】 2023年，湖里区配合开展厦门岛“绿水青山就是金山银山”实践创新基地创建。继续实施生活垃圾分类，新建成垃圾分类屋（亭）50座，打造可复制、可推广、可参观的垃圾分类样板小区6个。推广清洁能源汽车，湖里区淘汰国三及以下老旧营运柴油货车220辆。辖区公交用车基本完成用车电动化。配合策划生成厦门市湖里区东部生态环境治理与产业融合发展项目，入选国家生态环境导向的开发模式项目储备库。厦门科华数据股份有限公司、厦门太古飞机工程有限公司、戴尔（中国）有限公司3家企业获评国家级“绿色”工厂，宸鸿科技（厦门）有限公司、厦门太古可口可乐饮料有限公司等入选省级“绿色”工厂名单。厦门亿联网络技术股份有限公司获评国家级“绿色”供应链管理企业。科华数据股份有限公司等2家企业入选省级“绿色”供应链企业名单。

【环境保护宣传教育】 2023年，湖里生态环境局组织开展“保护水资源　爱护水环境”宣讲活动4场，联合厦门市康乐第二小学拍摄节水宣传片《生命同源·节水同行》，该片获评2023年“节水中国·你我同行”联合行动最佳创意视频。在国际生物多样性日，湖里生态环境局组织辖区街道等单位在虎头山公园等地举办国际生物多样性日主题宣传。组织开展“6·5”环境日主题活动，组织社区居民和社区志愿者等到高崎水质净化厂参观环境保护设施。在厦门自贸区管委会举办绿色低碳高质量发展专题培训，联合禾山街道开展环境保护元素互动游戏。在嘉福花园社区文化广场举行全国低碳日主题宣传活动，为通过验收的厦门火炬高新区信息光电园、五缘湾湿地公园、翔鹭花城一期小区等6个低碳试点授牌。

（范晓东）

教　育

综　述

【学校概况】 2023年，湖里区拥有各级学校195所，其中，公办中小学36所，民办中小学15所，公办（含集体办）幼儿园57所，民办幼儿园87所。学年初招生26804人，在校学生107229人。其中，完全中学1所，学年初招生1244人，在校学生3805人；普通初中4所，学年初招生2642人，在校学生8139人；九年一贯制学校14所，学年初招生7107人，在校学生25711人；小学34所，学年初招生7086人，在校学生39226人；幼儿园144所，学年初招生8681人，在园30338人；特殊教育学校1所，学年初招生44人，在校学生132人。全区有公办中小学幼儿园专任教师5120人，其中，具有研究生学历373人、本科学历3796人、专科学历938人、高中阶段及以下学历13人；民办中小学、幼儿园教师共2314人，其中，具有研究生学历71人、本科学历957人、大专学历1220人、高中及以下学历66人。湖里区财政一般公共预算教育经费支出18.26亿元，比上年增长5.25%。

【教育基础设施建设】 2023年，湖里区完成37所学校暑期修缮改造项目56个。配合推进安兜学校（含幼儿园）、嘉福学校（含幼儿园）2个策划项目调规工作，推进墩上学校、钟宅民族学校等10个在建项目建设进度，建成开办五缘实验幼儿园湾玺分园、新景幼儿园钟宅分园等5所幼儿园。

【民办教育管理】 2023年，湖里区共有民办学校15所，小学8所，共有学生9105人，九年一贯制学校7所，共有学生2924人；有教师1152人，其中，小学913人、初中239人；小学专任教师大专以下学历13人、大专学历318人、本科学历548人、研究生学历34人。初中专任教师大专学历18人、本科学历196人、研究生学历25人。完成区属民办中小学办学绩效和年检评估工作，8所民办学校被评定为优秀学校、3所被评定为良好学校，有2所学校被评定为区级示范性一级民办学校，共发放绩效奖励金741.86万元。春季，火炬学校片内学生609人，拨付补助经费548.1万元；经审核，小学有符合减免“四证”学生11769人、初中有符合减免“四证”学生1312人，民办学校减免学费拨付3107.94万元。秋季，火炬学校片内生有703人，拨付补助经费632.7万元；经审核，小学有符合减免“四证”学生11199人，初中有符合减免“四证”学生1180人，民办学校减免学费拨付3603.7万元。

【“双减”工作】 2023年，湖里区严格落实“双减”政策，强化作业管理，区属51所学校均制定作业管理制度，严格控制作业总量，研发、推广校本作业，创新实施差异化作业、分层作业等。定期组织开展“湖里好作业”等专题研训活动，向学校宣传推广“双减”工作案例，学习优秀工作经验。鼓励学校总结“双减”工作经验，提炼典型做法，向学校征集遴选“双减”典型案例报送上级。湖里区制定《深化整治校外培训机构不规范问题减轻中小学生课外负担工作方案》，41家学科类与非学科类校外培训机构全部纳入全国校外教育培训监管与服务综合平台管理。在全市首创成立培训机构事务科，配置校外培训机构专职责任督学；建立“教育局各科室负责人—局机关干部—专职责任督学”和“区级相关部门—街道—社区”三级校外培训机构双网格督查机制，用好网格化综合治理体系。结合13个专项行动，采取“日查＋夜查”“明察＋

暗访”“联检 + 抽检”等方式，开展校外培训机构巡查，全年出动检查人员 10279 人次，检查各类校外培训机构 5601 家次，查处有违规问题各类培训机构 19 家次，全部督促整改到位；召开全区《校外培训行政处罚暂行办法》专题培训会，区校外培训机构规范发展工作领导小组成员单位、各类校外机构主管部门等单位相关人员及区级校外培训社会监督员、校外培训机构专职督学等 192 人参加培训；开展年度民办非学历教育培训机构年检工作，19 家机构年检均合格；推动新审批非学科类校外培训机构 22 家。

【特色化课后服务】 2023 年 9 月，湖里区教育局联合区发改局制定区属义务教育阶段学校课后服务收费价格。中小学课后服务课程涵盖德、智、体、美、劳等课程 95 门，幼儿园课程包含健康、科学、艺术、语言、棋类等课程 40 门。春季学期开班 801 个班，招收学生 14748 人；秋季学期开班 823 个班，招收学生 16257 人。

【支教帮扶】 2023 年，湖里区与闽宁镇建立结对帮扶关系校园 17 所，各校落实落细结对帮扶协议，开展教育教学交流活动。5 月 31 日至 6 月 3 日，区教育局主要领导率队赴宁夏回族自治区银川市永宁县闽宁镇开展为期 4 天的考察学习。湖里区一行参观闽宁第三幼儿园、闽宁第二小学、闽宁中学、闽宁第一小学、玉海小学、木兰幼儿园等校园，了解闽宁镇的教育发展现状、学校办学理念、管理机制等，慰问支教教师。召开结对教育专题座谈会，湖里与闽宁两地领导交流结对、校园工作开展等事项。9 月 18 日，闽宁镇二中师生到湖里区开展研学活动。湖里区捐款 54 万元，为闽宁镇的结对校园添置办公设备、教学用品、教学玩具、体育器材、舞蹈服、图书等物品。湖里区派出 4 名教师到对口帮扶地区支教，其中，2 名教师到新疆支教，2 名教师到闽宁镇支教。

师资建设

【概况】 2023 年，湖里区开展《中华人民共和国教师法》等法规文件学习宣传，建立教师个人信用记录，完成区属中小学党组织设置调整优化、校领导职数配备等工作。建强配齐书记、校长队伍，提拔中小学、幼儿园校级领导 49 名；交流调整校级领导 44 名。完成新一轮校长职级评定工作，共评定特级校长 1 名、一级校长 9 名、二级校长 10 名、三级校长 14 名。完成区属中小学、幼儿园编制核定下达工作，保障新开办校园、新教师等编制配备。多渠道开展教师公开招聘，新招聘教师 245 人。落实新教师“一年培训考核，三年争当新秀，五年达到骨干”的培养机制，新增正高级教师 5 人、省级学科带头人 2 人、市级专家型教师 4 人、市级学科带头人 23 人，市级学科带头人培养对象 50 人，市级骨干教师培养对象 199 人，区级骨干教师 306 人。

【教师招聘】 2023 年，湖里区完成区属中小学人员控制总数下达、幼儿园编内外教职工人员控制总数核定和幼儿园托儿班保教人员控制数核定等编制工作。根据生源数变化和发展需要对中小学校人员总量实行动态调整，统筹分配各校教职工和岗位数量。全年开展教师公开招聘 4 场，省外重点高校招聘及省内本科师范院校专场招聘高校毕业生 73 人、省内公费师范生 3 人；年内，中小学、幼儿园（职业）学校教师公开招聘 130 人，湖里区骨干教师专场招聘 39 人，办理入职 241 人，4 人因怀孕延迟体检入职。办理 2022 年延迟体检录用 4 人、随军家属 3 人入职手续。

【教师职称评聘】 2023 年，湖里区教育局受理中小学幼儿园全日制普通高等院校毕业生 243 人初级职称确认，完成一级教师职称评审 175 人、二级教师职称评审 44 人、三级教师职称评审 14 人。完成 2023 年教职工薪级工资审批 3484 人次。完成教师细分层级竞聘及聘任工作，完成毕业生转正定级审批及聘任 159 人。完成教师 2023 年度一级教师职称课堂教学测试 185 人。

【继续教育及名师培养】 2023 年，湖里区教师进修学校组织开展教师培训培养活动 60 场，提供 2640 学时的培训课程，培训教师 21790 人次；完成区级考核选拔评审 12 项，参与教师 2533 人次；开展全员岗位练兵活动 3 场，在厦门市第六届教师技能大赛及厦门市班主任专业能力竞赛市级综合现场竞赛中，湖里区教师共有 118 人获市级奖项，其中，获特等奖 1 人、一等奖 20 人、二等奖 34 人、三等奖 63 人；强化骨干名师培养，2023 年培养确认市级骨干名师 76 人，其中，市级专家型教师 4 人、市级学科带头人 18 人、市级骨干教师 54 人，培养确认区级骨干教师 2 批 306 人，选拔培养第五批市级骨干教师培养对象 199 人、湖里区第七批民办中小学骨干教师 120 人。

【教学科研】 2023 年，湖里区启动新三年教育科研规划，下发《湖里区 2023—2025 年教育科研工作规划》，结题验收第八批 156 项课题。立项第九批课题 185 项，其中，立项重点课题 8 项、一般课题 87 项、微型课题 84 项、中学英语单列管理课题 7 项。组织课题主持人培训，指导课题开题报告活动。组织 12 场教育科研成果展示活动。湖里实验小学成为福建省教育科研基地学校。

【校（园）长、书记暑期培训】 2023 年 7 月 1—3 日，湖里区校（园）长、书记暑期培训班在区委党校开班。区教育局领导班子全体成员，公民办中小学校校长、书记，区教师进修学校校长、书记，区公办幼儿园（含集体办、国企办）园长、书记，区民办幼儿园党支部书记、民办联合党支部书记，湖里区中小学校责任督学以及区教育局机关全体在职工作人员参加。主要讲授学习贯彻习近平新时代中国特色社会主义思想、校园党建构建、学校后勤保障管理、师德师风建设、校园舆情处置及校园文化提升等方面内容。

【中学课堂教学改革展示研讨会】 2023 年 12 月 1 日，湖里区中学课堂教学改革展示研讨会在厦门市金尚中学举行。厦门市教育科学研究院副院长傅兴春，基教室副主任陈宗荣，湖里区教育局、教师进修学校相关人员，全区各中学书记、校长、副校长、教务主任、教研主任、各学科教研组长、备课组长、教师代表 400 多人参会。厦门市金尚中学展示全学科课 14 节、微讲座 14 个。金尚中学校长郑贤君作题为《融尚教育　智造未来》的主旨报告。

（卢欣欣）

学前教育

【概况】 2023 年，湖里区新开办公办幼儿园 5 所，新增公办幼儿学位 1440 个。至年底，全区有幼儿园 144 所（含 1 所市属特教幼儿园），其中，公办园 57 所、民办园 87 所，全区在园幼儿 30338 人（含市属特教幼儿 153 人）；有普惠性幼儿园 128 所，普惠性幼儿园在园幼儿 28581 人，普惠率 94.21%；有各级示范性幼儿园 69 所，其中，省级 13 所、市级 12 所、区级 44 所，在园幼儿 20746 人，示范园占幼儿园总数的 68.38%；公办园 52 所，在园幼儿 16377 人，公办率 53.98%。

【新开公办幼儿园】 2023 年，湖里区新开办公办幼儿园 5 所，新增学位 1440 个。

厦门市五缘实验幼儿园湾玺分园　位于湖里区日圆三里 23 号，总占地面积 3216.11 平方米，总建筑面积 3974.5 平方米，办学规模 9 个教学班，提供学位 270 个。该园设有室内外综合运动区、沙水探索区、自然种植区、阅读空间、探秘空间、运动空间、创新空间、创客空间等游戏区域。9 月开园，当年招收 5 个班、116 名幼儿。有教职工 23 名，其中，专任教师 12 名，专科及以上学历率 100%，市专家型教师培养对象 1 名、市学科带头人 1 名、市级骨干教师 1 名、区级骨干教师 1 名、园级骨干教师 2 名。

厦门市新景幼儿园钟宅分园　位于湖里区钟宅二里 42 号，总占地面积 3372 平方米，总建筑面积 4706 平方米，幼儿园整体建筑由教学楼、园林种植区、体能活动区等构成，整体环境突出生态

2023 年湖里区幼儿园基本情况一览表

表 14

项目		合计	公办	民办
园数（所）		144	57	87
班数（个）		1154	584	570
当年离园幼儿（人）		13155	6203	6952
当年入园幼儿（人）		8406	4932	3474
在园幼儿（人）	总人数	30338	16377	13961
	其中，女	13925	7501	6424
	少数民族	1098	737	361
教职工（人）	总人数	4805	1718	3087
	其中，女	4587	1670	2917
	园长	144	27	117
	专任教师	2522	993	1529
	专任女教师	2486	972	1514
	卫生保健人员	165	53	112

2023 年 8 月 26 日，厦门市湖里区东渡幼儿园新港分园揭牌仪式举行

（区教育局 供图）

化、儿童化、教育化、生活化。办园规模 9 个教学班，8 月 31 日开学，当年招收小班 3 个班、中班 1 个班、大班 1 个班，在校学生 110 人。有教职工 21 名，其中专任教师 10 人。

厦门市湖边花园幼儿园花田里分园　位于洪水头东路 150 号，占地面积 2333 平方米、建筑面积 2500 平方米，园内设有霍比特小屋、花园、沙水游戏区、多功能教室。9 月 11 日开园，是厦门市湖边花园幼儿园的分园，办学规模 6 个教学班，提供学位 180 个。教职工 10 人，其中，专任教师 6 人，市级骨干教师 1 人。当年招收 3 个班、51 名幼儿。

厦门市湖里区东渡幼儿园新港分园　位于厦门市双狮西路 80 号。占地面积 3345.99 平方米、建筑面积 4521.32 平方米。办园规模 12 个教学班，提供学位 360 个。园区设有室内外运动区、沙水探索区、自然种植区、多功能厅、美术馆、绘本馆等游戏区域。9 月开园，当年招收 4 个班、95 名幼儿。有教职工 21 名，其中，专任教师 12 名，有市学科带头人培养对象 1 人、市骨干教师 3 人、市骨干教师培养对象 2 人、区教坛新秀 1 人。

厦门市海湾实验幼儿园　位于湖里区银霞里 9 号，占地面积 1333.76 平方米、建筑面积 4500 平方米，园区设有光伏户外科探游戏区、共享阅读吧、创意大厅、游戏室、食育工坊等游戏区域。办学规模 12 个教学班，提供学位 360 个。9 月开园，当年招收 3 个班、63 名幼儿。有教职工 15 名，其中，专任教师 7 名，专科及以上学历 6 名，市学科带头人培养对象 1 名、市级骨干教师 1 名、区级名师工作室领衔人 1 名、区级骨干教师 1 名、园级骨干教师 2 名。

【五缘实验幼儿园申报课题获批教育部重点立项课题】 2023 年 11 月 17 日，厦门市五缘实验幼儿园园长林碧玲主持申报的《循证视域下 3～6 岁幼儿运动能力关键发展指标评价体系的建构研究》，在厦门市五缘实验幼儿园举行开题论证会，获批教育部重点课题。

【幼儿园课程建设专题培训】 2023 年 12 月 7—8 日，湖里区江头片区学前教育发展研究工作室举办幼儿园课程建设专题培训。听取厦门市湖里第二实验幼儿园、厦门市吕岭幼儿园金安里分园、厦门市江浦南里幼儿园和厦门市玉岭实验幼儿园园长阐述办园理念、园本课程架构。西南大学教育学部副教授、教育学博士杨雄以《幼儿教师教育科研选题与成果凝练的“雄”“方”》为题作专题讲座。

（卢欣欣）

义务教育和普通高中教育

【概况】 2023 年，湖里区有义务教育阶段学校 71 所。其中，公办学校 49 所，民办学校 22 所，小学 49 所，初中 22 所（完全中学 1 所、初级中学 4 所、九年一贯制学校 17 所）。推进辖区“义务教育管理标准化学校”建设，厦门市金林湾实验学校等 6 所学校被确认为福建省义务教育管理标准化学校，其中，民办学校 4 所。湖里区被确认

2023 年湖里区小学基本情况一览表

表 15

项目	合计	公办	民办
校数（所）	49	34 （含市属五缘实验学校、五缘第二实验学校、高新学校、特教嘉禾学校）	15

续表 15

项目		合计	公办	民办
班级数（个）		1397	1006 （含市属五缘实验学校 77、五缘第二实验学校 67、高新学校 14、特教嘉禾学校 6）	391
毕业生数（人）		9201	6880 （含市属五缘实验学校 428、五缘第二实验学校 464、特教嘉禾学校 16）	2321
招生数（人）		11716	8770 （含市属五缘实验学校 599、五缘第二实验学校 654、高新学校 275、特教嘉禾学校 20）	2946
毕业班学生数（人）		10151	7616 （含市属五缘实验学校 555、五缘第二实验学校 516、特教嘉禾学校 7）	2535
在校学生数（人）	合计	61542	46189 （含市属五缘实验学校 3642、五缘第二实验学校 3275、高新学校 481、特教嘉禾学校 72）	15353
	女	27597	20870 （含市属五缘实验学校 1625、五缘第二实验学校 1486、高新学校 232、特教嘉禾学校 19）	6727
	少数民族	2308	1758 （含市属五缘实验学校 145、五缘第二实验学校 589、高新学校 18、特教嘉禾学校 3）	550
教职工（人）	合计	2590	1877	713
	专任教师	2337	1757	580

2023 年湖里区普通中学基本情况一览表

表 16

项目		合计	公办	民办
校数（所）	合计	22	15	7
	完全中学	1	1	0
	初级中学	4	4	0
	九年一贯制	17	10 （含市属五缘实验学校、五缘第二实验学校、高新学校、特教嘉禾学校）	7
班级（个）	合计	509	442	67
	初中	511	438 （含市属五缘实验学校 25、五缘第二实验学校 27、高新学校 10、特教嘉禾学校 3）	73
	高中	37	37 （含特教嘉禾学校 3）	0
毕业生数（人）	合计	7618	6819	799
	初中	7121	6322 （含市属五缘实验学校 335、五缘第二实验学校 395、特教嘉禾学校 8）	799
	高中	497	497 （含特教嘉禾学校 6，非普高）	0
招生数（人）	合计	9071	8094	977
	初中	8466	7489 （含市属五缘实验学校 435、五缘第二实验学校 464、高新学校 236、特教嘉禾学校 17）	977
	高中	605	605 （含特教嘉禾学校 8，非普高）	0

续表 16

项目		合计	公办	民办
在校生数（人）	合计	48596	22836	25760
	初中	23998	21074 （含市属五缘实验学校 1187、五缘第二实验学校 1310、高新学校 394，特教嘉禾学校 43）	2924
	高中	1762	1762 （含嘉禾学校 17）	0
毕业班学生数（人）	合计	8119	7191	928
	初中	7584	6656 （含市属五缘实验学校 366、五缘第二实验学校 409、高新学校 0，特教嘉禾学校 12）	928
	高中	535	535 （含特教嘉禾学校 4）	0
教职工数（人）	合计	3001	2232	769
	专任教师	2625	2043	582

为省级基础教育综合改革实验区。新增厦门金安教育集团托管民办国光学校，至年底，6 个教育集团托管 9 所民办学校。区教育局与厦门市 2 所名校签订合作办学协议。

【合作办学】 2023 年 4 月 9 日，湖里区教育局与厦门一中签订托管办学协议书，双方将共建厦门一中湖里分校，引进厦门一中先进办学理念、优质办学资源和成功管理经验，实现学校高起点、高水平办学，共同打造一所优质的九年一贯制学校。截至年底，湖里区先后与五缘实验学校、厦门一中签订合作办学协议，推动与厦门双十中学开展合作办学，开办双十中学湖里分校。

2023 年 4 月 9 日，厦门市湖里区教育局与福建省厦门第一中学合作办学签约仪式举行　（区教育局　供图）

【福建省县域义务教育优质均衡发展省级督导】 2023 年 4 月 10—14 日，省政府教育督导办公室组织督导组对湖里区创建全国义务教育优质均衡发展区开展实地督导评估。省督导组 11 人分成行政管理、师资队伍、资源配置、教育质量 4 个项目组，分别到区委组织部、区委编办、区教育局、区发改局、区财政局等部门以及 26 所中小学（含特教学校）、教师进修学校，对湖里区义务教育优质均衡发展区的创建情况进行核查、诊断、评估和指导。4 月 14 日，湖里区召开创建全国义务教育优质均衡发展区省级督导评估汇报反馈会。区长黄颖汇报湖里区创建全国义务教育优质均衡发展区的做法与成效，省督导组组长、国家特约教育督导员、泉州市政府副总督学徐昌裕代表督导组作省级督导评估综合反馈，国家特约教育督导员、省教育厅专职副总督学黄建顺对湖里区推进义务教育优质均衡发展工作提出希望和要求，区委书记吴新奎作表态发言。

【教育系统家庭教育指导站揭牌】 2023 年 5 月 18 日，湖里区教育系统家庭教育指导站揭牌仪式在金安教育集团金安校区举行。该站位于区未成年人心理健康辅导站，由区

2023 年 5 月 25—27 日，湖里区中小学生田径锦标赛在厦门三中举行。图为 5 月 25 日，男子乙组 1500 米决赛 （区教育局 供图）

教育局牵头成立，区委文明办、区检察院和区妇联联动协作，指导对象主要为几个部门联合开展工作过程中发现的、需要进行家庭教育指导的家庭。区教育局、区委文明办、区检察院、区妇联等相关单位领导以及区属公民办中小学和幼儿园校（园）长等超 150 人参加仪式。区教育局副局长李可可分享区教育局家庭教育工作开展情况。

【区少先队骨干辅导员培训】 2023 年 5 月 24 日，由湖里区教育局、湖里团区委、湖里区少工委联合举办，区教师进修学校、厦门市蔡塘学校承办的 2023 年湖里区少先队骨干辅导员培训在厦门市蔡塘学校开班，53 名辅导员参加培训。培训班成员观摩高殿中心小学、湖里中学、厦门市蔡塘学校的少先队活动课；全国少工委委员、全国少先队名师工作室领衔人邱孝感，全国优秀少先队辅导员、福建省红领巾巡讲员，闽南师范大学教育科学学院副教授张金发，集美大学马克思主义学院原院长肖仕平，《海峡导报》编审为湖里区骨干辅导员授课；湖里实验中学、金林湾实验学校等 7 所学校的大队辅导员分享经验。

【中小学生田径锦标赛】 2023 年 5 月 25—27 日，2023 年湖里区中小学生田径锦标赛在厦门三中举行。比赛由区教育局、区文旅局联合主办。全区有 45 支中小学生代表队 1713 名运动员参加比赛。设置跳远、4×400 米等 14 个田径比赛项目。

【法治夏令营】 2023 年 7 月 3—4 日，湖里区青少年“播撒法治种子，守护青春成长”法治夏令营在厦门市康乐第二小学开营，全区 11 所学校 60 名学生参加。厦门市中医院、高级工程师朱明举办“单纯胸外按压与自动体外除颤仪”讲座；营员参观康乐第二小学的法治教育基地、湖里交警大队指挥中心、湖里华荣消防中心；到区法院听法官授课，旁听 3 场模拟法庭审判；在康乐第二小学举办法律知识竞赛。

【选送节目获市级奖项】 2023 年 5 月 31 日，厦门市第二十五届“鹭岛花朵”少儿文艺会演在厦门广电中心举行。湖里区选送 34 个精品节目，其中，8 个节目获金奖，6 个节目获银奖，20 个节目获铜奖，区教育局获优秀组织奖。

【终身教育活动日暨全民终身学习活动周启动】 2023 年 9 月 23 日，厦门市“9·28”终身教育活动日暨全民终身学习活动周、湖里区全民终身学习月启动仪式在殿前街道万达鹭港启动。市教育局副局长洪军、厦门城市职业学院（厦门开放大学）校长唐宁、湖里区政府副区长蒋晓民、区教育局局长贾新辉出席启动仪式。举行厦门城市职业学院终身教育服务中心揭牌仪式；举办湖里区终身教育成果展和体验区活动，各街道和社区以“让学习成为一种生活方式”为主题，搭设 12 个展区，展出陶艺、木工、船模、闽南童玩等，200 多人参加活动。

【青少年国防教育主题演讲比赛】 2023 年 9 月 27 日，湖里区委宣传部、区国防教育办公室和区教育局在区文旅中心大楼联合举办 2023 年湖里区青少年国防教育主题演讲比赛。区属 41 所中小学的 52 名青少年参赛。比赛分中学组和小学组 2 个组别。评选出小学组一等奖 3 名、二等奖 6 名、三等奖 9 名、优秀奖 19 名；中学组一等奖 1 名、二等奖 2 名、三等奖 3 名、优秀奖 9 名。

（卢欣欣）

中等职业教育和特殊教育

【概况】 2023 年，湖里区有厦门信息学校、中央音乐学院鼓浪屿钢琴学校、厦门市音乐学校 3 所职业

2023 年湖里区中等职业教育和特殊教育学校基本情况一览表

表 17 单位：人

学校	合计			教职工（校本部教职工）						校外教师	外籍教师
	毕业	招生	在校学生	合计	专任教师		行政人员	教辅人员	工勤人员		
					小合计	其中女性					
合计	1613	1690	5227	814	691	492	59	58	4	10	2
一、中等职业学校											
厦门信息学校	1444	1529	4481	279	229	148	31	12	3	4	0
中央音乐学院鼓浪屿钢琴学校	68	58	415	112	89	56	17	6	0	6	2
厦门市音乐学校	77	59	199	346	319	245	11	16	0	0	0
二、特殊教育学校											
嘉禾学校	24	44	132	77	54	43	0	24	1	0	0

说明：表中音乐学校、嘉禾学校在校生数均是职业教育阶段在校学生数，相关条目中数据为义务教育阶段和职业教育阶段在校学生数总数

教育学校和 1 所特殊教育学校（嘉禾学校）。在校学生 5227 人，教职工 814 人，其中，专任教师 691 人。4 所学校占地总面积 16.11 万平方米，其中，职业教育学校占地面积 15.03 万平方米；校舍面积 9.73 万平方米，其中，教学及辅助用房面积 6.41 万平方米。

【职业学校】 厦门信息学校 2023 年，招收新生 1529 人，毕业学生 1444 人，在校学生 4481 人，有教师 279 人，其中，专任教师 229 人。开办信息技术类、交通运输类、加工制造类、土木水利类、财经商贸类等七大类 22 个中职专业、9 个（3+2）五年制大专专业。该校职业教育教学成果《“三融合、三循环、三递进：产教融合培养数媒工匠人才”的育人模式》获国家级教学二等奖。学校工会获“全国教科文卫系统模范职工之家”。学校入选“全国职业院校第二批数字校园试点院校”建设单位、福建省中等职业学校“三全”育人典型学校、厦台职业教育合作交流示范校、厦门市工匠学院、厦门市新时代青少年网络文明建设示范基地、AAAAA 级平安校园。夺得全国职业院校技能大赛中职组“电子商务运营”赛项金牌。新增福建省职业院校名师 2 人、福建省中职专业带头人 2 人、厦门市中职学科带头人 10 人，入选市中职专家型教师 8 人。周兴舜技能工作室入选市级职工技术创新工作室。城市轨道交通运营与维护虚拟仿真实训基地被认定为省级职业教育示范性虚拟仿真实训基地。商业智能国际化产教融合实训基地入选厦门市第二批职业院校产教融合实训基地立项建设项目。教师刘斯获评全国三八红旗手、黄炎培职业教育杰出教师奖，入选中国好人榜。吴德进、叶雪明在第二届厦门市职业技能竞赛获第一名，被授予“市技术能手”称号。

中央音乐学院鼓浪屿钢琴学校 占地面积 4.53 万平方米，总建筑面积 1.90 万平方米，学校配有专业的琴房楼，拥有 120 台钢琴。学校以音乐表演（钢琴）专业为主，同时开设音乐教育专业、数字音乐制作（录音、电子音乐制作、作曲）专业、乐器维修与制作（钢琴调律、提琴制作）专业、音乐表演（弦乐、声乐）专业。年初招生 58 人，在校学生 415 人，有教职工 112 人，其中，专任教师 89 人。教师赵羚君被授予“2022 年度厦门行业（数字）工匠”。学校获评 2022 年厦门市学校综治安全目标管理责任考评优秀单位、AAAAA 级平安校园、2023 年厦门市家庭教育特色学校、厦门市首批中小学心理健康教育达标学校。2023 年，毕业学生 69 人，出国 2 人，在福建省参加高考 52 人，升入本科 46 人，其中，被“双一流”高校录取 17 人。参加国际国内各类比赛，累计有 26 人次获奖。其中，张十端、吴彦均分获第二届德国国际青少年音乐比赛一等奖、二等奖；吕康睿在第 24 届日本大阪国际音乐比赛获钢琴少年组二等奖；李易哲、陈正在恺撒堡国际青少年钢琴大赛上分获三等奖和优秀奖；在全国职业院校技能大赛“声

乐、器乐表演赛项”学生王博、李易哲、吴迪、杜昊洋组成的参赛团队，获一等奖。2人获2023年福建省职业院校技能大赛艺术专业技能（键盘乐器演奏）一等奖。

厦门市音乐学校 音乐专业班文化课实行小班制教学，小学、初中按义务教育课程授课；音乐专业课实行个别化授课，开设键盘、弦乐、管乐、民乐、声乐、打击乐、作曲等30多个专业；中专文化课按普通高中课程授课。2023年，学校有教学班101个，在校学生3301人，有教职工346人，其中，专任教师319人。年内，课题立项13个，在研课题67个，其中，省级课题8个，分别是福建省教学科学“十四五”规划2022年度立项课题4个、2023年立项课题4个；在研市级课题17个，其中，厦门市教育科学“十四五”规划课题12个、厦门市基础教育课程改革课题5个。教师撰写论文84篇。文化科教师获奖超过130人，其中，在第六届中小学教师教学能力竞赛中有19人获奖，其中，1人获一等奖。在学科竞赛类中，70余名学生获奖。

【特殊教育】 厦门市嘉禾学校是区属公办十五年一贯制培智类特殊教育学校，校园占地面积1.08万平方米，建筑总面积1.65万平方米。2023年，学校开设义务教育阶段教学班11个、职业高中班2个，在校学生132人；幼教部（厦门市嘉禾幼儿园）开设6个学前融合教育教学班，在校学生174人，学校有教职工76人，其中，专任教师54人。12月，厦门市嘉禾学校被确认为“福建省特殊教育标准化学校”。在第十四届全国舞龙舞狮锦标赛创意龙狮比赛中，厦门市嘉禾学校融合龙狮队获得一等奖、幼教部幼儿龙狮队获得三等奖，学校获最佳组织奖。在2023年厦门市青少年舞龙舞狮锦标赛中，厦门市嘉禾学校融合舞龙舞狮队获得6个第一名、2个第二名。在福建省第九届残疾人运动会暨第七届特殊奥林匹克运动会中，厦门市嘉禾学校运动员获金牌3枚、银牌4枚、铜牌1枚。在2023年福建省残疾人跳绳比赛中，厦门市嘉禾学校运动员分获个人计数赛（智力组）第三名、第六名。

（卢欣欣）

科学技术

综　述

【科技企业】 2023年，湖里区有国家高新技术企业（以下简称高企）692家，比上年新增71家，全年规模以上工业高新技术增加值占76.8%。新增市级重点实验室4个、省级新型研发机构1家、省级企业技术中心4个。有专精特新企业214家，其中，国家级16家、省级14家、市级184家。新认定3批次共137家辖区企业成为市级创新型中小企业，占全市新认定企业的10.39%。策划金砖数字小镇产业，金砖创新基地总部区揭牌落地、金砖数字工业智谷项目开工建设。对接引进嘉庚实验室共建科创产业（湖里）加速器、桑若钙钛矿光伏研发中试、利晶微新一代Micro-LED（微型发光二极管封装显示）等一批科创项目。湖里区被评为全国创新百强区，厦门两岸集成电路产业园入选2023年度厦门市中小企业特色产业集群名单。

【市级高企备案审核】 2023年，湖里区开展市级高企备案审核工作，全区5家企业通过市级高企备案。落实高企奖励政策，奖励138家高企1730万元。至年底，全区共有237家高企通过认定（含重新认定），5家企业通过市级高企备案。全区共有资格有效的高企692家。

【专精特新企业评选】 2023年，湖里区开展专精特新企业申报工作，至年底，全区通过专精特新企业认定196家，获国家级专精特新"小巨人"企业认定15家，获省级专精特新中小企业认定14家，获市级专精特新中小企业认定185家。

2023年湖里区获评省级以上专精特新中小企业一览表

表18

认定类别	企业名称	认定类别	企业名称
国家级专精特新"小巨人"企业	厦门普为光电科技有限公司	省级专精特新中小企业	福建龙净脱硫脱硝工程有限公司
	厦门汉印电子技术有限公司		厦门市江平生物基质技术股份有限公司
	厦门安科科技有限公司		厦门首能科技有限公司
	厦门熙重电子科技有限公司		厦门厦芝科技工具有限公司
	福建龙净脱硫脱硝工程有限公司		厦门芯一代集成电路有限公司
	厦门市江平生物基质技术股份有限公司		厦门微亚智能科技有限公司
	厦门亿芯源半导体科技有限公司		厦门三优光电股份有限公司
	厦门凌阳华芯科技股份有限公司		中清睿（厦门）环境科技有限公司
	厦门首能科技有限公司		厦门市合佳兴电子有限公司

续表 18

认定类别	企业名称	认定类别	企业名称
国家级专精特新“小巨人”企业	厦门厦芝科技工具有限公司	省级专精特新中小企业	厦门兴联集团有限公司
	厦门芯一代集成电路有限公司		厦门顶尖电子有限公司
	科技谷（厦门）信息技术有限公司		厦门宇电自动化科技有限公司
	厦门微亚智能科技有限公司		厦门捷信达精密科技股份有限公司
	厦门三优光电股份有限公司		睿科集团（厦门）股份有限公司
	厦门加华电力科技有限公司		

2023 年湖里区获评市级专精特新中小企业一览表

表 19

序号	企业名称	序号	企业名称
1	厦门熙重电子科技有限公司	26	厦门市潮汇技术开发有限公司
2	厦门市江平生物基质技术股份有限公司	27	厦门国毅科技有限公司
3	厦门芯一代集成电路有限公司	28	三维码（厦门）网络科技有限公司
4	厦门微亚智能科技有限公司	29	福建先行网络服务有限公司
5	厦门三优光电股份有限公司	30	厦门万基生物科技有限公司
6	中清睿（厦门）环境科技有限公司	31	佰模伝信息科技（厦门）有限公司
7	厦门兴联集团有限公司	32	厦门商集网络科技有限责任公司
8	厦门顶尖电子有限公司	33	厦门飞鱼科技有限公司
9	厦门宇电自动化科技有限公司	34	中联路海集团有限公司
10	厦门捷信达精密科技股份有限公司	35	厦门兆翔智能科技有限公司
11	睿科集团（厦门）股份有限公司	36	爱启（厦门）电气技术有限公司
12	厦门联容电控有限公司	37	厦门市硅兆光电科技有限公司
13	厦门环康环保科技股份有限公司	38	安捷睿（厦门）机器人有限公司
14	厦门柏润氟材料科技有限公司	39	厦门宇昊软件有限公司
15	数岩科技股份有限公司	40	厦门龙净环保节能科技有限公司
16	厦门华电开关有限公司	41	厦门鼎运智能股份有限公司
17	厦门华数电力科技有限公司	42	厦门雷迅科微电子股份有限公司
18	厦门市惟贝特电子有限公司	43	厦门北泰电气有限公司
19	联合环境技术（厦门）有限公司	44	厦门视诚科技有限公司
20	厦门申颖科技股份有限公司	45	海德星科技（厦门）有限公司
21	厦门凌阳华芯科技有限公司	46	厦门日华科技股份有限公司
22	厦门鼎芯科技有限公司	47	福建电子口岸股份有限公司
23	厦门宏驰实业有限公司	48	厦门陆海环保股份有限公司
24	厦门奥普拓自控科技有限公司	49	厦门海合达电子信息股份有限公司
25	厦门东顺涂料有限公司	50	厦门求同信息科技有限公司

续表 19

序号	企业名称	序号	企业名称
51	厦门欧贝传动科技股份有限公司	85	厦门高谱科技有限公司
52	厦门世达膜科技有限公司	86	沁浩膜技术（厦门）有限公司
53	厦门联创达科技有限公司	87	陶朗环保技术（厦门）有限公司
54	厦门科方圆工贸有限公司	88	厦门攸信信息技术有限公司
55	西石（厦门）科技股份有限公司	89	厦门绿信环保科技股份有限公司
56	厦门星界链科技有限公司	90	福建省宇洲环保集团有限公司
57	福建自贸试验区厦门片区 Manteia 数据科技有限公司	91	厦门义兰德机电工程有限公司
58	龙骧鑫睿（厦门）科技有限公司	92	厦门朗纳科工贸有限公司
59	厦门喵宝科技有限公司	93	亿码（厦门）标识科技有限公司
60	厦门仁铭工程顾问有限公司	94	厦门通测电子有限公司
61	厦门深蓝动力科技有限公司	95	厦门博意达科技股份有限公司
62	厦门荆艺科技有限公司	96	雨果跨境（厦门）科技有限公司
63	厦门迅捷诚电子商务有限公司	97	易事软件（厦门）股份有限公司
64	福建亿能电力科技股份有限公司	98	厦门元印信息科技有限公司
65	厦门锋元机器人有限公司	99	厦门优芽教育科技有限公司
66	鲁班艺术集团股份有限公司	100	厦门勇仕网络技术股份有限公司
67	厦门吉信德集团有限公司	101	厦门唯识筋斗云科技有限公司
68	厦门真冈热处理有限公司	102	厦门稷禾网络科技有限公司
69	厦门捷航工程检测技术有限公司	103	厦门触梦网络科技有限公司
70	厦门市国水水务咨询有限公司	104	福建中科云杉信息技术有限公司
71	厦门匠欣自动化设备有限公司	105	白鸽在线（厦门）网络科技有限公司
72	元能科技（厦门）有限公司	106	厦门易法通法务信息管理股份有限公司
73	大洲新燕（厦门）生物科技有限公司	107	厦门砺兵智能科技股份有限公司
74	厦门欧斯拓科技有限公司	108	厦门历思科技服务有限公司
75	厦门牧云数据技术有限公司	109	福建知至文化有限公司
76	厦门顺达安特种设备检测有限公司	110	简极科技有限公司
77	厦门雷迅科微电子有限公司	111	天和国咨控股集团有限公司
78	厦门高沧包装科技股份有限公司	112	厦门市光飞扬通信技术有限公司
79	厦门迈信智农物联科技股份有限公司	113	厦门永伟科技有限公司
80	厦门山田聪达涂料有限公司	114	厦门嵩湖环保股份有限公司
81	宇科塑料（厦门）有限公司	115	厦门国贸数字科技有限公司
82	厦门市鑫创达科技有限公司	116	厦门第二未来科技有限公司
83	厦门三和盛科技有限公司	117	西派克（厦门）科技有限公司
84	厦门麦达智能科技有限公司	118	厦门众项网络科技有限公司

续表 19

序号	企业名称	序号	企业名称
119	厦门市特克模具工业有限公司	153	厦门布鲁众创环境技术有限公司
120	厦门优佰仕电子科技有限公司	154	福达新创通讯科技（厦门）有限公司
121	厦门自贸试验区电子口岸有限公司	155	极客软创（厦门）信息科技有限公司
122	厦门民航凯亚有限公司	156	爱家物联（福建）环保有限公司
123	厦门黑谷网络科技股份有限公司	157	厦门海西医药交易中心有限公司
124	厦门新晟义集成电路有限公司	158	厦门笃正电子技术有限公司
125	福建省一线网络技术有限公司	159	厦门飞博共创网络科技股份有限公司
126	厦门航天信息有限公司	160	厦门海索科技有限公司
127	农大侠（厦门）信息技术有限公司	161	厦门豪天科技有限公司
128	厦门象屿科技有限公司	162	厦门市凌拓通信科技有限公司
129	厦门市乐立润安科技有限公司	163	福建商科电力科技有限公司
130	玻尔量子（厦门）科技有限公司	164	中国建材检验认证集团厦门宏业有限公司
131	厦门和新科技有限公司	165	厦门龙净环保物料科技有限公司
132	厦门优星电子科技有限公司	166	厦门微图软件科技有限公司
133	厦门至隆真空科技有限公司	167	欧瑞德（厦门）实业有限公司
134	厦门控智电子科技有限公司	168	厦门智多晶科技有限公司
135	福建省华航测绘有限公司	169	厦门紫硅半导体科技有限公司
136	厦门乐人电子有限公司	170	厦门麦克玛视电子信息技术有限公司
137	厦门翰林苑建设工程有限公司	171	厦门博海中天信息科技有限公司
138	厦门触网科技有限公司	172	福建京奥通信技术有限公司
139	厦门鱼棠生物科技有限公司	173	厦门四联信息技术有限公司
140	厦门莱弗特科技有限公司	174	厦门游力信息科技有限公司
141	厦门市政城建研究院有限公司	175	厦门立方幻境科技有限公司
142	智恒（厦门）微电子有限公司	176	厦门瞳景物联科技股份有限公司
143	厦门虹泰光学有限公司	177	厦门市巨龙软件工程有限公司
144	厦门天源欧瑞科技有限公司	178	厦门玛塔生态股份有限公司
145	厦门兆慧网络科技有限公司	179	莫莱特线束（厦门）有限公司
146	远盈智慧能源有限公司	180	厦门瑞利特信息科技有限公司
147	厦门正北科技有限公司	181	麦克奥迪实业集团有限公司
148	厦门联发智能科技股份有限公司	182	厦门弘诚绝缘材料有限公司
149	厦门亿加网络科技有限公司	183	厦门兑泰新材料科技有限公司
150	厦门知本家科技有限公司	184	厦门华戎能源科技有限公司
151	厦门晶尊微电子科技有限公司	185	厦门福流生物科技有限公司
152	福建康佳顺工程科技有限公司		

【科技政策兑现】 2023年，湖里区根据《湖里区支持企业培育研发创新能力若干措施》文件规定，兑现科技扶持资金4862.89万元，惠及企业300余家次。鼓励企业开展新工艺、新技术研制及产业化，重点扶持新能源、智能制造、软件信息等领域的科技项目21个，扶持资金800万元；配套支持金龙旅行车、科技谷、亿芯源等企业参与省、国家级重大科技攻关项目3项，支持资金85.87万元；支持创新载体平台项目6项，配套资金176万元；扶持创新推广及科技奖励项目3项，配套资金30万元；给予企业自主研发费用补助65家，补助资金1200.35万元；给予企业科技贷款贴息贴保39家，配套资金238.51万元；发放国家级高企奖励138家，奖励资金1730万元；给予"双百"人才补贴30家，补贴资金602.16万元。

【科创服务】 2023年，湖里区举办研发创新16条等政策解读活动18场，分析拟申报"双百"人才企业的优势、短板，开展针对性辅导。在"湖里头条"微信公众号开设《解码湖里高"研"值》专栏，宣传推介艾恩姆厦门科技有限公司、厦门知本家科技有限公司、厦门核顺能源有限公司、科技谷（厦门）信息技术有限公司等10家科技型企业。

【创新平台载体】 2023年，湖里区共建设省、市级重点实验室21家，其中，省级6家、市级15家；有省、市级工程技术研究中心14家，其中，省级3家、市级11家；有国家、省、市级企业技术中心29家，其中，国家级1家、省级14家、市级14家；有国家、省、市级科技企业孵化器10家，其中，国家级4家、省级1家、市级5家；有5个省级新型研发机构。

【国家数字建造技术创新中心智能感知与工程物联网（厦门）实验室揭牌】 2023年12月29日，华中科大国家数字建造技术创新中心智能感知与工程物联网（厦门）实验室在湖里街道和通社区自贸湖里平台经济产业园揭牌。该实验室依托中国工程院院士丁烈云领衔的武汉国家数字建造技术创新中心，开展工程质量云（深基坑质量安全智能监控）平台、城市信息模型（CIM）智慧平台、医养结合大数据管理平台等研发，推动智能建造技术转化及推广应用。

（区工信局供稿）

科技活动

【概况】 2023年，湖里区开展科技活动周、第五届人民网内容科技创业大赛决赛、高企培训等科技活动，搭建科技交流平台。在两岸集成电路产业园、湖里创新园等科技企业聚集地举办高企认定解读、"双百"人才政策宣讲等活动，扩大政策知晓度。

【高企认定政策宣讲】 2023年，湖里区召开高企认定政策专题培训会2场，拟申报或重新认定国家级高企的80家企业参会。召开高企认定政策专题线上直播宣讲会1场，市科技局、市高企认定办等相关单位授课，吸引8400人次观看，宣讲会主要宣讲国家级高企认定、市级高企备案政策，解读国家级高新技术企业可享受的优惠政策、认定条件、申报要点及市级高企备案条件等。

【人民网内容科技创业大赛颁奖暨科创产业投资环境推介会】 2023年3月31日，第五届人民网科技创业大赛颁奖典礼暨湖里区科创产业投资环境推介会在艾美酒店举行，200余人出席活动。中国科学院院士、国际核能院院士吴宜灿作主旨发言。大会为第五届人民网内容科技创业大赛获奖的15家企业颁发证书和奖杯。

在科创产业投资环境推介会上，举行首批湖里区引育科创产业重点服务机构授牌仪式，区委书记吴新奎、区长黄颖、区人大常委会

2023年5月24日，湖里区召开国家级高新技术企业认定政策宣讲会

（区工信局　供图）

主任吕参军、区政协主席王秀珠为11个产业的16家重点服务机构授牌。副区长周小刚介绍湖里区科创产业投资环境情况。湖里区政府与人民创投与中国中小企业协会专精特新创新生态专业委员会举行促进专精特新企业高质量发展战略合作签约仪式，湖里区与奥佳华等18个落地湖里区产业项目签约。多家知名投资机构和企业就“如何抢抓科创产业发展新机遇”主题开展圆桌对话。

【2023年科技宣传周活动】 2023年5月20—31日，湖里区举办以“热爱科学·崇尚科学”为主题的科技宣传周活动，东荣、兴隆、金湖、吕厝、禾美5家社区共举办活动5场，810人参与。其中，东荣社区组织东渡小学学生近距离接触机器人；兴隆社区组织学生参加水下科学救生培训；金湖社区组织30对亲子家庭制作大黄蜂橡筋动力飞机；吕厝社区举办“太空梦想家”石膏彩绘DIY科普活动。天安小学、东渡小学共80人参与科学实践活动，招募科技志愿者15人，开放科普活动室5家，发放各类宣传资料550余册，参与媒体报道5次。

【2023年湖里区青年创新创业大赛】 2023年5月26日，湖里区工信局联合区委人才办、湖里团区委、区人社局，在湖里区文旅中心三楼路演厅共同举办2023年湖里区青年创新创业大赛。大赛共收到集美大学、上海外国语大学、福建农林大学等36所院校151个参赛项目，其中，2个组别（创意组、企业组）19个参赛项目进入决赛，涉及互联网、智能制造、生物医药、农创经济、先进装备制造、新材料等多个领域。比赛评出创意组一等奖1个、二等奖2个、三等奖3个、优秀奖4个，企业组一等奖1个、二等奖2个、三等奖3个、优秀奖3个。

【科技企业研发费用加计扣除政策专题培训】 2023年12月8日，湖里区工信局在区信访大楼举办2023年湖里区科技企业研发费用加计扣除政策专题培训，辖区90家企业相关负责人参加培训。专家为企业解读研发费用加计扣除的申报内容、实务操作和疑难问题等，区工信局为企业讲解区级研发费用补助政策。

（杨鹭 邱莺 张君武 邵欣欣）

科技项目与成果

【概况】 2023年，湖里区贯彻落实《湖里区支持企业培育研发创新能力的若干措施》，加大科技资金扶持力度。组织专家对科技项目进行前期评审，经区政府专题会议研究通过后，全区扶持立项企业科技项目21项，扶持资金800万元，辖区企业参与省、国家级重大科技攻关项目3项，创新载体平台项目6项，创新推广及科技奖励项目3项，兑现奖励扶持资金共1091.87万元。

2023年湖里区扶持立项企业科技项目一览表

表20 单位：万元

项目名称	主要承担单位	项目实施期	项目规模和预期效益			扶持资金
			总投入	产值	纳税	
车载氢燃料电池安全集成关键技术研究及产业化	厦门金龙旅行车有限公司	2023年1月至2024年12月	1150	68000	680	130
大电流快速导热的新能源继电器的产业化	松川（厦门）精密电子有限公司	2023年1月至2024年12月	490	20090	253.15	50
机器人柔性焊接工作站的产业化	厦门锋元机器人有限公司	2023年1月至2025年6月	600	32600	550	110
可持续性生物基环保尼龙镜片研发及产业化	厦门虹泰光学有限公司	2023年1月至2024年12月	500	8500	250	50
高强韧、高塑性特种工业铝型材的产业化	东南铝业有限公司	2023年1月至2024年12月	280	7200	251.71	50
智能机器视觉检测系统研发及产业化	厦门肯恩士智能科技有限公司	2023年1月至2024年12月	300	5000	160	30

续表 20

项目名称	主要承担单位	项目实施期	项目规模和预期效益			扶持资金
			总投入	产值	纳税	
基于 AI 视觉的港口起重机智能化系统的产业化	福建电子口岸股份有限公司	2023 年 1 月至 2024 年 12 月	378	4000	525	30
高效水体生态净化系统	厦门市国水水务咨询有限公司	2023 年 1 月至 2024 年 12 月	300	3600	160	30
通用型智慧照明控制系统研发及产业化	厦门联发智能科技股份有限公司	2023 年 1 月至 2024 年 12 月	201.85	1510	93.2	30
轻型智能建造集成作业平台研发	厦门安科科技有限公司	2023 年 1 月至 2024 年 12 月	860	385.32	31.59	30
金属氢化物固态储氢系统	厦门圣元绿色能源有限公司	2023 年 1 月至 2025 年 6 月	104.96	305.77	24.50	30
高度自动化生产纸罐	福建天汇实业股份有限公司	2023 年 1 月至 2024 年 12 月	460	8600	100	20
基于 BIM 技术的建筑工程优化设计及应用研究	厦门东翔工程设计有限公司	2023 年 1 月至 2024 年 12 月	400	2700	45	20
高效一体化污水处理设备	厦门绿动力环境治理工程有限公司	2023 年 1 月至 2025 年 6 月	400	1500	25	20
AI 智能环卫全周期质控平台的构建与应用	爱家物联（福建）环保有限公司	2023 年 1 月至 2024 年 12 月	750	1000	43.95	20
汽车发动机活塞环热处理工艺的中试	厦门真冈热处理有限公司	2023 年 1 月至 2024 年 12 月	120	210	30	20
大面积高效全无机钙钛矿光伏模组研发	桑若（厦门）光伏产业有限公司	2023 年 3 月至 2025 年 2 月	4800	3000	1.5	30
高稳定性钕铁硼磁铁制造技术研发	厦门优星电子科技有限公司	2023 年 1 月至 2024 年 12 月	200	3500	50	30
碳卫星研制项目	厦门智碳卫星监控科技有限公司	2023 年 1 月至 2024 年 12 月	9200	100	5	30
抗菌抗藻防霉仿石漆研发项目	厦门东顺涂料有限公司	2023 年 1 月至 2025 年 3 月	260	460	32	20
基于云端大数据分析的城市效能大脑一体化平台	易事软件（厦门）股份有限公司	2023 年 1 月至 2024 年 12 月	100	300	20	20

2023 年湖里区扶持企业参与上级重大项目攻关一览表

表 21

单位：万元

项目名称	级别	主要完成单位	扶持资金
物联网全场景智慧社区综合服务与应用示范	国家级	科技谷（厦门）信息技术有限公司	20.87
智能纯电动城市商用车线控底盘集成优化控制技术及产业化应用	省级	厦门金龙旅行车有限公司	10
海空天一体化天基海洋信息获取关键技术研发与应用	省级	厦门亿芯源半导体科技有限公司	55

2023 年湖里区扶持创新载体平台项目一览表

表 22　　单位：万元

运营主体	级别	扶持资金
厦门青瓦投资管理有限公司	国家级科技孵化器	10
厦门科湖集成电路发展有限公司	国家级科技孵化器	10
福建巨铸集团有限公司	省级企业技术中心	50
厦门安科科技有限公司	省级企业技术中心	50
同致电子科技（厦门）有限公司	省级企业技术中心	20
厦门市江平生物基质技术股份有限公司	市级重点实验室	36

【科技项目获奖】 2023 年，湖里区有 3 个项目获省市科学技术进步奖，共获奖金 30 万元。其中，福建水产研究所完成的“海洋经济贝类高值化加工关键技术及产业化”项目获评省级三等奖，获奖金 5 万元；由厦门金鹭特种金有限公司为主要完成单位的“重型燃气轮机高温端用复杂结构部件加工制造技术的开发”项目获评市级一等奖，获奖金 15 万元；厦门金龙旅行车有限公司完成的“智能网联电动汽车底盘一体化集成及协同控制技术及产业化”项目获评市级二等奖，获奖金 10 万元。

（邵欣欣）

软件信息业

【概况】 2023 年，湖里区新增规模以上软件信息业企业 19 家，实现营业收入 90.5 亿元，比上年增长 1500%。至年底，有规模以上软件和信息技术服务业企业 50 家，实现营业收入 128.5 亿元，比上年增长 135.9%，占全市总营业收入的 17%，增速位居全市第一。其中，新纳入库企业厦门雨果网信息服务有限公司成为最大增长点，累计增量达 83.2 亿元。70% 以上新纳统企业实现正增长。

【软件信息业企业扶持政策兑现】 2023 年，湖里区累计向软件和信息技术服务业企业拨付上规奖励、租金补助、企业团队奖励、营收增长奖励等资金约 1000 万元，惠及企业 75 家次。其中，发放 25 家规模以上企业奖励 290 万元，为 7 家企业兑现租金补助 254 万元，向 7 家企业发放企业团队奖励 120 万元，向 34 家企业发放营业收入增长奖励 290 万元。

【软件信息业企业座谈会】 2023 年 4 月 18 日，湖里区工信局联合区委人才办、江头街道办、江头市场监督管理所、江头税务所等单位在江头街道党群服务中心召开软件信息业企业座谈会，区工信局、区人才办、区消费者权益保护委员会、江头街道税务所、雷霆网络、勇仕网络、新游网络、淘金互动、飞鱼科技等辖区重点软件企业参加座谈。座谈会为企业提供人才政策解读、税收优惠政策解读、消费纠纷处置指导等益企服务。

【研发平台认定专题培训会】 2023 年 11 月 29 日，由湖里区工信局主办、厦门市科技服务行业协会承办的湖里区研发平台认定专题培训会举办，40 家企业相关负责人参加培训。主要介绍研发平台的政策、政策申报、策划事项，解读申报内容、申报条件以及申报流程等方面内容。

（庄梓亮）

公共文化服务

【概况】 2023年，湖里区文化馆、区图书馆实行错时延时开放，指导5个街道文化站、55个社区综合文化服务中心加强建设与管理，推动小区书屋建设、共享职工书屋建设，新建16家图书流通点，为基层点调配图书3.9万册，打造"15分钟公共文化服务圈"。区文化馆组织古典舞、现代舞、瑜伽、声乐、书法、泥条盘筑等公益培训课程19项，培训学员1292人。承接首届湖里区"祥"文化主题漫画展、赵建军摄影艺术作品展、厦门市湖里区书法作品展等展览15场。湖里区图书馆全年免费开放，每周开放时长72小时，提供书刊借阅、数字图书馆服务，举办公益培训、讲座展览、亲子阅读等活动172场。根据《湖里区文化馆图书馆总分馆制建设实施方案》，推动文化馆图书馆总分馆制建设，建有街道分馆5个、社区分馆2个，"三嘉"悦读体验馆5个以及社区、企事业单位、社会组织内部借阅等图书流动点81个，创新推进建设小区书屋9个。

【文化场馆错时延时开放】 2023年，湖里区文化馆落实错时延时开放措施，每日开放时间为8:30—21:00，周末和节假日均正常开放，每周开放时长87.5小时；湖里区图书馆实行错时延时服务，实行全面免费开放，基本服务项目健全，每日开放时间9:00—20:30，周末和法定节假日均对外开放，每周开放时长72小时（周五下午闭馆）。

【读者服务】 2023年，湖里区图书馆新增图书4万册，至年底，有馆藏文献75万册，全年接待读者62万人次，借阅图书76万册次，开展各类读者活动172场次，参加读者6.3万人次。办理新增读者证1883本。其中，举办公益培训43场次，培训学员1451人次，举办公益讲座15场次，489人次参与，举办以"我们的节日""绘本缤纷月"等为主题的亲子阅读活动17场次，775人次参与，举办"世界读书日"书香露营、湖童小主播选拔大赛、"你选书我买单"、"阅美时光"成人阅读、全民阅读推广走进社区等活动97场次。

【小区书屋建设】 2023年，湖里区图书馆提出建设小区书屋的理念和创想，先后建成禾山街道禾山社区新景龙郡小区、殿前街道兴园社区加州花园小区、金山街道金湖社区湖边御景小区等小区书屋9家，图书馆为每个小区书屋配置图书约5000册。

【湖里创新驿站共享职工书屋建设】 2023年，湖里区总工会联合湖里区图书馆建成湖里创新驿站共享职工书屋，书屋面积近100平方米，馆藏图书约2000册，职工书屋与全市公共图书馆实现借书证一证通用，图书通借通还。9月底，创新驿站共享职工书屋面向湖里区职工、群众开放。

（林雯旸　陆晓春）

【文化惠民】 2023年6—10月，湖里区开展"文化进万家走进新时代文明实践所（站）"文化惠民活动，湖里区诵读协会、作家协会、美术家协会等九大艺术协会近百位文艺工作者，为群众提供13个大类2122堂公益文化培训课程，惠及5万余人。

（蔡欣宜）

【厦门经济特区纪念馆】 2008年12月，厦门经济特区纪念馆（以下简称"特区馆"）对外开放，是厦门市博物馆分馆，位于特区发祥地湖里区，占地面积6400平方米，建筑面积6500平方米，由原厦门经济特区管委会综合办公楼（后为湖里区政府办公楼）改建而成。特区馆先后被确定为“全国关心下一代党史国史教育基地”“习近平新时代中国特色社会主义思想实践示范基地”“福建省社会科学普及基地”“铸牢中华民族共同体意识教育实践基地”“厦门市爱国主义教育基地”“福建省党史教育基地”“厦门市社会科学普及教育基地”“厦门党员教育实训基地”“中共厦门市委党校教学基地”“厦门市中小学生社会实践基地”。为庆祝厦门经济特区建设40周年、中国共产党成立100周年，该馆举办厦门经济特区建设历史陈列常设展览。该展览由中共厦门市委、厦门市政府主办，市委宣传部、市文化和旅游局、市博物馆承办，展线745米，展墙面积2000平方米，共展出图片627张、展品363组、多媒体展项33组、配套视频41条。展览共分为三部分、20个单元、67个展组。第一部分“敢向潮头立”（1978—1992年），包含8个单元，简述创办特区前的厦门，重点展示厦门经济特区初创阶段的一系列敢闯敢试、敢为人先的突破和创新。第二部分“勇闯新天地”（1992—2012年），包含3个单元，重点展示厦门经济特区增创新优势，科学发展的壮阔历程。第三部分“扬帆新时代”（2012—2023年），包含9个单元，展示厦门经济特区贯彻落实习近平新时代中国特色社会主义思想，建设高素质、高颜值，现代化、国际化城市的辉煌成就。2023年，特区馆免费接待观众15.81万人次，其中，未成年人8302人次；接待机关、企事业单位、学校等社会团体共1244场次，举办社教活动32场次。

（谢典均）

文化活动

【概况】 2023年，湖里区文化馆联动基层开展全区性文化活动584场，其中，公益文艺演出25场、培训540场、比赛4场、展览15场。各街道、社区举办各类基层文体活动839场次，其中，湖里街道126场次、殿前街道164场次、江头街道102场次、禾山街道352场次、金山街道95场次。

【第18届厦门元宵民俗文化节】 2023年2月4—5日，第18届厦门元宵民俗文化节在海上世界滨海步道举行。湖里区在元宵文创市集设置漆宝斋漆艺、侨派砖雕等60余个非物质文化遗产（以下简称“非遗”）和民俗文化摊位；组织开展传统投壶、掷铜钱、高尔夫体验等“传统＋新潮＋元宵大礼”游园项目；举办元宵搓汤圆比赛、福龙造型手工制作、“潮汐之约，遇见时尚”、随机舞蹈、国潮汉服、国潮民乐音乐汇、海音乐队路演等快闪活动。湖里区7所“非遗”特色基地校向市民游客展示“非遗”进校园成果。湖里区5个街道以及联发文创口岸、航空古地石广场、仙岳书院、惠和石文化园、凌云玉石博物馆等文创园区和商圈策划多场元宵喜乐会活动。活动期间，商圈客流超过25万人次，其中，航空古地石广场消费额累计超百万元，华美空间文创园较日常营业额提升约30%，带动园区及周边的消费热潮。福建省连城县带来国家级“非遗”武艺“龙行天下”，省级“非遗”舞青狮、连城拳、板凳龙、赣剧“茶灯乐”等节目；在“价值连城”展区，展出连城白鹜鸭药膳、四堡银器璧洲灯笼；在“诗画浦城”展区，听古琴，品浮盖山包酒，赏大口窑白瓷、体验剪纸嫂剪纸。

【第十五届社区文化艺术节】 2023年4月27日至12月23日，湖里区举办第十五届社区文化艺术节。本届社区文化艺术节以“先锋湖里——我的社区我的家”为主题。4月27日，在万达鹭港举办开幕式。12月23日，在厦门市华师希平双语学校举办闭幕式文艺晚会。艺术节期间，举办母亲节风尚大秀，优秀社区艺术团风采展演，“祥”文化主题漫画展，美术、书法、摄影展，戏曲展演等文化活动。

母亲节风尚大秀　5月15日，在五缘湾红十字广场沙滩栈桥平台举办“美在湖里”母亲节风尚大秀，禾山社区艺术团与厦门地区其他优秀基层文艺队伍表演时装秀。

优秀社区艺术团风采展演　5月26日至10月29日，举办“温馨湖里”优秀社区艺术团风采展演8场。和通社区阳光艺术团、祥店社区祥梦艺术团等8个艺术团表演舞蹈、乐器、走秀、歌曲等节目。

首届“祥”文化主题漫画展　5月27日，在祥店社区古民居文化广场举办首届“祥”文化主题漫画展，收到全国各地参赛作品300幅，评选出一等奖1幅、二等奖3幅、三等奖9幅，鼓励奖21幅。展出获奖作品及入展作品70幅。

美术、书法、摄影展　社区文化艺术节期间，湖里区共举办美术、书法、摄影展7场。7—10月，在区文旅中心举办5个街道“和谐湖里”美术、书法、摄影综合展5场次，展出作品500多幅；11月9—18日，在厦门市美术馆举办“和美湖里”美术、书法、摄影优秀作品展，展出作品181幅，其中，书法作品61幅、美术作品60幅、摄影作品60幅。11月

2023 年 10 月 24 日，湖里区在马垅社区文化广场举办“多彩湖里”戏曲进社区展演。图为禾山京剧苑表演京剧《沙家浜》　（区文旅局　供图）

20—25 日，在湖里区行政中心大楼一楼举办“和美湖里”美术、书法、摄影优秀作品展，展出美术、书法、摄影作品 100 余幅。

“多彩湖里　戏曲进社区”展演　10 月 24 日，在殿前街道马垅社区文化广场举行。馨雅京剧永啸社、芳草越剧团、金尚南音协会、禾山京剧苑、嘉福韵艺术团等辖区戏曲团队表演京剧联唱《梨园新语》、越剧花旦组表演《西厢记》之“琴心”、南音《长相思》、答嘴鼓《幸福生活很满意》等节目。

（林雯旸）

【厦门（湖里）城市诵读节】 2023 年 4—12 月，湖里区委、区政府举办第十五届厦门（湖里）城市诵读节，以“书香湖里·阅见美好”为主题。举办诵读节开幕式、寻找故事大王比赛、“嗨，先声派”“一带一路”配音大赛、“我的社区我的家”全民诵读比赛、首届厦金闽南童谣大赛等线下主题活动。启动青春悦读营、家悦读书会、第十季诵读沙龙、创新读书会等系列读书会。拍摄“湖里生活·阅见美好”纪实访谈系列短视频。禾山社区选送的“我的社区我的家”节目登上 2024 年首届全国社区春晚舞台。

寻找故事大王比赛　3—5 月，湖里区举办第二届寻找故事大王比赛，全区 70 所学校的 172 名选手参赛。经专家评审，20 名选手入围决赛。5 月 4 日，举行第二届寻找故事大王决赛，4 岁的谢沐澄成为第二届故事大王。

“一带一路”配音大赛　4—12 月，湖里区举办“嗨，先生派”“一带一路”配音大赛。中国、美国、新西兰、马来西亚等 18 个国家及地区 3260 名选手参赛，征集线上参赛作品 1580 部。经评审入围优秀作品 362 部，线上比赛获奖作品 137 部。本次大赛在湖里万达鹭港、航空古地石小镇、海上世界举办 3 场线下海选赛，200 多名选手参赛。12 月 26 日，在湖里万达鹭港举办总决赛，17 组 35 名选手参赛，最终决出金奖 1 名、银奖 2 名、铜奖 3 名、最具潜力奖 4 名、优秀奖 7 名。

首届厦门闽南童谣大赛　2023 年 8—11 月，厦门首届“留声新时代　唱响主旋律”闽南童谣大赛举行，共收到童谣 42 首，其中，厦门市 31 首、台湾地区 11 首，经专家组审查，初选和初评，12 首作品入围决赛。11 月 12 日，在华美空间举行决赛，分别决出幼儿组一等奖 1 个、二等奖 2 个、三等奖 3 个、优秀组织奖 1 个，少儿组一等奖 1 个、二等奖 2 个、三等奖 3 个、优秀组织奖 1 个。

全民诵读比赛　2023 年，湖里区举办“我的社区我的家”全民诵读比赛，59 个社区近千人参与。经 3 轮比赛，12 支队伍进入决赛。11 月 19 日，在区委党校大礼堂举行决赛，禾山街道禾山社区获一等奖；殿前街道神山社区、江头街道吕岭社区获二等奖；殿前街道兴隆社区，金山街道金安社区、湖边社区获三等奖；江头街道祥店社区、金尚社区，殿前街道翔鹭社区，金山街道金海社区，湖里街道濠头社区、村里社区获优秀奖。

（区社科联供稿）

【第十五届海峡两岸福德文化节】 详见“外事　侨务　台湾事务”类目的“台湾事务”分目相关条目。

（林雯旸）

文艺创作

【概况】 2023 年，湖里区文艺家协会创作小品《那些都别信》《文明养犬》，小剧《那片红树林》，歌曲《我们扬帆再起航》《清平乐》，编创舞蹈作品《盛世风华》《Go Go》《奔腾》《巾帼印象》；区文学创作者创作各种体裁的作品并在刊物（媒体公众号）上发表 216 篇（首）。书画摄影作品入选国家级展览 34 件、省级展览 35 件、市级展览 51 件。

【文学创作】 2023 年，湖里区作家协会创作散文《秀梅的幸福生活》获“奋进新征程　建功新时代”学习党的二十大精神主题征文散文组省级一等奖；创作散文《光彩街的鞋匠胖子》、报告文学《肖淑萍：舞者，也是劳动者》分获“劳动最美丽”主题征文散文组省级一等奖、报告文学组省级三等奖。创作作品《翱翔山海间》获“红土情·蓝海梦”主题征文活动市级三等奖，《爸爸的香烟》《辞暮尔尔　烟火年年》《指尖燃星辰　心中有山海》，获市级优秀奖。

【美术摄影创作】 2023 年，湖里区美术家协会创作的油画作品《青涩时代　最初梦想 3》入选全国“互联与发展”第三届深圳大芬国际油画作品展；油画作品《不忘初心　砥砺前行》入选“美在致广”全国小幅美术精品展；国画作品《山川见》入选“轩辕情　中国梦”——全国中国画作品展；28 幅作品入选第十四届海峡两岸文博会；国画《芗江秋韵》入选“八荒通神”全国中国画美术作品展，并获 2023 作品年度厦门市文艺发展专项资金资助及奖励；区文化馆选送的工笔画作品《圆舞曲》入展福建省第二届福建省水墨漫画与国画小品展。区摄影协会拍摄的短视频《云览厦门》入选第 29 届全国摄影艺术展。

【音乐舞蹈创作】 2023 年，湖里区文化馆创作大型交响合唱诗篇《门纳万顷涛》，获第七届厦门文学艺术奖优秀作品三等奖；湖里区音乐家协会创作歌曲《牵一路春风跟着你》《前程似锦》。创作改编《牵一路春风跟着你》《想见你》。

区文化馆创作爵士舞《Go Go Fashion Go》、二胡与蒙舞《奔腾》、广场舞《彩球飞舞》；区舞蹈协会创作的舞蹈《我的祖国》获厦门市民文化节全民广场舞大赛金奖，广场舞《鼓舞飞扬》获厦门市卫健委广场舞大赛金奖。《GoGo》《奔腾》《巾帼印象》等舞蹈作品，在湖里区第十五届社区文化艺术节和城市诵读节开幕式上展演。

【曲艺创作】 2023 年 10 月，湖里区文化馆、禾盛社区馨雅艺术团选送原创小品《那片红树林》，获“鹭岛群星”全民艺术大赛及成果展示活动暨 2023 年厦门市小戏小品戏剧比赛优秀剧目奖；嘉福韵艺术团创作弘扬“诚信品质”主题的《“诚”人之美》、“抵制高价彩礼”主题的《合情合“礼”》、倡导“勤俭节约”的《大道至“俭”》、劝导“生儿生女都一样”的《明心见“性”》。制作“移风易俗”答嘴鼓宣传微视频 4 集。

（白紫珊）

文化产业

【概况】 2023 年，湖里区出台《湖里区促进影视文化产业高质量发展若干措施》及其申报指南，举办影视产业政策新闻发布会、多批次产业培训。实现影视文化产业政策常态化兑现，兑现影视文化产业扶持资金 4142.95 万元。新增上狮影业、袁和平影业等 146 家影视企业，总注册资本 4.4 亿元。建成、在建影视、设计、艺术、数字内容等文化产业园区 20 余个。辖区被评定为国家级文化示范基地 2 个、省级文化产业示范基地 5 个。举办 2023 中国数字音乐产业大会、2023 中国·福建厦门—柬埔寨电影周等活动，举办第六届胶片电影露天放映大会、第七届厦门影视产业论坛、“多彩中华”民族电影展等“金鸡电影节”系列活动。

【文化产业发展政策制定】 2023 年 5 月 12 日，湖里区印发《湖里区促进影视文化产业高质量发展若干措施》及其申报指南，支持影视招商平台、影视拍摄服务平台、影视公共技术服务平台等影视产业公共平台建设。出台扶持网络微短剧系统性条款，支持精品网络微短剧创作、生产和传播，打造具有全国影响力的网络微短剧生产基地，每年对单家企业的奖励最高 50 万元。出台扶持音乐产业的条款，支持音乐产业繁荣发展，补助音乐空间改造费用、音乐活动补助费用最高 200 万元，版权交易、演艺活动、企业营收奖励等不设上限。支持开展影视节展活动。出台覆盖多层次文化人才的政策，引进、培育影视文化产业各个层次人才，对头部人才、专业骨干、从业人员分别在收入、办公、住房等方面予以不同程度的政策扶持。鼓励做大做强，明确对文化产业的头部企业、重大平台、重要产学研融合项目、重大节展论坛活动、知名艺术家等，可以以“一事一议”的方式引进或扶持。

【文化产业园区】 2023 年，湖里区有文化产业园区 9 个，园区总建筑面积 31.4 万平方米，文化产业用途建筑面积占 76%。入驻企业共 579 家，其中，文化企业 449 家，占园区企业总数的 77.55%。文化企业营业收入 62.39 亿元，占园区企业营业收入的 91%。辖区园区有完善的配套服务设施和公共服务平台，运营管理机构能够为进驻文化企业提供孵化、展示、交易、融资等服务。其中，厦门联发商置有限公司打造文化创意产业园 5 个，被评为 2023 年“福建省文化企业十强”提名企业、“2023 年度行业领先企业”。厦门凌云玉石有限公司、厦门佰翔海丝盛业国际文化艺术发展有限公司、厦门优必德工贸有限公司、厦门惠和股份有限公司、厦门飞鱼科技有限公司获评 2023 年福建省文化产业示范基地。联发文创口岸、联发东南天地影视园、海丝艺术品中心、飞鱼科技数字文化产业园获评 2022 年厦门市重点文化产业园区，海峡建筑设计文创园、联发华美文创园、凌云玉石文化产业园区获评 2022 年厦门市文化产业园区。

2023 年 12 月 19 日，2023 中国·福建厦门—柬埔寨电影周启动仪式在湖里区举行

（区委宣传部　供图）

【中国数字音乐产业大会】 2023 年 10 月 11—12 日，中国数字音乐产业大会在湖里区召开。大会由中国音像与数字出版协会、厦门市文发办、市新闻出版广电局、湖里区政府联合主办，以“担负新使命，高歌新征程”为主题，300 余位国内及国际数字音乐业内专家学者、业界精英，上百家机构参会。网易公司首席执行官丁磊、中国移动咪咕公司副总经理颜忠伟、腾讯音乐娱乐集团副总裁杨奇虎、苹果大中华区内容和服务业务董事总经理程昱等作《激发数字音乐产业势能　勇担两岸文化融合发展新使命》等主题演讲。大会发布中国数字音乐领域首个产业报告《2022 年中国数字音乐产业报告》，回顾中国数字音乐发展的历程，总结新时代中国数字音乐发展取得的重要成绩，分析 2022 年中国数字音乐产业发展的基本情况并研判未来发展趋势。全国首个中国数字音乐产业基地在湖里区揭牌成立，发起促进中国数字音乐产业高质量发展的倡议，公布“致敬非凡十年”优秀数字音乐作品名单，围绕数字音乐产业的技术创新和产业升级签署合作协议，启动音乐创作营和“双创”大赛。

【中国（厦门）—马来西亚（槟城）电影交流活动】 2023 年 12 月 6—10 日，厦槟双栖艺术影展——中国（厦门）—马来西亚（槟城）电影交流活动在马来西亚槟城大华戏院举行。展映 10 部电影作品，其中，展现体育精神与风貌的影片《中国乒乓之绝地反击》，展现福建特色与新貌的影片《诗巫风云》《大闹天宫》《相见在鸾峰桥》《蕃薯浇米》《妈祖回家》，由金鸡电影创投大会提供的佳作《三贵情史》，展映已在马来西亚上映的影片《鹦鹉杀》和《脐带》。2023 厦槟双栖艺术影展厦门站同步开启，展映多部马来西亚影片。

（蔡欣宜）

【2023 中国·福建厦门—柬埔寨电影周活动】 2023 年 12 月 18—21 日，2023 年中国·福建厦门—柬埔寨电影周活动在湖里区举行。举行电影周启动仪式，柬埔寨王国文化与艺术部和厦门大学电影学院签订“关于合作发展电影产业人力资源谅解备忘录”。举行柬埔寨电影主题展映，展映《越狱》《父亲》《诺丽·诺拉》《爱情的价格》4 部柬埔寨电影。举办“画叙·中柬映象”柬埔寨—中国电影衍生品特展暨吴哥窟外景拍摄基地推介会，展出浮雕银质大象、传统舞蹈服饰、艺术画作等近 40 件中柬艺术精品。在厦门大学艺术中心举办中柬电影大师对话论坛，双方围绕“合拍片的机遇与挑战”“演员的阶段成长与角色选择”话题展开讨论。柬埔寨嘉宾考察厦门影视取景地。

（蔡欣宜　陈浩华　庄小珊）

文化市场管理

【概况】 2023 年，湖里区深入开展“护苗”“净网”“秋风”等专项行动，开展“扫黄打非”、校园周边文化市场整治、平安文化市场创建、非法卫星整治等专项行动。湖里区文旅局联合市文化市场综合执

2023 年 9 月 11 日，厦门市湖里区天安小学组织观看“护苗·网络安全课”动画视频短片

（区文旅局　供图）

法支队二大队对辖区内歌舞娱乐场所、网吧、电影院和出版物经营单位等开展常态化检查，检查娱乐场所 220 家次、网吧 227 家次、印刷企业 20 家次、书店 142 家次、校园周边 48 所次。

【“护苗”行动】 2023 年，湖里区“扫黄打非”领导小组办公室联合区教育局，指导辖区各中小学开展“护苗”教育。结合开学季，组织学生上“护苗·网络安全课”，观看“护苗·网络安全课”网络动画视频短片，在全区开展“护苗 2023”专项行动。加强各中小学“护苗”工作站建设。联合市文化市场综合执法支队二大队重点整治校园周边非法出版物行动。

【非法卫星电视接收设施整治进社区】 2023 年，湖里区组织开展非法卫星电视接收设施集中整治行动，加强湖里区卫星电视广播地面接收设施的管理，严厉打击非法生产、销售、安装和使用卫星电视地面接收设施的行为。通过微信、入户宣传、摆摊等方式向居民讲解使用卫星地面接收器的危害以及相关法律法规，引导群众自觉抵制非法安装使用卫星地面接收设施的行为。

（江玉芸）

文化遗产保护

【概况】 2023 年，湖里区有不可移动文物 122 处，其中，高崎寨遗址、薛令之墓、五通渡头遗址、陈胜元故居、侵华日军杀人场遗址碑、厦门海堤纪念碑、埭辽湾旧址、谢景德（耀辉）烈士墓等市级文物保护单位 11 处，萧氏家庙、后浦拱庚堂、高崎万寿宫、湖里杨氏宗祠遗址等市级涉台文物古迹保护单位 12 处，厦门经济特区管委会办公楼旧址、周文学宅区级文物保护单位 2 处。拥有南音、送王船 2 项世界级“非遗”，答嘴鼓、讲古、闽南童谣、闽南传统民居营造技艺等国家级“非遗”5 项，厦金宋江阵、福德信俗（仙岳山）、厦门漆宝斋漆艺等省级“非遗”5 项。拥有各级“非遗”代表性项目保护单位 28 个，其中，国家级 2 个、省级 3 个、市级 14 个、区级 9 个；各级“非遗”代表性项目传承人 53 人，其中，国家级 1 人、省级 5 人、市级 13 人、区级 34 人。推动坂美民俗文化园、枋湖民俗文化园项目规划建设。推进文物保护工程项目建设，率先完成市级修缮任务 12 处。区财政安排文物保护专项经费，开展文物修缮、日常管护、调查勘测、记录宣传、文物保护智能监管等文物保护相关工作。开发“五缘记忆”文物保护小程序，优化文物巡查信息实时上传功能。成立湖里区闽南文化研究会。组织开展湖里区第四批“非遗”项目及代表性传承人申报。开展“文化和自然遗产日”湖里区主会场展示展演、第 18 届厦门元宵民俗文化节“非遗”大市集活动、“闽南‘非遗’文化传承在湖里”文化沙龙、“劳动快乐　‘非遗’相伴”等“非遗”宣传活动。区文旅局联合区教育局组织开展“2023 年湖里区‘非遗’宣传月”系列活动暨闽南文化进校园展演活动，编印闽南新童谣读本《金穗童韵》。建成湖里区“非遗”展示厅，拓展“非遗”宣传展示阵地。

【文物保护】 2023 年，湖里区继续实施不可移动文物抢救修缮，登记公布不可移动文物 122 处，其中，列入全市第二轮集中保护修缮清单文物 33 处，其中，修缮项目完工 12 处、施工中 1 处、处于修缮方案编制阶段 20 处。安排资金对东部片区内 25 处一般不可移动文物进行原址修缮，其中，坂美九十九间、孙有泰祖屋、坂美石氏家庙、张正道宅、张振福宅、张顺宅、会堂宫遗址、林鸿儒宅 8 处进场修缮。

【“非遗”项目及代表性传承人申报】 2023 年，湖里区组织开展第四批区级非遗代表性项目及代表性传承

2023 年 6 月 11 日，湖里区在惠和石文化园举办非物质文化遗产日主会场活动

（区文旅局 供图）

人评审工作，评定“非遗”项目 15 个、代表性传承人 30 名。

【“文化和自然遗产日”活动】 2023 年 6 月 11 日，湖里区非物质文化遗产日主会场活动在惠和石文化园举行。举办湖里区主会场“非遗”宣传展示、展演活动，表演闽南童谣、歌仔戏、跳鼓舞、白鹤拳等“非遗”项目；推出 2023 年闽台“非遗”交流展，展示台湾洪观铜雕艺术、台湾妆佛技艺、闽台送王船民俗，聚合古坝、漆线雕、闽南童玩、送王船、莲花峰茶、闽南童谣、泥条盘筑等“非遗”产品；举办闽台文创市集，南普陀实业社、中茶海堤、黄金香、黄则和、黄送记等厦门知名老字号品牌开展营造新环境、助力新消费、激发新动能、鼓励新文创、开拓新领域“五新行动”，体验看、听、玩、吃、喝为一体的特色闽台“非遗”。

【“非遗”夏令营】 2023 年 7 月，湖里区组织多场“非遗”夏令营。湖里区文旅局、厦门市南山实验学校联合举办“阮兜掂 AMOY”暑期夏令营，体验漆线雕等“非遗”项目；在惠和石文化园举行湖里区第十一届外来员工子女夏令营，体验惠和影雕手作、闽南童玩等“非遗”项目。湖里区闽南文化研究会、吕厝社区居委会主办“好厝边”闽南角第一期暑期夏令营，30 名居民参加。蔡塘学校举办艺术夏令营，约 100 人参加，学习二胡、古筝、竹笛等民族乐器。在厦门三中举办厦门市高中生语言文字夏令营，学习朗诵技巧，观看“会动的”《清明上河图》。湖里区龙湫亭实验学校举办“小龙人”传统文化夏令营。

【全市文物保护志愿者培训】 2023 年 12 月 19 日，2023 年全市文物保护志愿者培训在湖里区委党校举行，全市各区文物保护志愿者、台胞志愿者及市区文物保护、检察院相关人员参加培训。湖里区文旅局张涛介绍该区文物保护志愿服务品牌项目经验，2 名湖里区文物志愿者代表作志愿服务工作分享交流，翔安区检察院一级检察官洪文海解读《中华人民共和国文物保护法》，厦门理工学院文化产业研究院研究员张是枝讲授“厦门文物管家——让文物保护插上科技的翅膀”。学员考察海堤纪念碑、高崎万寿宫、陈胜元故居、殿前继周堂、陈汉镇宅、陈振发宅、特区纪念馆等文物点。

（蔡晓悦 谢倩颖）

旅游业

【概况】 2023 年，湖里区累计接待游客 1766.52 万人次，比上年增长 6.67%；旅游总收入 282.95 亿元，比上年增长 24.4%。举办“新年好安康 湖里乐新春”等旅游宣传推广活动 24 场，打响“悦游湖里”文旅品牌。组织辖区企业参加海峡旅游博览会、福建旅游交易会、海南世界休闲旅游博览会等专业展会，向各地市民和重点旅行商、主流媒体、相关协会宣传湖里文旅，拉动旅游业发展。举办 2023 中国厦门中秋旅游嘉年华。开展“湖里青春夜·海上绿洲见”2023 湖里魅力购夜经济活动，联合海上世界打造夜间文旅消费标杆。推动航空古地石广场争创国家级夜间文化和旅游消费集聚区，古地石商圈举办“蓝丝带、金年华”“周三 Yeah”等主题活动。开展湖里优质文旅产品推介、促销以及合作洽谈，办好湖里区品牌文旅营销活动。联合市文化市场综合执法支队二大队，督导星级饭店、A 级景区的旅游接待和安全保障工作，确保旅游市场安全有序。厦门惠和石文化园被评为国家 AAAA 级旅游景区。

【旅游厕所建设】 2023 年，湖里区已建成旅游厕所 40 座，完成百度、高德地图标注率 100%。实现旅游厕所“一厕一码”上墙，推进在线评价反馈系统建设，落实“一厕一长制”。

【旅游资源】 *五缘湾湿地公园* 占地85公顷。在公园地块上，有水栖和湿生植物带、水生植物群落、芦苇及湿地区域植物群落。在湿地中栖息着9科25种湿地水鸟和17科29种山林和农田鸟类。

五缘湾游艇港 五缘湾拥有150公顷水域面积，规划建设500个泊位，2023年建成351个标准泊位，常年停靠船艇超过220艘。该港水质良好、景观开阔，冬天不冷而且常年有风，被航海者誉为“全球少见的水上运动基地”，每年举办“海峡杯”帆船赛、中国俱乐部杯帆船赛等多项知名赛事及中国（厦门）国际游艇展览会。

厦门山海健康步道 起于东渡邮轮广场，止于观音山沙滩，沿线串联狐尾山、仙岳山、园山、薛岭山、虎头山、金山、虎仔山、观音山8座山体和筼筜湖、五缘湾、湖边水库3条水系，全线长约23千米，形成贯穿本岛东西方向的山海步行通廊。步道依地形采用桥梁与地面相结合的形式，跨越市政道路和山谷设置7座造型独特的大跨度桥梁，沿线配备观景平台、节点公园、驿站等服务设施。全线设置16个景观打卡点，12个特色景观园区，还有多个观景平台。

厦门惠和石文化园 园区设有中华石文化长廊、名人石雕艺术长廊、石雕博物馆、国家级非遗惠和影雕艺术馆、闽南民俗表演等展示区域，是集石雕艺术展示、文化交流、艺术创作、旅游休闲与科普教育于一体的综合性园区。配套有磐雅苑石与生活美学空间、惠和书院、影雕传习中心，开设有惠和影雕、石与生活美学、玩石计划、石墨咖啡等系列休闲主题文化体验活动。2023年，接待游客43.8万人次，与上年相比上升65%；旅游收入约1151万元，比上年增长64.89%。12月获评国家AAAA级旅游景区。

凌云玉石博物馆 国家AA级旅游景区，位于厦门湖里高新技术园，背靠五缘湾畔，毗邻厦门高崎国际机场。占地8074平方米，总面积3.5万平方米。该馆集玉石艺术展览、文创雅集、文化交流、旅游休闲与亲子研学于一体。设有茶艺空间、禅苑空间、亲子DIY空间、玉石文化长廊、玉石瑶池玉河等。2023年，接待游客6.3万人次，旅游收入218万元，比上年增长0.53%。

【文化和旅游推介活动】 2023年，湖里区以“悦游湖里”为主题，开展4场文化和旅游产品推介活动。3月12—17日，到南京、扬州、常州开展旅游推介。针对春夏度假出游主要客群，以新文旅、新机遇、新业态为主要方向，推广“诗意厦门·悦游湖里”春夏度假资源及产品。8月9—15日，到新疆维吾尔自治区乌鲁木齐市、昌吉回族自治州吉木萨尔县泉子街镇等地区开展旅游推介，从“潮起湖里·活力特区游”“踏浪湖里·滨海康养游”“海味湖里·休闲美食游”“拾趣湖里·潮玩文创游”四大主题出发，策划4条主题旅游线路，重点推介湖里区的海上休闲、邮轮码头、体育赛事、特区文化、度假休闲、文创研学以及“八山两水”的自然资源。10月25日，湖里区在南平市武夷山国家旅游度假区举办“悦游湖里”重点旅游资源地推活动，向游客推介湖里区。12月1—3日，湖里区参加2023年海南世界休闲旅游博览会，设置“悦游湖里”展馆，以“滨海”为主题，布设以湖里区的景区、酒店、文旅体企业资源为主的展示区，设置招商洽谈区。表演特色节目，体验博饼民俗，网红达人直播，宣传推广湖里区文旅资源。湖里区获组委会颁发的“最佳组织奖”“文旅融合创新奖”。

【旅游行业管理】 2023年，湖里区下发《湖里区旅游产业发展领导小组办公室关于开展旅游市场秩序专项整治的通知》《湖里区旅游产业发展领导小组办公室关于做好2023年劳动节假日旅游工作的通知》《湖里区美食街区文明经营提升工作方案》等阶段性整治方

2023年8月9—15日，湖里区在新疆举办“诗意厦门 悦游湖里”文化和旅游推介活动。图为8月10日在乌鲁木齐举办的推介活动（厦门建发国旅集团 供图）

案，部署全区旅游行业节假日、阶段性安全生产等工作。湖里区文旅局联合市文化市场综合执法支队二大队及其他单位，共出动检查人员 1878 人次，检查企业 624 家次。重点整治象屿保税区、机场北片区、五缘湾片区等区域旅游购物场所，查处无照经营、未明码标价、虚假宣传、强买强卖、欺行霸市等侵害消费者权益行为，查处商业贿赂、制售假冒伪劣商品等违法违规行为。依法查处未经许可经营旅行社业务、“不合理低价游”等违法违规行为；对接海事、公安部门和路桥游艇旅游集团，规范五缘湾帆船体验市场。严厉打击“黑车”司机串通揽客欺客、假志愿者、拉客仔、“黄牛”、野导等违法行为。

【五缘湾涉海资源利用管理服务机制体制创新】 2023 年，湖里区以五缘湾片区为重点，聚焦破解权属分散、监管多头、同质竞争等问题，创新文化体育运营管理机制体制。创新多级协同管理服务体制，湖里区政府牵头中央驻厦单位、市直部门联合印发《五缘湾涉海资源利用管理服务机制体制创新的若干意见》，成立综合管理委员会，设立工作协调小组，建立联席会议制度，形成支持五缘湾高质量发展的协同体系。创新市场化运作机制，构建环湾一体化服务保障和协管平台，建立标准化服务体系和收费体系，实施企业入驻、产品投放评选制度，避免片区文体旅企业恶性竞争、低效开发。创新文体旅商融合发展机制，为赛事活动申办提供“一站式”服务保障，开发亲海、露营等主题特色休闲度假产品，举办首届全国尾波（冲浪）锦标赛等赛事活动 99 场。创新联合执法机制，建立五缘湾游艇帆船联管会商会及联合检查机制，成立安全管控、安全应急工作小组，定期开展日常巡查、联合执法行动。创新生态环保机制，开发智慧海上环卫系统，强化环境综合整治，探索生态产品价值实现路径。五缘湾成为中国改革（2023）年会现场调研考察点。

2023 年 9 月 15 日，中国厦门中秋旅游嘉年华开幕式在佰翔五通酒店举行

（厦旅国际旅行社有限公司　供图）

【文旅协作交流合作】 2023 年 7 月，湖里区开展“鹭岛心 · 闽宁情——百团万人游宁夏”及文旅交流首发团活动，组织湖里区相关政府部门、重点文旅企业及媒体赴宁夏永宁县闽宁镇、中卫市沙坡头区开展文旅交流活动，成立“闽宁两地特色线路营销联盟”，在厦门及周边举行宁夏特色线路进社区地推活动。9 月 21—23 日，举办 2023 湖里区—连城县山海协作（宣传文化）签约仪式暨旅游推介会；10 月 25—27 日，湖里区和浦城县举办山海合作签约仪式，签订《关于进一步开展新时代山海协作（宣传文化）的协议》《融媒体中心共建结对协议》《文旅战略合作协议》。

【悦游湖里 · 中秋旅游嘉年华】 2023 年 9 月，厦门中秋旅游嘉年华举行，紧扣“以文塑旅，以旅彰文”的总体思路，以“欢乐中秋 · 好运厦门 · 悦游湖里”为主题，举办“中秋五缘湾趣浪季”环湾系列活动、“悦游湖里”天天博活动、中秋后备箱市集活动、中秋欢乐直通车活动、“悦游湖里”中秋潮旅购商品展销活动、“欢乐中秋 · 好运厦门”中秋旅游嘉年华闭幕式活动和“我把厦门唱给你听”湾区音乐汇活动。

【五缘湾环湾观光车启用】 2023 年 10 月 27 日，湖里区举行五缘湾环湾观光车启动仪式。观光车路线涵盖五缘湾的多个景点，提供便民服务、旅游指南及地图，并向游客介绍五缘湾的历史和文化。运营时间为每日 9:00 至 18:00，提供招手即停服务。运行路线为红十字文化广场、图腾广场、爱琴湾、感恩广场、湿地公园、四季花海、国际游艇汇，单程票价 10 元 / 人，也提供 4 小时内 38 元无限次乘车服务。

（杨诗悦）

卫生健康

综　　述

【医疗卫生机构】 2023年，湖里区内有医疗卫生机构471家，市管医疗卫生机构19家，其中，市（属）管医院18家、区属市管医疗卫生机构1家。区管医疗卫生机构452家，其中，民营二级综合医院2家、一级综合医院6家，社区卫生服务中心5家，门诊部123家，诊所225家，医务室、卫生站、护理站、村卫生所91家。共有床位5972张，每千人拥有床位5.75张；有医师4669人，每千人拥有医师4.49人；有护士6445人，每千人拥有护士6.2人。

【医疗卫生监督执法检查】 2023年，湖里区卫生和计划生育监督所（以下简称湖里区卫监所）推进综合监管模式，加强对被监督单位日常监督、专项检查、联合检查、驻点监督，全年监督检查各种单位及公共场所5346家次，作出行政处罚决定72件。共报送重大行政处罚进行备案审查33件。向其他部门抄告涉嫌违法线索6件。办理3件无证行医案件，退回执行款16.54万元。

【爱国卫生运动】 2023年，湖里区开展以冬春季爱国卫生运动、爱国卫生月、重点场所专项整治、病媒生物防制等为主题的全区性爱国卫生统一行动13轮。推进无烟环境建设，推进无烟单位创建，强化控烟宣传与监督执法，落实第36个世界无烟日宣传活动，推进近邻健康社区、健康细胞等创建工作，其中，创建无烟单位11家、省级卫生社区10家、健康促进社区2家（1家被评为近邻健康社区）。

【家庭医生签约服务】 2023年，湖里区提供多种家庭医生签约受理渠道，鼓励居民通过线上申请签约。精细化管理慢病患者，提供线上续方、生日祝福、定期回访、健康教育等特色服务，共服务481.99万人次；对80岁以上老年人推广上门访视服务，全年上门访视2469人。年内，湖里区常住人口家庭医生签约50余万人，签约率50.21%。

【老年人健康服务】 2023年，湖里区卫生健康局优化老年人就医环境，推动老年友善医疗机构建设，辖区内综合医院、康复医院、各街道社区卫生服务中心等18家医疗机构建成老年友善医疗机构，均被评为福建省老年友善医疗机构。推进二级及以上综合性医院老年医学科建设，辖区二级以上综合性医院（含市属）5家，其中，3家建成老年医学科。开展老年健康宣传周活动，加强医养结合服务，满足辖区老年人医养服务需求。全区9家医养结合机构实际开放床位4246张，其中，医疗床位212张、养老床位4034张。根据2023年医养结合数据监测结果显示，至12月31日，所有医养结合机构在院老人2328人，机构床位入住率54.8%；内设的医疗卫生机构为本机构（区域）老人提供服务26760人次。居家社区养老实行医养结合，依托5个社区卫生服务中心，开展辖区内部分老年人的失能失智等级评估服务，拓宽居家医养结合服务范围。

（刘浩凡）

疾病防控

【概况】 2023年，湖里区疾病预防控制中心（以下简称湖里区疾控中心）做好艾滋病病毒重大传染病防控，拓展艾滋病宣传干预工作，艾滋病病毒筛查比例（15.20%）位居全市第二；推进结核百千万志愿者服务项目，全区发现疑似肺结核患者547人，转诊率100%，总体到位率99.1%，结核病维持“零死亡率”。针对呼吸道疾病，拓展包括哨点医院监测、城市污水监测、病毒变异监测等工作。升级切换至福建省免疫规划信息管理系统、创建成人预防接种门诊上岗实操考核制度、开展接种率调查，提高预防接种的服务质量，国家免疫规划疫苗接种率维持在90%以上。巩固慢性病综合防控示范区建设成果，在全市先行先试开展居家精神分裂症患者应用长效针剂管理治疗项目，联合湖里区教育局、厦门市梧桐实验学校开展“世界精神卫生日”主题宣传活动。扩大适龄儿童免费窝沟封闭项目，受益儿童覆盖至民办学校。指导社区规范开展基本公共卫生服务项目，全区重大慢性病防治水平得到提升。依托自媒体平台，结合热点、常见病、多发病、卫生日等内容，构建“线上科普”体系。12月，湖里区疾控中心第四次取得检验检测机构资质认定证书。

【传染病防治】 2023年，湖里区共发现法定传染病病例24604例，其中，乙类传染病共14种5855例，发病率548.61/10万，发病数前三位为新型冠状病毒感染、梅毒、淋病；丙类传染病6种18749例，发病率1756.77/10万，发病数前三位为流行性感冒、手足口病、其他感染性腹泻；无甲类传染病、传染性非典型肺炎（SARS）、肺炭疽等病例及疑似病例报告。

艾滋病与性病防治 2023年，湖里区累计存活艾滋病病例及感染者942例，随访检测率95%，抗病毒治疗覆盖率97.5%；报告性病病例2415例，其中，梅毒病例866例、淋病病例423例、尖锐湿疣病例271例、生殖道沙眼衣原体感染病例807例、生殖器疱疹病例48例。开展艾滋病自愿咨询2308人次，其中检测2302人次；推广“携手医防”性病电子干预服务包，惠及4360人；在“湖里疾控”微信公众号开通线上预约咨询检测服务，全年服务219人。制作宣传短视频投放至微信视频号、SM商业广场大屏幕等平台，在禁毒宣传月、世界艾滋病日开展线上有奖知识问答活动，覆盖厦门地区30万人次，回收电子问卷12167份。

丙肝防治 2023年，湖里区新报告丙肝病例（含临床诊断病例）99人，核酸检测率73.74%，丙肝确诊病例74例，治疗率56.76%。区疾控中心在丙肝定点治疗医院市中医院和厦门弘爱医院开展丙肝医院哨点监测工作，在全省率先完成监测任务。在厦门市中医院、厦门弘爱医院等8家医疗机构开展丙肝病例报告数据质量核查。

结核病防治 2023年，湖里区发现活动性肺结核患者270例，随访管理率100%；对其中168例病原学阳性患者开展密切接触者筛查，共筛查246人次，未发现肺结核患者；治疗满一年活动性肺结核患者211人，成功治疗率94.7%，系统管理率98.6%，在管患者中因非结核病因死亡3例；各级医疗机构未上报因结核病死亡病例；发现住址为湖里区的确诊学生、教师肺结核患者17例，调查处置辖区学校结核病疫情5起，筛查患者密切接触师生512人，未发现疑似患者。开展世界防治结核病日、“百千万志愿者”等宣传活动43场，发放结核病宣传折页6000份、宣传品3700份、义诊600人，宣传覆盖人群6000多人次；调查问卷755份，结核病防治核心信息知晓率87%。

麻风病防治 2023年，湖里区共收集麻风病可疑症状线索15条，未发现麻风病患者。组织各街道社区卫生服务中心开展麻风病防治知识宣传，发放宣传折页800份、宣传品200份，义诊咨询100余人次；开展参与群众麻风病防治问卷调查，信息知晓率68%。

【病媒生物预防控制】 2023年，湖里区共开展9轮布雷图指数法、路径法、勺捕法蚊虫监测和18轮诱蚊灯法、双层叠帐法蚊虫监测，并对36个重点场所开展登革热媒介伊蚊监测，结果显示登革热传播风险较小。开展禽流感监测，采集活禽从业人员血清14人份，检测结果均为阴性；采集禽流感外环境标本35份，阳性率74.29%。全年委托厦门市中医院和厦门弘爱医院完成100例发热病人血检，所有血涂片镜检测结果均为疟原虫阴性；开展全国疟疾日和爱国卫生月系列宣传活动，累计发放宣传海报和折页6000份。开展鼠传病原学监测，全年开展监测6轮，布设鼠笼2214笼，捕鼠54只，捕获率2.44%；分离、送检鼠组织标本290份，检出致病性钩端螺旋体阳性10份，阳性率5.56%。

【碘缺乏病防治】 2023年，湖里区疾控中心在5所小学204名8～10岁学生人群和100名孕妇人群中开展碘缺乏病监测。监测结果显示，湖里区重点人群碘营养处于适宜水平。其中，8～10岁儿童尿碘中位数为193.02微克/升，合格碘盐食用率90.69%，合格碘盐覆盖率93.79%，甲状腺肿大率1.47%；孕妇尿碘中位数139.84微克/升，合格碘盐食用率97%，孕妇补碘率100%，各项指标均达到消除碘缺乏病技术标准。

【卫生应急】 2023年，湖里区开展突发公共卫生事件风险评估12次，预测重点警惕病种并提出相应的风险管理建议。调查处置未分级突发公共卫生事件3起。调查核实传染病预警信息事件379起，及时率100%，未发现聚集性事件。规范处置中小学、托幼机构发生的传染病疫情和聚集性事件647起。调查处置猴痘病例7例，随访密接人员8名，均未患病。调查处置疑似食源性暴发事件12起，确认4起，其中，由副溶血性弧菌感染引起3起，由产气荚膜梭菌和金黄色葡萄球菌合并感染引起1起，无重症和死亡病例。调查处置登革热疫情4起，累计排查登革热密切接触者11人，监测风险区超4000户，消杀面积3.95万平方米。调查处置疟疾输入性病例1例、布鲁氏菌病3例、克雅氏病1例。

【免疫规划】 2023年，湖里区报告国家免疫规划疫苗接种率均大于90%。全年报告麻疹类监测病例24例，经流行病学调查及实验室检测，确诊风疹1例，排除23例；报告15岁以下儿童疑似乙肝病例15例，及时调查率100%，其中，新发急性乙肝3例，其余为慢性乙肝；报告百日咳病例21例；报告15岁以下儿童急性弛缓性麻痹（AFP）2例，经流调和实验室检测均排除骨髓灰质炎，采集率、及时率均达到监测指标要求；无新生儿破伤风病例报告。全区报告疑似预防接种异常反应188例，其中，一般反应186例、偶合征2例，组织开展疑似预防接种异常反应专家诊断会3场。制定《2023年湖里区适龄女性人乳头瘤病毒（HPV）疫苗免费接种项目工作方案》，继续实施自愿免费接种服务，全年接种4676人次。5月，完成第三轮第二剂次接种工作，接种率94.62%；11月30日，完成第四轮第一针次接种，接种率87.99%。

【慢性病综合防控】 2023年，湖里区新增健康促进社区2家，其中禾山街道枋湖南社区获市级“近邻健康社区”称号；2022年度申报的2家营养健康食堂、5家健康社区和2家健康学校均通过评审。开展慢性病及社会因素调查，累计调查人员2400人，其中，初次调查人员1800人，复测既往调查人员600人，调查显示湖里区慢性病患者比例呈升高趋势，危险因素普遍存在，健康行为形成率不高。对既往慢性病及社会因素调查对象开展慢性病结局随访9939人，失访1096人，死亡73人，随访率88.97%，随访人群中患有高血压、糖尿病等慢性病3049人。全区管理高血压患者31502例、糖尿病患者13792例。其中，规范管理高血压患者29166例，规范管理率92.58%；规范管理糖尿病患者12923例，规范管理率93.70%。

【居民死亡信息报告】 2023年，湖里区医疗机构累计报告死亡病例2481例，其中，户籍人口死亡1431例，户籍人口死亡率3.42‰，标化死亡率（以全省人口为标准人口）4.89‰，户籍居民30～69岁人群四类慢性病早死概率8.03%，校正后早死概率8.15%。居民校正后期望寿命83.01岁，其中，男性80.23岁、女性86.16岁。

【心脑血管事件报告登记和肿瘤病例登记随访】 2023年，湖里区医疗机构累计报告急性心脑血管事件5643例次，其中，湖里区户籍人口1001例次。开展肿瘤病例登记及随访工作，全年累计报告肿瘤病例3411例。统计年度户籍人口新发恶性肿瘤1102例，死亡402例，死亡发病比为0.36（402/1102），粗发病率316.48/10万，粗死亡率115.45/10万。

【严重精神障碍患者管理】 2023年，湖里区登记在册的严重精神障碍患者2835例，报告患病率2.68‰，年在册患者体检率36.23%，服药率87.05%，规律服药率82.47%。精神分裂症服药率86.92%，精神分裂症规律服药率82.33%，年在管患者规范管理率

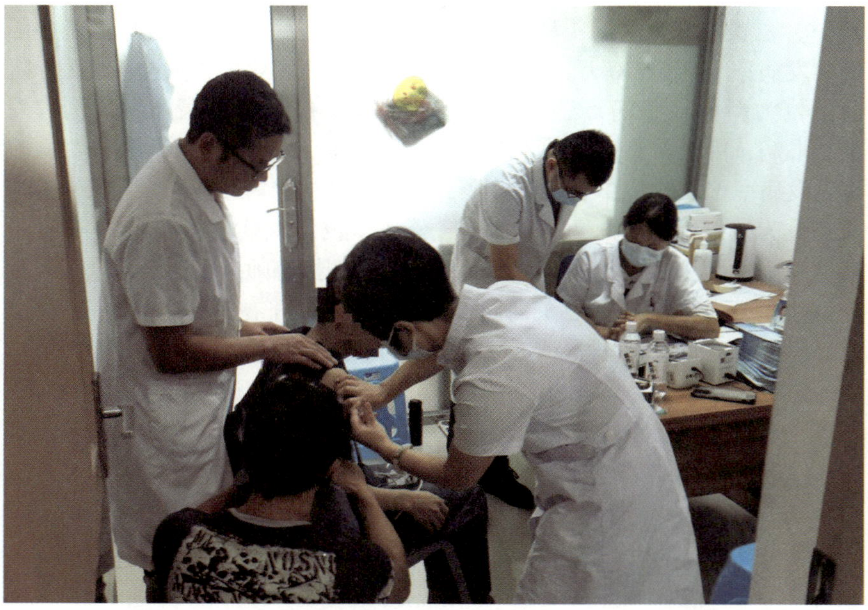

2023年9月11日，湖里区殿前街道社区卫生服务中心为精神分裂症患者注射第一针长效针剂 （郭樱樟 摄）

92.59%，面访率 91.04%。全年累计为辖区患者提供药物补助 602 人次 10.49 万元。

【产品伤害监测】 2023 年，湖里区累计报告产品伤害病例 82518 例，其中，市中医院报告 41862 例、市儿童医院报告 16333 例、弘爱医院报告 24323 例。导致伤害发生的前五位原因分别为，跌倒占 47.74%，钝器伤占 15.55%，动物伤占 9.40%，锐器伤占 9.15%，机动车交通伤占 3.21%。伤害发生的地点主要是家中占 48.39%，公共居住场所占 15.84%，公路、街道占 11.65%，公共场所占 7.28%，学校、幼儿园、托育机构占 4.25%。

【居民心理健康素养调查】 2023 年，湖里区居民心理健康素养水平 27.79%；抽取小学、初中、高中各 1 所学校 145 名学生，开展儿童青少年心理健康状况测评和知晓率调查，知晓率 85.5%；选取殿前街道为监测点，开展 65 岁及以上老年人认知功能评估和抑郁症筛查，回收有效问卷 5007 份，筛查率高于 80%。

【卫生监测检测】 2023 年，湖里区疾控中心有序开展卫生监测与检验检测工作。开展呼吸道疾病多病原监测，检测样本 1582 份，其中，新冠病毒核酸阳性 185 份，流感病毒核酸阳性 276 份（甲型 157 份、乙型 118 份、甲型合并乙型 1 份）；肺炎支原体核酸检测样本 505 份，其中阳性 60 份。开展手足口病哨点监测，检测样本 112 例，其中，肠道总病毒阳性 106 例，未检出引起手足口病常见的肠道病毒 71 型和柯萨奇病毒 A16 型。开展海（水）产品和养殖水体中霍乱弧菌（O1 群和 O139 群）检测工作，检测样本 420 份，均为阴性。开展生活饮用水水质检测 196 份；开展酒店、美容美发店、游泳池等公共场所监测，检测样本 1595 份。完成 25 家重点行业企业危害因素的定性和现场调查，检测职业场所有毒有害物质 170 份，完成辖区 43 家放射诊疗机构基本情况调查。根据《厦门市 2023 年食品污染及有害因素监测方案》，开展食品风险监测，监测食品化学污染及有害因素，合计采样 27 类 89 份送至市疾控中心检测，其中，重金属污染物项目 30 份，1 份竹荪样本重金属含量不符合国家标准。对 13 起其他传染性突发事件进行病原学检测，检测样本 162 份，检出含有病原体样本 91 份。其中，1 起由札如病毒引起，5 起由流感病毒引起，7 起由诺如病毒引起。开展艾滋病、丙肝、梅毒样本抗体检测，检测样本各 946 份。开展麻疹、风疹样本抗体检测，检测样本各 23 份，登革热病毒抗原和抗体检测 11 份。开展 2023 年学生常见病及健康影响因素监测，累计完成 9 所校（园）2813 人次体检，42 间教室的教学环境监测和学校卫生调查，1895 份健康危险行为问卷调查，累计发放宣传品 3500 份。开展医疗机构消毒质量监测，监测基层社区卫生服务中心 1 家和养老机构 2 家，采集样本 300 份。

【健康教育】 2023 年，湖里区疾控中心联合市疾控中心、各医院以及各社区居委会开展以世界无烟日、全民健康生活方式行动宣传月、联合国糖尿病日、世界艾滋病日等卫生日为主题的宣传活动 23 场，发放宣传折页 6607 份、宣传品 3028 份，受益人群约 4000 人次。入校举办健康科普讲座 12 场，参加师生 1359 人次。开展 2023 年居民健康素养监测调查，回收有效调查问卷 615 份，居民健康素养水平达到 34%。年内，湖里区推进控烟活动进社区、进单位、进学校、进企业工作，开展控烟宣传，共创建无烟单位 11 家。

【口腔卫生工作】 2023 年，湖里区对辖区 45 所学校的适龄儿童开展口腔检查，并对具有适应证的学生进行免费窝沟封闭，累计筛查适龄儿童 8834 人，实际完成窝沟封闭 4353 人，封闭牙齿 9795 颗，窝

2023 年 10 月 19 日，湖里区疾控中心在禾山中学开展 2023 年学生常见病和健康影响因素监测。图为视力监测 （易京锐 摄）

沟封闭完成率 88.15%。

【健康科普宣传团队工作】 2023年4月，湖里区疾控中心成立健康科普宣传团队，全年累计在微信公众号发表原创文章 133 篇，阅读点击量超过 18 万人次；发表原创视频 31 段，播放量超过 13 万次，点赞量达 7000 多次，转发 4700 多次；抖音平台发布视频 24 段，浏览量超过 2 万人次。创作视频《绯蚊公主直播间》获全国 2023 年新时代健康科普作品征集大赛视频类入围作品；区疾控中心代表队在全国疾控健康传播大赛中获决赛优秀奖；在厦门市卫生健康委员会主办的厦门市疾病预防控制系统健康教育知识和技能大比武中获团体三等奖，创作视频“双向奔赴的爱”获“科普微视频最佳作品奖”。

【检验检测机构资质认定】 2023年 12 月，福建省市场监督管理局向区疾控中心颁发新的检验检测机构资质认定证书（CMA 证书），批准该中心检验检测技术能力范围涉及生活饮用水、化妆品、消毒产品、食品等 18 类 151 项参数，其中，19 项为新扩项检测项目。

（林满治　张雅娟）

卫生监督

【概况】 2023 年，湖里区卫监所监管公共场所 1979 家、生活饮用水单位 410 家、学校 49 家、医疗机构 426 家、放射诊疗机构 103 家、存在职业病危害因素的用人单位 110 家。全年受理并办结卫生行政许可及公共服务事项 4692 件。

【卫生行政许可】 2023 年，湖里区卫监所共办理政务服务事项 4754 件，其中，行政许可事项 3631 件、公共服务事项 1061 件、行政确认事项 62 件，共录入电子证照和批文 2931 份，维护电子证照 19468 本；录入“双公示”信息 4397 条。

【行政处罚】 2023 年，湖里区卫监所共作出行政处罚决定 72 件，其中，一般程序处罚 58 件，简易程序处罚 14 件，医疗监督类 51 件（无证行医 21 件）、放射监督类 1 件、传染病防治类 2 件、公共场所类 18 件，罚款 224.94 万元，没收违法所得 22.04 万元。备案审查重大行政处罚事项 33 件，向其他部门抄告涉嫌违法线索 6 件。办理无证行医案件 3 件，退回执行款 16.54 万元。推进柔性执法和包容审慎监管执法，58 件一般程序行政处罚决定案件中，符合从轻处罚条件的合规企业案件 13 件，均依法从轻处罚。为减轻企业经营者经济负担，批准 2 家个体工商户分期缴纳罚款。2 份行政处罚案例评析被评为 2022 年度市级优秀案例。

【投诉处理】 2023 年，湖里区卫监所受理群众举报、政务热线、上级交办件、信访件等各类投诉 542 件，其中，涉及公共场所投诉 98 件、医疗机构投诉 258 件、无证行医投诉 128 件、求助类及其他 58 件，均做到及时受理、及时反馈，做出行政处罚 58 件。

【宣传培训】 2023 年，湖里区卫监所通过公众号发表稿件 196 篇，其中，原创稿件 61 篇，“关于非法接种九价人乳头瘤病毒疫苗案”被刊登在《厦门日报》上。拍摄“卫监蜀黍说”短视频，撰写“以案释法”系列文章。加强对监管对象的培训，联合市医学会对辖区内医疗机构进行院感、急诊急救知识、消防安全、医疗安全培训；对辖区各类口腔医疗机构进行口腔诊疗专项培训；组织重点场所、游泳场所负责人参加市所召开的游泳场所卫生管理知识培训会；召开辖区用人单位职业卫生工作会议，讲解职业病危害综合风险评估的相关内容；召开诊所“闽诊通”应用推广培训会，培训“闽诊通”系统的使用。

【“互联网＋监管”】 2023 年，湖里区卫监所被确定为“福建省诊所诊疗监督系统”推广试点，组织线上视频学习，召开应用推广培训会，诊所现场指导，“点对点”帮带和微信群实时解答，帮助医疗机构注册并熟练使用“闽诊通”系统。5 月，确定第一批 20 家医疗机构为“闽诊通”使用单位，8 月，推广第二批 51 家医疗机构使用“闽诊通”系统。至 11 月，所有备案诊所均开通“闽诊通”账号，在营业诊所注册完成率 100%。

【急救技能培训】 2023 年，湖里区卫监所举办急救技能培训 3 场，组织辖区 66 家医疗机构的 70 多名医护人员分批到厦门弘爱医院急诊科开展为期 1 个月的跟班实训，培训内容主要包括各类危重急症的初步诊断、应急处置和救治转诊技能。

（谢玉霞）

妇幼保健

【概况】 2023 年，湖里区开展妇幼保健及基本公共卫生各项工作。全年婚前医学检查 5373 人，婚检率 95.16%。全区有户籍人口产妇 4095 人，活产 4162 人，孕产妇系统管理率 96.73%；高危孕产妇占产妇总数的 87.69%，高危产妇住院分娩率 100%。7 岁以下儿童保健人数 34683 人，健康管理率 98.13%，3 岁以下儿童系统管理率 96.23%；新生儿疾病筛查 4142 人，筛查率 99.52%，新生儿听力筛查 4138 人，筛查率 99.42%。全区乳腺癌筛查 44546 例，宫颈癌筛查 43206 例，宫颈癌人群筛查率 88.93%。免费孕前优生健康检查 5000 人，检查覆盖率 100%。全年门（急）诊服务 90.41 万人次（含集体保健），住院 3949 人次，病床平均使用率 55.33%，业务收入 18800 万元，比上年增长 1.3%。湖里区妇幼保健院推出云影像智慧医疗平台，率先全省县区级妇幼保健院上线医学影像“云胶片”，检查影像、报告单可通过手机掌上查询。儿童康复科成为澳洲万适立足踝下肢生物力学福建培训基地。湖里区妇幼保健院获厦门市 2022 年度区级妇幼机构绩效考核第一名。

【孕产妇保健】 2023 年，湖里区完成孕产妇早孕建卡 3896 人，早孕检查率 96.85%，早孕建卡率 95.14%，产前检查率 98.39%，产后访视率 98.43%，住院分娩率 100%；加强高危孕产妇的筛查、追踪与管理，高危孕产妇检出率 87.69%，高危管理率 100%。低出生体重儿发生率 5.74%，孕产期中重度贫血发生率 1.12%，孕产妇剖宫产率 35.92%，无孕产妇死亡。全年湖里区住院分娩孕产妇孕期接受艾滋病病毒检测 7724 人，检测率 99.76%，其中，孕早期接受艾滋病病毒检测 6844 人，检测率 88.42%。孕期梅毒检测 7724 人，检测率 99.76%，其中，孕早期梅毒检测 6752 人，检测率 88.64%。孕期乙肝检测 7725 人，检测率 99.81%，其中，孕早期乙肝检测 6839 人，检测率 88.36%。本年度无感染艾滋病产妇分娩，感染梅毒的孕产妇及所生儿童采取预防母婴传播干预措施 17 人，干预率 100%。全年完成免费“两癌”筛查和妇科病普查 13861 人。

【儿童保健】 2023 年，湖里区有活产数 7787 人，筛查新生儿先天性心脏病 7787 例，筛查率 100%；筛查出阳性 195 人，筛查阳性率 2.5%，转诊 186 人。全区有 7 岁以下儿童 34683 人、3 岁以下儿童 12184 人，3 岁以下儿童系统管理率 96.23%，5 岁以下低体重患病率 1.19%，6 个月纯母乳喂养率 56.66%，新生儿访视率 99.33%，5 岁以下儿童死亡率 3.12‰，婴儿死亡率 2.16‰，新生儿死亡率 0.96‰。全年幼儿园新生入托体检 33629 人，工作人员体检 4968 人。

【妇幼健康教育】 2023 年，湖里区妇幼保健院组织开展全国爱耳日、世界地贫日、全国母乳喂养日、粉红丝带月等系列大型义诊宣传活动 93 场，服务群众 2 万多人次；到社区、工厂、学校、幼儿园、企事业单位开办讲座 177 场次，服务 51.6 万人次。全年健康教育学校举办讲座 382 场，总听课 47.5 万人次。其中，举办院内非药物性镇痛分娩（音乐镇痛分娩）、无痛分娩、母乳喂养、孕期常见问题的处理方法、孕期营养、孕产期心理保健、新生儿护理等线下必修课程讲座 132 场，以及营养实操课程、准爸妈训练营、准奶奶准姥姥训练营、科学胎教、艺术手工胎教、婴儿被动操等讲座 107 场。全年孕妇听课 5354 人次，听课率 152%。制作核心健康教育知识宣传折页 6 种 6 万份；全年湖里区妇幼保健院微信公众号推送科普知识 300 余篇，总阅读量 49.9 万人次；制作推送科普知识短视频 37 期，总阅读量 14.4 万人次。

（朱春雷）

生育服务

【概况】 2023 年，湖里区总人口 950271 人（按计划生育口径统计），其中，常住人口 399799 人、流动人口 550472 人；育龄妇女 275691 人，其中，常住人口育龄妇女 110835 人、已婚 76731 人，流动人口育龄妇女 164856 人、已婚 91610 人。全年出生人口 6965 人，其中，常住人口出生 3451 人，流动人口出生 3514 人；常住出生人口政策符合率 98.41%，出生人口性别比 114.88，流动出生人口政策符合率 98.58%，出生人口性别比 115.06。人口信息统计准确率 99.9%。

（刘浩凡）

【“暖心家园”项目服务】 2023 年，湖里区计生协会在“暖心家园”（吕岭项目点）的基础上，新建金山街道金安社区、禾山街道枋湖社区 2 个“暖心家园”机动阵地，形成“1 个中心 +2 个机动阵地”的运行模式。湖里区“暖心家园”（吕岭项目点）建档 108 户，入户探访 99 户，辅导性个案开案 2 个、咨询性个案开案 8 个；举办欢聚好日子、郊游联谊、暖心朋友圈、开心生日会等集体性活动 17 场，其中，举办欢聚好日子活动 4 场、郊游活动 1 场、暖心朋友圈活动 4 场、暖心特艺帮帮团活动 4 场、开心生日会 4 场；举办健康知识讲座 5 场、志愿者培训及团建 2 场、常态化茶话会 20 场，共 828 人次参与。湖里区“暖心家园”（吕岭项目点）依托智慧平台，全年提供智慧金秘书服务212人次，其中，助餐108人次、生活服务104人次，其中，助浴60人次，保洁23家次，搬家、通马桶等6家次，疫情代购6次，空调清洗3次，临时陪护2次，医护支持2次，适老化改造2次。6月，湖里区“暖心家园康晖”项目点启用，全年服务家庭71户，动态建档71份，开展入户关怀133人次、电访关怀406人次，辅导性个案开案3个、服务15人次、提供入户6次，“暖心家园”面谈1次，电话访问10次；康晖项目点全年开展各类活动22场，其中，暖心生日会3场、能量升升坊活动10场、健康帮帮团活动1场、泡茶会7场、志愿者培训1场，437人次参与活动。

【金秋助学】 2023年，湖里区计生协会根据街道、社区反馈参加中、高考的录取情况和跟踪回访往年市级资助对象情况，共安排资金2.9万元，资助6名中、高考新生和3名往年续助生。

【“幸福工程”项目】 2023年，湖里区计生协会启动第十八批“幸福工程”项目，投入专项资金51万元。与区妇幼保健院结对开展“扶助健康”和“扶智赋能”工作，开办母婴护理师培训班3期，培训学员150人，开展妇科病普查及“两癌”免费筛查，筛查女性15977人次。

（林雅琪）

社区卫生服务

【概况】 2023年，湖里区有湖里、殿前、江头、禾山、金山5家街道社区卫生服务中心，湖里东渡、江头蔡塘、禾山禾盛等分中心3家。区卫健局印发《湖里区社区卫生服务中心三年发展规划》《湖里区社区卫生服务中心管理文件汇编》。指导各社区卫生服务中心制定《社区卫生服务中心岗位设置和岗位竞聘方案》，202人实现岗位晋升。调整科室设置框架，将中心科室设置为党政办公室、综合科、财务科、医疗管理科、公共卫生科、家签管理科6个科室。制定《社区卫生服务中心中层干部管理办法》，各中心明确中层干部任职资格、职责权利、选拔任用程序、退出机制。制定《社区卫生服务中心增量绩效分配方案》，将增量绩效与职称脱钩，创新编制增量绩效计算公式，将分配系数与岗位特点、考核排名及工作量挂钩。5家中心与厦门市中医院、复旦大学附属中山医院厦门医院等5家机构就双向转诊、资源共享、人才培养等达成协议，并和协作医院共同为居民提供甲状腺结节筛查、肝病专病门诊、困难群众“光明行动”等服务。社区卫生服务中心全年共转诊患者1.5万人次。殿前街道社区卫生服务中心通过“社区医院”省级评估，截至年底，湖里区创建社区医院2家，是厦门岛内仅有的2家社区医院。5家中心均通过厦门市胸痛救治单元认证验收，成为全市仅有的所有社区卫生服务中心均获得年度“厦门市胸痛救治单元质控优秀单位”称号的行政区。辖区5家街道社区卫生服务中心均达到“优质服务基层行”推荐标准，在全市率先实现“优质服务基层行”推荐标准达标全覆盖。

（李舒彦）

【湖里街道社区卫生服务中心】 基本医疗服务　2023年，湖里街道社区卫生服务中心门诊量22.77万人次，较上年增加2.3万人次，增长率11.23%。配备西药396种、中成药180种、中药饮片342种。开出总处方15.9万张，其中，中药处方7513张，占总处方的4.72%；中医非药物处方4832张，占总处方的3%。全年专家下社区门诊226人次，举办讲座及培训19次，跟诊226人次。中心向上转诊3002人次，接收下转患者423人次。开展专病筛查工作，慢阻肺患者规范化呼吸康复项目入组12人，进行规范化管理；冠心病评估2472人；大肠癌筛查2224人，检测出阳性102人。脑卒中筛查2000人，筛选出高危人群453人。

基本公共卫生服务　2023年，湖里街道免疫规划疫苗接种2.33万人次，非免疫规划疫苗接种24种3.04万人次。新增、完善居民健康档案3879份，在管档案14.68万份，档案动态使用率76.2%。免费为0～3岁儿童提供健康体检，辖区健康管理3岁以下户籍儿童2807人，系统管理率96.05%，6个月内母乳喂养率55.4%，筛查出高危儿童217人。辖区产妇在社区建卡1103人，建卡率98.7%，早孕建卡率94.84%，系统管理率97.51%。开展预防艾滋病、梅毒和乙肝母婴传播健康教育活动，普及孕期相关知识。举办孕妇班7期。对已管理的高血压患者定期随访并进行饮食、运动等健康指导及生活方式干预。落实35岁以上首诊病人测血压制度，首诊测血压执行率100%。年内，筛查新发现并纳入管理高血压患者122人，至年底，共管理高血压患者6512人。筛查新发现并纳入管理糖尿病患者76人，至年底，共管理糖尿病患者3193人。中医体质辨识8809人次，健康管理率78.43%。纳入本辖区的艾滋病患者187人，管理肺结核患者80人。开展各卫生日主题宣传活动26场，参与义诊3924人次，举办健康素养知识讲座31场次，新增制作折页15种29690份，发放自制宣传材料40种29720份。服务辖区65岁及以上常住老年人1.44万人，中医体质辨识、中医药健康管理服务各1.04万人次。

家庭医生签约服务　常住居民签约82263人，签约覆盖率46.15%；辖区在管高血压居民6512人，高血压居民签约6512人，签约率100%，辖区内在管糖尿病居民3191人，糖尿病居民签约3191人，签约率100%，辖区内重点人群签约34208人，签约覆盖率91.62%。厦门“i健康”小程序绑定率46.13%，咨询6489人次，健康教育38.35万人次，代预约275人次，建立家庭病床21张，完成线上处方订单208笔。

（董　佳）

【殿前街道社区卫生服务中心】 基本医疗服务　2023年，殿前街道社区卫生服务中心门诊量19.34万人次，比上年减少8188人次，下降4.06%。配备西药380种、中成药165种、中药380种。全年开出总处方13.72万张，其中，中药处方6893张，占总处方的5.03%；中医非药物处方5.87万张，占总处方的42.78%。全年开展专家下社区门诊810人次，专家下社区开展讲座及培训12次，跟诊402人次。推进精准双向转诊工作，向上转诊2049人次，中心接收下转患者370人次。慢阻肺筛查537人，慢阻肺患者规范化呼吸康复项目入组9人，进行规范化管理；冠心病评估552人；大肠癌筛查1569人，检测出阳性18人；乙肝筛查6707人，检测出阳性10人，补种乙肝疫苗2383人。

基本公共卫生服务　2023年，免疫规划疫苗接种2.39万人次，非免疫规划疫苗接种4144人次。新增、完善居民健康档案1.84万份，在管档案15.95万份。免费为0～3岁儿童提供健康体检，辖区3岁以下户籍儿童健康管理1450人，系统管理率97%，6个月内母乳喂养率56.22%，筛查出高危儿童110人。辖区产妇在社区建卡897人，建卡率96.86%，早孕建卡率96.4%，系管率96.16%。开展预防艾滋病、梅毒和乙肝母婴传播健康教育活动，普及孕期相关知识。是年，发放相关宣传材料2.16万份，举办孕妇班7期。对已管理的高血压患者定期随访并进行饮食、运动等健康指导及生活方式干预。落实35岁以上首诊病人测血压制度，首诊测血压执行率99.97%。年内，筛查新发现并纳入管理高血压患者635人，在管高血压患者5879人。筛查新发现并纳入管理糖尿病患者159人，在管糖尿病患者2581人。服务辖区65岁及以上常住老年人6044人，完成健康管理4785人，中医体质辨识4553人次，健康管理率79.17%。管理艾滋病患者179人、肺结核病人50人。开展健康教育知识科普宣传，覆盖辖区9个居委会、11所学校。举办健康知识讲座30场次，听讲1758人次，开展公众健康咨询活动17场次，咨询3190人次。65岁以上老年人中医药健康管理服务4553人，0～36个月儿童中医药健康管理服务2107人，开出中医非药物处方5867个、中医药处方73098个。

家庭医生签约服务　2023年，辖区常住居民签约99750人，签约覆盖率47.55%；在管高血压居民6085人，家庭医生签约4936人，签约率81.1%，在管糖尿病居民2621人，签约2238人，签约率85.4%，重点人群签约20186人，签约覆盖率81.5%。厦门“i健康”绑定率45.39%，咨询6658人次，健康教育67.36万人次。开展双向转诊工作，预约上转581人次，康复下转215人次。入户访视80岁以上居民305人次，入户率74.5%，建家庭病床22张，完成线上处方订单234笔。

（郭樱樟）

【江头街道社区卫生服务中心】 基本医疗服务　2023年，江头街道社区卫生服务中心门诊量21.95万人次，比上年增加7990人次，增长3.8%；配备西药365种、中成药165种、中药363种。全年开出总处方20.46万张，其中，中药处方8490张，占总处方的4.15%；开出中医非药物处方1.11万张，占总处方的5.4%。稳步推进精准双向转诊工作，向上转诊累计1411人次，中心接收下转患者238人次。全年开展专家下社区门诊787人次，专家下社区举办讲座及培训10次，跟诊185人次。慢阻肺患者规范化呼吸康复项目入组20人，进行规范化管理；冠心病评估2449人；大肠癌筛查790人，检测出阳性40人。

基本公共卫生服务　2023年，免疫规划疫苗接种2.47万人次，非免疫规划疫苗接种32种4.28万人次。新增、完善居民健康档案6692份，在管档案16.56万份，档案动态使用率53.42%。免费为0～3岁儿童提供健康体检，辖区3岁以下户籍儿童健康管理2350人，系统管理率96.13%，6个月内母乳喂养率59.99%，筛查出高危儿童356人。辖区产妇在社区建卡1115人，建卡率99.82%，早孕建卡率95.87%，系统管理率96.56%。开展预防艾滋病、梅毒和乙肝母婴传播健康教育活动，发放宣传材料1404份，举办孕妇班

2023 年 6 月 5 日，江头街道社区卫生服务中心到江头中心小学开展爱眼日宣传活动　（江头街道社区卫生服务中心　供图）

13 期，普及孕期相关知识。对已管理的高血压患者定期随访并进行饮食、运动等健康指导及生活方式干预。落实 35 岁以上首诊病人测血压制度，首诊测血压执行率 100%。年内，筛查新发现并纳入管理高血压患者 707 人，在管高血压患者 5945 人。筛查新发现并纳入管理糖尿病患者 377 人，在管糖尿病患者 2592 人。服务辖区 65 岁及以上常住老年人 1.16 万人，完成健康管理 9078 人，中医体质辨识 8809 人，健康管理率 78.43%。管理艾滋病患者 253 人、肺结核病人 108 人。开展健康教育知识科普宣传，覆盖辖区 11 个社区居委会、9 所学校。举办健康知识讲座 34 场次，听讲座 3825 人次。开展公众健康咨询活动 20 场次，受益 5300 人次。65 岁以上老年人中医药健康管理服务 8809 人，0～36 个月儿童中医药健康管理服务 4582 人。

家庭医生签约服务　2023 年，常住居民签约 91983 人，签约覆盖率 51.05%。辖区在管高血压居民 5945 人，家庭医生签约 5074 人，签约率 85.35%。在管糖尿病居民 2592 人，签约 2441 人，签约率 94.17%。辖区内重点人群签约 2.87 万人，签约覆盖率 87.31%。厦门“i 健康”绑定率 53.64%，咨询 4857 人次，接受健康教育 58.55 万人次，代预约 913 人次，建设家庭病床 21 张，完成线上处方订单 228 笔。

（周　凌）

【禾山街道社区卫生服务中心】 基本医疗服务　2023 年，禾山街道社区卫生服务中心门诊量 26.61 万人次，比上年增长 9.12%；门诊收入 7338.17 万元，比上年增长 26%，自有结余 1196.39 万元；配备西药 425 种、中成药 168 种、中草药（中药饮片）529 种，开出总处方 23.01 万张，其中，中医药处方 11.82 万张，占总处方的 51.37%。加强协同服务，提升精准双向转诊率，全年双向转诊 6295 人，其中，下转 5943 人，上转 352 人。有 11 名专家下社区坐诊，门诊 1082 人次。推进专病分级诊疗工作，慢阻肺入组 31 人，完成率 114.81%；通过胸痛平台上报胸痛病人 33 人次，微信上转心血管病患者 23 人次；完成大肠癌筛查 2336 人，阳性 75 例，大便隐血筛查（OB）阳性 22 例，阳性及 OB 阳性患者完成胃肠镜 19 人，完成率达标。

基本公共卫生服务　2023 年，中心累计建立居民健康档案 27.65 万份，建档率 84.56%。举办健康教育讲座 26 场次，义诊咨询 14 场次。免疫规划疫苗接种 3.88 万人次，非免疫规划疫苗接种 7.29 万人次。开展 0～6 岁儿童体检 3.44 万人次，规范管理率 98%。户籍人口产妇 1096 人，活产 1110 人；孕产妇系统管理率 96.85%，早孕检查率 96.18%，产前检查率 100%。完成老年人体检 9085 人，体检率 80.31%。管理高血压患者 8945 人，完成率 100%，规范管理率 92.68%；管理糖尿病患者 3575 人，完成率 100%，规范管理率 92.98%，控制率 73.3%。严重精神障碍患者在册 656 人，在管患者 601 例，规范管理率 91.62%，服药率 83.08%，面访率 88.72%。追踪疑似结核病患者 168 人，督导管理结核病患者 102 人，在管 53 人。建家庭病床 32 张；完成冠心病筛查 2593 人次，糖尿病一体化、规范化管理 1650 人。

家庭医生签约服务　2023 年，家庭医生签约 16.89 万人，签约服务覆盖率 54.6%；厦门“i 健康”小程序绑定 3 万人，绑定率 45.65%，咨询回复 1.03 万条，及时回复率 99.92%；入户访视 80 岁老年人 367 人，入户率 60.86%。

（刘颖莎）

【金山街道社区卫生服务中心】 基本医疗服务　2023 年，金山街道社区卫生服务中心门诊 15.33 万人次，比上年增加5338人次，增长3.6%。推进精准双向转诊工作，中心向上转诊1385人次，接收下转患者373人次。专家下社区门诊670人次，举办讲座及培训14场次，跟诊670人次。慢阻肺患者规范化呼吸康复项目入组23人，进行规范化管理；冠心病评估1436人，大肠癌筛查1289人，检测出阳性173人。乙肝筛查295人，检测出阳性29人。推进体医融合项目，运动指导2000余人次，八部金刚功练习650余人次，开设慢病干预运动课程34期，418人次参与。与科宏眼科医院合作，推进“光明天使驿站”工作，开展新生儿视力保健筛查、青少年儿童视力复查、老年人视力筛查等项目。

基本公共卫生服务　2023年，免疫规划疫苗接种2.57万人次，接种率95%以上，非免疫规划疫苗接种3.36万人次。孕产妇建卡915人，其中早孕建册869人。产前检查1008人次，产后访视1143人次。母乳喂养指导普及率100%，6个月内纯母乳喂养率55.45%。新生儿访视1075人，0～3岁儿童健康管理7128人次，0～36个月儿童中医药健康管理2378人次。管理5岁以下低体重儿童47人，低体重患病率1.3%；5岁以下儿童生长迟缓41人，生长迟缓患病率1.13%；5岁以下儿童超重510人，超重患病率14.12%；5岁以下儿童肥胖141人，肥胖患病率3.9%。管理艾滋病病毒感染者及艾滋病患者143人，上报传染病病例17例；新增管理肺结核患者41人，管理率100%，辖区内完成治疗的肺结核患者22人，按照要求规则服药的患者20人，规则服药率90.9%，治愈率90.9%，开展结核病防治知识传播现场活动4场，辖区常住人口5‰胸片筛查目标595人，完成1300人次。中心更新健康教育宣传栏6期18版。发放健康教育印刷资料2.54万本，举办健康教育讲座27场，举办健康教育咨询活动28次。管理糖尿病患者1851人，规范管理率99.14%。管理高血压患者4221人，规范管理98.84%。中心免费为辖区65岁及以上老年人提供免费体检，完成体检6350人，体检率74.15%。下居委会开展体检23场次。管理电子健康档案11.84万人，新建立合格健康档案2745人，电子档案建档率99.98%，新建档案合格率100%。辖区在册严重精神障碍患者457人，发现率3.72‰，比上年提高0.15‰，面访率86.87%。及时进行危机干预，全年处理7例应急医疗事件，预防肇事肇祸事件发生。

家庭医生签约服务　2023年，常住居民签约5.59万人，签约覆盖率47.21%。辖区在管高血压居民4221人，签约4198人，签约率99.5%；辖区在管糖尿病居民1851人，签约1806人，签约率97.6%；辖区内重点人群签约2.6万人，签约覆盖率86.18%。厦门“i健康”小程序绑定率47.3%，咨询2436次，健康教育28.82万人次，代预约497人次，建家庭病床21张，完成线上处方订单394笔。

（杨芳芳）

体育

体育设施

【概况】 2023年，湖里区体育场地面积260万平方米，人均体育场地面积2.61平方米。体育场地总数2025个，其中，室外运动场地1269个、室内运动场地756个，田径场地70个、游泳场地107个、足球场地77个、篮球场地327个、排球场地35个、乒乓球场地247个、羽毛球场地96个、滑雪场地1个、全民健身路径346个、健身房351个（智慧健身房9个）、健身步道114个、射击馆3个、射箭场（馆）5个、击剑馆9个、其他场地237个。社会资本捐建室外智能健身房1个。

【体育场馆建设】 2023年，湖里区打造“15分钟健身圈”，编制《湖里区群众身边健身场地设施建设项目规划（2023—2025年）》和《湖里区2023年群众身边健身运动场地设施建设工作方案》，将群众健身运动场地设施建设纳入岛内大提升项目。投入约341万元，新建或改建全民健身场地设施14处，其中，室内健身室3个、智慧健身房1个、多人群组合健身场1个、乒乓球场2个、健身步道2条、健身路径2个、篮球场2个、健身驿站1个。

【学校体育场地对外开放】 2023年，湖里区有厦门市金尚小学、厦门市东渡小学、厦门市湖里中心小学、厦门市东渡第二小学等24所区属学校和1所市属学校（厦门五缘第二实验学校）场地对外开放，全年接受预约40.4万人次。

（钟秀梅）

2023年，湖里区引入社会资本捐建室外智能健身房。图为禾山社区中央美地室外智能健身房

（深圳市好家庭健康科技有限公司　供图）

群众体育

【概况】 2023年，湖里区新增击剑协会、社会体育指导员协会，至年底，共有各类体育协会25个。区总工会、街道办、社区居委会、体育协会举办健步行、趣味运动会、拔河、轮滑、跑步、广场舞、球类比赛、水上安全知识普及等体育活动257场，参与人员3.29万人次。成立区体育代表团，组织1814名运动员参加厦门市第二十一届运动会，获青少年部总积

分榜第二名、青少年部金牌榜第二名和体育道德风尚奖。湖里区代表厦门市参加全国老年人体育健身交流大会健身球操项目交流活动。

【体育协会】 2023年，湖里区有散打搏击、田径等各类体育协会25个，有单位会员和个人会员1314个人。

【区老年人体育协会健身球操获奖】 2023年，湖里区老年人体育协会代表厦门市参加全国老年人体育健身交流大会健身球操项目交流活动，获得“创编奖”第一名、女子集体自编套路第一名、女子规定套路第二名以及“道德风尚奖”4个奖项。

（钟秀梅）

2023年湖里区体育协会一览表

表23

协会名称	成立时间	组织构成	2023年开展的主要活动或举行的比赛
体育舞蹈协会	2013年3月13日	理事23人、监事（会）5人、专职工作人员1人，个人会员50人	选拔运动员参加厦门市第二十一届运动会，获行业部第二名1个、第三名1个、第五名2个
老年人体育协会	2013年4月18日	理事13人、监事（会）3人、专职工作人员2人，个人会员100人	举办扑克八十分比赛、老年人乒乓球交流活动、第22届“巾帼杯”门球交流活动、老年人象棋个人交流活动、老年人乒乓球交流活动、象棋老年与少年交流赛、“湖里杯”乒乓球团体（双打）交流活动、老年门球交流展示活动、老年人地掷球交流展示活动、老年人28式健身功气球规定套路交流活动，参加厦门市老年人新春健步行（湖里区分会场）活动、市第十一届老运会扑克八十分选拔赛、厦门市第十一届老年人体育健身大会中国象棋团体交流赛、厦门市第十一届老年人体育健身大会健身球操交流赛、厦门市老年人重阳登山周活动主会场启动仪式
游泳协会	2013年5月21日	理事11人、监事（会）3人、专职工作人员1人，个人会员54人	举办厦门市第七届五缘湾公开水域游泳赛、第五届中小学生游泳锦标赛暨幼儿园游泳趣味活动
羽毛球协会	2013年10月8日	理事9人、监事（会）3人、专职工作人员1人，个人会员50人	推广羽毛球运动
篮球协会	2014年11月24日	理事9人、监事（会）3人、专职工作人员3人，个人会员115人	举办“体彩杯”厦门第八届、第九届名校大学生篮球争霸赛，厦门首届两岸青少年篮球友谊赛
足球协会	2015年4月6日	理事9人、监事（会）3人、专职工作人员3人，单位会员1个、个人会员50人	举办2023年湖里区中小学生足球锦标赛；选拔运动员参加厦门市第二十一届运动会，获得行业部第四名，青少年部第一名1个、第二名2个、第四名1个
乒乓球协会	2015年4月16日	理事15人、监事（会）3人、个人会员64人	举办2023年第九届“谁是球王”厦门乒乓球民间争霸赛（湖里赛区）
青联体育协会	2016年3月23日	理事25人、监事（会）3人、专职工作人员3人，单位会员8个、个人会员50人	举办2022—2023赛季青少年篮球公开赛春季、秋季联赛（厦门赛区），“万达鹭港杯”第四届海峡两岸电商购物节青少年篮球赛，第八届“禾山杯”海峡两岸社区足球赛
武术协会	2017年1月19日	理事17人、监事（会）3人，个人会员53人	参加高殿社区“庆元宵”“祝寿”晚会，殿前街道禁毒宣传活动；开设快乐武术“宋江阵”班；组队参加福建省青少年武术套路锦标赛，获铜牌1枚；组队参加厦门市青少年舞龙舞狮锦标赛，获金牌3枚、银牌1枚、铜牌2枚；组队参加第14届华夏南少林武术大赛，获金牌19枚、银牌10枚、铜牌4枚；组队参加2023年湖里区中小学生武术套路锦标赛，获银牌3枚、铜牌1枚
围棋协会	2017年5月31日	理事13人、监事（会）3人、专职工作人员1人，个人会员58人	举办2023年厦门市（湖里区）第二十六届、第二十七届青少年围棋业余段级位赛

续表 23

协会名称	成立时间	组织构成	2023 年开展的主要活动或举行的比赛
田径协会	2018 年 10 月 12 日	理事 9 人、监事（会）3 人、专职工作人员 1 人，单位会员 50 个、个人会员 4 人	协助区少体校培养优秀田径运动员
跆拳道协会	2018 年 11 月 27 日	理事 9 人、监事（会）3 人，单位会员 50 个	每周两次，每次 2 小时训练，提升学员技术素质，宣传推广跆拳道精神
轮滑协会	2018 年 12 月 13 日	理事 9 人、监事（会）3 人、专职工作人员 1 人，个人会员 50 人	举办 2023 年厦门市第十六届轮滑公开赛暨湖里第六届自由式轮滑赛
国际象棋协会	2019 年 2 月 2 日	理事 15 人、监事（会）3 人、单位会员 4 个，个人会员 52 人	举办 2022 秋季、2023 春季厦门市国际象棋等级赛，第四届厦门市国际象棋等级赛湖里分区赛
拳击协会	2019 年 5 月 16 日	理事 9 人，监事（会）3 人，单位会员 50 个	协助区少体校培养优秀拳击运动员
散打搏击协会	2019 年 9 月 3 日	理事 9 人、监事（会）3 人、专职工作人员 1 人，单位会员 7 个、个人会员 60 人	举办王者搏击精英赛、鹭岛英雄功夫大赛
气排球协会	2019 年 11 月 18 日	理事 13 人、监事（会）3 人，单位会员 1 个、个人会员 50 人	在全区范围内推广气排球运动，举办 2023 年湖里区第二届中小学生排球锦标赛
象棋协会	2019 年 12 月 19 日	理事 9 人、监事（会）3 人、专职工作人员 1 人，单位会员 1 个、个人会员 49 人	举办 2022 年、2023 年“象屿杯”福建省厦门市象棋等级赛，2023 年全国业余棋王赛“象屿杯”福建省厦门市湖里区少儿象棋比赛，选拔运动员参加厦门市第二十一届运动会，获行业部第一名 1 个、第三名 1 个、第五名 1 个
健身运动协会	2020 年 6 月 22 日	理事 9 人、监事（会）3 人、专职工作人员 1 人，单位会员 5 个、个人会员 46 人	举办 2023 官健时尚体育嘉年华暨第九届官健健体大赛
定向运动协会	2020 年 7 月 24 日	理事 9 人、监事（会）3 人，个人会员 52 人	选拔运动员参加厦门市第二十一届运动会，获行业部第一名 1 个、第四名 1 个、第五名 1 个、第六名 2 个
网球协会	2020 年 12 月 25 日	理事 13 人、监事（会）3 人，单位会员 8 个、个人会员 45 人	选拔运动员参加厦门市第二十一届运动会，获行业部第一名 3 个、第二名 3 个、第四名 2 个，第五至八名各 1 个
射箭协会	2021 年 2 月 3 日	理事 9 人、监事（会）3 人，个人会员 50 人	举办“五缘杯”闽台射箭邀请赛暨厦门市第二十一届运动会湖里区射箭选拔赛、2023 中国射箭协会认证达级赛（福建厦门站）、第七届华东南射箭邀请赛
手球协会	2021 年 10 月 21 日	理事 9 人、监事（会）3 人，个人会员 50 人	举办 2023 年湖里区中小学手球锦标赛、2023 年全国幼儿手球嘉年华（厦门站）；选拔运动员参加厦门市第二十一届运动会，获青少年部第一名 2 个、第二名 2 个、第三名 1 个、第四名 1 个
击剑协会	2023 年 1 月 16 日	理事 9 人、监事（会）3 人，个人会员 50 人	举办 2023 年湖里区击剑协会首届青少年击剑邀请赛暨厦门市第二十一届运动会击剑（第一站）选拔赛；选拔运动员参加厦门市第二十一届运动会，获第一名 2 个、第二名 20 个、第三名 10 个、第四名 16 个、第五名 7 个、第六名 4 个、第七名 1 个、第八名 5 个
社会体育指导员协会	2023 年 12 月 7 日	理事 13 人、监事（会）3 人，个人会员 50 人	在湖里区 23 个社区志愿者服务驿站开设体育公益课 29 场，项目涵盖基础跳绳、幼儿趣味体适能、触球、篮球、幼儿触球感统、益智力、轮滑、围棋等，服务约 500 人次

竞技体育

【概况】 2023年，湖里区打造“悦游湖里”之悦动四季休闲运动节品牌，举办第十七届中国俱乐部杯帆船挑战赛、全国尾波（冲浪）锦标赛、国际名校大学生篮球争霸赛、“禾山杯”海峡两岸社区足球赛、“体彩杯”两岸青少年篮球友谊赛、“海洋之星”青少年帆船赛、中国射箭协会认证达级赛（福建厦门站）暨华东南射箭邀请赛等涵盖陆地、水上多种类型的体育赛事。运动员1762人、体育运动指导员65人、裁判员115人参与各项赛事活动。

【湖里区少儿体校】 厦门市湖里区少年儿童业余体育学校（以下简称湖里区少体校）创办于2010年10月，重点发展乒乓球、武术套路、武术散打、篮球、足球、水上运动、羽毛球、网球、田径、游泳、射击、射箭、排球、击剑、柔道、棒垒球等项目，组织少年儿童参加业余体育训练和竞赛，向市级、省级等训练单位和高校输送体育后备人才。2023年，湖里区少体校有教练25人，在训学员800多人；有区级业余训练合作基地校38所，市级竞技体育后备人才培养基地校9所、体育竞技项目11项，市队区办训练基地校2所、体育竞技项目4项。区少体校组队参加省级以上青少年体育竞赛，获金牌48枚、银牌47枚、铜牌65枚；参加厦门市第二十一届运动会，共获金牌170枚、银牌185枚、铜牌201枚，夺得青少年组金牌总数和奖牌总数第二名。

【运动员参加国家、省、市级体育竞赛】 2023年，湖里区组队参加福建省青少年乒乓球巡回赛（集美站）暨中国乒协国青国少集训队（第四期）选拔赛，获前三名32人；参加福建省中学生乒乓球联赛，获前三名161人次；2名乒乓球队队员参加省级选拔，入选福建省中学生乒乓球代表队，代表福建省参加全国第一届学生（青年）运动会。武术队参加2023年福建省青少年武术套路锦标赛，获第一、二、三名各11人。射击队参加2023年福建省射击锦标赛，获第一、二名各5人，第三名6人；参加2023年福建省青少年射箭锦标赛，获第一、二、三名各1人。田径队参加2023年全国U16田径锦标赛，获第二名1人；参加2023年福建省青少年田径锦标赛，获第一名2人、第二名1人、第三名1人。游泳队参加2023年福建省青少年游泳冠军赛暨省锦标赛，获第一名3人、第二名4人、第三名2人。羽毛球队参加2023年“胜利杯”全国羽毛球比赛U10—11总决赛，获第六名1人；参加2023年未来之志福建省青少年羽毛球巡回赛（厦门站），获第一名3人、第三名5人。散打队参加市级比赛，获第一名5人、第二名7人、第三名19人。体操项目在市级比赛中获第一名15人、第二名15人、第三名16人。蹦床项目在市级比赛中获第一名3人、第二名2人、第三名4人。

2023年湖里区运动员参加省级以上体育竞赛情况一览表

表24

姓名	性别	参赛项目	比赛名称	比赛成绩	奖项
王彦宇	男	男子太极拳	2023年全国武术套路冠军赛	第一名	金牌
王彦宇	男	男子太极剑	2023年全国武术套路冠军赛	第二名	银牌
李凌霜	女	校园中学组女子自选棍术	第一届全国学生（青年）运动会	第二名	银牌
李凌霜	女	校园中学组女子自选刀术	第一届全国学生（青年）运动会	第三名	铜牌
蔡泽芳	女	U8女子花剑团体	全国B级击剑俱乐部联赛	团体第三名	铜牌
张秉琛	男	男子10米气手枪团体	2023年成都大运会	第二名	银牌
王佳煊	女	女子甲组25米手枪	2023年福建省射击锦标赛	第一名	金牌
卓雯娜	女	女子乙组10米气手枪	2023年福建省射击锦标赛	第一名	金牌
王佳煊	女	女子甲组10米气手枪混合团体	2023年福建省射击锦标赛	第一名	金牌
刘添宇	男	男子乙组10米气步枪	2023年福建省射击锦标赛	第一名	金牌
涂怀玉	女	女子乙组50米3姿团体	2023年福建省射击锦标赛	第一名	金牌

续表 24

姓名	性别	参赛项目	比赛名称	比赛成绩	奖项
刘添宇	男	男子乙组 10 米气步枪团体	2023 年福建省射击锦标赛	第二名	银牌
刘添宇	男	男子乙组 50 米 3 姿	2023 年福建省射击锦标赛	第二名	银牌
卓雯娜	女	女乙组 25 米慢射团体	2023 年福建省射击锦标赛	第二名	银牌
陈泓宇	女	女乙组 25 米慢射团体	2023 年福建省射击锦标赛	第二名	银牌
陈梓洋	女	女子丙组 10 米气手枪	2023 年福建省射击锦标赛	第二名	银牌
邓雨煊	女	女子丙组 10 米气步枪	2023 年福建省射击锦标赛	第二名	银牌
卓雯娜	女	女子乙组 25 米慢射	2023 年福建省射击锦标赛	第三名	铜牌
黄文昊	男	男子乙组 50 米慢射团体	2023 年福建省射击锦标赛	第三名	铜牌
卓雯娜	女	乙组气手枪混合团体	2023 年福建省射击锦标赛	第三名	铜牌
黄文昊	男	乙组气手枪混合团体	2023 年福建省射击锦标赛	第三名	铜牌
何晓辰	男	男子丙组 10 米气步枪	2023 年福建省射击锦标赛	第三名	铜牌
薛宇宸	男	男子丙组 10 米气手枪	2023 年福建省射击锦标赛	第三名	铜牌
涂怀玉	女	女子乙组 50 米卧射	2023 年福建省射击锦标赛	第三名	铜牌
陈雅莉	女	女子乙组 50 米卧射	2023 年福建省射击锦标赛	第三名	铜牌
黄锦洲	男	男子乙组长拳	2023 年福建省青少年武术套路锦标赛	第一名	金牌
戴元皓	男	男子丙组长拳	2023 年福建省青少年武术套路锦标赛	第一名	金牌
张　超	男	男子丙组规定拳	2023 年福建省青少年武术套路锦标赛	第一名	金牌
李凌霜	女	女子乙组刀术	2023 年福建省青少年武术套路锦标赛	第一名	金牌
潘浩然	男	男子乙组太极剑	2023 年福建省青少年武术套路锦标赛	第一名	金牌
廖子漠	男	男子丙组初级刀	2023 年福建省青少年武术套路锦标赛	第一名	金牌
戴元皓	男	男子丙组初级枪	2023 年福建省青少年武术套路锦标赛	第一名	金牌
邱诗敏	女	女子乙组初级棍	2023 年福建省青少年武术套路锦标赛	第一名	金牌
薛渤滐	男	男子丙组初级棍	2023 年福建省青少年武术套路锦标赛	第二名	银牌
廖子漠	男	男子丙组初级棍	2023 年福建省青少年武术套路锦标赛	第二名	银牌
邱宇轩	男	男子乙组剑术	2023 年福建省青少年武术套路锦标赛	第二名	银牌
陈黄俊	男	男子乙组棍术	2023 年福建省青少年武术套路锦标赛	第二名	银牌
黄锦洲	男	男子乙组剑术	2023 年福建省青少年武术套路锦标赛	第二名	银牌
邱诗敏	女	女子丙组长拳	2023 年福建省青少年武术套路锦标赛	第二名	银牌
薛岚心	女	女子丙组初级枪	2023 年福建省青少年武术套路锦标赛	第二名	银牌
薛岚心	女	女子丙组规定拳	2023 年福建省青少年武术套路锦标赛	第二名	银牌
李凌霜	女	女子乙组棍术	2023 年福建省青少年武术套路锦标赛	第二名	银牌
邱永捷	男	男子乙组长拳	2023 年福建省青少年武术套路锦标赛	第三名	铜牌

续表 24

姓名	性别	参赛项目	比赛名称	比赛成绩	奖项
孙毅恒	男	男子丙组初级刀	2023 年福建省青少年武术套路锦标赛	第三名	铜牌
陈黄俊	男	男子乙组刀术	2023 年福建省青少年武术套路锦标赛	第三名	铜牌
潘浩然	男	男子乙组太极拳	2023 年福建省青少年武术套路锦标赛	第三名	铜牌
邱宇轩	男	男子乙组枪术	2023 年福建省青少年武术套路锦标赛	第三名	铜牌
潘浩然	男	男子乙组棍术	2023 年福建省青少年武术套路锦标赛	第三名	铜牌
李凌霜	女	女子乙组长拳	2023 年福建省青少年武术套路锦标赛	第三名	铜牌
潘浩然	男	乙组集体基本功	2023 年福建省青少年武术套路锦标赛	第三名	铜牌
李凌霜	女	乙组集体基本功	2023 年福建省青少年武术套路锦标赛	第三名	铜牌
黄锦洲	男	乙组集体基本功	2023 年福建省青少年武术套路锦标赛	第三名	铜牌
邱宇轩	男	乙组集体基本功	2023 年福建省青少年武术套路锦标赛	第三名	铜牌
薛岚心	女	丙组集体基本功	2023 年福建省青少年武术套路锦标赛	第三名	铜牌
孙语涵	女	丙组集体基本功	2023 年福建省青少年武术套路锦标赛	第三名	铜牌
邱诗敏	女	丙组集体基本功	2023 年福建省青少年武术套路锦标赛	第三名	铜牌
廖子漠	男	丙组集体基本功	2023 年福建省青少年武术套路锦标赛	第三名	铜牌
戴元皓	男	丙组集体基本功	2023 年福建省青少年武术套路锦标赛	第三名	铜牌
吴灵钰	女	17～18 岁组 100 米仰泳	2023 年福建省青少年游泳冠军赛暨锦标赛达标赛	第一名	金牌
施　雯	女	女子甲组 400 米混合泳	2023 年福建省青少年游泳冠军赛暨锦标赛达标赛	第一名	金牌
施　雯	女	女子甲组 200 米蛙泳	2023 年福建省青少年游泳冠军赛暨锦标赛达标赛	第二名	银牌
吴禹彤	女	女子丁组 200 米个人混合泳	2023 年福建省青少年游泳冠军赛暨锦标赛达标赛	第二名	银牌
熊芊竹	女	女子丁组 50 米仰泳	2023 年福建省青少年游泳冠军赛暨锦标赛达标赛	第二名	银牌
熊芊竹	女	女子丁组 100 米自由泳	2023 年福建省青少年游泳冠军赛暨锦标赛达标赛	第三名	铜牌
施　雯	女	女子甲组 400 米混合泳	2023 年福建省青少年游泳冠军赛暨省锦标赛	第一名	金牌
吴灵钰	女	女子 17～18 岁组 100 米仰泳	2023 年福建省青少年游泳冠军赛暨省锦标赛	第二名	银牌
施　雯	女	女子甲组 200 米蛙泳	2023 年福建省青少年游泳冠军赛暨省锦标赛	第三名	铜牌
严敏之	女	女子 56 公斤	2023 全国青少年武术散打锦标赛	第一名	金牌
陈欣凌	女	女子 48 公斤	2023 全国青少年武术散打锦标赛	第一名	金牌
张圣扬	男	9～10 岁组男子单打	福建省青少年乒乓球巡回赛（宁德站）	第二名	银牌
王子谦	男	11～12 岁组男子单打	福建省青少年乒乓球巡回赛（马尾站）	第一名	金牌
李海扬	男	男子甲组团体	福建省青少年乒乓球锦标赛	第一名	金牌
林妍希	女	女子甲组团体	福建省青少年乒乓球锦标赛	第一名	金牌
金奕萱	女	女子甲组团体	福建省青少年乒乓球锦标赛	第一名	金牌
严加欢	男	男子乙组团体	福建省青少年乒乓球锦标赛	第一名	金牌

续表 24

姓名	性别	参赛项目	比赛名称	比赛成绩	奖项
柯沐圻	男	男子乙组团体	福建省青少年乒乓球锦标赛	第一名	金牌
王子谦	男	男子丙组团体	福建省青少年乒乓球锦标赛	第一名	金牌
薛佳欣	女	女子丙组团体	福建省青少年乒乓球锦标赛	第一名	金牌
林沐慕	女	女子丁组团体	福建省青少年乒乓球锦标赛	第一名	金牌
严加欢	男	男子甲组单打	福建省青少年乒乓球锦标赛	第一名	金牌
薛佳欣	女	女子丙组单打	福建省青少年乒乓球锦标赛	第一名	金牌
李雨萱	女	女子乙组团体	福建省青少年乒乓球锦标赛	第二名	银牌
柯沐圻	男	男子乙组单打	福建省青少年乒乓球锦标赛	第三名	铜牌
林妍希	女	女子甲组单打	福建省青少年乒乓球锦标赛	第三名	铜牌
金奕萱	女	甲组混双	福建省青少年乒乓球锦标赛	第三名	铜牌
薛喆楷	男	初中组男子单打	福建省中学生乒乓球联赛	第一名	金牌
柯沐圻	男	初中组混合双打	福建省中学生乒乓球联赛	第一名	金牌
王莹莹	女	初中组混合双打	福建省中学生乒乓球联赛	第一名	金牌
柯沐圻	男	初中组男子单打	福建省中学生乒乓球联赛	第二名	银牌
薛喆楷	男	初中组男子双打	福建省中学生乒乓球联赛	第三名	铜牌
严加欢	男	初中组男子双打	福建省中学生乒乓球联赛	第三名	铜牌
严加欢	男	13 岁组男子单打	福建省青少年乒乓球巡回赛（集美站）暨中国乒协国青国少集训队（第四期）选拔赛	第一名	金牌
王子谦	男	11 岁组男子单打	福建省青少年乒乓球巡回赛（集美站）暨中国乒协国青国少集训队（第四期）选拔赛	第一名	金牌
林沐慕	女	9 岁组女子单打	福建省青少年乒乓球巡回赛（集美站）暨中国乒协国青国少集训队（第四期）选拔赛	第一名	金牌
王莹莹	女	15 岁组女子单打	福建省青少年乒乓球巡回赛（集美站）暨中国乒协国青国少集训队（第四期）选拔赛	第二名	银牌
李雨萱	女	12 岁组女子单打	福建省青少年乒乓球巡回赛（集美站）暨中国乒协国青国少集训队（第四期）选拔赛	第二名	银牌
张圣扬	男	10 岁组男子单打	福建省青少年乒乓球巡回赛（集美站）暨中国乒协国青国少集训队（第四期）选拔赛	第三名	铜牌
张　瀚	女	9 岁组女子单打	福建省青少年乒乓球巡回赛（集美站）暨中国乒协国青国少集训队（第四期）选拔赛	第三名	铜牌
李雨萱	女	11～12 岁组女子单打	福建省青少年乒乓球巡回赛（总决赛）	第三名	铜牌
郭铭全	男	男子乙组团体赛	2023 年福建省青少年射箭锦标赛	第一名	金牌
郭铭全	男	男子乙组排位赛	2023 年福建省青少年射箭锦标赛	第二名	银牌
郭铭全	男	男子乙组淘汰赛	2023 年福建省青少年射箭锦标赛	第三名	铜牌
陈子僖	男	男子乙组单打	2023 年未来之志福建省青少年羽毛球巡回赛（晋江站）	第一名	金牌

续表 24

姓名	性别	参赛项目	比赛名称	比赛成绩	奖项
陈子僖	男	男子乙组单打	2023 年未来之志福建省青少年羽毛球巡回赛（厦门站）	第一名	金牌
陈子僖	男	男子乙组单打	2023 年未来之志福建省青少年羽毛球巡回赛（福州站）	第一名	金牌
陈佳淼	女	女子甲组单打	2023 年未来之志福建省青少年羽毛球巡回赛（厦门站）	第三名	铜牌
陈佳淼	女	女子甲组单打	2023 年未来之志福建省青少年羽毛球巡回赛（福州站）	第三名	铜牌
陈佳淼	女	女子甲组单打	2023 年未来之志福建省青少年羽毛球巡回赛（龙岩站）	第三名	铜牌
张雨卓	女	女子丙组单打	2023 年未来之志福建省青少年羽毛球巡回赛（厦门站）	第三名	铜牌
苏俊铭	男	初中组男子单打	2023 年福建省中学生羽毛球联赛	第三名	铜牌
林　煜	男	初中男子组	2023 年福建省中学生篮球联赛	第二名	银牌
王银涛	男	初中男子组	2022—2023 全国初中篮球联赛（福建赛区）	第二名	银牌
朱锺信	男	初中男子组	2023 年福建省青少年篮球锦标赛	第二名	银牌
毕翰思	男	初中男子组	2023 年福建省青少年篮球锦标赛	第二名	银牌
叶奕懋	男	初中男子组	2023 年福建省青少年篮球锦标赛	第二名	银牌
林毅轩	男	初中男子组	2023 年福建省青少年篮球锦标赛	第二名	银牌
林　煜	男	初中男子组	2023 年福建省青少年篮球锦标赛	第二名	银牌
陈　鋆	男	少年乙组男子花剑团体	2023 年福建省青少年击剑锦标赛	团体第三名	铜牌
周宸瑾	男	少年乙组男子花剑团体	2023 年福建省青少年击剑冠军赛	团体第三名	铜牌
周宸瑾	男	少年乙组男子花剑个人	2023 年福建省青少年击剑冠军赛	第三名	铜牌

【“体彩杯”两岸青少年篮球友谊赛】 2023 年 5 月 13—17 日，“体彩杯”厦门首届两岸青少年篮球友谊赛在湖里区少年儿童业余体育学校举行。台湾泰山高级中学、南山高级中学、治平高级中学 3 支球队和沈阳市第二中学、厦门市第十中学、深圳市第二实验中学 6 支球队参赛。泰山高中篮球队、南山高中篮球队、沈阳二中篮球队分获冠军、亚军、季军。

【“禾山杯”海峡两岸社区足球赛】 2023 年 9 月 22 日至 11 月 11 日，厦门市第八届“禾山杯”海峡两岸社区足球赛在蔡塘运动中心举行。该赛分为超级组和业余组 2 个组别，厦漳泉地区 24 支社区足球代表队、近 500 名足球运动员参赛。坂尚社区五洲建筑队和吕厝社区足球队分获超级组和业余组冠军。

【第十七届中国俱乐部杯帆船挑战赛】 2023 年 10 月 21—27 日，第十七届中国俱乐部杯帆船挑战赛在五缘湾外海域举行，北京、上海、深圳、厦门和台湾等地的 39 支队伍近 300 名选手参赛。比赛设社会组、竞技组、女子组 3 个组别，第一阶段预选赛进行 10 轮群发赛，厦门大学帆船队获“社会组”第一名、云南抚仙湖帆船队获第二名、索拉里斯帆船队获第三名；厦门大学女子队获“女子组”第一名、万航女子帆船队获第二名、环世物流女子帆船队获第三名；秦皇岛 BSC 帆船队获“竞技组”第一名，厦门海洋学院帆船队获第二名，南晟队获第三名。第二阶段对抗淘汰赛，秦皇岛 BSC 帆船队获第一名，捧得“大贝壳”奖杯。

【国际名校大学生篮球争霸赛】 2023 年 10 月 23 日至 11 月 3 日，“体彩杯”2023 厦门第九届国际名校大学生篮球争霸赛在区少体校举行。男女篮分别有国内外 8 支球队和 6 支球队参赛。女篮经 15 场比赛，北京大学队获冠军，西安交通大学队获亚军，韩国檀国大学队获季军。男篮经 20 场比赛，澳大利亚 ACBA 队获冠军，华侨大学队获亚军，韩国檀国大学队获季军。

【2023 全国尾波（冲浪）锦标赛】 2023 年 10 月 28—30 日，首届全国尾波（冲浪）锦标赛在厦门五缘湾举行。北京、上海、天津、厦门、深圳、成都、香港、澳门等城市 30 支专业队及俱乐部参赛。设置男、女公开组、大众组、45 岁年龄组等 14 个组别。比赛共产生金牌、银牌、铜牌各 14 枚。全国尾波（冲浪）锦标赛经中国滑水潜水摩托艇联合会推荐，成为除全国滑水锦标赛外的单项滑水类 A 类赛事，是国内尾波滑水及尾波冲浪的最高等级赛事。

2023 年 10 月 28—30 日，首届全国尾波（冲浪）锦标赛在厦门五缘湾举行

（厦门五缘游艇文化发展有限公司　供图）

【第三届“海洋之星”青少年帆船赛】 2023 年 11 月 9—12 日，第三届“海洋之星”青少年帆船赛在五缘湾举行，来自厦门、广州、台南的 3 支比赛队伍 58 名运动员参赛。比赛分乐观级（OP 级）、激光 4.7 级帆船级（RS-Tera 级）和艾斯帆船 2.8 米级（ILCA 级）四级 3 个组别。共产生 31 枚奖牌，其中，金牌 12 枚、银牌 11 枚、铜牌 8 枚。该项赛事成为中国帆船帆板运动协会的银牌赛事，进入全国青少年帆船比赛计分系统。

【中国射箭协会认证达级赛】 2023 年 11 月 17—19 日，2023 年中国射箭协会认证达级赛（福建厦门站）在湖里区五缘湾音乐岛举行。共 314 名运动员参赛，285 人通过认证，其中，6 段通过认证 37 人，5 段通过认证 14 人，4 段通过认证 10 人，3 段通过认证 182 人，2 段通过认证 7 人，1 段通过认证 3 人，段前 3 段通过认证 30 人，段前 1 段通过认证 2 人。

（钟秀梅）

社会生活

人口和家庭

【人口】 2023年，湖里区总人口1013068人，比上年增加67953人，增长7.19%。常住人口400647人，增加26339人，增长7.04%。户籍人口有119417户，总计425425人，其中，男性207464人、女性217961人。户籍人口出生5007人，比上年增长7.03%；死亡1139人，比上年增长15.4%。流动人口612421人，比上年增加41612人，增长7.29%。

（阮燕瑄）

2023年湖里区户籍人口性别年龄结构一览表

表25

区街名称	总户数（户）	总人口（人）	按性别分（人）		按年龄分（人）			
			男	女	17岁及以下	18～34岁	35～59岁	60岁及以上
湖里区	119417	425425	207464	217961	107371	98198	162752	57104
湖里街道	12203	50486	26014	24472	11452	15294	18232	5508
殿前街道	26212	83645	40103	43542	19261	17517	33025	13842
江头街道	33085	119797	58350	61447	28033	25826	48409	17529
禾山街道	27558	105303	50957	54346	32494	25030	37227	10552
金山街道	20359	66194	32040	34154	16131	14531	25859	9673

2023年湖里区户籍人口变动统计表

表26　　单位：人

区街名称	出生			死亡			迁入			迁出		
	合计	男	女	合计	男	女	合计	省内迁入	省外迁入	合计	迁往省内	迁往省外
湖里区	5007	2672	2335	1139	690	449	23357	18991	4366	12061	10687	1374
湖里街道	571	293	278	125	74	51	2944	2235	709	2007	1752	255
殿前街道	944	504	440	279	169	110	4505	3940	565	2408	2219	189
江头街道	1190	623	567	336	200	136	5445	4397	1048	3411	3030	381
禾山街道	1477	810	667	196	131	65	7087	5653	1434	2616	2247	369
金山街道	825	442	383	203	116	87	3376	2766	610	1619	1439	180

【城镇居民收支】 2023年，湖里区城镇居民人均可支配收入71514元，比上年增长3.2%；人均消费性支出44805元，比上年增长4.8%。

（魏生荣）

【家庭健康服务】 2023年，湖里区计生协会加强湖里、殿前、江头、金山4个街道家庭健康服务中心规范化建设。开展医疗健康服务下基层活动，组织义诊活动12场。开设暖心大学堂20堂，566人次参与学习。5月，申报3户2023年度福建省“健康家庭”示范户。举办“讲好健康家风故事”“分享健康家·味道”征集活动，征集“健康家·优育”好故事11篇、视频7条，“健康家·味道”优秀案例5例、视频2条。

【儿童早期发展服务】 2023年，湖里区投入13万元专项工作经费开展儿童早期发展服务工作，挂牌成立湖里街道卓亚口腔医院、金山街道托圃时光婴幼公学中心、江头街道江头社区和殿前街道嘉福社区4个区级“向日葵亲子小屋”，至年底，全区建成区级“向日葵亲子小屋”8个，实现辖区全覆盖。优生优育指导中心、科学育儿指导站、“向日葵亲子小屋”共举办优生优育线上线下指导讲座190场，开展亲子活动170余场，入户访视、咨询110余户。

5月24日，湖里区婴幼儿照护规范化指导中心成立，全区首个养育照护门诊同步开诊。中心采用“基于物联网的儿童健康管理平台”，探索形成“医—育—学”一体化婴幼儿照护服务新模式。儿童保健门诊全年累计接诊4.5万人次，儿童早期发展筛查1.5万人次，幼儿园新生体检14725人次；建立儿童脊柱健康档案1万份，举办脊柱侧弯康复训练班10场次；全市首家建立新生儿访视信息化平台；推进“云上妇幼”信息平台建设，建立“湖里儿保”微信公众号平台，用于儿童健康大数据集成管理，集成物联网健康筛查、预约分诊、智能导医分诊、检验结果查询共享、儿童健康管理、科普宣教等应用场景，积累活跃粉丝8万人。

（刘浩凡　林雅琪）

【托育服务】 2023年，湖里区建成普惠托育服务机构5家，新增普惠托位351个，建设托幼一体化机构7家200个托位，截至12月，全区有总托位数3931个，拥有托位3.95个/千人。年内，馨贝昉托育中心湖里园被评为2023年全省托育机构示范园。

（刘浩凡）

劳动就业

【概况】 2023年，湖里区完成失业人员再就业14615人次。其中，就业困难对象再就业2075人次。开发公益性岗位453个，完成重点群体项目制培训54期1738人；累计受理惠企政策补贴10946家次43174人次4282.82万元，惠民政策补贴17956人次3705.73万元，东西部协作优惠政策19家次29人次8.45万元。兑现高技能人才政府津贴75人7.83万元。

【创业就业扶持】 2023年，湖里区开展“131”精准就业帮扶（1次职业指导、3次岗位推介、1次职业技能培训或就业见习机会），走访服务失业人员、高校毕业生22837人次，推荐岗位2318个，促成就业22人次；开展针对长期失业青年的就业援助专项活动，接收信息219条，经推荐实现就业50人。开发公益性岗位453个，吸纳就业453人，其中，就业困难人员59人、基层公共管理和社会服务岗位312人、其他82人。加大自主创业优惠政策宣传力度，举办高校毕业生创业政策宣讲会，组织居民参加市创业项目推介活动，受理兑现居民创业优惠政策75人次35.49万元；受理创业担保贷款5人130万元、小微企业1家180万元，办理个人创业担保贷款贴息11人次。上报大中专毕业生申报省级创业项目9个，通过审核1个。

【劳动力技能培训】 2023年，湖里区继续推进重点群体项目制培训，开办西餐制作、手机摄影、短视频创推员、面点制作、网红直播、育婴员等工种培训班54期，培训学员1738人次，兑现培训补贴1491人次149.1万元。开展马兰花创业培训，开设培训班3期，培训学员87人。区人社局配合厦门港务控股集团有限公司开展职业技能等级自主评价工作，兑现认定补贴106人次3.8万元；促成厦门金鹭特种合金有限公司自主评价资质获批。与湖里区美德职业培训学校签订合作协议，开展半导体芯片制造、新能源技术、工业机器人、自动化可编程逻辑控制器编程等高新技术工种培训，按培训后就业率分级给予培训补贴，开班1期，培训学员11人。

【劳务协作】 2023年，湖里区组织企业赴银川市永宁县闽宁镇举办招聘活动1次，达成就业意向3人。双方加强合作，开办凉皮制作、酿皮制作餐饮培训班2期，培训脱贫劳动力100人。组织创业致富带头人培训，结合当地产业特色，设置菌草种植、葡萄种植技术、直播

2023 年 10 月 25 日，湖里区在集美工商管理学院举办秋季专场招聘会

（区人社局　供图）

带货营销等培训课程 4 期，培训学员 200 人。全年帮助宁夏回族自治区农村劳动力就业 415 人（含脱贫人口 125 人）。其中，在厦门市就业 195 人，其中，脱贫人口 20 人；在宁夏或到其他省份就业 220 人，其中，脱贫人口 105 人。

【毕业生就业】 2023 年，湖里区企业接收毕业生 1.5 万人。为辖区户籍离校未就业毕业生 744 人提供就业服务，就业 743 人，就业率 99.87%。组织 244 家次企业在 7 所院校开展 10 次校园招聘活动，提供岗位 718 个，需招聘 6118 人。开展校园直播带岗活动 7 场次，参与企业 196 家次，提供岗位 552 个、需招聘 5059 人。

（王晓滨）

和谐劳动关系创建

【概况】 2023 年，湖里区人社局推进根治欠薪工作，化解劳资纠纷，负责全区劳动人事争议案件的处理工作，监管人力资源市场和劳动用工单位，开展劳动争议仲裁，建立全国首个两岸融合化解劳动争议工作机制，开展聘任台湾地区劳动人事争议调解员、仲裁员试点工作。先后 2 次在全市保障农民工工资支付考核推进会上作典型经验交流发言，被厦门市根治拖欠农民工工资工作领导小组考核评为 A 级。湖里创新园职工法律服务一体化基地被列入全国首批基层劳动关系公共服务样板站点培育单位名单，获评省级“园区枫桥”机制建设优秀单位。

【劳资纠纷化解】 2023 年，湖里区人社局主动监察用人单位 2555 家次，接待来电来信来访咨询 23083 件，受理各类劳资纠纷 6321 件，期限内办结率 100%。查处劳动保障违法行为 14 起，其中，作出行政处罚 13 起，作出不予行政处罚 1 起，罚没款 24.48 万元。跟踪劳动纠纷舆情、重大群体性劳资纠纷，未发生极端事件和影响社会面的群体事件。发挥基层劳动争议调解组织在社会治理中的重要作用。指导 309 家基层调解组织参与调解劳动争议 1269 件，达成调解 947 件，调解成功率 74.63%。

【根治欠薪】 2023 年，湖里区人社局建立约谈机制，先后 4 次约谈 26 个指标异常项目；紧盯劳动保障监察一体融合、智慧监管，创新根治欠薪“1361”提升工程建设，完成二期建设；联合市区建设部门开展施工企业合同履约评价，评价在建项目 219 家次，对 18 个问题项目予以信用扣分；排查欠薪隐患 28 个，全部指导妥善解决；注重案件清零，办结国家欠薪线索 2171 件、网络舆情 24 件、省人社小程序欠薪线索 704 件、“110”警情 576 件，未因欠薪引发群体性事件、极端事件和重大负面舆情；联合区建设局开展执法检查，出动检查人员 1271 人次，检查项目 357 家次，联合迎接国家、省市根治欠薪督导考核 3 次；培育评定“无欠薪标杆项目”样板 13 个；开展法律法规宣传咨询 51 场次，发放宣传资料 2.3 万份，举办企业劳动用工合规培训 11 场，培训企业和项目管理人员 820 多人次。

【人力资源市场和劳动用工监管】 2023 年，湖里区开展规范劳动用工专项检查，清理整顿人力资源市场秩序，查处未经依法许可和登记，无证擅自从事职业中介活动案件 2 起，没收违法所得 13820 元，罚款 4 万元；“双随机”抽查人力资源、劳务派遣企业 77 家次，核查上级下发的失业保险补助金疑点数据，检查企业 204 家，其中，人力资源机构 8 家，劳务派遣机构 1 家。开展夏季高温天气劳动保护专项执法行动，出动检查人员 2118 人次，检查各类用人单位 706 家次，联合检查在建工地 239 家次。开展“双随机”检查 3 批次，抽取执法人员 68 人次，检查用人单位 432 家、在建项目 10 家，主要检查被抽查对象遵守劳动保障法律法规情况。

【企业信用等级评定】 2023年，湖里区完成2022年度用人单位劳动保障守法诚信（含工资支付行为）等级评价，全区评定用人单位305家，其中评定A级（守信）单位299家、B级（一般失信）单位2家、C级（严重失信）企业4家。4家严重失信单位被列入失信黑名单，推送到信用平台实施联合奖惩。约谈严重失信单位5家，并进行信用培训与修复。

（黄家金）

社会保障

【概况】 2023年底，湖里区参加养老保险、工伤保险、失业保险总人数233.49万人，比上年下降5%。受理养老保险转移接续11332人次，其中，养老保险关系转出9420人次，转出金额12212.67万元。发放临时生活补助金22.41万元，惠及223人。

【养老保险】 2023年底，湖里区参保养老保险77.8万人，比上年下降5.6%。其中，城乡居民养老保险参保1996人，比上年下降1.2%。领取养老待遇311人，比上年增长57.1%。机关事业单位人员养老保险参保13377人，比上年增长5.3%，领取养老待遇149人，增长26.3%。企业职工养老保险参保76.26万人，比上年下降5.8%，领取养老待遇6658人，增长48.9%。

【工伤保险】 2023年，湖里区工伤保险参保77.93万人，比上年下降4%。区人社局全年核发工伤保险待遇1626人次，工伤保险基金理赔支出6549.03万元。

【失业保险】 2023年，湖里区失业保险参保77.76万人，比上年下降5.4%。区人社局全年审批本市失业金待遇4396人次，比上年增长35.7%。审批外来人员一次性生活补助金3185人次，比上年增长483.3%。

【企业离退休人员社会化管理】 2023年，湖里区管理服务企业离退休人员61163人，退休人员社会化管理率、领取养老金资格认证率、“两节”慰问率和档案电子化率均达100%。投入慰问费、活动费2116.58万元，其中，慰问费2002.05万元，慰问退休人员12.53万人次。接收退休人员档案6203卷，完成退休人员领取养老金资格认证22.35万人次。举办退休人员文明创建、健康讲堂、文艺会演、参观研学等活动121场，5863人次参与；发动街道、社区开展文体健康活动1392场，3.36万人次参与。

【机关事业单位养老保险待遇办理】 2023年，湖里区办理机关退休149人、待遇调整1人、丧葬抚恤待遇23人，办理职业年金待遇核定148人，记实155人，补记3人。

【保险待遇发放问题专项整治】 2023年，湖里区人社局开展失业保险待遇发放问题专项整治行动。开展劳务派遣单位截滞留稳岗资金使用专项整治，核实2015年政策实施以来湖里区领取稳岗返还资金的劳务派遣单位272家910户次，涉及员工178507人、金额1712.77万元。核查指导劳务派遣单位合规使用资金429.47万元，清理整改使用资金3.39万元。完成市人社局下发到湖里区的待核查疑点数据253条，其中，部级下发疑点数据31条，省、市下发疑点数据222条。核查中未发现有虚构劳动关系违规参保领取失业补助金问题，发现领取失业补助金期间在异地就业不符合领取条件24人，合计多领待遇金11.22万元，全部追退完成。区社保中心全年共追退多发、多领社保待遇266人，追回金额109.08万元，其中，追回双重领取养老保险待遇3人，金额11.22万元；追回服刑人员多发养老保险待遇2人，追回金额3.06万元；追回死亡多领养老保险待遇7人，追回金额6.63万元；追退违规领取失业保险待遇254人，金额88.19万元。

【“社保服务进万家”活动】 2023年，湖里区人社局开展“社保服务进万家”活动，通过“惠企直播间”“小湖政务直播间”宣传社会保险政策。区社保中心到街道、社区举办社保专题讲座，宣讲社保政策；邀请企业代表、灵活就业人员到办事大厅，“沉浸式”体验社保业务办理全流程。10月22—27日，辖区5个街道，和群众“面对面、一对一”进行宣传，现场为群众答疑解惑，为群众演示如何使用“掌上”“网上”办理社保业务，活动累计参与群众800余人，发放宣传品750余份。

（熊　梅）

社会救助与社会福利

【概况】 2023年，湖里区始终把困难群众帮扶工作作为重要政治任务和民生工程来抓，按照保基本、兜底线、救急难、可持续的总体思路，加大对困难人群的帮扶力度。完善基本生活保障标准动态调整机制，提高困难群众救助标准。全年开展低保救助、特困人员供养、临时救助等工作，发放各类救助金2105.25万元，帮扶困难群众1.45万人次。全面开展在册特困、低保、低保边缘家庭等对象的年度复核工作，及时办理对象保障金增发、减发、停发。年内，新增纳入低保救助61人。落实《厦门市民政局关于进一步加大社会救助领域排查力度的通知》要求，组建区、街、社区、小区四级困难群众主动发现网络队伍，形成困难群众网格化管理模式，并将“主动发现职能”纳入网格职责范围。利用低收入人口动态监测信息平台和社会救助综合服务平台信息预警，根据预警信息开展摸排、救助。全年排查各类困难群众4645人次，主动实施救助及纳入保障对象504人次（含临时救助人次）。

【社会救助】 2023年，湖里区加强困难群众主动发现工作，放宽认定条件，将部分精神疾病纳入可以单独申请低保重病病种范围，提高老年人赡养（抚养）费起算标准。优先为2名特困人员提供集中供养，累计实施低保救助8536户次1.24万人次，发放低保金1383.6万元；实施特困人员救助1592人次，发放特困供养金386.35万元。开展“防台防汛避险”“寒冬送温暖”等救助行动，落实落细应对台风、低温灾害各项工作措施，对遭遇突发事件、意外伤害、重大疾病或其他特殊原因导致基本生活陷入困境的家庭或个人给予临时救助，全年实施临时救助541人次，发放临时救助金335.3万元。组织开展走访慰问工作，为特困人员、低保对象、低收入家庭等对象发放节日慰问金2488人次172.08万元。

【价格临时补贴】 2023年，湖里区落实厦门市民政局发放价格临时补贴的通知精神，为辖区内低保对象、特困人员、孤儿、事实无人抚养儿童和低保边缘人口发放价格临时补贴2795人次24.87万元。

【慈善救助】 2023年，湖里区发挥慈善救助机制在社会保障体系中的补充作用，开展“情暖湖里跟党走”“雨露育青苗”“重阳助老”“书画义卖”等慈善项目，创新设立金安社区慈善公益基金。全年全区共募集慈善款物789.5万元，支出善款864.7万元，开展东西扶贫，帮扶特殊困难群体，解决部分群众实际困难。

【社会福利】 2023年，湖里区摸底排查社会散居孤儿、事实无人抚养儿童和孤独症儿童等特殊对象，摸清困难儿童底数和需求，建立健全台账档案资料，落实困境儿童基本生活保障。全年发放孤儿基本生活费24.74万元、事实无人抚养儿童基本生活补贴135.33万元。做好困难残疾人和重度残疾人福利政策落实，坚持动态管理，及时发现符合条件对象，并纳入补助范围，对照政策调整标准，按时发放残疾人“两项”补贴16666.18万元，其中，困难残疾人生活补贴379.58万元、重度残疾人护理补贴1286.6万元。

【未成年人保护】 2023年，湖里区深化殿前街道、江头街道未成年人保护站试点建设，建成集“保护、服务、赋能”于一体，软硬件设施规范、完善的未成年人保护综合阵地。打造“童馨家园”未成年人心理健康咨询、“未成年人守护者联盟”“护未成长”信件辅导工程等服务项目。禾山街道、金山街道未成年人保护站投入使用。

（陈淑銮　吕志豪　龚熙宇）

基层社会治理

【小区管理】 2023年，湖里区出台《湖里区成立业主大会和选举业主委员会工作指引》，全区新成立小区业主大会7个，42个小区业委会完成换届。在全市率先开展住宅小区共有资金专项审计，首批审计群众意见较为集中的25个物业小区，发现问题134个，涉及不规范资金900余万元，移送司法机关1件，实施行政处罚1件，罚款14万元。创设湖里区社区治理学院，打造课程体系6大类、精品课程105个，全年区、街道、社区三级上下协同共组织培训800多场次。

（吴煜超）

【社区网格员管理】 2023年，湖里区规范社区工作者绩效薪酬制度，制定《湖里区社区工作者管理实施细则（修订）》等4份文件，修订出台《湖里区社区工作事务清单目录》。年内，启动新一轮社区工作者招考工作，新招录81名社区工作者（网格员）。湖里区分级分类培训全区社区工作者，集中组织社区“两委”、网格员培训6场，培训学员3000多人次。

【社工人才建设】 2023年，湖里区有社工机构18家，服务项目上百个，拥有社会工作专职从业人员241名，其中，高级社工6名。开展全区社会工作人才能力提升和社工师考前公益培训398人次，全区有持证社工1428人。年内，湖里区新增高级社工3人，占全省1/4，全区有高级社工6人，占全市2/3。全年投入经费1665.8万元，完成区、街政府购买社工服务项目59个。落实《湖里区引进社会工作高层次专业人才实施细则》《社工人才住房保障申报指南》，累计发放资深人才、领军人才及人才住房补贴共 71 万元。1 人被评为厦门市第十二批拔尖人才；湖里街道、禾山街道社工站被评为五星社工站，殿前街道、江头街道、金山街道社工站获评四星社工站。

【近邻服务“湖里模式”】 2023 年，湖里区投入专项补助经费 50 万元，支持湖里街道后浦社区“居民之家”、江头街道祥店社区“福满园近邻服务”2 个申报项目。启动 2023 年新一批近邻服务示范项目评选，通过“以奖代补”的方式指导街道、社区打造一批近邻服务示范项目，推动社区近邻服务落实落细。

【海峡两岸社区交流基地建成】 2023 年，湖里区民政局在社会组织服务园建成海峡两岸社区交流基地，总面积 1380 平方米，其中，一楼设立海峡两岸社区交流中心主展厅，面积 480 平方米；二楼设立海峡两岸社区治理研究院，面积 450 平方米；三楼建成海峡两岸社区研讨、交流及培训中心，面积 450 平方米，可同时容纳 120 人。

（杨恺琪）

社会组织建设管理

【概况】 2023 年，湖里区新成立登记社会组织 10 家，其中，社会团体 8 家、民办非企业单位 2 家。至年底，有登记在运营社会组织 338 家，其中，社会团体 85 家、民办非企业单位 253 家。备案社区社会组织 564 家。区民政局坚持培育发展和监督管理并重原则，优化社会组织服务管理，加强社会组织综合监管，促进社会组织健康有序发展。强化社会组织党建工作，落实主题教育要求，推动党建工作社会组织全覆盖。

【社会组织管理服务】 2023 年，湖里区社会组织登记备案实行“一窗受理服务”，开展社会组织等级评估工作。全区应参加年报社会组织 349 家，按时参加年报 274 家，年报率 81.19%。开展社会组织“双随机”检查，按照 5% 的比例，随机抽取 18 家，其中，社会团体 5 家、民办非企业单位 13 家，完善社会组织事中事后行为监管。开展“僵尸型”社会组织清理行动，累计注销 2 年以上未年报的社会组织 9 家，立案调查 3 年以上未年报的社会组织 9 家，通过指导换届，激活多年未年报的社会组织 3 家。至年底，全区登记在运营社会组织 338 家，注销 28 家。

【社会组织党建工作】 2023 年，湖里区民政局举办 2023 年度社会组织党员教育培训班，引导社会组织学习贯彻党的二十大精神，扎实开展第二批学习贯彻习近平新时代中国特色社会主义思想主题教育。全面贯彻落实《2019—2023 年全国党员教育培训工作规划》，全年培训党支部书记、党务干部 30 人。组织开展社会组织党组织党建活动和学习教育活动，以党建促社会组织健康发展。全年累计督促区属社会组织党组织完成党课学习 327 次，线上集中学习 6 次，线下组织 30 名党支部书记和党务骨干到长汀、古田等红色学习教育基地集中学习 3 天，完成五年内全员轮训的党员教育目标。1 人被选为厦门市第 4 批非公有制企业和社会组织党建领军人才。

（蔡嘉林　蒋　莉）

社会事务管理

【婚姻登记】 2023 年，湖里区民政局依法开展婚姻登记工作，打造高标准化婚姻登记服务，推进婚姻领域移风易俗，培育文明向上婚俗文化，提供婚姻咨询、新婚宣誓、七夕古风婚书等多元个性服务。全年办理婚姻登记 6951 件，离婚申请 2002 件；自 6 月 1 日起，开展婚姻登记“跨省通办”试点，至年底，“跨省通办”婚姻登记 226 件，离婚申请 85 件。

【收养及流浪救助】 2023 年，湖里区民政局做好收养政策宣传解读，严格落实收养评估程序，受理收养登记 2 件 2 人，解除收养 1 件 1 人；建立首个区级临时性救助站，通过购买服务补充流浪乞讨巡查力量，加大街面巡查及劝导力度，全年劝导流浪乞讨人员 66 人次，帮助流浪人员就医、寻亲、谋生。

【祭扫殡葬工作】 2023 年，湖里区民政局加强辖区祭扫场所安全督导检查，落实清明节祭扫保障，完善“一园（祭扫场所）一策”措施，制作文明祭扫宣传视频，开展“鲜花换纸钱”等活动，倡导“绿色”殡葬，为 1 名困难群众减免火化费 2200 元。

【地名管理】 2023 年，湖里区民政局编制、印刷湖里区辖区分布图，完成第五轮湖里区与思明区区界联检。做好全区门牌管理及应用，依法依规推进地名命名工作，命名 29 条道路、5 个居民点，新增设门牌 15887 块，补设门牌 5262 块。

【保障性住房服务】 2023 年，湖里区民政局加强保障性住房审核、政策宣传等工作。全年审批住房保障申请1254户，审核续租申请1463户、变更申请90户，补助保障性租赁房申请家庭4.5万户次租金2150万元。配合相关部门，严格按照规定处理疑似违规使用住房107户。

（陈友涵）

老龄事业

【概况】 2023年，湖里区构建以居家养老为基础、社区服务为依托、机构养老为补充，布局合理、规模适度、功能完善、覆盖全区的养老服务体系。全区有60周岁以上户籍老年人5.7万人，有专业养老机构10家，总建筑面积19.6万平方米，总床位4300张，老年人养老床位80张/千人，高于厦门市标准40张/千人，全市各区排名第一；有街道养老服务照料中心10家，总建筑面积1.8万平方米，床位240张，照料中心各街道覆盖密度全市最高；设有居家养老服务站59个、长者食堂13家、社区助餐点22处，服务范围覆盖全区。养老服务设施辐射服务老人群体达到8万人。

【养老机构及设施建设管理】 2023年，湖里区新建成殿前街道（高殿）养老服务照料中心，建筑面积2662平方米，总投资约1500万元。持续加强养老机构财政帮扶，审核发放养老机构财政扶持资金补贴506.19万元。鼓励社会力量兴办养老机构，新建养老院1家。开展养老机构安全和消防检查199家次，检查养老机构10家。组织防范老年人诈骗、食品安全宣传周、安全隐患排查治理、人员密集场所检查等专项行动，检查养老机构82家次。象屿慈爱老年养护中心获第三批福建省养老服务人才实训基地称号。

【老年人福利】 2023年，湖里区发放80周岁及以上的老年人高龄津贴73950人次858.13万元。重阳节发放90周岁及以上的老年人过节费49.05万元。

【居家社区养老服务】 2023年，湖里区建立基本养老服务清单，加强社区居家养老服务站规范化建设，投入885万元购买居家社区助老员服务项目。加强对特殊困难老年人的探访关爱服务，探访老人1701人，探访率100%，掌握特殊困难老年人居家生活状况并建立台账。对兜底对象、80岁失能老人等进行家庭适老化、智能化改造95家次，建设家庭养老床位300张。

【居家养老示范区建设】 2023年，湖里区建立基本养老服务清单制度，综合利用中央彩票公益金及区财政资金174万元，建设家庭养老床位272张，实现所有社区全覆盖，做到24小时在线接收和处理应急求助，15分钟回应处理。开展困难家庭居家适老化智能化改造，开展老年人个人护理、康复护理、精神慰藉等个性化、多样化养老服务，累计居家上门服务约10万小时。开展老年人幸福安康险投保工作，5.96万名60周岁及以上户籍老年人免申即享意外伤害保险，安排专人入驻各街道，开通24小时紧急报案电话，为遇险老年人提供理赔服务，2022—2023年保险年度办理理赔案352件，理赔金额200余万元。发动社区干部、志愿者参与居家养老服务工作，在全区201个小区党群活动中心，打造老人居家养老服务阵地。1家民办养老机构被授予“全国养老服务先进单位”称号。

【社区助老员改革试点】 2023年，根据《厦门市民政局关于试点社区助老员制度改革的通知》要求，湖里区确定殿前街道为助老员改革试

2023年10月20日，湖里区民政局走访慰问老党员肖金桂（正面左一）

（钱诚 摄）

点，制定助老员购买服务、日常管理、人才培养、服务记录等方面办法。每个社区每年投入 25 万元居家养老工作经费，按 500 名老人配备 1 名助老员的标准向第三方专业机构购买助老员服务项目，全区配备助老员 103 名，每个社区 1～2 名。湖里街道、江头街道、金山街道完成由市属或区属国企提供助老员服务项目。

（王　珺）

民族与宗教事务

【概况】 2023 年，湖里区民族与宗教事务局（以下简称湖里区民宗局）学习贯彻习近平总书记关于加强和改进民族工作的重要思想和关于宗教工作的重要论述，贯彻落实中央、省委、市委民族工作会议和全国、全省、全市宗教工作会议精神。举办 2023 年铸牢中华民族共同体意识主题月活动，支持钟宅社区举办“三月三”乌饭节，举办湖里区第十六个民族团结进步宣传月活动。开展 2023 年度湖里区民族宗教工作，宗教领域相关法规和规章，街道赋权执法培训等活动。定期对宗教、民间信仰活动场所开展专项联合执法检查，常态化联防联控。组织召开宗教工作专题会议部署崇俭戒奢教育活动。组织开展 2023 年宗教领域消防宣传月暨反诈骗宣传活动等。举办第十五届海峡两岸福德文化节系列活动，支持民间信仰活动场所开展海峡两岸民间信仰交流活动。

【慈善慰问】 2023 年元旦、春节，湖里区民宗局走访慰问少数民族困难群众 16 户，送上慰问金 1.6 万元。觉性院、观音寺、新区基督教堂、寨上基督教堂、钟宅基督教活动点等场所，慰问环卫工人、老弱人员、残障人士、社区病困家庭等 768 人户，送上慰问金、慰问品、“爱心年夜饭”等，捐献慈善公益款物价值 17.06 万元。

【宗教（民间信仰）活动场所安全执法检查】 2023 年 1 月 18 日，湖里区民宗局联合区应急管理局、湖里消防救援大队、5 个街道，对寨上基督教堂、仙岳山土地公庙、天竺岩寺、观音寺等宗教、民间信仰活动场所开展岁末年初安全专项联合执法检查。主要检查消防安全、电火气使用安全、疫情防控、建筑安全及工地施工安全、防汛防地质灾害、森林防灭火等工作情况，发现明火进殿等安全隐患，督促整改。

【“铸牢中华民族共同体意识主题月”活动】 2023 年 3 月，湖里区开展铸牢中华民族共同体意识主题月系列活动，各相关部门、各街道累计组织召开学习会、培训会、宣讲会 35 场次，开展宣传教育活动 95 场次。举办文艺演出、民族文化体验、手工制作等各类民族团结进步主题活动 34 场次，发放宣传手册、资料 9200 余份，推送“铸牢中华民族共同体意识主题月”网络宣传信息 73 期，在社区、学校宣传栏、LED 显示屏等刊载、刊播“铸牢中华民族共同体意识”宣传标语、海报等 600 余条。

【民族宗教和侨务工作培训】 2023 年 4 月 16 日，湖里区委统战部（区民宗局）与区侨联联合在区政府信访楼举办 2023 年度湖里区民族宗教和侨务工作培训，区委统一战线工作领导小组成员单位，各街道、社区等相关单位的分管领导及工作人员 100 余人参加培训。主要培训侨务、民族、宗教工作的基本理论、政策法规及实践要求。

【乌饭节文艺活动】 2023 年 4 月 22 日，禾山街道钟宅畲族社区举办 2023 年钟宅畲族社区“三月三”乌饭节，举办“乌饭”美食、畲族文创品、钟宅老照片、“非遗”王船展览，海哈艺术团成立文艺汇演暨台湾特色产品进社区活动。该活动由湖里区委台港澳办、区民宗局，禾山街道党工委、办事处主办，钟宅畲族社区居委会承办，区五缘文化交流促进会、区台商联谊会、区合携社工师事务中心协办。海哈艺术团表演歌舞、舞龙舞狮、踩高跷、跳竹竿舞等节目。25 家台青生产企业，带来手工古早奶茶、牛轧糖、一条根等近 100 种台湾商品。金门大学 30 名大学生和部分在厦门台胞、台湾青年参加该活动。

【钟宅畲族社区在省民运会上获奖】 2023 年 4 月 24—27 日，福建省第十届少数民族传统体育运动会举行。湖里区禾山街道钟宅畲族社区组织 16 名射弩、蹴球、陀螺运动员代表厦门市参加省运会，获射弩团体赛、射弩女单跪姿、蹴球女双项目 3 枚银牌，射弩男单立姿、陀螺男子团体项目 2 枚铜牌。

【民族宗教政策法规学习宣传月活动】 2023 年 5 月 18 日，湖里区委统战部、湖里区民宗局、殿前街道翔鹭社区在万达鹭港西广场举办 2023 年民族宗教政策法规学习月暨反宗教极端思想宣传教育活动。设置民族宗教政策法规知识问答、节目表演等环节，宣传民族宗教政策法规，开展反宗教极端思想宣传教育活动。

【宗教工作专题会】 2023 年 5 月

25 日，湖里区委统战部、区民宗局组织召开宗教工作专题会议。区委统战部、区民宗局分管领导，区佛协、辖区宗教活动场所负责人和各街道民宗干部参加会议。会议传达学习习近平总书记在全国宗教工作会议上的重要讲话精神和关于“厉行节约、反对浪费”的重要指示精神。组织学习《互联网宗教信息服务管理办法》《宗教活动场所财务管理办法》等法律法规，及市民宗局《关于进一步规范宗教界水生生物放生活动的通知》、市海洋发展局《关于加强厦门海域水生生物放生（增殖放流）管理工作的通知》等文件精神。部署宗教领域“安全生产月”活动及在全区宗教界持续开展崇俭戒奢教育活动。

【宗教领域相关法规规章专题培训】 2023 年 5 月 30 日，湖里区委统战部、区民宗局在新区基督教堂举办宗教领域相关法规、规章专题培训。区委统战部、区民宗局、各街道民宗工作分管领导及工作人员，区佛协、各宗教活动场所及仙岳山土地公庙负责人参加培训。市民宗局法律顾问、福建重宇合众律师事务所律师罗亿洋全面解读《福建省宗教事务条例》《互联网宗教信息服务管理办法》《宗教活动场所财务管理办法》。

【端午节主题活动】 2023 年 6 月 20 日，湖里区开展“民族团结手拉手，粽情经典心连心”端午节主题活动，厦门市正五方法务咨询有限公司、厦门市新疆籍务工经商人员服务工作站、金鼎社区党委及金鼎社区居委会、福建闽港投控股有限公司联合在金鼎社区组织新疆友人及社区居民现场包粽子，赠予湖里街道残疾人援助中心；中共新疆籍人员福建厦门市湖里区支部委员会、福建闽港投控股有限公司分别与金鼎社区签订共建协议。

【全市民间信仰活动场所联系点负责人培训】 2023 年 8 月 8 日，全市民间信仰活动场所联系点负责人培训暨“三个再提升”活动部署会，在闽台文化交流馆举办。市民宗局一级调研员陈惠祥、民族处处长陈彬煌、各区民宗局负责人、相关镇（街）分管领导及市级以上民间信仰活动场所联系点负责人 50 余人参加培训。区委统战部部务会成员、民宗局局长王伟林从加强制度管理、财务管理、活动管理、建设管理、工作引导五方面介绍湖里区民间信仰活动场所管理工作的经验做法。

【街道赋权执法培训】 2023 年 9 月 19 日，湖里区民宗局组织开展街道赋权执法培训，各街道民宗干部、综合执法队负责人及执法人员参加培训。该培训再次明确“厦门市湖里区民宗局赋予街道办事处行政执法事项目录”清单中 11 项行政处罚赋权内容及实施依据。以擅自设立宗教活动场所为例，详细介绍取缔非法宗教活动场所执法全过程，并对简易程序、普通程序、重大执法决定等情况进行分类解读，列举宗教领域执法过程中的常见问题，统一行政处罚文书格式和命名规则。

【民族团结进步宣传月活动】 2023 年 9 月 22 日，湖里区委宣传部、区委统战部、区民宗局联合在金安社区举办湖里区第十六个民族团结进步宣传月活动。活动现场设置民俗文化沉浸式体验区、民族宗教政策法规知识宣传解答区等，发放宣传资料 304 份，张贴宣传标语、海报、户外广告 20 条，网络宣传 5 条次。约 300 名居民现场参与制作干花团扇、民族服饰涂鸦等“沉浸式”体验活动。

【宗教领域消防宣传月活动】 2023 年 11 月 8 日，湖里区民宗局以“落实消防责任，防范安全风险”为主题，在天竺岩寺组织开展 2023 年宗教领域消防宣传月暨反诈骗宣传活动。区民宗局、区消防救援大队、湖里派出所相关工作人员，各街道民宗干部，宗教活动场所及部分民间信仰活动场所负责人等 50 余人参加活动。湖里派出所民警结合实际案例分析冒充公检法诈骗、冒充电商平台客服诈骗、征婚交友诈骗等识别方法。湖里消防大队举行消防安全“明白人”（宣导员）培训，讲解火灾事故发生的原因、火灾防控工作重点等消防理论知识，现场教学防毒面具的使用方法，强调灭火器使用口诀。举行户外消防演练，湖里消防救援大队介绍干粉灭火器使用方法以及操作要点。

（卢舒婷）

精神文明建设

【概况】 2023 年，湖里区推进移风易俗，加强新时代文明实践中心建设。围绕争创全国文明城市、全省文明城区目标，开展“洁净家园”活动 6737 场。获 2022 年度文明城区测评全省第二名，届中综合成绩继续位居全省第一，顺利通过全国文明城市创建实地测评；湖里区志愿者联合会完成换届。湖里区全年组织志愿服务活动 220 场次，参与志愿者 17110 人次。在第六届福建省新时代文明实践志愿服务项目大赛决赛中，获金牌 1 枚、银牌 1 枚、铜牌 1 枚，获奖数量在全省县市区中最多；全市深化新时代文明实践中心（所、站）老年大学教学点建设工作推进会在湖里区召开；谢启明上榜第三季度“中国好人榜”，谢启明、夏江平、范巧蓉登上“福建好人榜”，程子璇获评市级“新时代好少年”。

【文明城区创建】 2023 年，湖里区以“洁净家园”行动为抓手，深入推进文明创建常态化建设。召开创建全国文明城市工作动员部署会，制定《“洁净家园 最美行动”红黑榜评分标准（修订版）》等配套文件，下发《关于做好“洁净家园”行动重点工作事项的通知》《关于“洁净家园”行动有关事项的通知》，对洁净家园行动工作实行定质定量考核。结合全区防抗台风、城中村现代化治理等重点工作，组织台风“杜苏芮”过境后专项行动，以及“屋顶清杂”、空间梳理和“四打通”等专项行动，全年共开展“洁净家园”活动 6737 场，下发《“洁净家园 最美行动”照片审核情况通报》109 期。抓好文明创建自查、抽查、督查、核查“四查合一”工作，全年开展区级全覆盖督查 7 轮，各街道社区累计开展全覆盖自查 23 轮，累计发出各类文明创建督查通报 355 份，通过“智信云”小程序采集并发出问题 13.3 万件。区委常委、宣传部部长沈萍带领区创建办相关人员，先后前往区创建指挥部各专项整治组牵头单位、“4+3”专项整治和重点攻坚工作牵头单位、各街道、有关社区等单位调研走访，累计召开调研座谈会 16 场次、330 余人参会，形成《湖里区高标准全覆盖常态化推进文明创建工作专题调研报告》，对调研发现的 8 个方面的问题提出针对性工作建议。

【志愿服务】 2023 年，湖里区新增志愿服务队伍 66 支、志愿者 4301 名，至年底，全区注册志愿服务队伍增至 996 支、志愿者 9.5 万人，开展医疗健身、扶弱帮困、助学支教、文化文艺、“洁净家园”、文明劝导等志愿服务项目 17303 项。推荐星级志愿者候选人 46 人，其中，三星级 30 人、四星级 15 人、五星级 1 人。举办志愿服务队伍专场红十字救护员持证公益培训 4 场次，普及骨干志愿者应急处置技能，培训学员 200 人。联合湖里区义务交警队支援五通客运码头志愿服务岗，常态化保障五通客运码头志愿服务需求。举办学雷锋志愿服务主题活动，区委书记吴新奎为湖里区 10 支特色志愿服务队伍授旗。8 月起，区文化文艺志愿服务队分别在后浦、马垅、后埔、围里、后坑 5 个城中村举办“三提升”文艺志愿慰问演出 5 场。建立志愿服务项目培育辅导机制，在项目骨干能力培养、合作交流、业务支持等方面提供专业化的支持。表彰 10 支特色服务队伍、5 名首批领军型志愿者、5 名首批专业型志愿者、“十佳”志愿者、“十佳”志愿服务组织、“十佳”志愿服务项目、“十佳”志愿服务社区、“十佳”志愿服务工作者。

【未成年人思想道德建设】 2023 年，湖里区委文明办结合清明、国庆等重要时间节点，开展“清明祭英烈”、“童心向党”歌咏活动、“向国旗敬礼”等“扣好人生第一粒扣子”主题教育实践活动。举办“田野少年成长记”公益夏令营。广泛开展“争当新时代好少年”推荐和学习宣传活动，选树区级“新时代好少年”典型 10 名，其中，1 人获 2023 年厦门市“新时代好少年”称号。金山社区被列为厦门市第五批社区未成年人社会实践指导站建设单位。

【道德模范选树及关爱】 2023 年，湖里区委文明办开展道德典范进基层巡讲和道德模范传帮带活动，做好困难道德模范帮扶以及免费体检工作。全年走访慰问帮扶生病、生活困难道德典范游文晃、张春楼和张雪花等 5 人次，为各级道德典范

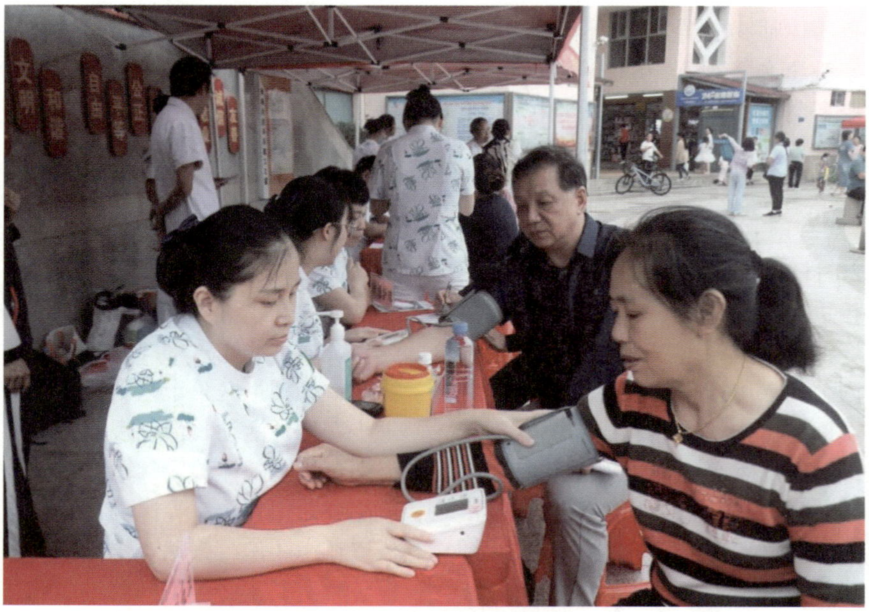

2023 年 10 月 21 日，湖里区委文明办联合区民政局、共青团湖里区委、区红十字会等单位在金尚社区举办区扶老助幼送健康结对义诊活动 （区委文明办 供图）

安排免费体检 20 多人次。邀请道德模范张春楼、游文晃、吴秀丹等进基层宣讲先进事迹。全区共推荐 8 名“身边好人”参评对象，其中，1 人登上第三季度“中国好人榜”，3 人登上“福建好人榜”。

【爱心厦门建设】 2023 年，湖里区委文明办结合春节、六一儿童节、重阳节等节日，动员社会力量，携手爱心企业、爱心人士开展关爱学生、基层辅警、环卫工人，慰问老人、残障儿童等爱心捐赠活动近 78 场。9 月，启动助残、救心集市、身心障碍者家庭喘息服务 3 个志愿服务项目扶持计划，通过对社会重点救助群体的帮扶，引导各社区实践所（站）投入爱心服务活动实践中。推进金安社区、吕岭社区爱心助残驿站试点，为辖区残疾人提供爱心助餐、康复宣传指导、就业岗位开发、文体娱乐、志愿助残等服务，截至年底，提供助餐服务 1825 人次。在湖里街道濠头社区、江头街道吕岭社区探索“身心障碍者家庭喘息服务”，共有 52 名残疾儿童家庭接受服务。全区建有“爱心屋”8 个，安置残疾人及重残家属 12 人，全年营业额 3350 万元。

【文明宣传】 2023 年，湖里区围绕文明习惯养成、文明礼仪培育、城区环境提升、健康生活倡导等重点工作，启动年度“同心创建文明城市　携手呵护美好家园”宣传教育活动，推出“洁净家园，扮靓湖里”“文明养犬，和睦邻里”“文明旅游，美美与共”等十大行动，培育市民文明习惯。常态化开展“存正心、守正道、养正气”主题活动，依托惠和石文化园，开展系列活动 44 场，3578 人次参与。举办“文明接力　你我同行”绿色低碳骑行活动，倡导市民共同参与绿色低碳环保出行。推进移风易俗，倡导婚事新办、丧事简办、孝老爱亲、勤俭节约等文明风尚，全年开展移风易俗宣传 200 余场次，简办喜事 110 余场。重点培育区新风正气福建“名片”宣传教育示范点，打造湖里区家规家训馆，多点发力开展主题活动，累计开展“存正心、守正道、养正气”系列活动 50 场，6130 人次参与，区纪委监委在区家规家训馆主办“最是清风传家远”厦门市廉洁家风展湖里专场，8560 余人次参观展览。

【新时代文明实践活动】 2023 年，湖里区委文明办加大各级新时代文明实践阵地建设投入，提升区新时代文明实践中心氛围布置和硬件建设水平，海洋生物多样性和鸟类公益保护展馆被评为新一批市级新时代文明实践基地。依托区新时代文明实践中心、各新时代文明实践所（站）开展 2023 年手书春联送祝福、“我们的节日・元宵”、母亲节、国际生物多样性日、闽风文学品读会公益文学讲座等活动。组织新时代宣讲师、各类先进典型、“百姓名嘴”等宣讲骨干，常态化开展理论政策宣讲 28 场。推动新时代文明实践中心（所、站）老年大学教学点建设，建立全区老年大学教学点师资、课程开展、队伍组织、氛围营造及活动宣传等数据库。联合区委宣传部等单位，依托全区新时代文明实践中心（所、站）等阵地，创新开展“文化进万家・走进新时代文明实践所（站）”文化惠民活动，为市民群众提供 13 个文化艺术门类 2122 节公益文化培训课程，惠及 56741 人次，群众满意度超过 99.68%。联合厦门市鹭江公证处、厦门市云尚公证处，开展“公益法律顾问进新时代文明实践站”活动 5 场次，推出系列普法宣传专栏，每周推出学法线上宣传活动。到南山实验学校、高崎小学等 8 所学校，金山、徐厝 2 个社区新时代文明实践站，开展第二届雷锋精神情景课堂进校园（社区）暨学雷锋月主题活动。组织五缘湾湿地公园志愿服务、“歌优舞美”助残活动以及兰馨颐养院敬老慰问 3 场学雷锋精神社会实践活动。在 15 个社区新时代文明实践站开展湖里文明创建系列主题文化活动和文化惠民活动 22 场次，开设 5 门课程 142 课时，群众 1768 人次参与。开展“风和万家——2023 年湖里文明创建系列主题文化活动”24 场，到湖里区 4 所学校、19 个新时代文明实践站，举办家庭家教家风讲座、中华经典和礼仪实践课堂、“非遗”白鹤拳展演等系列活动。

【“烟头不落地”活动】 2023 年 4 月 28 日，湖里区启动“烟头不落地，湖里更美丽”文明实践活动。在湖里公园、五缘湾湿地公园、“119”消防主题公园、涉台法治公园等处设置创意吸烟亭，打造五缘湾湿地公园“烟头不落地”教育示范点。在五缘湾湿地公园、东渡邮轮码头、古地石广场等人流密集区域，常态化开展“烟头不乱丢”志愿服务活动，发放便携式灭烟袋，劝导市民游客出行游玩时遵守文明吸烟规范。至年底，累计设置灭烟杆 350 个，开展“烟头清零”志愿服务活动 654 场次，2.6 万人次参与。

（吴千惠）

街　　道

湖里街道

【概况】 2023年，湖里街道辖区面积9.45平方千米，下设18个社区、198个小区，总人口20.28万人，其中，户籍人口11.98万人。街道财政总收入33.66亿元，比上年下降5.1%，本级财政收入2.24亿元，比上年增长1.8%。全年规模以上工业产值71.45亿元，限额以上批发零售销售额1668.57亿元，限额以上社会消费品零售额47.49亿元，限额以上住宿营业收入3.99亿元，限额以上餐饮营业收入1.68亿元，建筑业产值145.3亿元，居民商务服务业收入32.2亿元，软件信息业营业收入90.01亿元。年内，该街道团工委获评“全国五四红旗团委”，街道侨联获评“福建省侨联系统先进集体”，街道工会委员会获评“全省工会系统先进集体”。

【经济发展】 2023年，湖里街道实际利用外资1878万美元，有效招商入库项目40个，其中，新设项目39个、增资项目1个，总投资额26.9亿元。抓稳基金招商，新设基金5家，入库财政税收1235.52万元。跟进智慧交通产业园、平台经济产业园、厦门海上世界、悦10空间等园区招商工作，智慧交通产业园入驻企业11家，航天人才产业园入驻企业103家，注册资金合计12.62亿元，营业收入合计108.48亿元。海上世界1号楼、2号楼入驻企业139家，7号板块海上世界购物中心完成招商98%，全场入驻品牌153个。落实《湖里区低效工业用地再开发工作方案》，组织各业主召开座谈会8场，购买第三方服务，对辖区工业用地开展“一宗一档”建档工作和“一宗一方案”策划工作，完成现场建筑情况踏勘地块87宗，整理地块档案80宗，完成50宗地块档案成果输出，推进金龙厂房、长城工业、亨国精工等21宗用地的再开发方案编制。

【街区建设】 2023年，湖里街道按照完整社区建设标准，对辖区内60个小区开展“一小区一方案”规划设计。推进华海苑小区、新丰家园等61个老旧小区改造提升。推进湖里大片区城市更新项目建设，完成地块内2.1万平方米国有土地上房屋调档、测绘、评估清点及审核工作，完成村里社区征收与安置地块前期摸底工作，征收村里安置型商品房、公共卫生中心地块2.63万平方米，拆除房屋面积1.05万平方米。东渡片区完整社区项目创新采用设计采购施工运营一体化（“EPC+O”）模式，被列入2023年住建部“美好家园”现场会主要参观点，2023年省委、省政府工作检查点和省级样板现场观摩培训会现场观摩点。街道无障碍设施建设样板项目被列为2023年省级无障碍样板示范街道项目。

加速推进3个城中村现代化治理工作，后浦社引入台青创客家，共同打造台湾夜市特色街区；塘边社率先全区完成空间梳理和“四打通”工作，引入福信集团，整体策划和招商运营塘边社文体旅商业态；湖里社围绕居民需求，打造邻里会客厅，提供社区食堂、健身房等共享空间。

【平安街道建设】 2023年，湖里街道开展工贸行业重大事故隐患专项排查整治2023行动、“百日攻坚”行动等专项行动，累计出动执法人员3119人次，检查企业11848家，排查重大隐患413处，完成整改413处；企业自查重大隐患41处，完成整改41处，排查其他隐患5623处，完成整改5609处。通过购买服务方式，对辖区154个老旧小区、3个城中村的3185栋生产经营、租住场所进行电气检测和火灾隐患排查。街道联合职能部门，排查整治辖区“三合一”场所，解决困扰街道长达20年的宜宾路“三合一”问题，推动56间“三合一”店面彻底整改，拆除违建1100多平方米。开展“三合一”隐患场所常态化专项检查，累计发现存在隐患问题“三合一”场所434家，整改434家。对群租房、电动自行车充电、燃气安全等领域开展专项整治，排查单位场所27046家次，发现隐患616处，督促整改575处，整改率93.34%；统筹推动街道各项消防工作，开展辖区沿街店面、个体工商户、居家场所“一看一单一讲一查”行动（观看1次案例视频、发放1份宣传单、讲授1段该场所防火要点、组织1次显见性火灾隐患排查）。在城中村实施水改、电改、气改、充电桩改、路改、技改和纳入市级统一调度等“六改造一统筹”机制，建成市政消火栓66座。在自建出租房安装独立烟感器1592个，开设逃生窗2949扇、配备逃生绳90条。在餐饮场所安装可燃气体报警器368台，新增室外电动自行车充电点10处，充电桩（口）130个，拆除违建、道路障碍物等3400平方米。聚焦生产危险化学品、大型商超、消防、燃气等重点行业领域安全工作，建立“理论＋实操”培训模式，组织18个社区140名网格员参加培训32场。启动防暴雨应急响应6次、防台风应急响应3次，排查安全隐患520处，转移各类避灾人员171人。

抓好常态化扫黑除恶斗争，联动湖里派出所排查辖区重点区域、重点场所，开展线索分析研判，定期召集“一办五组”会商研讨。协同相关行业部门，排查处理各类涉黑涉恶因素，及时整治苗头性问题，扫黑除恶好评率100%。定期联合湖里司法所、湖里派出所等职能部门，开展矛盾纠纷排查工作，全年完成评理件47件，办理人民网交办件10件、上级转办件167件，及时接收率、按期办结率均为100%。“12345”政务服务热线受理事件6186件，及时查阅率、按时办理率、群众满意率均为100%。街道各级人民调解组织成功调处矛盾纠纷1252起，介入重大疑难纠纷6起，涉及金额300余万元。

推进“全国禁毒示范城市”创建，开展禁毒宣传进社区、进学校、进企业和进场所等活动35场次。印制“平安游湖里”画册。开展《中华人民共和国反有组织犯罪法》学习与宣传，开展《中华人民共和国民法典》宣传，制作宣传短视频，吸引1.3万名群众观看，点赞8000余人次，开展“三个一”（一场“典”进企业、一场“典”进社区、一场“典”进校园）系列活动。落实党工委法律顾问制度，选派专兼职人员担任社区法律顾问联络员。辖区11名法律顾问到社区值班1588小时，举办专题讲座62场、接受法律咨询400余次，参与社区法治宣传35场，累计开展“法进社区”“法进商圈”等大型法治宣传30余场次，送法进企业11场。

【民生保障】 2023年，湖里街道按时发放社会救助金3250户次399.77万元、高龄补贴23912人次268.67万元、残疾各项补助14290人次784.52万元、退伍军人各项补助金9965人次630.36万元。针对失独人员开展关怀服务，在康晖社区打造全市唯一试点“暖心家园”项目，引入霞辉老年社会服务中心，全年累计服务特扶失独家庭234户次331人次。在城中村打造网上商城，建设共享空间和日间照料中心。在东渡完整社区推动建设近邻小食堂、乐享市场。在东荣社区建立老年餐厅，提供就餐、饮水等便民服务。引进“老来俏”社区助老服务项目，服务覆盖街道18个社区，提供“助餐、助洁、助医、助行、助乐、助急”居家社区养老服务。18个社区全部完成区级“老年人健身康乐家园”创建工作，其中，获评省级“老年人健身康乐家园”单位6家、市级8家。在湖里区老年大学西部分校，打造老年大学教学点示范创新性教育平台。全年举办线下招聘会20场，参加企业419家，提供岗位1260

2023年2月24日，湖里街道专场招聘会在联发文创口岸举办　（湖里街道　供图）

个，达成意向762人。全年受理审核认定灵活就业177人，审核灵活就业复核材料614人次，建账补贴发放2503人次，社保补贴542.84万元。

【社会事业发展】 2023年，湖里街道加大对辖区校外培训机构整治，协同工商食安、城管、综治、安监等部门，对辖区内校园周边安全进行检查，每年督导检查民办园2次，群星幼儿园、咿贝幼儿园、小城故事幼儿园停办。9月，东渡幼儿园新港分园开园，办园规模为12个班，可提供360个学位。开展冬令营、夏令营科普活动。举办科技周宣传，组织学生参加陶艺制作、船模制作、电脑编程等活动。建设后浦社区“智慧童行”近邻青少年科普工作室、打造濠头社区无人机主题科普工作室。东荣社区青少年工作室被中国科协青少年科技中心评为“2023年度最具特色工作室”“特色科学工作室”“科创筑梦——青少年科学工作室”；开展“幸福湖里·百姓乐”文化品牌活动，全年开展各项文体活动90余场，2.5万人次参与。打造湖里街道“特区·1980”杯品牌，举办第八届职工趣味运动会和“特区·1980”全民运动季气排球赛；在村里社区馨贝昉托育中心、卓亚口腔医院建设中国计生协第三批“向日葵亲子小屋”项目点，为0~3岁婴幼儿家庭提供养护知识。

【基层党建】 2023年，湖里街道新成立党组织7个，完成换届党组织103个，撤销党支部5个。截至年底，街道有各级党组织360个，其中，党委19个、党总支6个、党支部335个。街道有党员4809名，全部纳入厦门“党建e家”平台统一管理，平台接转党员720人次，确定入党积极分子36名，发展对象备案35名，吸收预备党员28名，按期转正预备党员53名；除名6个月无理由不交党费自行脱党党员1名，出国境定居办理停止党籍6名，出国留学保留党籍3名。为40名老党员发放“光荣在党50年”纪念章。东渡社区获评市近邻党建先进社区，三航小区、南山新村2个小区获评市近邻党建先进小区党支部。后浦社城中村改造案例获厦门市基层党建创新案例二等奖。

在全街道开展“学习贯彻习近平新时代中国特色社会主义思想主题教育”。制定完善湖里街道常态化联系群众工作机制，领导干部累计下基层调查研究400余次，在城中村、老工业区等现场召开办公会100余场，坚持一线接访38批94人次，完成调研报告13篇。

【精神文明建设】 2023年，湖里街道开展“洁净家园”行动2300余场次，4.63万人次参与，清除小广告19万余条，清理地面卫生死角6740个、楼道及楼顶堆杂4970处，清掏窨井盖6700余次、维修处理破损设施800余处、划停车位540个，改善绿化1300余处，处理“门前三包”问题2.49万个，纠正违停、乱停汽车1.85万辆次。深化城市精细化管理水平，解决怡景社区世纪嘉园小区楼顶常年杂物堆积、塘边社“四打通”疑难问题等100余个。总结归纳出“湖里街道文明创建工作好做法”，对台阶边沿破损、乱停车等70种不同类型的问题进行场景化梳理，归纳问题解决方法案例。在全区洁净家园行动“红黑榜”评比中，街道各社区获得“红榜”31次，获得次数全区第一。每月开展“最美”评选活动，全年评选“最美网格”“最美小区”“最美楼道”“最美城管”“最美民警”“最美交警”“最美市场监管执法人员”“最美网格员”48个名。东荣社区东兴小区被评为2023年厦门市“最美小区”。

【网格治理】 2023年，湖里街道推进基层治理现代化体系建设，先后建立网格工作站18个、网格工作室89个，成立网格党支部66个、双格党建共同体47个。建成东荣社区“警网融合”网格工作室、康泰社区网格延时服务工作室、海天社区服务台青企业网格工作室、南山社区南山小区“六步”网格调解室。年内，有2名网格员被评为区级“金牌网格员”、16名网格员被评为区级“优秀网格员”。加强专职网格员的业务建设和队伍管理，组织14期网格员1959人次参与能力素质培训，编印《用情织网，用爱划格——湖里街道网格工作汇编》。

2023年，湖里街道成立全区首个企业服务、人才服务网格工作室，在金鼎、徐厝、海天、新港、怡景5个示范社区开展首批“网格+益企服务”企业服务试点，探索创新服务企业队伍“全体系”、机制“全闭环”、服务“全覆盖”“三全”工作法，推行政策宣讲上门，诉求对接上门、关键节点上门、税务服务上门、安全生产上门、定期走访上门的“六上门”企业服务与找工作、找住所、找朋友、找发展、找待遇“促五找”职工服务，开展“企业入格、网格入企”网格化服务，实现服务“零距离”、发展加速度。区企服办发文推广湖里街道益企服务“三全”工作法。

【党建聚能圈】 2023年5月18日，由招商蛇口福建公司召集，中国银联厦门分公司、招商积余福建公司等9家企业党支部参与，成立厦门海上世界党建聚能圈，招商蛇口福建公司总经理、漳州招商地

2023 年 6 月 28 日，厦门海上世界党建聚能圈启动仪式在海上世界举行

（湖里街道　供图）

产有限公司党支部书记范鹏担任召集人。10 月 10 日，由东荣社区党委、金鼎社区党委、东渡社区党委、新港社区党委和厦门城服愿景城市运营有限公司党支部共同牵头，联合 13 家共建单位党组织，成立东渡片区党建聚能圈，街道党工委委员、二级调研员邓美雄担任东渡片区党建聚能圈第一书记，厦门城服愿景城市运营有限公司党支部书记张雷担任党建聚能圈召集人。至年底，湖里街道共成立党建聚能圈 2 个。

【湖里街道侨联换届】 2023 年 1 月 13 日，湖里街道第三次归侨侨眷代表大会在康乐社区召开，会议应到代表 34 名、实到代表 29 名。选举产生出 6 名街道侨联委员，李剑军当选街道侨联主席。

（刘爱军）

殿前街道

【概况】 2023 年，殿前街道辖区面积 25.64 平方千米，总人口 21.7 万人，其中，户籍人口 5.1 万人。下辖 9 个社区，辖区涵盖厦门航空港、象屿保税区、火炬高新区、两岸集成电路产业园及航空工业区等市级重点园区。全年街道财政总收入 59.6 亿元，比上年增长 0.3%，本级财政收入 3.68 亿元，增长 0.2%；规模以上工业产值 180.5 亿元，增长 22.5%；规模以上软件信息业营业收入 15.5 亿元，增长 36%；限额以上餐饮业营业收入 8.4 亿元，增长 14.3%。殿前街道贯彻“大招商、招大商”思路，全年新增签约项目 23 个，投资额 24.9 亿元，落地项目 15 个，投资 28.1 亿元；外资促到资完成 2952.8 万美元，增长 412.6%。殿前街道被《环球时报》评为“2023 营商环境质量‘十佳’街道”。

【街区建设】 2023 年，殿前街道开展殿前、寨上、高崎、中埔、马垅、小东山、古塘垅 7 个城中村现代化治理工作。投入约 5 亿元，改造城中村基础设施、内部环境，以村中“无线美”工程为中心，配套实施雨污管网修复、道路提升、路灯升级、缆线整治等基础设施更新工程。全面清理城中村违章搭盖、私人搭建，7 个自然社排查出“四打通”点位 3094 处，至年底，全部打通，空间梳理规划点位 1274 处 7.31 万平方米，梳理腾挪空间 1409 处，签约面积 7.6 万平方米、拆除面积约 4.8 万平方米；谋划城中村提升服务体系、提升管理体系、提升文旅商融合品牌，策划生成高殿村史馆、马垅村史馆、马垅社停车楼、小东山社停车楼等项目，新增 17 处景观节点，重点规划马垅活力烟火街区、中埔社“侨”空间、相约蓝丝带文体旅商融合示范片区 3 个，打造马垅美食一条街和殿前社夜市广场特色街区 2 个。

【重点项目建设】 2023 年，殿前街道配合进行殿前二路、六路及延长线改造提升，厦门第三中学宿舍楼等 2 个区级重点项目及轨道平衡用地、第二东通道（殿前段）、象屿泵站重建等 9 个省、市重点项目建设，房屋签约面积 6.5 万平方米、拆除建筑面积 5.5 万平方米、交地面积 8.29 万平方米；改造提升欣家园、永乐阁、长乐三期等老旧小区 9 个；推动将高崎避风坞东南侧地块划拨为高殿社区发展用地，面积 2.8 万平方米。

【市容市貌管理】 2023 年，殿前街道拆除违章建筑物面积 3.1 万平方米，完成年度拆违任务目标的 153.1%。拆除广告店招 1166 块、面积 2283.1 平方米；神山三航小区获评 2023 年湖里区垃圾分类“样板小区”，嘉州花园小区纳入“垃圾分类督导模式提升”专项试点培育项目，投建 5 座垃圾厢房，其中纳入“为民办实事”项目清单 4 座。长乐社区长乐二期获评 2023 年厦门市“最美小区”。

【集体经济管理】 2023年，殿前街道下辖“村改居”社区村集体经济2个，年度收入24260.4万元，其中，高殿社区集体经济收入16850.3万元，马垅社区集体经济收入7410.1万元。街道、社区、小组三方联动，促成全市首个居民小组自筹资金1300万元修建马垅社区停车楼；马垅社区居民自发联合共建，自费投入约700万元改造门头店招。规范“村改居”社区集体资产租赁合同管理，对2个“村改居”社区集体资产租赁合同开展立项监督，按居、组分类梳理汇总集体资产租赁项目878个，自查租赁项目191个，处置欠租合同6份，追回租金161.6万元，纠正不规范合同5份，纠正租赁面积差异2102平方米，补缴租金15.43万元，新签及续签合同32份。

【平安街道创建】 2023年，殿前街道开展重大事故隐患专项排查整治2023行动，检查企业1万余家，排查整改重大隐患123处，挂牌督办重大事故隐患6处，摘牌率100%。投入使用翔鹭消防科普教育馆，是全市首家社区级消防科普场馆。推进“三合一”场所消防安全专项整治，排查生产经营单位7050家，682家回潮“三合一”场所100%清零。开展7个城中村消防设施技术改造，完成殿前街道“村改居”社区消防设施完善工程。推进城中村瓶装燃气居民用户用气设施安全提升改造，完成入户检查约9万次，隐患场所灶具不合格率从61.2%下降到13%，督促1897户居民家庭安装燃气报警器，投入27万元，为1.8万户瓶装燃气用户购买燃气综合保险。加强电动自行车安全管理，建成集中充电桩390处、充电口2900余个，安装电动自行车停放点固定式感温自启动灭火装置857个。8个物业小区、4栋高层公共建筑安装电动自行车禁入电梯智能监控识别系统238套，实现辖区所有物业小区高层建筑载客电梯全覆盖。兴隆社区科技村小区、嘉福社区嘉福花园小区、翔鹭社区翔鹭花城三期获评全区“电动自行车严管示范小区”。联合高德地图、百度地图，推送交通安全警示。建立无人机巡防队与“995”海上义务救援队、高殿义务消防队、马垅森林消防队、厦门消防支队等抢险救援联运机制，梳理形成全方位岸线巡查、森林监测和应急处突机制，救援队全年参与海上救援任务8次。打造“智慧海防”，在辖区海岸线及船舶停泊点周边安装视频监控高清摄像机，高崎码头安装人脸识别门禁、人脸抓拍系统，安装小型船舶防越界定位系统船舶324艘。规范建设乡镇船舶停泊点，提升改造杏林大桥下船舶集中停靠泊位，新建泊位108个，修缮原有泊位59个。全街实现社区信访评理室全覆盖，评理室全年受理办结信访件435件，及时受理率、答复率均为100%；化解高殿社区近30年的征地历史遗留用地问题，积案化解率100%。排查化解矛盾纠纷1967件，涉及金额3065万元；在小区、商圈、市场等矛盾纠纷易发、频发场所设立警民联调工作室31个，警民联合调委会全年成功调处矛盾纠纷1155件，涉及金额2214万元。创建“德法润家”“148”特色法律服务品牌，帮扶个案家庭16个，化解家庭教育相关矛盾纠纷35起，基层家庭守护员队伍帮助留守、困境、外来儿童275人次。开展禁毒攻坚行动，被执行社区戒毒及社区康复人员全部执行完毕，社会面吸毒人员复吸率为零。关爱精神障碍患者，率先在全区开展精神分裂症患者长效针剂治疗项目及精神障碍患者免费服药项目，开展系列康复关爱活动。

【社区治理】 2023年，殿前街道坚持党建引领社区治理，大党工委成员单位增至23个，开展季度轮值活动3场，社区共建单位增至188个，全年完成共建项目59个，构建党员带头、各类组织积极协同、居民广泛参与的小区治理体系。动员非在册党员632名加入小区党员志愿服务队，开展志愿服务活动252次，认领小区项目138个，完成小区治理小额“以奖代补”项目11个，帮助群众解决难事18件，举办基层治理实务沙龙3场。加强对业委会、物业服务企业等小区各类组织的引导和监督，完成11个小区换届选举，开展29个小区物业星级评定工作，开展海天大厦、现代家园等5个小区物业、业委会共有资金专项审计工作。成立社区治理学院殿前街道教学部，设立9个社区教学点，举办150余场培训，培训社区“两委”、党支部书记、小区业委会委员等6627人次。加强流动党员管理，社区登记流动党员214名。

【台侨工作】 2023年，殿前街道贯彻落实《湖里区鼓励和支持台湾青年创业就业实施办法》，为辖区内93家台资企业兑现台青创业启动扶持资金、经营场所租金补贴、居住用房租金补贴等共452.2万元。殿前街道联合区委台港澳办在万达鹭港广场举办“相约翔鹭 助力发展——台青特色产品进社区”活动，上百名台湾青年带来超400件商品到社区售卖，助力台企台青发展。兴隆社区投入使用全市首个两岸同胞融合驿站——“兴融映巷”。建成并启用闽籍华侨陈楚楠生平展陈馆，召开陈楚楠生平研究座谈会。

【社会事业发展】 2023年，殿前街道新增普惠托育机构2家，新增普惠性托位128个，平均每千人拥有3.7个托位，提前、超额完成市里下达任务数。至年底，辖区内有中、小学校9所，其中，公办学校6所、民办学校3所；有幼儿园18所，其中，公办园5所、民办园13所。开展校外培训机构专项治理行动，建立辖区83所培训机构周巡查报告制度，整治安全隐患15起；开展校园及周边安全专项整治行动，启动城管、市场监督管理所、交警、派出所、社区、学校即时协作联动模式联合执法，排除校园周边安全隐患12处。厦门医学院心理学教授张纪梅入驻“知心姐姐”谈心室导师团队，为69个家庭、241人次提供心理咨询服务，组织“走进校园”心理健康专题讲座26场，6100人次参与。殿前街道（神山）养老服务照料中心揭牌营业，至年底，辖区内有养老服务照料中心3个，殿前街道（北站）养老服务照料中心，运营面积1808平方米，拥有床位34张，其中，养老护理床位26张、喘息照料床位8张；殿前街道（神山）养老服务照料中心运营面积215平方米，含长者餐厅、5张休息床位；殿前街道（高殿）养老服务照料中心运营面积2662平方米，拥有床位23张。开办高殿社区食堂、嘉福“吾嘉灶咖”社区餐厅，社区食堂为80岁以上老人提供免费餐食和送餐服务；常态开展“长者生日会”集体庆生、老年人触球培训等活动。辖区内有医疗机构79家，其中，医院3家、门诊部13家，诊所（室）63家。

街道综合文化站建筑总面积2384平方米，设有体育健身室、乒乓球室、书画馆、声乐培训室、棋牌室、教育培训室、文化共享工程视频播放点、多功能活动厅。街道打造“腾飞殿前·诗画家园”文化艺术品牌、“腾飞殿前·以文化人”社区文化品牌和“殿前梦工场”文化培训品牌。“腾飞殿前·诗画家园”艺术嘉年华举办第三季，“腾飞殿前·以文化人”开展文化活动100余场。“殿前梦工场”，开设不同门类艺术公益课程268堂，组建10支文艺队伍，创作《我的祖国》《茶香中国》2个精品节目。建设“时光海岸”沿线慢行系统，整合海堤公园、闽台中心渔港、时光海岸码头等文旅资源，推出2023年“浪潮殿前生活节”文旅商融合品牌。在“时光海岸”举办“夏日多巴胺　乐跑慢行线”系列活动，在高崎闽台中心渔港举办“‘渔’你相约‘蟹’逅殿前”系列活动，在夏商中埔农产品批发市场举办“龙情夏商　年味殿前”厦门农特食材年货节。携手红顶艺术社区，推出“印象殿前”系列文旅商推广活动。举办第九届“胜元杯”篮球联赛，赛期36天，20支球队、300名队员参赛。

2023年12月21日，嘉福社区“吾嘉灶咖”社区餐厅营业。图为社区老人在社区餐厅用餐　（殿前街道　供图）

【劳动就业及和谐劳动关系创建】 2023年，殿前街道举办20场招聘会，邀请企业583家，提供岗位1700余个；举办育婴员、电商、西点师等培训7期，培训学员262人次。受理劳动争议案件301起，调解成功219起，调解成功率72.8%，调解案件涉及金额858.2万元。协调处置突发劳资纠纷12起。受理“数字湖里”公共管理平台劳务纠纷150起、“12345”便民服务热线投诉29起，结案率100%；辖区在建工程项目“无欠薪项目部”创建率100%。

【社会救助】 2023年，殿前街道为辖区救助对象1856人次，发放各类救助金190万元。其中，为低保特困户166户发放节日慰问金12.8万元，为752户次884人次低保对象发放低保金90.1万元，为130人次特困对象发放特困补助金和护理费35.4万元，为32户困难家庭发放临时救助金40.3万元，为事实无人抚养儿童36人次发放抚养费9.6万元。落实未成年人保障政策，构建政府、社会、学校、家庭、网络、司法等“六大保护＋自我保护”的未成年人保护工作体系，为辖区 75 名困境儿童建立“一人一档”，电话探访、入户走访 194 人次，服务困境儿童及未成年人家庭 4940 人次；开展“护蕾‘前’行，让爱沉殿”困境儿童关爱服务、“雨露育春苗”孤困儿童结对帮扶等慰问救助活动，关爱困境儿童 64 人。举办“探秘‘酱’文化”冬令营、亲子户外团建等活动 23 场。

【基层党建】 2023 年，殿前街道组织开展学习贯彻习近平新时代中国特色社会主义思想主题教育，街道领导班子围绕主题教育重要学习内容举办读书班，召开理论学习中心组学习会 9 场，开展专题研讨 6 次，带头上党课 12 场；党工委举办专场活动 6 场，基层党组织开展学习研讨 506 场，社区党委书记上党课 159 场；领导干部牵头负责调研课题 12 项，查找问题短板 46 个，提出对策建议 60 条，形成调研报告 12 篇。

街道打造覆盖 40 多家企业的汽车商贸党建共同体，建立“益骑驿站”“司机之家”等 10 个阵地。新成立“三新”领域党组织 7 家，发展党员 12 名，整顿软弱涣散党组织 2 家，完成 9 个社区党建“体检”工作暨社区党组织书记届中述职。

【精神文明建设】 2023 年，殿前街道组织 30 余家共建单位及社区居民党员、群众志愿者等 2.4 万人次参与“洁净家园”行动，清理面积 125 万平方米；超强台风“杜苏芮”过境后，街道开展灾后清障疏通专项行动，出动网格员、城管环卫工人等 1113 人次，清障清运树木、垃圾 491 车，解决树木倒伏断裂、路面垃圾、下水道漫溢等问题 757 个。整改飞线充电、占道经营、乱晾晒等问题约 3700 个，发放宣传材料 3 万余份。开展文明旅游、文明交通、文明餐桌、移风易俗、“我们的节日”系列精神文明传播活动 90 余场，街道获评“2022 年度湖里区精神文明工作先进集体”，嘉福社区“有嘉就有福”社区创新治理项目获第六届福建省新时代文明实践志愿服务项目大赛决赛银奖，街道志愿者获评厦门市四星级志愿者 1 名、三星级志愿者 4 名，获评“2023 年厦门市最美志愿服务工作者”1 名。

【“殿小二”智荟家园启用】 2023 年 7 月 2 日，殿前街道举行“殿小二”智荟家园启用仪式，该园是全市首个专业服务街道企业的智能化驿所。公益提供“殿小二”招商团、微课堂、会客厅、直播间和人才“加油站”等益企服务，开展项目对接、政策咨询、课程培训等；拓展“微课堂＋直播间”“招商团＋会客厅”等叠加模式，促成“殿小二”2.0 版在抖音上线。

【商协会联盟】 2023 年 7 月 11 日，殿前街道商协会联盟成立，吸纳厦门市上海商会、厦门市驻厦机构联合会等 25 家商协会成员利用“殿小二”智荟家园综合性服务平台，定期召开联席会、组织商会活动。

（蔡海平）

江头街道

【概况】 2023 年，江头街道辖区面积 6.72 平方千米，下辖 11 个社区。辖区常住人口 18.1 万人，其中，户籍人口 8.4 万人。街道财政总收入 17.65 亿元，本级财政收入 1.21 亿元；限额以上批发零售业销售额 260.96 亿元，比上年增长 13.6%；规模以上工业产值 10.9 亿元，增长 51.3%；限额以上餐饮营业收入 2.08 万元，增长 37.2%；限额以上住宿营业收入 1.88 万元，增长 30.5%。江头街道对接招商企业 103 家，协助 85 个项目完成设立或增资，注册金额 39 亿元。入库符合招商实绩竞赛要求项目 11 个，入库金额 2.55 亿元。

【街区建设】 2023 年，江头街道联合江头城管中队开展“两违”治理工作。全年共拆除违建 1601 处 4 万平方米，其中，拆除后埔瑞丰路铁皮搭盖 65 处 1600 平方米、金彩花苑西南侧违法搭盖 29 处 1000 平方米，解决困扰街道 20 多年的历史难题。落实湖里区空间梳理和“四打通”攻坚工作，排查房屋 947 栋，拆除点位 1450 个，其中“四打通”排查、打通点位 751 个，空间梳理拆除点位 699 个，拆除面积 2 万余平方米。完成中港花园一期、嘉隆建材城、梅阳花园等老旧小区 17 个改造提升工程，重点解决基础设施老化、公共服务缺失、消防安全隐患等群众反映强烈的问题。

【小区治理】 2023 年，江头街道委托建发城容公司负责辖区 48 个无物业小区、“三不管”地带的日常保洁和城市管理应急处置工作。城容公司全年清洗地面 50 万余次，清理小区内乱粘贴 20 万余张，疏通窨井盖 15 万余次，绿化带保洁 15 万余次，擦洗楼层扶手窗台 25 万余次。在天地花园、江头小区、福龙天宝小区引进“爱分类”智能垃圾回收柜 10 个，有偿回收全品类可回收物，至年底，江头街道共引入“爱分类”智能垃圾回收柜 20 台。探索建立“业委会之家”，建立一小区一档案，推动 13 个小区业委会换届。建立红色业委会，业委会成员中党员占 40%，业委会

2023年，江头街道投入使用“爱分类”智能垃圾回收柜。图为11月21日，志愿者为江头社区居民讲解回收柜的使用方法　（江头街道　供图）

主任党员占53%。

【营商环境优化】 2023年，江头街道建立企业服务微信群，以晾晒通报机制为抓手，倒逼责任落实，根据区企业服务工作领导小组对中小微企业服务的工作部署，结合街道22名企业服务专员益企服务工作的开展，街道领导走访挂钩重点企业，指导企业完成“亲清一家人”平台注册工作，中小企业注册2156家。协调解决厦门雷霆网络科技股份有限公司、福建铭泰集团有限公司等企业诉求150余件。组织企业法务座谈沙龙、软件信息业企业座谈会2场，联动SM商业广场、江头建材城等主要商圈，结合“创文明”、“夜经济”、税务内容讲解、惠企政策直播等主题，举办促消费活动4场，实现限上餐饮业营业收入2250万元。推动新设立的企业13家实现月度纳统。

【平安街道建设】 2023年，江头街道推进“平安江头”“法治江头”建设，重点打击防范电信网络诈骗和危害国家安全等刑事犯罪。街道共接刑事类警情323起，比上年下降20.83%，其中，诈骗案件168起，比上年减少25起；破获“九类”及“十一类”案件36起，查处涉黄刑事案件116起，查处涉赌刑事案件77起。“公证+”调解队伍受理矛盾纠纷1766起，调处成功1659起，调解成功率93.9%，解决重点积案6起。建设梅阳花园等17个小区的智慧安防工程，“智慧安防小区”覆盖率95.3%。辖区内安全生产形势保持稳定向好，全年出动检查人员45136人次，检查企业22568家次，发现隐患3973处，整改隐患3973处，整改率100%；辖区存在消防隐患的13个高层建筑全部完成整改，整改数量占全区的41%。

【民生建设】 *社会保障*　2023年，江头街道累计为1773户低保家庭发放低保救助金256.48万元，惠及2471人次；发放特困供养人员补助金97.51万元，惠及特困人员423人次；临时救助88户156人，发放救助金90.79万元；发放困难残疾人生活补贴2408人次86.69万元；发放重度残疾人护理补贴7090人次274.39万元；发放特扶家庭扶助金391.51万元，兑现独生子女父母奖扶6118人1102.92万元；为辖区户籍80周岁以上老人发放高龄津贴18492人次216.89万元；为263名90岁以上高龄老人发放重阳节慰问金13.6万元。多方联动，探访关爱困境儿童295人次，提供个案服务29人次，社区举办活动35场次，参加活动儿童653人次；联动海丝慈善会，开展“冬日暖童心、爱心伴成长”捐赠活动，为街道60名困境儿童捐赠款物价值2.1万元。开展被征地人员实名制入库和参保缴费，入库被征地人员1190人，通过1164人，办理一次性参保缴费262人，受理缴费补贴802人，发放补贴金额453.66万元。

劳动保障　2023年，江头街道深化劳动保障服务，实现居民再就业3755人，其中，就业困难人员279人，兑现创业奖励21人次11.46万元；认定灵活就业人员267人，完成灵活就业复核975人，落实4497名灵活就业人员社保补贴986.3万元，办理灵活就业人员人身意外伤害保险补助113人，审核通过“就业创业证”线上申请118人；开展重点群体项目制培训13期。落实154名高校毕业生就业服务，帮扶151人实现就业。街道辖区全年共发生各类劳资纠纷1398件，其中，驻街监察工作站受理1100件，涉及员工2132人，涉案金额492.5万元，经街道调解，达成书面协议265起，调解成功率89%，为农民工追回拖欠工资390多万元。引导维权33件，案件参与率100%。

居家社区养老　2023年，江头街道推进居家社区养老服务，投

2023 年 6 月 19 日，江头农贸市场商圈党支部揭牌仪式暨江头社区迎“七一”文艺会演举行
（江头街道 供图）

入经费 209.96 万元，通过购买服务，为社区配备专职助老员 20 名。开展居家和社区基本养老服务提升行动项目和家庭养老床位建设，发放相应建设、护理、运营补贴 48 万余元。加强蔡塘、园山、吕岭 3 个养老服务照料中心日常运营管理，共设置照料床位 44 张，2 家敬老餐厅，满足辖区老年人生活照料、康乐活动、就餐助餐等需求。园山、蔡塘照料中心先后被市民政局评为四星级养老服务设施，吕岭照料中心被区民政局评为三星级养老服务设施。江头街道共组织社会工作服务项目采购 2 批次，投入经费 314 万元，购买社会工作服务项目 13 个。

退伍军人服务　2023 年，江头街道健全基层退伍军人服务体系，全年为残疾军人、参战人员、参试人员、60 岁农村籍退役士兵、海工一团、烈士遗属、带病回乡退役军人、老烈士子女、病故军人遗属等各类抚恤对象，发放定补金 292.72 万元。

【社会事业发展】 2023 年，江头街道辖区内共有校园 37 所，其中，中小学有 12 所，在校学生 20772 人；有幼儿园 24 所，在园幼儿 5802 人，其中，公办幼儿园（含集体办）11 所，在园幼儿 3531 人，民办幼儿园 13 所，在园幼儿 2271 人。加大对教育工作的经费保障力度，全年投入教育日常经费 132.7 万元及幼儿园补助经费 384 万元，支持全区各社区教育工作和 3 所普惠性集体办幼儿园的办学保障。投入 32 万元，修补禾山中学东面校门破损路面，保障学生出入交通安全。

江头街道综合文化站总面积约 2000 平方米，内设台球室、健身室、棋牌室（2 个）、练歌室、书画创作室、办公室、更衣室、会议室、书刊阅览室、电子阅览室、培训室和多功能活动厅。配备台球桌、乒乓球桌、商用跑步机等健身器材 30 余台、电脑 12 台，图书 2 万余册、报纸杂志 40 余种。有在编在岗专职文化工作人员 3 名，聘请 6 名管理员负责文体设施日常维护管理。辖区 11 个社区，每个社区共配有专职文体工作人员 2 名。街道级文体活动经费 60 余万元，组织湖里区第十六届社区文化艺术节综合展演、书法美术摄影展系列活动等 70 余场；协助惠和石文化园申请国家 AAAA 级旅游景区。

【基层党建】 2023 年，江头街道共划分网格 105 个，全部成立小区党支部；深化近邻党建引领基层治理，向区委组织部选推近邻党建先进社区 5 个、先进小区党支部培育点 10 个。其中，金尚社区莱茵花苑小区党支部、祥店社区福满园小区党支部获评厦门市第二批“近邻党建先进小区党支部”；江头街道党工委撰写的《党建引领安置房小区治理路径探索——湖里区薛岭新村小区治理的实践与启示》获厦门市基层党建创新案例二等奖；街道、金尚社区、园山公寓小区入选厦门党员教育实训基地名单。年内，江头街道有党委 11 个、党总支 2 个、党支部 216 个，共有党员 3328 名，有街道、社区党群服务中心 12 个。颁发“光荣在党 50 年”纪念章 25 枚；结合开展学习贯彻习近平新时代中国特色社会主义思想主题教育，开展党支部书记、党员轮训 31 批 1600 余人次；各基层党组织开展“线上、线下”学习，举办培训 3723 场次，培训学员 3000 余人次。至年底，江头街道共成立商圈党支部 10 个，其中，街道商圈党支部 1 个、社区商圈党支部 9 个，吸纳街道及社区各类商户党员 82 名。

【精神文明建设】 2023 年，江头街道坚持疏堵结合，推进“引摊入市”工作，联合第三方公司改造提升 SM 城市广场摊规点，重新规划、建设蔡塘快速公交站摊规点。打造全省首创的物业党建联建工作站（业委会之家），在全市率先对小区业委会进行系统化培训、规范化建设、常态化监管。打造薛岭新村、福满园小区、莱茵花苑小区等一批小区治理先进典型。

新时代文明实践站（所）全年累计开展理论宣讲、移风易俗、科学普及、文化活动、全民健身等各类主题活动600余场次，发放宣传材料2万余份，活动受众5万余人次。谢启明获评2023年第三季度“中国好人榜”助人为乐好人，“爱的连接——身心障碍者家庭喘息志愿服务项目”获2023年福建省新时代文明实践志愿服务项目大赛铜奖；街道选送4个项目参加厦门市新时代文明实践志愿服务项目大赛，获金奖1个、铜奖2个、优秀奖1个。

制定《江头街道关于深化洁净家园常态化行动方案》，建立“2+1+N”（2支队伍+1部专用车辆+N天整改计划）机制，集中整治无人认领的边角地带，平时物业管理、日常环卫保洁不到位的卫生死角，各级督查通报的不文明现象，累计清理楼道1426梯、楼顶堆杂300余处，修复破损的公共设施390余处，补植绿化2100平方米。街道综合执法队开出《福建省消防条例》出台以来全市首张处罚单；重组后埔城中村义务巡防队，吸纳队员35人，负责日常平安巡防和危险隐患排查。

（李婉华）

禾山街道

【概况】 2023年，禾山街道辖区总面积16.43平方千米（含五缘湾水域），总人口31.7万人，其中，户籍人口10.6万人，下辖12个社区。全年引进内资项目760个，注册资本337.96亿元；引进合同外资项目78个，引资额988.84亿元。建筑业产值476.44亿元，比上年增长16.4%；固定资产投资195.36亿元，增长68.5%；建安投资41.78亿元，增长11.7%；社会消费品零售额30.78亿元，增长5.2%；限上零售业销售额31.22亿元，增长16.5%，限上批发业销售额655.33亿元，增长7.1%。街道财政总收入28.48亿元，街道本级财政收入1.85亿元。

【街区建设】 2023年，禾山街道优化市容环境，打造枋湖南“门前三包”、适当跨店经营示范街和快速公交县后站摊规点，累计接待各类调研、参观、交流10余次；打造绿色生态街道，建设完成金尚路海事法院西侧“口袋公园”、枋钟路双鲤新城西侧小公园、钟宅北苑一期外围等5处小公园，增加时令花卉、景石、雾喷及夜景照明等，新增绿地面积1.2万平方米，种植各类苗木4.5万株。在小区开展义务植树和认建、认养活动，种植桂花树、茶树、山樱花等开花苗木200多株，完成垂直绿化点3个。清理拆除鼻子沟两侧散状分布石蚝1599.84平方米、街道海域大离浦屿岛周边海域竹蚝1.67万平方米。改进垃圾分类工作方式，引导群众普遍参与，推广“督保融合”探索创新管理体系，开展无禁区、无死角考评，推进“以奖代补”，提升点位环境。街道垃圾分类知晓率100%，参与率97%，准确率92%；处罚垃圾分类不正确行为923起，处罚金额40250元，责令整改1718起。

【招商引资】 2023年，禾山街道完善招商引资工作机制，定期召开工作调度会，与工商、税务等部门联动，实行宣传政策、洽谈项目、办理登记注册“保姆式”服务。推动辖区内78家存量企业增资，增资额125.68亿元。引进福建五加一文化传播有限公司、厦门意好愿投资有限公司等亿元以上项目26个，注册资本242.14亿元。新增入库项目20个，计划投资15.13亿元。投洽会期间，签约项目19个，投资96.81亿元，促进开工开业项目2个。

【企业服务】 2023年，禾山街道选拔20名中层以上干部挂钩重点企业和项目82个，指导“9+1+N”清单企业完成“亲清一家人”平台注册，累计走访企业420余次，协助企业解决难题180个，兑现惠企助企扶持资金3918万元，受理办

2023年8月5日，禾山街道举办“禾山村里呷”促消费活动

（禾山街道　供图）

结“亲清一家人”平台企业诉求70件。举办2场“禾商讲堂”活动，惠及企业100余家，为企业日常经营、纳税申报、税务稽查等提出风险防范建议。在枋湖、围里、坂尚3个城中村社区开展促消费活动，发放消费补贴20万元，实现消费近60万元，吸引近百家餐饮店参与，激发城中村商业活力。

【重点项目建设】 2023年，禾山街道钟宅旧村改造项目完成攻坚扫尾工作，火炬东路、创业路段项目完成房屋拆除。建设钟宅畲族社区发展中心，项目总投资6.91亿元，集商业、办公、酒店等业态于一体。坂尚社区发展中心封顶。

【平安街道建设】 2023年，禾山街道加强隐患排查治理，检查各类生产经营单位16894家次，发现隐患4384处，全部完成整改。牵头组织开展联合执法151次，狠抓重点时段安全生产工作；加强食品安全监管，督导食品企业7009家，督导率100%；加强环保督察，开展各类防污检查690次，“小散工程”及零星作业线上登记1215项，巡查21931次。全年受理各类矛盾纠纷481起，调处成功474起，调处成功率98.5%。

开展禁毒宣传，做好12名戒毒人员社会矫正工作；做好社区矫正及安置帮教工作，累计走访社区服刑和安置帮教人员203人，解除安置帮教35人，定期实地查访632人次。立案电信诈骗类案件576起，比上年下降17.8%，刑事警情比上年下降14.1%。

各社区参加电动自行车消防整治联合执法行动22次，市容整治组联合执法36次，查处电动自行车违法行为30967起，查扣电动自行车5562辆。建设交通劝导站3个。新景龙郡小区、新永城花园小区入选厦门市年度电动车示范小区。

【社区治理】 2023年，禾山街道推进网格化社会治理，打造禾美社区“警网融合”工作室、湾北社区五缘新座尚座综合网格工作室；采取对古民居“修缮保护、活化利用、呈现特点”等办法，利用“陈鹤宅”打造围里社区第24网格工作室，设置网格员巡查休息点4处。枋湖、坂尚、岭下、围里4个社区股份经济联合社完成换届选举，产生新一届成员代表247人。

【民生保障】 2023年，禾山街道建设枋湖社区劳动综合服务基地。聚焦“一老一小”重点群体，建设禾山街道首家“宝宝屋”，以低于政府限价的普惠标准，提供家门口15分钟普惠托育服务。

联动街道（社区）、专业社工、社会组织、志愿者和慈善资源力量，建立街道未成年人保护工作站，为辖区未成年人提供保护。以社工站为核心，为社会救助对象提供标准救助线和特色救助线服务，为困境儿童织密“预防、治疗、发展”三级介入网，项目服务辐射辖区困境儿童133名，社会救助122户。

发放残疾人各项补贴451.34万元，受益8544人次；发放低保金、特困人员供养补助金、临时救助等救助金384.01万元，救助3672人次；发放计生协慰问金183.92万元，慰问620人次；发放老龄津贴135.51万元，受益老人11395人次。优化特殊困难老年人探访关爱服务，实行划片分类管理，保障特殊困难老年人基本养老服务需求，完成关爱服务建档904份，全年提供探访关爱服务5400人次。走访慰问优抚对象及退役军人和军属，发放慰问金或慰问品，发放2023年义务兵优待金、大学生入伍奖励金、重点优抚生活补助金、60周岁农村籍退役士兵生活补助金、无军籍人员生活补助金以及退役军人离世慰问金。

走访失业人员1111人次，为183人次推荐职业。做好重点群体项目制技能培训，举办技能提升培训班11期，培训学员278人次。排查及化解群体性劳资纠纷隐患8起，涉及金额135万元，参与处置率100%。

【社会事业发展】 2023年，禾山街道辖区内有学校18所，其中，公办学校12所、民办学校6所；幼儿园41所，其中，公办园14所，民办园27所。有钟智西路射箭场、禾山运动中心（足球场）、枋湖南社区近邻健身场等9个全民健身场地，禾盛社区碧湖家园、枋湖南社区2个智慧健身房，全年开展文体活动119场。

截至年底，禾山街道有医疗卫生机构98家，其中，医院4家、卫生服务中心2家、卫生服务站1家、康复医疗机构1家，门诊90家。开展免费孕前优生健康检查2537人，开展已婚无孕育龄妇女妇科病普查和“两癌”筛查，完成普查、筛查3081人，完成家庭医生签约16.87万人，为65岁以上老年人8848人体检。开展“百名专家进社区”健康服务活动，476人次接受专家义诊服务。

【基层党建】 2023年，禾山街道开展学习贯彻习近平新时代中国特色社会主义思想主题教育，组织集中学习2812次，专题讨论2298次，召开支委会1455次、党员大会3235次，党支部书记为全体党员上党课1835次。举办“朝阳禾山向前冲”七一主题活动。举办街道新就业群体、流动党员亲子研学，"文明'驶'者'禾'你同行"等主题活动2场，湖里区非公党建工作指导员"育林计划"培训、街道非公党员干部、流动党员培训12期，培训学员581人。

规范整改各社区党群服务中心门头12处。在禾盛社区试点全区首个社区物业党建联建片，健全完善党组织领导下的物业服务管理机制。动态管理入党申请人60人、入党积极分子40人；做好7个非公党支部的组建，撤销非公党支部5个，完成11个非公党支部换届。5个社区党组织入选厦门市第二批"近邻党建先进社区"培育点，7个小区党支部入选厦门市第二批"近邻党建先进小区党支部"培育点。禾山街道开展理论学习中心组学习12次，举办专题讲座，组织参观神山党员综合教育基地、湖里街道后浦社区等。

2023年10月10日，禾山街道举行各城中村社区综合治理委员会集中授牌仪式

（禾山街道　供图）

【精神文明建设】 2023年，禾山街道组织开展文明创建重点项目推进会、文明创建专题培训会等常态化推进文明创建工作会议33次。拓展新时代文明实践所（站）建设和精神文明建设，禾山社区新时代文明实践站被评为"全省最美志愿服务实践站"，王小兵家庭获评"全国最美家庭"。

打造绿牌新天地园区团支部"新星"党建带团建品牌，被湖里团区委推荐评选市级文明号集体培育对象。组织社区艺术团、辖区居民参与区级文艺会演4场次，健身活动37场次。申报区级体彩公益金96万元，丰富居民体育赛事以及提升改造辖区体育场地。

禾山街道将移风易俗内容写入《村民公约》；在老旧宗祠、校舍等零散阵地设置社会主义核心价值观宣传栏；在微信公众号、微信群等线上平台，宣传婚丧嫁娶简办、孝老爱亲、光盘行动、厉行节约等移风易俗内容；各社区设立"高考奖学金"，为考上大学本科、全日制硕士的优秀学子颁发奖学金，倡导"教育为本，教学为先"的良好风尚。

【网格实务沙龙平台】 2023年，禾山街道搭建网格实务沙龙平台，开展网格实务沙龙12场，辐射网格员近800人次。各社区从规范组织建设、队伍建设、基本活动和基本制度等方面为网格员厘清工作思路、明晰工作方法，编制《网格实务沙龙汇编》。

【城中村现代化治理】 2023年，禾山街道推动城中村现代化治理，7个自然社划分网格107个、房屋4282栋，涉及需"四打通"点位3486个，打通3342处，打通率95.87%。7个自然社空间梳理规划拆除点位595处，总面积67953平方米，签约431处，占72.44%；签约面积26014平方米，占38.28%。年内，完成卢厝、县后、坂上、尚忠4个社缆线整治（强电、弱电）及雨污治理。召开城中村治理"三提升"工作专题会，推进"一社一策"，健全完善城中村管理服务体系，3个城中村社区、8个自然社分别成立城中村综合治理委员会。举办"'十'尚老店，品味经典"系列城中村专场宣传活动，18家老店获得"十年老店"称号，成立城中村商家联盟。

【招商大会】 2023年10月25日，禾山街道召开招商大会，湖里区委人才办、区发改局、区工信局、区财政局、区人社局等相关部门领导及重点企业代表等约120人参加大会。区人社局解读人才住房政策，举办"禾商讲堂"活动3场，惠及企业超150家，为企业日常经营、纳税申报、税务稽查等提出风险防范建议和工作建议。

（徐舒雅）

金山街道

【概况】 2023年，金山街道辖区总面积15.51平方千米，下辖9个社区，总人口14万人，其中，户籍人口6.3万人。街道党工委下属基层党组织187个，其中，党支部 175 个，有党员 2575 名。固定资产投资额完成 278.51 亿元，比上年增长 13.5%。推动 2 个重点项目入库，实现 3 个项目落地。辖区内新设企业 1527 家，新增注册资本 88.54 亿元。建筑业产值 203.5 亿元，比上年增长 13.5%；规模以上工业产值 9.52 亿元；限额以上零售业销售额 82.94 亿元，比上年增长 2%；限额以上批发零售业销售额 3540.92 亿元；限额以上住宿 4.36 亿元，比上年增长 44.7%，财政总收入 44.39 亿元，本级财政收入 2.95 亿元，比上年增长 6.3%。

【重点项目建设】 2023 年，金山街道服务保障高林—金林成片开发、湿地公园 TOD 项目以及各安置房建设，实现纳统地价及征拆 217.49 亿元，湿地公园 TOD 项目建安投资 9.55 亿元，下湖一期、二期安置房建安投资 7.31 亿元，高林—金林片区开发项目建安投资 5.21 亿元，辖区固定资产投资额完成 278.51 亿元，比上年增长 13.5%。

【街区建设】 2023 年，金山街道完成泥金社房屋征收、拆除工作，至年底，五通金融商务区片区征拆全部完成，全片区完成整村征迁自然社 28 个，房屋征收签约 625 万平方米，拆除 626 万平方米，交地 391.6 万平方米。年内，金山街道推进后坑城中村更新改造，该项目被列为住建部试点。开展空间梳理与“四打通”工作，完成“四打通”任务 248 处，拆除空间梳理点位 688 处，面积 1.1 万平方米。完成 10 个老旧小区消防、二次供水系统等改造提升工程。探索“360”“两违”管控机制，拆除违法建筑面积 10.43 万平方米，金林湾花园 B 区成为全市第一个无违建示范小区。在湖里区小散工程

2023 年 11 月 24 日，金山街道举行全市首个垃圾分类公益馆启用仪式

（金山街道　供图）

日常巡查系统线上平台登记项目信息 2893 处，累计开展抽查 214 次，发现问题 258 处，落实问题整改 227 处。

【市容环卫】 2023 年，金山街道强化市容秩序整治，“门前三包”完成挂牌 3337 家，道路清扫保洁 11.39 万平方米，保洁率 100%。实行“垃圾分类 + 公益”工作法，打造全市首个社区垃圾分类公益馆，创新建立垃圾分类“金安模式”，成为全市首个生活小区垃圾箱房设施建设 100% 覆盖的街道。

【平安街道建设】 2023 年，金山街道全年刑事类警情比上年下降 24.2%，全口径诈骗案件比上年下降 23.2%。提升凤头乡镇船舶集中停靠点的智能化建设，更新乡镇船舶全球定位系统。全年排查化解矛盾纠纷 1399 起，调解成功率 99% 以上。全年共检查各类企业 10012 家次，梳理监管对象 22 类、监管主体 5000 余个，完成 25 家重点企业风险辨识和判定标准，增设消防技改设备废品收购站 20 家；联合各职能部门开展执法整治行动 40 余次，整改隐患 3165 处。

【社区治理】 2023 年，金山街道有 87 个网格，建立网格信息“一格一档”互查评比机制，常态摸排更新网格基础数据 87 个，完善细化网格工作台账，推进网格化与城市更新、企业服务、文明创建深度融合。制定《金山街道社区“两委”联席会议事规则》，细化社区议事标准，规范议事程序。完成 6 个“村改居”社区集体经济组织换届工作，整治“村改居”社区集体“三资”管理不规范问题，制定《深化整治农村集体“三资”管理不规范问题实施方案》。

【民生保障】 2023 年，金山街道排查困难群众 8824 人次，累计发放各类民政救助金和困难补贴 663 万元。在金安社区启动全区首个社区慈善公益基金。探索“养老 + 助残”深度融合新模式，街道有本级养老服务照料中心 1 个、社区居家养老服务站 9 个，其中，街道养老照料中心设有 22 间功能室，配套医疗护理站、能力评估室和爱心长者餐厅等服务设施。全年发放残疾

人护理补贴8399人次321.48万元，发放困难残疾人生活补贴2752人次99.07万元。

举办招聘会22场，512家次企业提供岗位1892个，达成就业意向532人。全年累计处理劳资案件468起，涉及1357人1645.18万元。调解事件458起，其中，突发性群体事件76起，涉及1324人1556.7万元。

【社会事业发展】 2023年，金山街道辖区共有学校30所，其中，公办学校18所（市属九年一贯制2所、区属九年一贯制2所、小学2所、幼儿园12所），集体办幼儿园1所，国企幼儿园1所，民办校园10所（小学1所、幼儿园9所）。

2023年，新建或改建全民健身运动场地建设项目8个，至年底，有全民健身运动场地建设项目264个条，其中，健身房53个、运动场12个、乒乓球场21个、羽毛球场7个、篮球场（馆）35个，全民健身路径51条，步行道、骑行道21条，其他场所64个。全年举办文体活动95场次，其中，开展体育赛事40场次。

辖区有弘爱医院、弘爱妇产医院、厦门大学附属心血管病医院、厦门眼科中心医院4家市属医院，61家区属医疗机构，其中，社区卫生服务中心1家。至年底，家庭医生签约26392人，户籍居民签约覆盖率73.06%；完成老年人体检6350人，体检率74.15%。

【基层党建】 2023年，金山街道有党委11个（机关党委1个、非公党委1个、社区党委9个），党总支1个、党支部173个，共有党员2588名。开展学习贯彻习近平新时代中国特色社会主义思想主题教育，坚持“四下基层”，党工委书记为全区385名社区及小区党组织书记上“书记讲给书记听”主题党课，街道处级领导干部到基层开展主题理论宣讲10场次。围绕中心工作，形成调研课题12个，推动调研成果转化8项，开展“我为发展献良策”活动，召开座谈会20场次，收集意见建议70条。中央主题教育办、中央指导组、市委主题教育第3督导组等到该街道调研。探索金林湾花园B区“金邻+”党建引领返迁安置新样板。金安社区“奋斗幸福里”展厅被市主题教育办选定为主题教育特色教学基地，被定为厦门城市党建学院实训基地，习习春风馆被市委组织部定为2023—2024年度市党员教育实训基地，锦绣金山小区党支部被评为厦门市近邻党建先进小区党支部。

【精神文明建设】 2023年，金山街道依托街道社区新时代文明实践所（站）、文化惠民“三下乡”活动、老年大学等，分发文明城市知识问答材料1万余份，举办各类日常活动450余场、各类宣讲活动100余场。街道新时代文明实践所被评为市级五星级实践所，金安社区获评厦门市新时代文明实践示范站。成立法律维权、医疗健康、科技科普、心理咨询、艺景生态、民乐合唱、手工技艺、台胞青年等10余类85支志愿服务队伍。1月10日，金山街道党工委举办“感动金山十大人物”颁奖典礼。

【两金片区企业服务工作站】 2023年11月17日，金山街道在两岸金融中心核心地段建设企业服务工作站，选配常驻“八大员”（党建专员、企服专员、社区专员、劳保服务员、人民调解员、城市管理员、涉台联络员、安全监管员）18名，创新“2×7双轨道七核心”（常驻服务和需求链接2条线，党建、招商引资等7个专门工作站）服务模式，同劳动保障、城市管理等部门联动，提供就业扶持、技能培训等服务，为22栋商务楼宇、1600家入驻企业、近3万名从业人员提供全闭环服务。

【全市首个垃圾分类公益馆建成】 2023年，金山街道在金安社区建成全市首个社区垃圾分类公益馆。该馆可回收物称重后可以获得0.7元/千克的环保积分+捐赠0.1元/千克的公益基金，环保积分可用于兑换公益刮刮乐、家用产品或现金，也可捐赠给金安社区慈善公益基金。汇集的公益基金并入全区首个社区慈善公益基金项目，用于病困救助、助学、奖学及小区治理、绿色发展等服务。

（林泽伟）

人物 荣誉

国家级先进人物

【夏江平】 女，1974年6月出生，湖南平江人，民革党员，任民革湖里基层委四支部主委、厦门市江平生物基质技术股份有限公司董事长，先后担任中国蔬菜协会基质分会副会长、省花卉协会副会长、省女企业家协会副会长、省援藏建藏工作促进会副会长、市工商联监事会副监事长、区人大代表、区人大常委会社会建设委员会委员及议案审查委员会委员、区工商联（总商会）参政议政工作委员会副主任、市园林和林业协会副会长、厦门大学高级经理工商管理硕士联合会监事、厦门大学EMBA2013级校友会秘书长等社会职务。曾获全国巾帼建功标兵、福建省三八红旗手、福建省优秀企业家等称号。她带领的企业于2015年在新三板挂牌，并获得国家高新技术企业、国家级专精特新“小巨人”企业、国家林业重点龙头企业、福建省科技“小巨人”领军企业、福建省林业产业化龙头企业、农业产业化重点龙头企业、福建省“专精特新”中小企业、福建省知识产权优势企业、厦门市现代农业领军企业等荣誉。

她是中国生物基质行业第一人，为中国生物基质行业填补空白。2003—2023年，她攻坚克难，打通生物基质上下游产业链，从事城乡有机固体废弃物资源化利用，开发并生产各种生物基质、生物有机肥、微生物菌剂等产品；提供农业绿色种植、土壤改良、生态修复等整体解决方案服务业务，为中国的环保事业添砖加瓦。公司坚持技术引领、自主创新，共拥有授权专利64项，其中，有16项发明专利。获教育部科技进步奖一等奖、农业部科技进步奖二等奖、农业农村部全国农牧渔业丰收奖之农业技术推广成果奖三等奖及福建省科技进步奖一等奖、二等奖等若干科技奖项。

她是热心为民服务的代表。她连续担任湖里区第八届、第九届人大代表。创新设立“人大代表工作室”，常年为群众办实事、解难事。她认真履职，提出系列意见建议和议案，多项被列入代表重点议案。她的履职事迹先后在《中国人大》《福建省人大》《厦门日报》等刊物刊载，2021年获评区人大工作先进个人。

她是党中央号召对口援藏、精准扶贫的响应者，以投资实业助力乡村振兴。2016年，她在西藏投资现代农业产业园、有机肥厂等，在西藏“扶贫、扶志、扶智”。截至2023年年底，她在西藏累计投资近2.3亿元，带动就业870人次，解决28名大学生就业问题，每年提供30名实习生岗位。在项目建设和运营期间，带动老百姓增收4800多万元，为36户建档立卡贫困家庭提供就业机会，实现稳定脱贫。该事迹曾在《学习时报》、“学习强国”学习平台等中央媒体上宣传报道。

她热心公益事业，默默奉献社会，树立企业家的良好社会形象。资助困难群众，关爱孤寡老人；她曾多次深入基层，慰问社区居民；通过福建省女企业家协会向省妇女儿童发展基金捐款，用于鼓励补贴福建省援鄂首批医疗人员。在了解到国内医用口罩和防护服紧缺时，夏江平通过各种途径，从意大利紧急购入5000个医用口罩和100套防护服，捐赠给区慈善会。2023年3月，她被评为全国巾帼建功标兵。

【李健】 1992年4月出生，中共党员，2015年参加公安工作，任湖里公安分局金山派出所案件办理队队长。先后荣立二等功1次、三等功2次，多次被省、市、区评为工作先进个人。

李健于2018—2023年在殿前派出所任案件办理队民警、副队长，累计向派出所推送各类嫌疑人员 3600 余人，采取强制措施 447 人，治安拘留 272 人；落实“小案快打”机制，累计抓获侵财类嫌疑人 200 余名，破获刑事案件 150 余起，工作成效位列分局第一；他以情报信息支撑肃毒工作，累计刑拘涉毒犯罪嫌疑人 75 人，查处吸毒人员 188 人，破获 2018 年公安部挂牌督办的“李艾等人贩卖毒品案”等刑事案件 68 起；他参与涉经济、涉诈骗、涉赌博等侵财案件侦办，查处涉案金额 4.3 亿元，抓获犯罪嫌疑人 43 人。新冠疫情期间，他带领图侦队员不分昼夜，累计回看监控总时长 4 万余小时。2023 年 5 月，李健被公安部、共青团中央委员会评为全国公安机关成绩突出青年民警。

【杨钢】 印度尼西亚侨眷，厦门智为建筑装饰设计有限公司董事长，兼任湖里区第八、九届人大代表、区侨联第六届委员会副主席、华侨大学校友总会副会长、市侨商联合会常务副会长。

杨钢先后毕业于华侨大学应用物理系、厦门大学工商管理学院。2008 年创办智为国际，担任公司董事长，并兼任智为创意设计研究院院长，创办、投资多家企业。杨钢的设计作品屡获国家级、省级荣誉奖项，智为国际团队被中国国际建筑装饰及设计艺术博览会评为“2013—2014 年度十大最具影响力设计机构（综合类）”。杨钢被聘为福建省建筑装饰协会副会长。2012—2023 年，智为国际获艾特奖、亚太室内设计等国内外奖项，获海峡杯装饰企业及装饰设计大奖赛“行业龙头企业”及第一届国际生态设计精英邀请赛“最佳空间设计奖”。

作为区人大代表，杨钢主动参与区人大常委会和街道人大组织的代表视察、调研和座谈等活动，多次在区委、区政府会议上提出意见及建议。他还担任华侨大学厦门校友会会长，该校友会有 18 个分会，在厦门拥有 4 万余名校友。校友会发扬“爱国、爱乡、爱校”精神，服务校友、服务当地社会、服务母校。他组织华侨大学校友参加厦门的各项经济建设，扶贫帮困助学。在疫情期间，利用海外资源，多渠道筹措防疫物资，捐赠给湖里区红十字会、禾缘社区，助力抗疫。作为联合创始人，创立厦门市侨商联合会慈善基金，并被厦门市慈善总会授予侨商联合会基金创始人荣誉证书。2023 年，杨钢获厦门侨商联合会十周年优秀领军人物，8 月，被中国侨联、国务院侨务办公室评为全国归侨侨眷先进个人。

省级先进人物

【林银玲】 女，中共党员，禾山街道社区建设办公室主任。她扎根基层工作，在推动基层治理、疫情防控、征地拆迁等方面取得不凡的成绩，先后被授予福建省先进工作者、福建省三八红旗手、厦门市劳动模范、鹭岛好公仆、厦门市优秀共产党员、厦门市最美社区工作者等 20 多项荣誉称号。

她是基层治理“探路者”，首创多项优秀特色工作案例。率先试行社区单车，解决居民出行“最后一公里路”问题；在社区开设“医指通”，居民在社区就能完成预约挂号。她联合街道日间照料中心创新推出养老多方协同共治新模式，立足老年人实际需求，通过提供专业化、标准化养老服务，为老年人创造高品质养老生活。街道日间照料中心被定为全市唯一的国家级“智慧健康养老小屋”试点单位，被评为省级五星级照料中心。创新推出禾山社区首家“宝宝屋”，打造家门口的托育服务点，满足社区家庭“幼有所托，幼有所育”服务需求，实现家门口 15 分钟普惠托育服务。她以社工站为核心，联动多方力量，为社会救助对象提供标准救助线和特色救助线的“双线”服务，为困境儿童织密“预防、治疗、发展”三级介入网，做到精准、及时帮扶。项目服务辐射至辖区困境儿童 131 名，社会救助困难家庭 122 户。林银玲落实城中村“三提升”赋能要求，以提供高质量劳动综合服务为目标，把服务送到群众身边，与国企合作成立禾山街道枋湖社区劳动综合服务基地，做好就业信息整合和精准推送，免费为企业招聘和群众求职提供政策咨询、岗位发布、求职登记、劳务推介、供需对接和困难帮扶等公益服务。她在担任街道社区建设办公室主任期间，完成 10 项社区管理体制改革，推动社区近邻服务工作模式，在禾山、禾盛、禾缘社区打造“省级近邻服务试点社区”，总结出 5 套优秀社区工作法。打造教育强街，禾山、禾缘 2 个社区获省级社区教育示范品牌培育项目。

她是疫情防控“急先锋”。始终坚守在防控一线，通过优化机制，统筹落实 12 个社区 77 个小区管理，下沉社区走遍 39 个采样点、286 个台位。

她是文明创建带头人。她带领禾欣社区、禾山社区承接文明城区迎检任务，完成小区入户、实地考察任务。2 个社区均被评为省级文明单位。她主动抓机制建设，指导禾缘社区党小组分包楼栋，打造高颜值典范楼道。引导五缘湾北社区组建“网格长 + 网格员 + 物业”三方联动队伍。指导枋湖南社区发动居民撤除楼道烧金桶，倡导移风易俗文明新风。她洁身自好，做人民满意的公仆。在政治上毫不动摇，廉洁奉公，在作风上求真务实，在处事上正身立德。认真践行全心全意为人民服务的宗旨，不干群众不受益、不参与、不支持的事。2023年4月25日，被福建省委、省政府评为福建省先进工作者。

【姚天妹】 女，中共党员，1986年4月出生，金尚社区党委书记、居委会主任、工会主席。她是冲锋一线的“排头兵”。她率先垂范，不惧困难，勇挑重担，舍“小家”为“大家”，丢下2个年幼的孩子，奋战在抗疫最前线。她紧抓重点人群、重点场所、小区重点环节，抓好党支部、业委会和物业“三方”主体，深度融合，做到组织领导到位、宣传引导到位、排查管控到位、精细落实到位、爱心服务到位。她是社区群众的“贴心人”。作为一名基层社区工作者，扎根社区一线，用心用情服务居民，打造0～3岁托育服务，引进国有企业托育机构，建设普惠托育服务试点，为辖区适宜的婴幼儿提供规范、科学的半日托和全日托服务。建设近邻服务中心，引进专业社工服务机构，为辖区60岁以上老年人提供助餐、休闲娱乐等多元服务。坚持补齐“一老一小”民生短板，探索“近邻金尚·幸福e生”新模式，让居民从生到老在小区内就近享受便捷的社区服务。她推进台胞台企服务工作，营造两岸“大家庭”氛围，创新“三味”工作法，通过提升“党味”引领发展，突出“台味”融合发展，增加“家味”服务发展，做好台胞、台商登陆第一家园的“搭桥人”。她组建“天天帮帮团”，开通惠台直通车，将政策送到台胞、台商手上，为他们解难题；她制作台胞服务联系卡，实行台资企业“一企一档”，与厦门台商投资协会、湖里区台胞联谊会深度融合、资源共享，优化营商环境。她创新两岸民俗文化活动，搭建草根交流平台，拉近两岸群众距离。她的做法获评2019年福建省唯一的“全国党刊基层党建‘十佳’创新案例”。她是社区治理的“领头羊”。她以惠民、利民、靠民的理念，广泛发动群众共建共治，参与文明创建工作，将老旧小区整治得干净整洁，舒适温馨。金尚社区居委会获评全国文明单位。她打造“近邻厝边，商居共融”工作法，搭建小区议事平台，协调多方力量整治社区乱象，改变小区居民生活面貌。2023年4月25日，她被福建省委、省政府评为福建省劳动模范。

【熊彩茶】 女，同致电子科技（厦门）有限公司生产制造部班长。2008年11月入职，2009年年初，公司开始组建车用摄像头无尘车间，需要在当年9月初通过日本日产NTC及各汽车厂相关评审才能正式量产。由于车用摄像头工艺复杂，工作任务紧迫，作为这一项目的组建人员之一，熊彩茶主动加班加点培训生产线的特技工、多能工。公司顺利通过日产、通用、福特等车用摄像头使用公司的质量评审，从最初的1条流水线发展到7条流水线。通过对车用摄像头制程的持续观察，熊彩茶发现不少可改善的地方，向研发人员提出改善思路后，她带领生产团队不断验证，最终使生产产能提升10%，每年可为公司创造效益39万元。每一款车用摄像头产品在前期开发过程中，都需要不断试做。试做的时间过多会影响生产节奏，这是一直困扰该公司的难点。熊彩茶凭借多年生产线经验，以分段的思维，将试作流水线人员减少4个人，每个工序节省试作工时2小时，每年为公司实现效益24万元。2022年，公司开始承接百万像素及金属焊接工艺。熊彩茶带领团队配合研发中心进行新产品开发及试做，从来料到生产工艺提出诸多建议，使新产品快速导入批量生产。公司摄像头业务一上市就居于同行领先水平，产品获省单项冠军。为减少关键设备故障，在保证正常流水线作业的情况下，熊彩茶带领全员利用休息时间参与生产设备维护，在生产高峰期曾连续1个月未休息。为进一步稳定生产品质，她还带领班组成员参与到每月制程品质问题分析。在公司业务上升、产线扩充的环境下，她培育的多名优秀技术骨干均可独当一面。她扎根在生产一线近15年，在工作中兢兢业业、无私奉献，2023年4月25日，她被福建省委、省政府评为福建省劳动模范。

【吴炎泉】 科技谷（厦门）信息技术有限公司技术中心副总工程师。2013年6月，他从移动互联网的开发工程师切换入大数据领域，当时国内大数据的技术处于起步阶段，资料缺乏、市场意识薄弱、思维未转变，他带领团队不断钻研、学习，了解国内外大小企业在大数据技术的应用，并在交通出行领域寻找突破，将技术与交通出行、公共安全、公路运输等行业存在的痛点结合，创新研发出科技谷自主核心技术与尖端产品——数据融合平台（囊括大数据的存储、计算、处理、调度、监控、权限、图数据库、全文检索、可视化等功能，涵盖画像系统、推荐引擎、知识图谱、机器学习等能力）和数据联邦平台（解决GDPR数据安全、数据隐私保护下建模的问题），先后为铁路“12306”、南航、东航、厦航、厦门机场、深圳机场、中国民航局、省公安厅、交通运输部大件规划、电子政务、医疗健康、北交大、中航信、信通院、中航工业、铁路“95306”等客户提供大数据解决方案。2016年年中，为中国民航局整合民航数据，构建“民航出行知识图谱”，应用于打击机上盗窃专项行动。年底上线的铁路互联网大数据平台被铁路集团评为“铁路大数据支撑应用”之一。直至2020年，依然为铁路提供旅客画像、高并发数据访问、知识图谱、收益优化等相关服务。2017年，金砖国家领导人第九次会晤在厦门举行，他带领技术团队与厦门机场强强联合，将大数据与物联网技术相结合，为厦门机场在金砖期间的安保架设一道“旅客轨迹网”，实时分析人流及轨迹，为厦门金砖会议保驾护航。2021年，他带领团队自主研发数据中台，涵盖“大数据融合”“联邦学习”两大平台，解决大数据存在数据孤岛无法形成有效分析以及如何在合规的技术体系下实现跨界数据联合建模的问题。落地铁路、中车集团、中交信有限公司、安居、北方工业大学等多个客户。研发“大模型一站服务一码通行”的移动出行服务平台，为轨道、公交、铁路部门等客户提供技术支撑。“‘联邦’个性化旅客服务”项目获得第一届南航创新挑战赛三等奖。2023年9月，吴炎泉被省总工会授予福建省数字工匠称号。

【曾炳阳】 厦门亿联网络技术股份有限公司嵌入式软件三部部门主管，主要负责公司无线通信系列产品开发，支撑公司业绩50%年增长，在技术上攻克漫游技术难点。他支撑无线通信的电话设备（HANDSET）和基带（BASE）产品的开发，完善产品系列。突破无线通信的无线传输关键技术，并实现小、中、大型漫游系统的系列技术和产品。完成无线通信耳机系列产品的开发，形成空中编解码和抗干扰的比较竞争优势。2019年，他带领团队成员完成CP930W、W53H、DECT-V83、T58子母机、漫游项目等多个项目开发，在技术上攻克待机漫游和通话漫游的技术难点，突破以往手柄不能在多基带之间进行漫游使用的限制，扩展手柄的使用区域从50米范围内到整栋楼的范围内，实现漫游技术“零的突破”。曾炳阳获得授权发明专利3项。2023年9月，被省总工会授予福建省数字工匠称号。

荣 誉 录

2023年湖里区获市级以上先进集体表彰一览表

表27

单位名称	荣誉称号	授予单位	授予时间
区委台港澳办	中央台办“两刊”对台宣传工作先进单位	中共中央台湾工作办公室宣传局	2023年9月
区信访局	“治理重复信访，化解信访积案”优秀集体	中央信访联席办 国家信访局	2023年3月
福建磊鑫（集团）有限公司	全国五一劳动奖状	全国总工会	2023年4月
湖里街道团工委	全国五四红旗团委	共青团中央	2023年5月
湖里街道兴华社区居委会	全国巾帼建功先进集体	全国妇联	2023年2月
殿前街道	2023年营商环境质量十佳街道	环球网	2023年12月
区卫生健康局	《人口与健康》杂志宣传工作先进单位	国家卫健委 人口与健康杂志社	2023年8月
湖里街道侨联	省侨联系统先进集体	省人社厅 省侨联	2023年8月

续表 27

单位名称	荣誉称号	授予单位	授予时间
湖里街道工会委员会	全省工会系统先进集体	省人社厅 省总工会	2023 年 12 月
区委台港澳办	全省台港澳办系统先进集体	省人社厅 省委台港澳办	2023 年 12 月
湖里区	义务教育均衡发展县（区）	省教育厅	2023 年 6 月
区妇幼保健院工会	福建省模范职工之家	省总工会	2023 年 1 月
金山街道金海社区工会	福建省模范职工小家	省总工会	2023 年 1 月
美丽华大酒店工会	福建省模范职工之家	省总工会	2023 年 1 月
江头街道金尚社区工会	福建省模范职工之家	省总工会	2023 年 1 月
厦门易法通法务信息管理股份有限公司服务中心工会小组	福建省模范职工小家	省总工会	2023 年 1 月
盈众控股集团有限公司车间技术维修班组工会小组	福建省模范职工小家	省总工会	2023 年 1 月
金山街道金山社区	福建省第二届新时代巾帼志愿服务“十大最美社区”	省妇联	2023 年 3 月
区市场监督管理局注册管理科	福建省巾帼文明岗	省妇联	2023 年 3 月
厦门国宇健康管理中心有限公司客户服务中心	福建省巾帼文明岗	省妇联	2023 年 3 月
区市场监督管理局注册科	福建省“巾帼文明岗”	省妇联	2023 年 3 月
厦门市湖里实验小学	福建省三八红旗集体	省妇联	2023 年 3 月
湖里街道怡景社区居委会	福建省三八红旗集体	省妇联	2023 年 3 月
禾山街道办事处	“99 公益日”活动优秀爱心单位	省红十字会	2023 年 11 月
殿前街道办事处	“99 公益日”活动爱心单位	省红十字会	2023 年 11 月
金山街道办事处	“99 公益日”活动爱心单位	省红十字会	2023 年 11 月
湖里街道徐厝社区居委会	“99 公益日”活动爱心单位	市红十字会	2023 年 11 月
区关工委	全省关心下一代工作突出成效奖	省关工委	2023 年 11 月
区检察院	全省检察机关信息工作先进集体	省检察院	2023 年 2 月
民盟湖里区基层委	纪念福建民盟组织成立 75 周年先进集体	民盟福建省委会	2023 年 1 月
区工信局	厦门市高质量发展工作先进集体	市委、市政府	2023 年 11 月
市资规局直属分局	厦门市高质量发展工作先进集体	市委、市政府	2023 年 11 月
殿前街道兴隆社区	全市第二批“近邻党建先进社区”	市委组织部	2023 年 10 月

续表 27

单位名称	荣誉称号	授予单位	授予时间
禾山街道五缘湾北社区	全市第二批“近邻党建先进社区”	市委组织部	2023 年 10 月
金山街道金安社区	全市第二批“近邻党建先进社区”	市委组织部	2023 年 10 月
殿前街道神山社区神山三航小区党支部	全市第二批“近邻党建先进小区党支部”	市委组织部	2023 年 10 月
殿前街道兴隆社区科技村党支部	全市第二批“近邻党建先进小区党支部”	市委组织部	2023 年 10 月
禾山街道禾盛社区古龙居住公园小区党支部	全市第二批“近邻党建先进小区党支部”	市委组织部	2023 年 10 月
金山街道金山社区锦绣居民党支部	全市第二批“近邻党建先进小区党支部”	市委组织部	2023 年 10 月
金山街道金山社区达嘉居民党支部	全市第二批“近邻党建先进小区党支部”	市委组织部	2023 年 10 月
金山街道金安社区第一居民党支部	全市第二批“近邻党建先进小区党支部”	市委组织部	2023 年 10 月
湖里街道康晖社区	市学雷锋志愿服务“最美志愿服务社区（村）”	市委文明办	2023 年 11 月
禾山街道	全市历史文化遗产集中保护修缮工作先进集体	市文化和旅游局	2023 年 10 月
区妇幼保健院门诊部	厦门市“五一先锋号”优胜集体	市总工会	2023 年 9 月
禾山街道禾美社区调委会	厦门市“五一先锋号”	市总工会	2023 年 9 月
永进（厦门）国际物流股份有限公司	厦门市“五一先锋号”	市总工会	2023 年 9 月
厦门湖里国宇门诊部有限公司	厦门市“五一先锋号”	市总工会	2023 年 9 月
湖里街道塘边社区居委会	厦门市“五一先锋号”	市总工会	2023 年 9 月
亨国（厦门）精机工业有限公司	厦门市“五一先锋号”	市总工会	2023 年 9 月
厦门大顺集团股份有限公司	厦门市“五一先锋号”	市总工会	2023 年 9 月
湖里街道康乐社区居委会	厦门市“五一先锋号”	市总工会	2023 年 9 月
厦门市烟草公司湖里分公司	厦门市“五一先锋号”	市总工会	2023 年 9 月
厦门升明电子有限公司	厦门市“五一先锋号”	市总工会	2023 年 9 月
金山街道办事处	厦门市“五一先锋号”	市总工会	2023 年 9 月
金山街道金林社区居委会	厦门市“五一先锋号”	市总工会	2023 年 9 月
区城市管理局禾山中队	厦门市“五一先锋号”	市总工会	2023 年 9 月
鲁班艺术集团股份有限公司工程中心	厦门市“五一先锋号”	市总工会	2023 年 9 月
厦门天地和诚物业集团有限公司创新园项目部	厦门市“五一先锋号”	市总工会	2023 年 9 月
永进（厦门）国际物流股份有限公司海外部	厦门市“五一先锋号”	市总工会	2023 年 9 月
顺通达集团有限公司运维部	厦门市“五一先锋号”	市总工会	2023 年 9 月

续表 27

单位名称	荣誉称号	授予单位	授予时间
厦门市迪滴汽车租赁有限公司资产管理部	厦门市“五一先锋号”	市总工会	2023 年 9 月
厦门乔丹科技有限公司儿童产品中心	厦门市“五一先锋号”	市总工会	2023 年 9 月
厦门 SM 商业城有限公司营运部	厦门市“五一先锋号”	市总工会	2023 年 9 月
厦门市盛乐众为贸易有限公司海集团队	厦门市“五一先锋号”	市总工会	2023 年 9 月
厦门市玉岭实验幼儿园青年教师教研组	厦门市“五一先锋号”	市总工会	2023 年 9 月
金山街道办经济服务办	厦门市“五一先锋号”	市总工会	2023 年 9 月
福建艺景生态建设集团有限公司经营部	厦门市“五一先锋号”	市总工会	2023 年 9 月
厦门市国水水务咨询有限公司运行服务部	厦门市“五一先锋号”	市总工会	2023 年 9 月
盛景和（厦门）物业管理有限公司工程部	厦门市“五一先锋号”	市总工会	2023 年 9 月
厦门兆赫企业管理有限公司五缘湾酒店分公司人力资源部	厦门市“五一先锋号”	市总工会	2023 年 9 月
厦门市蔡塘学校初中道德与法治教研组	厦门市“五一先锋号”	市总工会	2023 年 9 月
厦门报业发行有限公司行政部	厦门市“五一先锋号”	市总工会	2023 年 9 月
金山街道金林社区居委会	厦门市“五一先锋号”	市总工会	2023 年 9 月
厦门仁军医院股份公司消化内科	厦门市“五一先锋号”	市总工会	2023 年 9 月
厦门新景风华物业有限公司鑫新景地大厦	厦门市“五一先锋号”	市总工会	2023 年 9 月
厦门市臣亿迅汽车服务有限公司职能部	厦门市“五一先锋号”	市总工会	2023 年 9 月
厦门高贤电子科技有限公司检测组	厦门市“五一先锋号”	市总工会	2023 年 9 月
区法律援助中心法律援助受理窗口	厦门市“五一先锋号”	市总工会	2023 年 9 月
湖里街道塘边社区居委会	厦门市模范职工之家	市总工会	2023 年 12 月
湖里街道和通社区团支部	厦门市五四红旗团支部	共青团市委	2023 年 6 月
殿前街道长乐社区团支部	厦门市五四红旗团支部	共青团市委	2023 年 6 月
区税务局殿前税务所	厦门市级青年文明号	共青团市委	2023 年 6 月
区教育局团委	厦门市五四红旗团委	共青团市委	2023 年 6 月
民盟湖里区基层委	“创特色　增活力”先进集体	民盟市委	2023 年 2 月
民盟湖里区基层委	宣传信息工作先进集体	民盟市委	2023 年 2 月
湖里公安分局经侦大队	集体三等功	市公安局	2023 年 5 月
区检察院	全市先进基层检察院	市检察院政治部	2023 年 3 月

2023 年湖里区获市级以上先进人物表彰一览表

表 28

姓名	性别	荣誉称号	工作单位	授予单位	授予时间
吴丽敏	女	全国优秀城乡社区工作者	金山街道	民政部	2023 年 1 月
张　林	男	全国无偿献血奉献奖终身荣誉奖	湖里街道社区卫生服务中心	国家卫健委 中国红十字会总会 中央军委后勤保障部卫生局	2023 年 2 月
李　莉	女	全国无偿献血奉献奖银奖	湖里街道东荣社区居委会	国家卫健委 中国红十字会总会 中央军委后勤保障局卫生局	2023 年 2 月
陈海英	女	全国无偿献血奉献奖银奖	湖里街道社区卫生服务中心	国家卫健委 中国红十字会总会 中央军委后勤保障部卫生局	2023 年 2 月
宋　婷	女	全国无偿献血奉献奖铜奖	湖里街道社区卫生服务中心	国家卫健委 中国红十字会总会 中央军委后勤保障部卫生局	2023 年 2 月
杨　芳	女	《人口与健康》杂志宣传工作先进个人	区卫健局家庭发展事务中心	国家卫健委 人口与健康杂志社	2023 年 8 月
杨　钢	男	全国归侨侨眷先进个人	厦门智为建筑装饰设计有限公司	国务院侨务办公室 中国侨联	2023 年 8 月
李　健	男	全国公安机关成绩突出青年民警	湖里公安分局金山派出所	公安部 共青团中央	2023 年 5 月
夏江平	女	全国巾帼建功标兵	厦门市江平生物基质技术股份有限公司	全国妇联	2023 年 3 月
李淑莲	女	党建领军人物奖	区妇幼保健院	《中国县域卫生杂志》	2023 年 6 月
林银玲	女	2023 年福建省先进工作者	禾山街道办事处	省委 省政府	2023 年 4 月
姚天妹	女	福建省劳动模范	禾山街道金尚社区	省委 省政府	2023 年 4 月
熊彩茶	女	福建省劳动模范	同致电子科技（厦门）有限公司	省委 省政府	2023 年 4 月
吴秀丹	女	全省学雷锋志愿服务“五个最美”先进典型最美志愿者	金山街道金安社区法律志愿服务队	省委宣传部 省委文明办	2023 年 11 月
林满治	女	福建省三八红旗手	区疾病预防控制中心	省委宣传部 省卫健委 省妇联	2023 年 3 月
魏立成	女	福建省优秀教师	湖里区教师进修学校	省人社厅 省教育厅	2023 年 9 月
蔡婷婷	女	福建省优秀教师	厦门市湖里中学	省人社厅 省教育厅	2023 年 9 月
黄燕娥	女	福建省优秀教师	厦门市湖里实验中学	省人社厅 省教育厅	2023 年 9 月

续表 28

姓名	性别	荣誉称号	工作单位	授予单位	授予时间
卢伟平	男	福建省优秀教师	区教师进修学校第二附属小学	省人社厅 省教育厅	2023 年 9 月
张兰英	女	福建省优秀教师	厦门市金尚小学	省人社厅 省教育厅	2023 年 9 月
张晓闽	女	福建省优秀教师	厦门市金山小学	省人社厅 省教育厅	2023 年 9 月
陈思思	女	福建省优秀教师	厦门市尚文实验学校	省人社厅 省教育厅	2023 年 9 月
丁敏健	男	福建省优秀教育工作者	厦门市蔡塘学校	省人社厅 省教育厅	2023 年 9 月
陈惠萍	女	全省落实“春蕾安全员”机制成绩突出个人	金山街道金安社区	省检察院 省民政厅 省妇联	2023 年 11 月
林贯伟	男	福建省金牌劳动关系协调员	禾山街道办	省总工会	2023 年 10 月
吴炎泉	男	福建省数字工匠	科技谷（厦门）信息有限公司	省总工会	2023 年 9 月
曾炳阳	男	福建省数字工匠	厦门亿联网络技术股份有限公司嵌入式软件三部	省总工会	2023 年 9 月
林乐庆	男	全省关心下一代工作突出贡献奖	湖里街道关工委	省关工委	2023 年 11 月
吴金水	男	全省关心下一代工作突出贡献奖	江头街道关工委	省关工委	2023 年 11 月
陈国财	男	全省关心下一代工作特别贡献奖	湖里区关工委	省关工委	2023 年 11 月
曾宝珠	女	全省关心下一代工作特别贡献奖	殿前街道关工委	省关工委	2023 年 11 月
詹方海	男	二等功	湖里公安分局金山派出所	省公安厅	2023 年 12 月
林惠嫔	女	全省检察机关信息工作先进个人	区检察院	省检察院	2023 年 2 月
肖安定	男	省知识产权保护工作突出个人	区法院	省知识产权局 省公安厅 省检察院 省法院	2023 年 10 月
林　姗	女	全省法院新闻宣传工作先进个人	区法院	省法院	2023 年 3 月
郭开宇	男	2022 年度个人嘉奖	区消防救援大队	省消防救援总队	2023 年 2 月
郭枭楠	男	优秀共产党员	区华荣消防救援站	省消防救援总队	2023 年 6 月
朱　薇	女	反映社情民意信息工作先进个人	厦门农商银行	民盟福建省委	2023 年 5 月
李金烽	男	反映社情民意信息工作先进个人	三禾农产品（厦门）有限公司	民盟福建省委	2023 年 5 月
张慧勤	女	厦门市高质量发展工作先进个人	区企服办	市委 市政府	2023 年 11 月
蔡美萍	女	厦门市高质量发展工作先进个人	区税务局	市委 市政府	2023 年 11 月

续表 28

姓名	性别	荣誉称号	工作单位	授予单位	授予时间
曾梦瑶	女	厦门市高质量发展工作先进个人	区税务局	市委 市政府	2023 年 11 月
余扬武	男	厦门市高质量发展工作先进个人	区发改局	市委 市政府	2023 年 11 月
王玉松	男	厦门市高质量发展工作先进个人	区建设局	市委 市政府	2023 年 11 月
余　画	女	记功	区政府办	市委组织部 市人社局	2023 年 12 月
苏　宁	男	记功	区机关事务管理局	市委组织部 市人社局	2023 年 12 月
傅少成	男	2023 年厦门市岗位学雷锋标兵	厦门市湖里实验小学教育集团附小校区	市委宣传部	2023 年 3 月
周春超	女	2023 年度全市基层理论宣讲先进个人	区税务局	市委宣传部 市委讲师团	2023 年 11 月
张国栋	男	2022 年度全市统战信息工作先进个人	厦门海峡联合科技研究院	市委统战部	2023 年 5 月
聂晓丽	女	2023 年厦门市“最美”医师	湖里区疾病预防控制中心	市卫健委	2023 年 8 月
陈春艳	女	2023 年厦门市“最美”医师	厦门市湖里区妇幼保健院	市卫健委	2023 年 8 月
黄清豹	男	2023 年厦门市“最美”医师	金山街道社区卫生服务中心	市卫健委	2023 年 8 月
彭丹宁	男	“十佳”城市“美容师”	区环卫中心	市市政园林局	2023 年 10 月
叶燕玲	女	环卫管理先进工作者	区环卫中心	市市政园林局	2023 年 10 月
叶文海	男	2023 年度优秀环卫职工	区环卫中心	市市政园林局	2023 年 10 月
纪珂珂	女	2023 年度优秀环卫职工	区环卫中心	市市政园林局	2023 年 10 月
叶海云	女	管理奖	厦门市金尚小学	市教育局	2023 年 9 月
陆定超	男	管理奖	厦门市蔡塘学校	市教育局	2023 年 9 月
蒋艳秋	女	管理奖	厦门市龙湫亭实验学校	市教育局	2023 年 9 月
朱卉娟	女	优秀思政工作奖	厦门市第三中学	市教育局	2023 年 9 月
丁　雷	男	师德标兵	厦门市外国语学校湖里分校	市教育局	2023 年 9 月
王忆芸	女	师德标兵	厦门市乌石浦小学	市教育局	2023 年 9 月
杨翠萍	女	师德标兵	厦门市嘉禾学校	市教育局	2023 年 9 月
吴晓婷	女	师德标兵	厦门市湖里区教师进修学校第二附属小学	市教育局	2023 年 9 月
陆陟遐	男	师德标兵	厦门市湖里区鑫山小学	市教育局	2023 年 9 月
陈进来	男	师德标兵	厦门市龙湫亭实验学校	市教育局	2023 年 9 月
陈其宝	男	师德标兵	厦门市蔡塘学校	市教育局	2023 年 9 月
陈靓虹	女	师德标兵	厦门市翔鹭小学	市教育局	2023 年 9 月
苗　蕤	女	师德标兵	厦门市金林湾实验学校	市教育局	2023 年 9 月

续表 28

姓名	性别	荣誉称号	工作单位	授予单位	授予时间
洪珊珊	男	师德标兵	厦门市东渡二小	市教育局	2023 年 9 月
王昱儒	女	中小学优秀班主任	厦门市蔡塘学校	市教育局	2023 年 9 月
孙红蜜	女	中小学优秀班主任	厦门市禾山中学	市教育局	2023 年 9 月
林星卉	女	中小学优秀班主任	厦门市湖里中学	市教育局	2023 年 9 月
黄婷婷	女	中小学优秀班主任	厦门市华昌小学	市教育局	2023 年 9 月
吕宏愉	女	中小学优秀班主任	厦门市金安小学	市教育局	2023 年 9 月
陈海芳	男	中小学优秀班主任	厦门市康乐小学	市教育局	2023 年 9 月
汤奕欢	女	中小学优秀班主任	厦门市第三中学	市教育局	2023 年 9 月
柯晓珊	女	中小学优秀班主任	厦门市梧桐实验学校	市教育局	2023 年 9 月
邱凤娟	女	中小学先进德育工作者	厦门市湖里区教师进修学校第二附属小学	市教育局	2023 年 9 月
苏巧妙	女	中小学先进德育工作者	厦门市金林湾实验学校	市教育局	2023 年 9 月
李佳燕	女	劳育工作者	厦门市金安小学	市教育局	2023 年 9 月
曾静芬	女	创优奖	厦门市金林湾实验学校	市教育局	2023 年 9 月
曹小明	男	创优奖	厦门市金尚中学	市教育局	2023 年 9 月
江雅梅	女	创优奖	厦门市康乐小学	市教育局	2023 年 9 月
徐佳佳	女	创优奖	厦门市翔鹭小学	市教育局	2023 年 9 月
倪铭晖	男	创优奖	厦门外国语学校湖里分校	市教育局	2023 年 9 月
于文慧	女	新秀奖	厦门市金林湾实验学校	市教育局	2023 年 9 月
刘　园	女	新秀奖	厦门市高殿中心小学	市教育局	2023 年 9 月
苏姗娜	女	新秀奖	厦门市天安小学	市教育局	2023 年 9 月
张宇彤	女	新秀奖	厦门市五缘实验幼儿园	市教育局	2023 年 9 月
林志明	男	新秀奖	厦门市康乐第二小学	市教育局	2023 年 9 月
姜　靓	女	新秀奖	厦门市湖里幼儿园	市教育局	2023 年 9 月
洪小玲	女	新秀奖	厦门市湖里实验中学	市教育局	2023 年 9 月
黄　菊	女	新秀奖	厦门市湖里第二实验小学	市教育局	2023 年 9 月
戴亮亮	女	新秀奖	厦门市湖里中学	市教育局	2023 年 9 月
王小华	女	支教奖	厦门市湖里中学	市教育局	2023 年 9 月
李毅江	男	支教奖	厦门市高崎小学	市教育局	2023 年 9 月
潘美萍	女	支教奖	厦门市湖里实验中学	市教育局	2023 年 9 月
陈夏容	女	体育美育奖	厦门市高殿中心小学	市教育局	2023 年 9 月
孙倏澜	女	体育美育奖	厦门市湖里区青少年宫	市教育局	2023 年 9 月
洪　斌	男	体育美育奖	厦门市湖里实验小学	市教育局	2023 年 9 月

续表 28

姓名	性别	荣誉称号	工作单位	授予单位	授予时间
沈佩玲	女	体育美育奖	厦门市华昌小学	市教育局	2023 年 9 月
林杰真	女	体育美育奖	厦门市金山小学	市教育局	2023 年 9 月
陈自力	男	服务奖	湖里区教育局	市教育局	2023 年 9 月
宋贵兴	男	服务奖	厦门市第三中学	市教育局	2023 年 9 月
陈明亮	男	服务奖	厦门市湖里实验中学	市教育局	2023 年 9 月
许晓明	女	服务奖	厦门市南山实验学校	市教育局	2023 年 9 月
钟兴泉	男	服务奖	厦门市康乐小学	市教育局	2023 年 9 月
吴春玲	女	服务奖	厦门市嘉福花园幼儿园	市教育局	2023 年 9 月
陈志明	男	安保先进奖	厦门市湖里实验中学	市教育局	2023 年 9 月
孙剑晔	男	安保先进奖	厦门市金山小学	市教育局	2023 年 9 月
黄文艺	男	“最美”退役军人	厦门市金尚中学	市教育局	2023 年 9 月
纪华祥	男	老骥奖	厦门市第三中学	市教育局	2023 年 9 月
林振其	男	老骥奖	厦门市高崎小学	市教育局	2023 年 9 月
余静菲	女	厦门青年五四奖章	区卫健局	厦门团市委	2023 年 6 月
洪一瀚	男	厦门青年五四奖章	湖里公安分局禾山派出所	厦门团市委	2023 年 6 月
李　浪	男	三等功	湖里公安分局湖里派出所	市公安局	2023 年 9 月
潘福生	男	三等功	湖里公安分局湖里派出所	市公安局	2023 年 9 月
陈　馨	女	三等功	湖里公安分局五通派出所	市公安局	2023 年 9 月
朱木发	男	三等功	湖里公安分局巡特警反恐大队	市公安局	2023 年 9 月
赵凤国	男	三等功	湖里公安分局禾山派出所	市公安局	2023 年 9 月
洪毅民	男	三等功	湖里公安分局治安大队	市公安局	2023 年 9 月
刘伟隆	男	三等功	湖里公安分局刑侦大队	市公安局	2023 年 9 月
黄作新	男	三等功	湖里公安分局网络安全保卫队	市公安局	2023 年 9 月
刘大助	男	三等功	湖里公安分局殿前派出所	市公安局	2023 年 9 月
杨锦女	女	三等功	湖里公安分局刑侦大队	市公安局	2023 年 9 月
邹洪飞	男	三等功	湖里公安分局殿前派出所	市公安局	2023 年 9 月
黄文杰	男	三等功	湖里公安分局禾山派出所	市公安局	2023 年 9 月
戴天水	男	三等功	湖里公安分局刑侦大队	市公安局	2023 年 9 月
徐久华	男	三等功	湖里公安分局禾山派出所	市公安局	2023 年 9 月
林　菁	女	全市基层检察院建设先进个人	区检察院	市检察院	2023 年 3 月
熊毅平	女	案件管理业务标兵	区检察院	市检察院	2023 年 12 月
姚　亮	男	全市法院优秀法官	区法院	市法院	2023 年 2 月

续表 28

姓名	性别	荣誉称号	工作单位	授予单位	授予时间
陈巧玲	女	全市法院优秀法官	区法院	市法院	2023 年 2 月
王　芳	女	全市法院优秀法官	区法院	市法院	2023 年 2 月
刘惠斌	男	全市法院优秀法官	区法院	市法院	2023 年 2 月
李福清	男	全市法院优秀法官	区法院	市法院	2023 年 2 月
龚晓星	男	全市法院优秀法官	区法院	市法院	2023 年 2 月
谢源成	男	全市法院优秀法官	区法院	市法院	2023 年 2 月
徐兴东	男	全市法院优秀干警	区法院	市法院	2023 年 2 月
陈万颖	女	全市法院优秀干警	区法院	市法院	2023 年 2 月
谢　辉	男	全市法院优秀干警	区法院	市法院	2023 年 2 月
林　翔	男	全市法院优秀干警	区法院	市法院	2023 年 2 月
黄华杰	男	全市法院优秀干警	区法院	市法院	2023 年 2 月
翁丽华	女	全市法院优秀干警	区法院	市法院	2023 年 2 月
周　晴	女	全市法院优秀干警	区法院	市法院	2023 年 2 月
陈霏雯	女	全市法院优秀干警	区法院	市法院	2023 年 2 月
杨培健	男	全市法院优秀干警	区法院	市法院	2023 年 2 月
郑汝岳	男	全市法院优秀辅助人员	区法院	市法院	2023 年 2 月
沈晓琪	女	全市法院优秀辅助人员	区法院	市法院	2023 年 2 月
陈幼美	女	全市法院优秀辅助人员	区法院	市法院	2023 年 2 月
葛慧颖	女	全市法院优秀辅助人员	区法院	市法院	2023 年 2 月
洪艺薇	女	全市法院优秀调解员	区法院	市法院	2023 年 2 月
曹燕霞	女	厦门法院“最美”女法官	区法院	市法院	2023 年 3 月
薛　潇	女	厦门法院“最美”女法官	区法院	市法院	2023 年 3 月
黄霓裳	女	全市侨联系统信息工作优秀信息员	区侨联	市侨联	2023 年 3 月
洪秋萍	女	三等功（政府专职）	湖里消防救援大队	市消防救援支队	2023 年 3 月
陈坛锋	男	三等功（政府专职）	湖里区寨上消防救援站	市消防救援支队	2023 年 3 月
危义进	男	三等功（政府专职）	湖里区围里小型消防站	市消防救援支队	2023 年 3 月
王伟杰	男	优秀共产党员	湖里消防救援大队	市消防救援支队	2023 年 6 月
黄剑斌	男	优秀共产党员	湖里消防救援大队	市消防救援支队	2023 年 6 月
陈再雄	男	优秀共产党员	湖里消防救援大队	市消防救援支队	2023 年 6 月
郭枭楠	男	优秀共产党员	湖里消防救援大队	市消防救援支队	2023 年 6 月
林兰舒	女	优秀共产党员	湖里消防救援大队	市消防救援支队	2023 年 6 月

组织机构及其负责人

中共湖里区委员会

书　记：吴新奎
副书记：黄　颖　陈晓东（至10月）
　　　　陈锡彬（10月任）
常　委：林天德　戴乐生　刘云标　潘　敏　沈　萍
　　　　叶荣昌　王　达　刘如山

湖里区人民代表大会

主　任：吕参军（至12月）　连维兴（12月任）
副主任：林充贺　黄向阳　陈雄辉　曾文生　陈　滨

湖里区人民政府

区　长：黄　颖
副区长：戴乐生　王　达　戚乐健　蒋晓民　周小刚
　　　　扎西顿珠　朱碧蓉（至1月）
　　　　吕　方（1月任）　朱校园（1月任）
　　　　邓小达（至11月）　陈　炜（11月任）

政协湖里区委员会

主　席：王秀珠
副主席：谢国勇　黄格成　张金坪　洪志彬
秘书长：魏　炜

区纪律检查委员会、区监察委员会

区纪律检查委员会
书　记：叶荣昌
副书记：秦　璐　曾　斌（至12月）
　　　　林　尧（12月任）
常　委：杜　军　李文龙　许付志（至5月）　陈仕荣

区监察委员会
主　任：叶荣昌
副主任：曾　斌　秦　璐
委　员：李文龙　许付志（至6月）　徐祥敏

区委工作机关

区委办公室
主　任：袁乃凤
副主任：许铭松

区委组织部
部　长：潘敏毅
副部长：谢笑英　林秀瑜　李臻卓

区委宣传部
部　长：沈　萍
副部长：施芗萍

区委统一战线工作部
部　长：刘云标
副部长：方均纪（至3月）　蔡碧月

区委政法委员会
书　记：林天德
副书记：陈健成　林文湘

区委机构编制委员会办公室
主　任：陈志勇

区委区直机关工作委员会
书　记：陈晓东（至11月）　陈锡彬（11月任）
常务副书记：许艺艺（至7月）　杨飞鹏（7月任）

区委巡察工作领导小组办公室
主　任：杜　军

区委老干部局
局　长：林秀瑜

区委精神文明建设办公室
主　任：刘新生

区委党校
校　长：潘敏毅
副校长：袁乃凤　谢国任

区人大常委会工作机构

办公室
主　任：林　虹

法制内司工作委员会（监察和司法委员会）
主　任（主任委员）：周泽勇

财经工作委员会
主　任：曾晓雯

城市建设环境资源工作委员会
主　任：林志荣

科教文卫侨工作委员会
主　任：卢景锋

社会建设委员会
主任委员：阙占彪

区政府工作部门

区人民政府办公室
主　任：曹荣宝（至6月）　胡振强（8月任）
副主任：李　腾　苏荣惠　洪奕文（至1月）
　　　　戴奇峰（1月任）

区发展和改革局
局　长：胡振强（至8月）　邱　巍（8月任）
副局长：孙　琦　高　翔（至1月）　黄玲玲（1月任）

区教育局
局　长：贾新辉
副局长：李可可　王　玮

区工业和信息化局
局　长：王海阳
副局长：赵　斌（7月任）

区民政局
局　长：曾军勇
副局长：林德才

区司法局
局　长：庄　伟（至6月）　郭顺强（6月任）
副局长：杨煌达　余孙升（至1月）　陈文慧（1月任）

区财政局
局　长：方文江
副局长：林　进　林俊芳

区人力资源和社会保障局
局　长：林长发
副局长：郭琦玮

区建设局
局　长：卢　勇
副局长：陈　艳　姜海军（至1月）　卢先亮（1月任）

区商务局
局　长：曾朝军
副局长：苏吉斌

区文化和旅游局
党组书记：高　翔（1月任）
局　长：朱　觉（至2月）　高　翔（2月任至8月）
　　　　肖　琼（8月任）
副局长：赵　斌（至7月）　林军民（8月任）

区卫生健康局
局　长：白贤龙
副局长：林国平　曹信金　陈梅兰（至7月）

区退役军人事务局
局　长：郑朝东

区应急管理局
局　长：黄木清
副局长：林敬平　张志远（至11月）　龚祝贤（11月任）

区审计局
局　长：辜琦皇
副局长：陈丽娜

区统计局
局　长：邱　巍（至8月）　陈惠旋（8月任）

区市政园林局
局　长：邱舒艺（至6月）　文晓鸣（6月任）
副局长：邱凌蓝

区城市管理局
局　长：傅芳槐
副局长：邱　昊　李勇辉

区行政审批管理局
局　长：林舒红

区信访局
局　长：刘梓良（至2月）　沈墩彪（2月任）

区政协工作机构

办公室
主　任：魏　炜

提案委员会办公室
主　任：杨东捷

研究室
主　任：戴春梅

专门委员会办公室
主　任：叶毓青

法检机关

区人民检察院
检察长：李才利
副检察长：吴筱云　郑新宇　陈向奎
纪检组组长：郝　华
政治部主任：张燕君
专职委员：魏　康　陶孟英（1月任）

区人民法院
院　长：李　桦
副院长：林雪峰　刘凯娟　许欧凯
纪检组组长：吴永超（至1月）　黄　烨（1月任）
政治部主任：郭顺强（至7月）
执行局局长：宋晋勇（至1月）　尹胜虎（1月任）
专职委员：陈辉峰

群团机关

总工会
主　席：陈晓东（至11月）　陈锡彬（11月任）
常务副主席：林　文

团区委
书　记：方　圆

妇女联合会
主　席：洪珠琴（至12月）　邱凌蓝（12月任）

归国华侨联合会
主　席：胡金藤

工商业联合会（商会）
常务副主席（常务副会长）：蔡碧月（至6月）
　　　　　　　　　　　　　吕荣東（6月任）

科学技术协会
主　席：陈惠旋（至8月）　李玉昆（8月任）

文学艺术界联合会
主　席：郭漳楚

残疾人联合会
理事长：郑高良

红十字会
会　长：沈　萍
常务副会长：蔡卫国

计划生育协会
会　长：沈　萍
常务副会长：陈春吉（至 4 月）　蔡再拥（4 月任）

社会科学界联合会
主　席：李玉荣（至 1 月）　刘梓良（3 月任）

关心下一代工作委员会办公室
主　任：纪青华

街　道

湖里街道
党工委书记：林剑锋
党工委副书记：彭芳兰　李剑军
党工委委员：马竞生　邓美雄　程　标　宋　伟
张聪颖　覃　勇　陈　锋　柯志斌
蔡继东　陈美珍（11 月任）
沈墩彪（至 1 月）　丁学洲（至 3 月）
人大工委主任：马竞生
办事处主任：彭芳兰
办事处副主任：覃　勇　宋　伟（至 1 月）
陈　锋（1 月任）　张聪颖（至 6 月）
柯志斌（8 月任）

殿前街道
党工委书记：唐达达
党工委副书记：林　佳　陈剑鸣　李建军（至 9 月）
党工委委员：苏春生　欧阳平　刘　兆　曾冠芸
陈敏杰　陈发辉（1 月任）　陈思成
黄宝洲（至 6 月）　林诏辉（6 月任）
陈仁忠
人大工委主任：苏春生
办事处主任：林　佳
办事处副主任：曾冠芸　陈敏杰　刘　兆（至 1 月）
陈发辉（1 月任）

江头街道
党工委书记：曾以勤
党工委副书记：王小帅（至 2 月）　陈　婷（3 月任）
陈怡光
党工委委员：陈天友　周天明　徐保之　辛向东
魏学寨　王　红　许劭彦（1 月任）
汪朝阳（至 3 月）　卓仁华（3 月任）
叶海强（11 月任）　林伟杰
人大工委主任：陈天友
办事处主任：王小帅（至 2 月）　陈　婷（3 月任）
办事处副主任：王　红　辛向东（至 1 月）
许劭彦（1 月任）　魏学寨（至 11 月）
叶海强（11 月任）

禾山街道
党工委书记：李　斌（3 月任）
党工委副书记：李　斌（至 3 月）　庄　伟（3 月任）
方　圆（至 1 月）　王　珏（1 月任）
党工委委员：吴首钢　吴志杰　王　瑛　刘毅鹏
叶恩毅　秦宪帅（3 月任）
张义福（5 月任）　李振郁（至 11 月）
文晓鸣（至 4 月）
人大工委主任：文晓鸣（至 6 月）　焦　莉（6 月任）
办事处主任：李　斌（至 3 月）　庄　伟（3 月任）
办事处副主任：叶恩毅　吴允梭　焦　莉（至 5 月）
张义福（5 月任）

金山街道
党工委书记：张国平
党工委副书记：杨　盛　吴圣彬（至 1 月）
陈晗霖（1 月任）
党工委委员：聂保太　顾关贤　施育德　陈秀忠
赖伟金　兰济宗（1 月任）
吕巧俐（1 月任）　林赞凯　赵小金
陈龙贤　林诏辉（至 6 月）
曾　雷（6 月任）
人大工委主任：聂保太（至 2 月）　吴圣彬（2 月任）
办事处主任：杨　盛
办事处副主任：赖伟金　陈晗霖（至 1 月）
陈秀忠（至 1 月）　兰济宗（1 月任）
吕巧俐（1 月任）

工业园区管委会
主　任：陈　枫

区属国有企业

湖里区国有资产投资集团有限公司
党委书记：张卫兵
党委副书记：郑荣跃　廖德康
纪委书记：艾　浩
董事长：张卫兵
副董事长：郑荣跃
总经理：郑荣跃
副总经理：许毅军　王占忠　周　晖

厦门天地开发建设集团有限公司
党委书记：陈佳庆
党委副书记：李淑敏　陈新生（至10月）
纪委书记：黄金蝉（至5月）　周建龙（5月任）
董事长：陈佳庆
副董事长：李淑敏
总经理：李淑敏
副总经理：陈安冬　林智鹍　洪晓群　曾庆熠（至5月）

湖里区产业投资有限公司
董事长：王韶锋
副董事长：封光裕
总经理：封光裕

文献选录

区委常委会工作报告（节选）

——2023年12月29日在中共湖里区委九届六次全体会议上

区委书记　吴新奎

2023年是全面贯彻党的二十大精神的开局之年，是三年新冠疫情防控转段后经济恢复发展的一年。在市委、市政府的有力领导下，区委常委会坚持以习近平新时代中国特色社会主义思想为指导，全面深入学习贯彻党的二十大精神和习近平总书记致厦门经济特区建设40周年贺信重要精神，扎实开展学习贯彻习近平新时代中国特色社会主义思想主题教育，深入实施“深学争优、敢为争先、实干争效”行动，完整、准确、全面贯彻新发展理念，坚持抢机遇、强优势、挖潜力，坚持应急与谋远相结合，紧紧围绕稳增长、突破重难点、持续强基础和深化对台交流“3+1”工作主线，攻坚克难、真抓实干，加快建设“两高两化”中心城区，推动全区各项工作取得积极成效。主要做了八个方面工作：

一、一以贯之用习近平新时代中国特色社会主义思想凝心铸魂，政治信仰更加坚定

坚持不懈用习近平新时代中国特色社会主义思想武装头脑、指导实践、推动工作，持续做好党的创新理论的深化、内化、转化工作，以实际行动坚定拥护“两个确立”、坚决做到“两个维护”。

一是在学习宣传贯彻党的二十大精神中统一思想、统一意志、统一行动。坚持在全面学习、全面把握、全面落实上下功夫，持续掀起学习贯彻热潮。开展多形式、分层次、全覆盖的教育培训，依托区委党校、党员教育培训基地、党群服务中心等学习阵地，举办处级干部党的二十大精神专题研讨班，完成对全区2万多名党员干部的培训轮训。深化宣传宣讲工作，举办“深学践悟新思想、争优奋进新征程”主题知识竞赛，举办“人民就是江山——学习宣传贯彻党的二十大精神”合唱比赛，策划6期“‘理’绽湖里”全媒体宣讲项目，累计开展宣讲600余场。深入抓好贯彻执行，落实落细《关于深入学习宣传贯彻党的二十大精神，更高水平建设“两高两化”中心城区的决定》提出的三个方面、30条具体措施，确保党的二十大精神在湖里落地生根、开花结果。

二是在开展主题教育中筑牢政治忠诚、提升政治能力、强化政治担当。坚持从高标准、从严要求，高

质量抓好主题教育。加强组织领导，召开13次区委常委会会议和6次主题教育领导小组会议，深入学习贯彻习近平总书记关于主题教育重要讲话重要指示批示精神，分领域制定8份重点工作指引，成立5个联络小组与57家参学单位同题共答、同向发力。突出特色优势，精心筛选10本特色教材，推荐13个特色教学基地，打造7个特色实践活动，创新推出23场共学课堂，推动学习教育走深走实。注重理论研究，初步形成《习近平新时代中国特色社会主义思想在湖里的探索与实践》内部成果。开展区委理论学习中心组学习24次、专题读书班3期，常委带头讲党课11场，带动全区各级理论学习中心组开展学习458次，举办读书班186场，专题研讨1774次，领导班子成员讲专题党课1677场。制定大兴调查研究实施方案，召开“四下基层”工作推进会并下发深化落实工作方案，开展“百姓金点子·幸‘湖’金钥匙”“我为湖里发展出良策”活动，征集各类意见建议2125条，全区处级以上领导班子开展调研2201次，形成调研报告273篇，举办调研成果交流51场，对112个典型案例进行复盘剖析。强化检视整改，全区处级以上领导班子共梳理检视问题266个，制定整改措施610条，形成专项整治方案52个，切实以整改整治成效检验主题教育成果。湖里区低效工业用地再开发案例被选为省整改整治典型案例并报送中央主题教育办，“三新”领域主题教育经验做法在全省主题教育推进会上作典型交流。

三是在实施“深学争优、敢为争先、实干争效”行动中提振精气神、增强主观能动性、打开事业发展新局面。围绕强化理论学习、推动改革发展和转变工作作风，突出招商引资、项目建设、企业服务等稳增长三大支撑，明确10项重难点工作和13项基础工作，引导全区上下强化主观努力、强化服务保障、强化政企协同，打好助企发展和项目建设攻坚战，各项工作持续增动力、激活力、聚合力。有力促成英蓝国际金融中心、凯悦温泉酒店等重点项目复工，成功引进通用金砖创新基地总部区重大项目，推动城中村现代化治理工作成为全市标杆，组织开展科技创新、人力人才、生育养老等8个事关长远发展专题研究，低效工业用地再开发、五缘湾涉海资源利用管理服务机制体制改革等打基础、利长远工作取得积极进展。

二、一以贯之推动高质量发展，稳增长转动能成效更加明显

坚持发展第一要务、高质量发展首要任务，加快推动发展动能转换，构建城市发展内生动力。

一是以科技创新增强发展动能。深入落实“3·29”全市科技创新大会精神，大力实施科技创新引领工程，制定科创产业发展三年行动纲要、先进制造业倍增计划，兑现科创研发政策资金超6000万元，新增国家级高新技术企业132家、国家级工业设计中心3家，高技术产业增加值占规上工业增加值比重达77.5%、全市排名第一。深入实施“智汇湖里”人才强区战略，推进建设全省首个“数字工匠”工业互联网人才培养基地，新引进和培育各类高层次人才68名。加快汇聚创新资源，落地嘉庚创新实验室科创产业（湖里）加速器、华中科大智感和物联网实验室、桑若钙钛矿光伏、德尔科技全球研发运营中心等优质项目，持续推进凤麟核、新能融储能系统集成等重点项目。湖里区在全市新型工业化推进大会上作典型发言，获评全国工业百强区、全国创新百强区。

二是以拓展空间强化承载力建设。探索推进低效工业用地再开发，研究制定再开发工作方案并上报市委、市政府审批，基本完成湖里老工业区100宗土地再开发前期工作，启动民兴工业厂房、安联厂房等7个试点项目。拓展科创产业发展空间，推进“工业上楼”，规划建设兼容研发创新、高端制造的2.5产业空间超200万平方米。积极融入闽西南协同发展区建设，探索发展“研发+总部+委外制造”业态模式，拓展产业发展空间。完成土地征收30.23公顷、房屋征收17.62万平方米，顺利出让11宗经营性用地，其中，产业用地6宗。

三是以精准招商延链补链强链。出台强化招商引资和企业落地服务工作实施意见，成立基金、平台、市属国企、外资4支招商队伍，推出“湖里招商一张图”小程序，优化招商工作机制。围绕全市“4+4+6”现代化产业体系，滚动生成促对接、促落地、促运营项目251个、计划投资890亿元。坚持大招商、招大商、大员招商，区委、区政府主要领导分别带队赴东南亚、欧洲招商，区领导挂钩跟进、加强调度50个在谈重点招商项目。举办湖里·永宁·浦城·连城联合招商推介会、基金招商专题推介会，开展境内外招商活动55场、城市推介会10场，对接腾讯集团、哔哩哔哩等326家优质企业，签约百威亚太（厦门）赋能科技、滴灌通、菲斯科厦门供应链总部等173个项目、总投资964亿元，落地通用金砖、奥佳华马德保康等362个项目，注册资本201亿元，持续为高质量发展注入优质增量。

四是以项目支撑扩大有效投资。建立重点办、前期办等“七办联动”机制，滚动形成促建设、促开工、促落地、促前期、促策划、促谋划等六类项目清单，

谋划策划项目392个，总投资2740亿元，达到上年实际投资额5倍以上。提速推进50个重点项目前期工作，开工98个项目，竣工39个项目，89个在建重点项目预计完成投资172亿元，占年度计划102%，预计完成固定资产投资667亿元，比上年增长29.1%，总量居全市第一，增速居全市第二。第二、三季度连续进入全省项目工作正向激励综合考评县（区）前十。

五是以企业服务优化营商环境。出台“开门稳”、首店经济等扶持政策，兑现惠企资金16亿元，提供应急还贷资金20.5亿元。健全完善线上线下一体，前台、中台、后台协同的“一站式”企业服务体系，抽调500名党员干部派驻2096家重点企业（项目）开展服务，推行“税网共治”工作机制，举办“企业接待日”“直播带策”等益企活动303场，收集办理企业诉求2343件，企业满意率达97%。创新推进企业合规治理体系建设，成立物流、建设2个行业合规指导中心，持续营造法治化营商环境。全区现有各类市场主体28.9万户，比上年增长21.2%，总量和增速均位居全市第一，11家企业入选全省民营企业百强榜单，占全市三分之一。湖里区作为唯一县（区）级单位在全国中小企业公共服务体系工作座谈会上作经验交流，企业全生命周期服务经验做法被中央改革办简报刊发，“亲清一家人”一站式企业服务平台获评2023年数字政府优秀创新案例，营商环境考评连续4年蝉联全市各区第一。

三、一以贯之深化改革、扩大开放，发展活力更加强劲

强化特区发祥地使命担当，坚持不懈深化改革，坚定不移扩大开放，进一步释放潜力、激发活力、增强动力，不断增创高质量发展新优势。

一是深化改革持续加力。主动承接全市综合改革试点任务，探索两岸融合化解劳动争议机制改革，建成创新园职工法律服务一体化基地并入选全国首批基层劳动关系公共服务样板站点培育单位。探索五缘湾涉海资源利用管理服务体制机制创新，推动五缘湾片区活力再启，入选全省第一批“一县一特色”专项改革试点。探索多元化投融资改革，启动建设公共停车场PPP项目包，计划投资超10亿元，东渡片区“EPC+O”项目完成投资4800万元，策划生成全市首个国家级EOD项目。持续深化“三资”改革，构建国有资产运营数字化、动态化监管体系，建立区级国有资产调剂共享平台（公物数据仓），出台安置房、店面资产处置方案，研究公益性、半公益性项目使用国有资产规范，推动财政支出降本增效。

二是对外开放持续扩大。主动融入金砖创新基地建设，谋划建设金砖数字小镇，金砖数字工业智谷（一期）项目顺利开工，通用金砖创新基地总部区项目摘牌落地。积极服务全市新发展格局节点城市建设，制定实施国家进口贸易促进创新示范区发展规划，落地全市首个供应链协会，扩大矿产品、有色金属、能源、化工等大宗商品进口。服务保障港区高质量发展，推进国际邮轮码头等片区建设，邮轮母港成为全国邮轮运输试点示范港。加强与印度尼西亚、菲律宾等国家华侨华人社团以及港澳地区联谊组织交流，努力拓展对外开放的渠道和空间。

三是两岸融合持续深入。完善支持台青创业就业若干措施，设立全市首个台胞服务中心，开设台企办事专窗，举办台青特色产品进社区系列活动，兑现惠台资金超800万元，新增台资企业158家，台青创客家获批国家级台青就业创业基地。与五通码头成立联动协调小组，服务保障疫情后“小三通”恢复运行。加强社会文化交流，成功承办第十五届海峡论坛·建设厦金共同生活圈论坛，建成投用仙岳山闽台文化交流馆，举办第十五届福德文化节和对台交流图片展，开展首届两岸中学生篮球友谊赛、两岸闽南童谣大赛等活动30多场，接待宗亲参访谒祖14批次800余人次。探索两岸基层治理融合，推进海峡两岸社区交流中心建设，联合厦大台湾研究院共建两岸社区治理融合发展研究中心。

四、一以贯之推进岛内大提升，城区功能品质更加优化

坚持内外兼修、新旧并进，聚焦补短板、拓空间、优品质，研究编制《岛内大提升·湖里区更高水平建设“两高两化”中心城区行动规划》，着力提升城市规划建设管理水平。

一是东部新城建设成形成势。完成泥金社、钟宅社拆迁扫尾攻坚，实现项目封闭，东部整村征拆历时五年顺利收官，累计拆除建筑面积超930万平方米。策划生成片区市政道路、园林绿化项目40个，金边路下穿仙岳路隧道等10个在建项目加速推进，各片区纵横交错的道路串联成网。成功出让五缘湾运营中心二期片区、体育公园片区等商住地块，研究优化湖边水库东地块规划建设方案。加快安居富民工程建设，新开工安置房3个，竣工3个，返迁安置797户；提速推进3个社区发展用地和社区公共服务综合体在建项目及7个前期项目。

二是城中村现代化治理全域全面。以改造基础设

施、改造内部环境、提升管理体系、提升服务体系、提升文体旅商融合品牌的“两改造三提升”为重点，打造湖里街道后浦社示范样板，全面推进17个城中村现代化治理工作、计划总投资超10亿元，完成缆线整治近400万米，修复雨污管道14.2万米，实施空间梳理和“四打通”专项行动，拆除违章建筑超9万平方米，打通封堵点7683处，“两改造”重点任务基本完成。同步开展产业导入、消防安全治理、出租屋管理、智慧社区建设等“三提升”工作。有序推进金山街道后坑社、湖里街道村里社、江头街道浦园社等3个改造与开发一体化项目。5月11日，全市城中村现代化治理现场会暨领导小组第一次会议在湖里区召开，市委主要领导4次调研肯定湖里区工作成效。

三是文体旅商融合发展提速提效。着力推动山海资源与生产生活空间有机融合，规划建设全域慢行系统，环岛步道湖里段全线贯通，打通3条“断头路”，启动石头皮山人行天桥连接线工程，新建5个口袋公园。着力推进区域消费中心建设，新开业嘉禾新天地商业综合体，引进首店17家，开展湖里魅力购活动11场，发放消费补贴近4000万元。着力发展文化旅游产业，出台促进影视产业高质量发展若干措施，举办中国数字音乐产业大会、厦槟双栖艺术影展、中国福建·厦门—柬埔寨电影周，落地中国数字音乐产业基地，新引进影视企业95家，注册资本3.3亿元；建成40个全民健身项目，惠和石文化园成功创建国家AAAA级旅游景区，加快推进体育中心、市民中心项目策划，持续开展“悦游湖里”系列活动，接待游客1450万人，实现旅游收入242亿元。

五、一以贯之加强社会治理体系和治理能力建设，基层基础更加扎实

突出党建引领，着力构建以网格化为基础的基层治理体系，不断把制度优势转化为治理效能。

一是基层网格治理再深化。制定实施党建引领网格治理指导意见，成立网格（小区）党支部454个、网格党小组237个、网格党建共同体143个。升级数字湖里网格化管理服务平台，优化数据采集、指令下发、问题处置等工作流程，提升网格工作效率。成立社区治理学院，出台专职网格员管理办法，通报表扬100名金牌网格员、优秀网格员，推动网格员队伍专业化、规范化。探索规范小区治理和物业管理，出台“物业服务高质量发展十条措施”以及业委会工作指引，创新“审计监督＋小区治理”模式，对问题集中的25个住宅小区开展共有资金专项审计。

二是文明城市水平再提升。坚持不懈抓基础工作、抓基本要求、抓基本机制，制定黄土裸露、渣土车“滴撒漏”等问题处置办法，高标准、全覆盖、常态化推进文明创建工作，环卫综合考评连续3个季度全市第一。完成19个农贸市场改造提升，实现2001年前建成小区改造全覆盖，东荣社区入选全国首批完整社区建设试点，园山社区成为全国城市“一刻钟便民生活圈”建设典型。坚持共建共治共享理念，开展“我的社区我的家、我的网格我的家”、“洁净家园”等全民创建活动7100余场次。2022年度省级文明城区创建工作测评成绩位居全省第二，届中综合成绩保持全省第一。

三是生态环境优势再巩固。全力做好第三轮中央生态环保督察反馈问题整改，省例行督察涉及湖里区的6件信访件全部办结销号。深入实施蓝天、碧水、碧海、净土工程，持续抓好工地扬尘等大气污染防治，推进高崎渔港西路入海排放口水质超标等重点问题整改，推动关停后坑垃圾焚烧厂，空气质量优良率99.7%，水环境功能区达标率、声环境功能区达标率、土壤建设用地安全利用率实现“3个100%”。持续推进正本清源工程，完成62.1平方千米排污溯源排查，建成8个正本清源项目，覆盖44.8平方千米。加快绿色低碳发展，推动象屿保税区获评全国首个零碳综保区、入选国家绿色低碳典型案例，成功创建全市首个三星级低碳园区，10家企业入选工信部绿色工厂、绿色制造名单。入选全国环境健康管理试点，2022年市对区党政领导生态文明建设和生态环境保护年度考核排名全市各区第一。

六、一以贯之加强社会民生事业发展，群众获得感幸福感安全感更加充实

深入践行以人民为中心的发展思想，认真办好38个区委、区政府为民办实事项目，着力解决人民群众急难愁盼问题，不断实现人民对美好生活的向往。

一是着力提升社会保障水平。牢固树立就业优先导向，深化落实“131”就业帮扶措施，试点建设社区劳动综合服务基地，吸纳高校毕业生7300人，促进失业人员再就业1.3万人次。前三季度全区人均可支配收入达5.5万元，比上年增长3.1%。加强构建和谐劳动关系，创新设立区劳动关系权益保障中心，持续打造劳动仲裁工作品牌。扎实做好与宁夏闽宁镇东西部协作，大力推进闽宁产业园建设，推动落地企业17家，完成宁夏特色农产品消费帮扶3.4亿元，持续加强与浦城、连城等省内山海协作。

二是着力提升公共服务水平。推动义务教育优质均衡发展，建成开办5所公办幼儿园，新增学位1440个，加快推进10个在建项目和6个前期项目，完成嘉福学校用地规划调整，近5年来首次实现100%提供积分入学就读学位，有序推进中小学党组织领导的校长负责制改革，入选省基础教育综合改革实验区，争创全国义务教育优质均衡发展区通过省级复核并接受国家实地核查。持续推进健康湖里建设，扎实做好街道卫生服务中心划转区管的承接工作，加快推进金山街道、禾美等3个社区卫生服务中心（站）建设和6个前期项目。探索构建“一老一小”整体解决方案，建成投用殿前街道（神山）养老服务照料中心，居家养老服务、长者食堂、社区助餐点服务实现59个社区全覆盖，新开办托幼机构5家、新增托位数351个。

三是着力提升安全稳定水平。开展信访重点问题源头治理和治重化积专项行动，调处各类矛盾纠纷8400件，市对区信访工作考评连续9年排名全市各区第一，信访总量比上年下降8.7%，成功化解涉乌石浦、凤头社等一批征拆积案，第三批“治重化积”案件化解率达100%。常态化推进扫黑除恶斗争，刑事警情数比上年下降17%，查处黑恶犯罪集团3个，涉案人员百余人、涉案金额近亿元。严格落实安全生产责任制，强化燃气、消防、交通、自建房、危化品等重点领域隐患排查治理，全区安全生产形势持续向好。深入细致做好防御台风“杜苏芮”“苏拉”工作，转移群众超2万人，推进50处低洼易涝点整治，有力保障了人民群众生命财产安全。

七、一以贯之推进社会主义民主法治建设和宣传思想文化工作，团结奋斗氛围更加浓厚

坚持党的领导、人民当家作主、依法治国有机统一，推进全过程人民民主和法治建设，完善大统战工作格局，持续巩固同心协力、团结奋斗的良好局面。

一是坚持和发展全过程人民民主。召开区委人大工作会议，支持人大及其常委会依法履职，听取或审议“一府一委两院”工作报告27项，首次对员额法官开展履职评议。发挥政协专门协商机构作用，支持区政协开展视察调研、专题协商72场次，新建政协委员联系点6个。扎实做好民族宗教、侨务、港澳海外、新的社会阶层等领域统战工作，举办庆祝区侨联成立35周年系列活动，开办区侨文化馆，举办徐四民、陈楚楠等优秀侨杰纪念活动，完成区海联会换届工作，成立厦门市欧美同学会首个区级分会。深化工会、共青团、妇联等群团组织改革建设，有序推进省级青年发展型县域试点建设，完成区妇联换届工作。坚持党管武装，持续做好新时代“双拥”工作，强化全民国防教育。

二是扎实推进全面依法治区。出台法治建设若干措施，一体推进法治湖里、法治政府、法治社会建设。健全完善行政复议工作规则，行政复议案件比上年下降14%。深化司法体制综合配套改革，探索推行全类型刑事案件保证金提存制度、检察长列席公安机关执法监督管理委员会会议制度。深化公共法律服务体系建设，开展刑事案件律师辩护全覆盖延伸试点。持续深化“八五”普法，建成全省首个民法典广场、海法文化公园，开展“法律六进”等各类普法宣讲活动600场次。

三是深入做好宣传思想文化工作。认真学习贯彻习近平文化思想，抓牢抓实意识形态工作，持续唱响主旋律、凝聚正能量。开展“我的社区我的家”主题活动，举办社区文化艺术节、元宵民俗文化节、城市诵读节、文化进万家等文化活动1500场次。率先全市建立健全户外电子大屏联屏联控机制。讲好特区故事、湖里故事，在各类媒体宣传报道4.4万条次，其中省级以上媒体1051篇，总点击量超8亿次，“湖里头条”微信公众号县域影响力进入全省前五，区融媒体中心进入全省县级融媒体中心前三十强。成立区闽南文化研究会，开工建设坂美民俗文化园，加快改造枋湖民俗文化园，完成30处文物保护修缮工作，启动第4批区级“非遗”项目申报。严格落实意识形态主管主办和属地管理原则，做好网络安全和网络意识形态工作，建立突发事件舆情速报机制，妥善处置网络舆情610条。

八、一以贯之推进全面从严治党，政治生态更加清朗

深入学习习近平总书记关于党的建设的重要思想，全面贯彻新时代党的建设总要求，召开全区机关党的建设工作会议、区委党建专题会议，以高质量党建引领保障高质量发展。

一是坚持和加强党的领导。旗帜鲜明讲政治，严明政治纪律和规矩，严格落实请示报告制度，推动党的领导全面覆盖、一贯到底。召开区委九届五次全会，递补6名区委委员。压紧压实管党治党政治责任，认真抓好省委巡视、省纪委政治监督、省审计以及省委、市委落实主体责任检查反馈的129个问题整改，深入开展区级落实主体责任检查工作，持续推动全面从严治党向纵深发展、向基层延伸。发挥巡察利剑作用，完成对10家单位的常规巡察，通过巡察整改落实促进国有资产增收和挽回损失6000多万元，盘活去化闲

置资产 20 万平方米。分领域分层级分阶段加强政治监督，追责问责 41 人次。扎实开展处级领导干部经济责任审计工作。

二是持续建强组织、建强队伍。坚持大抓基层、大抓支部鲜明导向，调整优化区直机关党组织架构，推进 22 个近邻党建先进社区、35 个先进小区党支部培育点建设，完成 19 个“村改居”社区集体经济组织换届选举，率先全市探索社区“三重一大”事项全过程直播公开。统筹非公、国企、学校、医院等领域党建提升，开展“红网哨兵”行动，新就业群体党建工作获评全国第六届基层党建创新优秀案例。着力建设高素质、专业化干部队伍，加强一线培养考察识别干部，选派 683 名干部参加上派下挂、轮岗交流锻炼，提任领导干部 78 人、晋升职级 209 人，以区委、区政府名义表彰表扬城中村现代化治理、征地拆迁、推动高质量发展等重点领域先进典型 304 个。注重年轻干部培养使用，构建企业服务、信访维稳、基层治理、巡察督察、重点攻坚等平台载体，实施“青训工程”三年行动，打造富有创新精神和强烈主观能动性的干部队伍。

三是坚定不移正风肃纪反腐。锲而不舍纠治“四风”，查处违反中央八项规定精神问题 5 起 7 人、形式主义、官僚主义问题 6 起 13 人。加强廉洁文化建设，坚持区委常委会“廉政课堂”“一月一主题”等学习教育机制，召开警示教育大会，开展国有企业专题警示教育。深化以案促改、以案促治，健全完善小微工程、招投标等领域制度规范 50 多项。加大执纪执法力度，立案审查调查 51 件 55 人，党纪政务处分 49 人，移送司法机关 9 人。

政府工作报告（节选）

——2023 年 12 月 27 日在湖里区第九届人民代表大会第三次会议上

湖里区人民政府区长　黄　颖

一、2023 年工作回顾

2023 年是极具压力、极富挑战的一年。在省委、省政府，市委、市政府和区委的正确领导下，湖里区政府全面贯彻党的二十大精神，深入贯彻落实习近平总书记重要讲话、重要指示精神，特别是致厦门经济特区建设 40 周年贺信重要精神，落实、落细省委“深学争优、敢为争先、实干争效”行动要求，围绕全市“一二三”战略规划，锚定“10+13”[1]任务，在市场环境低迷、主导行业支撑减弱等压力下，千方百计推动经济复苏，逐月逐季争先进位。预计全年地区生产总值比上年增长 1.5%[2]，一般公共预算总收入 281.9 亿元，其中，区级一般公共预算收入 59.4 亿元，比上年增长 6.2%。成为全市唯一进入全国工业、创新百强“双榜单”的先进区，荣获全国国土资源节约集约模范区、投资竞争力百强区、旅游综合实力百强区，全省“十优”发展区、基础教育综合改革实验区、平安建设示范区、建筑之乡等称号。建成神山党员综合教育基地，投用仙岳山闽台文化交流馆、侨文化馆，成功举办首届金砖创新基地产业创新联盟企业家论坛、首届中国数字音乐产业大会、第十五届海峡两岸福德文化节、区侨联成立三十五周年等重大活动。湖里区政府坚持志不求易、事不避难，做成许多难而有意义的事，攻克一批制约发展的卡点堵点、难点痛点，比如：攻坚完成体量最大的钟宅社、泥金社征拆扫尾，历时 5 年的东部旧改征拆工作顺利收官，历时 30 年的乌石浦旧村改造项目完成返迁等，为加快建设“两高两化”中心城区提供有力支撑。

服务融入“国之大者”。金砖创新基地总部区摘牌落地，金砖数字工业智谷开工建设。邮轮母港成为全国邮轮运输试点示范港，东渡港区纳入全省实施启运港退税试点。成立全市首个台胞服务中心，台青创客家获批国家级海峡两岸青年就业创业基地。惠和石文化园入选国家 AAAA 级旅游景区，获评省级对台交流基地。厦金航线“小三通”有序恢复。深化东西部对口帮扶及浦城、连城等山海协作，其中，闽宁产业园封顶通用厂房 16 栋，落户企业 17 家，消费帮扶 5 亿元。首个通过“全国义务教育优质均衡发展区”省级督导评估，并顺利通过国家评估认定实地核查。

推动产业“优二进三”。“3+2”主导产业集聚发展，二、三产结构优化至36.8：63.2（提高3.8个百分点），总量分列全市第一、二。高技术增加值占规上工业的78.3%，居全市第一。建筑业产值规模升至全市第一。批零业保持万亿规模，连续三年蝉联全市第一。软件信息业在雨果等企业带动下实现营收翻番[3]，全市占比从6%升至16%。

纵深扩展发展空间。东部完成供地4.3平方公里，出让用地面积达64%。经营性用地出让11宗，其中，产业用地7宗，比上年增长700%。率先推出“湖里招商一张图”，全景呈现可招商楼宇空间156万平方米、56幅地块99公顷。盘活国企闲置资产，去化率全市第二。大力推进湖里老工业区2.5平方公里低效工业用地再开发，制定“1+1”[4]提升方案，推动7个试点项目前期工作。后坑垃圾焚烧厂搬迁工作顺利启动。

改善扮靓城区面貌。东部33个城中村、超930万平方米的旧村整村改造征拆工作和乌石浦、浦东花园等返迁工作完成。106个老旧小区完成改造，实现建成超20年小区全覆盖。快速推进城中村“两改造三提升”[5]，率先完成16个城中村空中缆线整治，城中村现代化治理经验被国务院研究室、国家发改委等高度肯定。东荣社区入选全国首批完整社区建设试点；后坑片区“留改拆并举”实现整治与开发一体化[6]；湖里社大片区全市首推城中村联动老旧小区连片改造。

民生服务共创共享。“百姓金点子，幸‘湖’金钥匙”活动常办常新，9大类38个为民办实事项目100%完成，民生社会事业投入占财政支出超65%。成功落地厦门一中湖里分校，近5年首次实现积分入学100%覆盖。社区居家养老服务、长者食堂、助餐点服务范围全覆盖，街道照料中心密度全市最高，每千名老人养老床位数80张，蝉联全市第一；启动区公共卫生综合楼改扩建，社区卫生服务中心均与市级医院建立双向转诊合作机制。

主要做了以下六个方面工作：

（一）统筹固本兴新，经济大盘企稳向好

先进制造业实力跃升。强化联动火炬，以占全市不到10%的规上工业企业数和不足5%的工业用地面积，贡献全市20%的规上工业增加值。培育千亿产业集群[7]1个，百亿产业集群[8]2个，工业大类覆盖率达75%。工业投资完成28亿元，比上年增长36.6%，居全市第一。区属工业以17.1%的产值占比（火炬工业产值占比82.9%），预计拉动全年地区生产总值增速0.4个百分点，其中，航空维修业增速超50%，历史最高。亿联网络等3家企业获评国家级工业设计中心。

现代服务业提振扩容。交通物流营收、批零销售额、房地产销售面积、建筑业产值均占全市超四分之一[9]。国贸、象屿、厦航入选全国供应链示范企业。新增市级总部企业1家、成长型总部企业3家。新增影视企业95家，全国首个以闽南文化为基础的文旅商综合体“屿见时光”项目启动。新天地商业综合体顺利开业。“湖里魅力购”品牌效应凸显，投入近2000万元拉动消费超13亿元，政策效能放大80倍。

投融资改革多元增收。率先采用PPP、EOD、EPC+O等投资建设模式，有效破解政府单方投资民生基础设施困局。打好“财政＋金融”组合拳，产业引导基金出资4.2亿元参投6只基金，撬动社会资本48亿元。境内外上市和新三板挂牌企业36家，其中，境内外上市企业数居全市第一。发行政府债券资金11.8亿元，争取上级各项补助资金23.6亿元。

（二）强化深谋快干，发展动能加速迸发

项目建设提速增效。策划谋划项目392个、总投资约2740亿元，达去年实际投资的5倍。连续两个季度进入全省项目工作综合考评县（区）前十。优化“七办”联动机制，168项建设项目审批实现“日清日结”，压缩前期、工期超20%、10%。122个项目顺利开工，超50%重点项目提前开竣工。67个省、市重点项目完成投资210.1亿元。固定资产投资完成544亿元，比上年增长26.1%，占全市21.6%，总量及增速分列全市第一、第二。

招商引资精准发力。坚持大招商、大员招商，滚动生成“三促”招商项目251个，总投资890亿元，招商项目落地率达80%。引入中国通用、中国航天等5个央企项目和百威等4个世界500强项目。德尔等4个“研发＋总部＋委外制造”项目投入运营，省级重大签约项目数居全市第一。102个新落地重点企业贡献税收超11.5亿元。各类商事主体28.9万户，比上年增长21.2%，数量及增速均居全市第一。11家企业入选省民营企业百强榜单，占全市三分之一。3家企业获厦门市质量奖，居全市第一。

科技赋能持续深化。落实创新引领工程和产业倍增计划，兑现资金2.2亿元，比上年增长10%，其中，前置支持达40%。国家级高新技术企业增至621家，市级以上“专精特新”企业增至142家，企业技术中心增至30个，重点实验室增至17个，研发机构增至7家。立项支持新能源、新材料等领域研制及产业化项目21个，比上年增长17%，带动科研投入2.2亿元。联合嘉庚实验室共建科创产业加速器，落地桑若钙钛矿光伏研发及中试等科创项目。建设全省首个“数字工匠”工业互联网人才培育基地。

营商环境争创一流。出台产业政策60条、“一企一策”17个，兑现各类扶持16亿元。提供“无偿、短

期”应急还贷资金9亿元。完成增值税留抵退税超3亿元。率先建立“2+2+N”线上线下一体化企业服务体系[10]，创新“帮代办”“码上办”等服务，新开设24小时融资服务热线，企业全生命周期服务机制获中央深改办推广，“亲清一家人”平台获全国数字政府优秀创新案例。推出45项“一件事”集成套餐，241个涉企服务事项100%全程网办，总办理时限压缩14个工作日。打造全省首个“三位一体”[11]企业合规治理体系。常态化开展“直播带策”，抽调500名企服专员服务对接2096家“9+1+N”[12]清单企业和项目。树立“质擎未来”品牌，食品、药品安全及产品质量形势稳中向好。

（三）坚持建管并重，城区能级持续跃升

城市更新更具韧性。连续两年召开城中村现代化治理招商大会，累计推介77个优质项目，总投资超1000亿元。高质量推进空间梳理“四打通”，拆除2566处16.6万平方米。“两改造三提升”缆线综合整治和散租统管“六统一”[13]模式，成为全市城中村现代化治理示范样本。新开工碧海嘉园等3个安置房项目，新增房源4492套，下忠等4个安置房项目竣工，浦东花园等3个安置房完成返迁。

城市管理更具智慧。“城市大脑”实现市、区16个平台互联互通，受理派发事件76.7万件，办结率达99.8%，城市“智理”经验在全省推广。开发智慧城中村管理服务平台，近邻小程序服务居民33.2万次。“360”两违管控机制[14]在全市推广，拆除“两违”29万平方米。打造12条示范街，率先完成19个农贸市场改造。推行道路“网格+街长”管理新模式，366条市政道路卫生管理全覆盖。环卫综合考评连续3个季度居全市第一。

城市环境更为宜居。入选国家环境健康管理试点。空气优良率99.7%，实现“3个100%”[15]。完成62平方公里排污溯源排查和45平方千米正本清源。建成23公里环岛慢行系统、5处立体绿化项目及5个“口袋公园”，新开放石头皮山等2处综合性公园，提升绿地约20公顷。打通钟智西三路等3条断头路。象屿综保区成为全国首个零碳综合保税区并入选国家级绿色低碳典型案例，科华数据等11家企业入选国家级、省级绿色制造名单。扬尘监管系统入选省级生态云平台应用典型案例，盛德东南低碳园区成为全市首个“三星园”。

（四）紧盯补短创优，民生事业全面发展

教育文体优质均衡。教育经费落实“两个只增不减”[16]，投入超18亿元，比上年增长5%。墩上学校等10个项目加快建设，完成金尚中学等37所校园、56个修缮改造项目。开办幼儿园5所，新增公办学位1440个，扩增公办小学班级27个，增加学位1215个。中考学业评估排名全市前列。打造新教师“135”[17]培养机制，新增正高级教师5人，省、市级学科带头人25人。打造省、市级心理健康教育特色校4所，成立家庭教育指导站并在全市作经验介绍。落实“双减”政策，全市率先实现义务教育学校特色课后服务全覆盖。完成13处不可移动文物保护修缮，第一轮不可移动文物集中修缮保护经验在全市推广。举办1500余场文体活动，新增16家图书流通点。策划生成113个全民健身项目，建成投用81个全民健身场地。

医养事业普惠增容。支持3个国家区域医疗中心改扩建。实现全市首例信用就医“亲情付”。推进“适老化”改造与养老服务设施“四同步”[18]建设，建成社区居家养老服务站59个，新建禾美等3个公服综合体，特殊困难老年人月探访率100%。专业养老机构、街道养老服务照料中心增至20家。妇幼保健工作连续三年获省、市考核第一名。新增普惠性托育机构5家、普惠托位351个，提前实现每千人3.8个托位目标。

就业社保兜底有力。社会保障支出超12亿元，比上年增长21.4%。落实就业优先政策，“131”[19]精准就业帮扶3.5万人次，兑现新引进人才生活补贴4566万元。101家企业的“HR联盟”吸纳就业用工超20万人，占全区用工总量的40%以上。健全多层次社会保障体系，建立全市首个区级临时性救助站，累计发放低保、残疾人等补贴及保障性租赁房租金补助5405万元，惠及家庭3.3万户次。湖里创新园入选全国首批基层劳动关系公共服务样板站点。区总工会获评第一届全国和谐劳动关系创建工作先进集体。成立全市首个“区劳动关系权益保障中心”，保障农民工工资支付工作连续五年在市对区考核中获评A级。

（五）着力防范化解，安全稳定态势良好

安全生产平稳有序。深入开展重大事故隐患专项排查整治，出台生产安全事故“一盘棋”响应、基层消防安全网格管理等13项制度，完成基层防汛能力标准化及17个易涝点、20座主要山体“一点一案”建设。“安全一张网”智慧监管平台实现燃气、建设等领域全覆盖，上线“一键扫码”举报功能。改造、新建燃气管道6.5公里，城中村燃气灶具不合格率下降55%。首创小散工程日巡系统，8746宗项目纳入“一网统管”。完成3轮1.77万栋次房屋安全全覆盖排查，开展394栋高层公共建筑消防设施隐患排查整治。建立“三合一”场所滚动排查机制，“六先六后”[20]试点经验全市推广。

平安湖里见行见效。常态化开展“四门四访”1492批、3224人次，建设79个信访评理室，化解涉福厦公

铁等一批超 10 年的积案，第三批“治重化积”、中央集中交办件化解率 100%。信访事项及时受理率、按期办结率保持 100%，信访人次比上年下降 16.8%。市对区年度信访考评连续 9 年居全市第一。“智慧安防”小区对接率居全市第一。刑事警情下降 14.8%。建成电动自行车集中充电桩（口）2.66 万个，为重点企业定制公交出行做法在全市推广。常态化排查 284 家涉金融类企业，立案侦查 1 家。坚决制止耕地“非农化”，防止“非粮化”，设置粮食应急网点 38 家。

社会治理更加完善。健全网格员激励机制，评选金牌及优秀网格员 100 名。高级社工增至 6 人，占全市三分之二、全省四分之一。智慧社区、智慧网格获全国治理创新案例，五缘湾涉海资源利用管理服务机制体制入选全省首批“一县一特色”专项改革案例。成立物业行业协会，开具全市首单物业管理领域行政处罚书。创新“公证 +”警调联动多元化解模式，打造“区智慧矫正中心”，调处矛盾纠纷 8394 件，连续 6 年居全市第一。

（六）深学实干笃行，政府履职高效尽责

大兴调查研究之风，结合主题教育组织开展“四下基层办实事，三争五抓促发展”行动，形成科创产业研究等调研报告 273 篇。自觉接受区人大及其常委会依法监督，主动接受区政协民主监督，认真办理市、区人大代表议案 1 件、建议 92 件，政协委员提案 154 件，满意率均为 100%。行政机关负责人出庭应诉率 100%。数字政府建设取得新成效，“12345”政务服务便民热线诉求办理满意率 99.9%。深入推进全面从严治党，锲而不舍落实中央八项规定及其实施细则精神。坚持“过紧日子”，坚决落实专项督察、审计、巡视巡察反馈问题整改，率先将审计监督范围覆盖至小区共有资金。

此外，国防动员、民兵建设、拥军优属工作巩固提升，退役军人服务保障持续加强，民族、宗教工作迈上新台阶，工会、妇女儿童、青少年、老龄、慈善、残疾人、志愿服务等事业取得新进步。

二、2024 年工作计划

2024 年是中华人民共和国成立 75 周年，也是“十四五”规划的关键之年。湖里区将坚持以习近平新时代中国特色社会主义思想为指导，认真贯彻落实党中央、国务院决策部署和省委、省政府，市委、市政府和区委工作要求，积极融入综合改革试点，全面落实“一二三”战略，以科技创新为引领，以项目建设、招商引资攻坚年、提升年为抓手，坚持应急与谋远相结合，持续在“抓机遇、强优势、挖潜力”上下功夫，加快推进现代化产业体系建设，切实把多区叠加优势转化为发展动能，为努力率先实现社会主义现代化作出新的更大贡献。

2024 年经济社会发展主要预期目标为：地区生产总值预估增长 5.5%，区级财政收入增长 5.5%，区属规模以上工业产值增长 12%，限额以上批发零售业销售额增长 5%，固定资产投资增长 5%。

重点锚定五个方面，实现发展新跨越：

（一）聚焦聚力，以更高站位争创综合改革试点先行区

主动研究、主动对接、主动承担 5 个重点领域[21]和关键环节的改革任务，争取更多改革应用场景由湖里承接。

深化两岸融合集成改革。落实落细中央《意见》[22]和福建“十五条”[23]，全力提升五通码头口岸配套和服务保障水平，为两岸人员往来交流提供更多便利。建强“缘聚湖里”台胞服务中心，促进台青就业创业。健全两岸融合化解劳动争议机制，聘任更多台籍仲裁员、涉台劳动争议调解员和咨询专家。加强两岸产业对接融合，打造两岸集成电路产业集聚地。支持两岸时尚创意产业合作，引导欣贺等企业推进数字化、信息化，培育民族特色品牌。

聚力发展高端服务业。落实《国家进口贸易促进创新示范区（湖里区）发展规划》，建成进口酒平台等一批具备区域影响力的消费品进口平台、大宗商品进口供应链运营中心。全面梳理高端现代服务业目标企业清单，加快发展面向制造业的港航物流、工业软件等生产性服务业，争取更多服务二产项目落地，培育更多市级以上工业设计中心。积极发展健康等生活性服务业，推动迈向高品质、多样化。

推动文体旅商融合。探索全域旅游生态，以五缘湾涉海资源利用管理服务机制为抓手，结合文物建筑活化利用，整体谋划打造沉浸式旅游度假区。发挥惠和石文化园等国家 AAAA 级旅游景区、文化产业示范基地带动作用，推动文旅产业规模化集聚。加快商圈成链开发、力推 K11 超级商圈建设，加大首店品牌、国际品牌引进力度，推动航空古地石广场争创国家级夜间文化和旅游消费集聚区。吸引普德赋等知名品牌融合发展，打造中法文创产业园等更多一体化商业地标、消费休闲中心。升级“湖里魅力购”“悦游湖里”品牌，加强促消费活动策划推广，促进消费持续扩大、提档升级。

（二）创新先行，以更大魄力打造新型工业示范区

聚焦“金砖 +”产业。加快金砖创新基地总部区、

金砖数字工业智谷、金砖TOD建设，推动通用技术中国车辆出口、金砖科创基金等项目落地运营。积极参与“中国—金砖国家新时代科创孵化园”布局，聚焦数字经济、绿色低碳、科技创新等领域，鼓励产学研结合，促进前沿技术产业化，打造技术创新研发及成果转化基地，鼓励亿联、立达信、美捷特等企业扩大金砖贸易合作。一体化推进智慧城市建设，筑牢数字基础设施关键底座。

增强科创引领。用好研发创新政策16条，提升精准施策水平，加大对骨干、种子企业等重点创新主体科技项目立项、研发融资贴息等支持力度。持续深化与嘉庚创新实验室湖里加速器合作，力促圣元绿能氢能源研究院、华中科大智能工程实验室等创新平台形成新质生产力，持续推动安科科技等24个新工艺、新技术研制及产业化项目。建立科创平台型项目支持评估体系，着力引进布局一批研制、中试、验证等重大创新研发平台。增强企业主体创新能力，进一步健全“四级”培育体系[24]，保持高新技术企业工业增加值占比全市第一的领先优势，力争市级以上“专精特新”企业突破160家，国家级高新技术企业突破700家。

强化数字赋能。把握厦门市建设中小企业数字化转型试点城市契机，实施企业数字化赋能专项行动，建立转型目标企业库，重点推动电子及器件、航空维修、服装食品三大行业第一批44家企业成为试点，整合联通工业互联网研究院等服务商资源入企诊断，打造一批“灯塔工厂”“5G工厂”“智能工厂”，形成可批量复制到全行业、产业链上下游的数字化转型项目模式。加快工信部“数字工匠”工业互联网人才培养基地投入实质运营，力争每年培育2000名数字化人才。

锚定高端制造。围绕全市“4+4+6”和区“3+2”产业布局，制定出台推进新型工业化行动方案和保障措施，加大对创新成长型企业及设备升级改造、数字化转型、绿色发展、公共服务平台等支持力度。实施制造业重点产业链高质量发展行动，深化“研发+总部+委外制造”业态发展模式，加快推进宸鸿、同致、太古发动机、松川精密、欣贺等一批工业企业增资扩产，促进六大主要工业行业[25]提质增效，鼓励亿联、施耐德等拓展市场，助力火炬湖里止跌回升，力争新增规模以上工业企业15家，区属工业全年增长10%以上。广泛对接、精准引入新能源、新材料、生物医药等战略性新兴产业和第三代半导体、未来网络、生物与基因技术、战略前沿材料、氢能与储能、深海空天开发等未来产业领域的研发、高端制造项目。重点发展IC设计、智能硬件、智能网联汽车零部件、智慧医疗器械等硬科技产业，特色发展数字建造、数字金融等。加快构建自主可控核心技术驱动等特点的高能级、新型工业化体系。

统筹空间要素。依托厦门成为全国低效用地再开发试点，积极争取再开发政策取得重大突破，全面完成100宗“一宗一档”，先行编制亨国精工等48宗地块再开发方案，推动民兴工业、松川精密、荣佳等一批试点项目尽快盘活空间。打造新型产业空间，按照“挂牌即招商、拿地即开工、竣工即开园”模式，以“433”[26]推进金砖数字工业智谷、忠仑科创园等新型产业园区建设，打造一批高端制造、科技研发的工业综合体。探索“工业上楼”新模式，推进智慧交通产业园等现有产业园区标准化、绿色化建设。配合谋划机场北片区未来规划，打造具有国际贸易中心、自主创新示范区等功能布局的海峡科研创新枢纽。探索土地混合开发、存量商办项目改造等政策，支持区属国企多渠道参与产业用地开发，推进18宗历史遗留项目处置，加快强戒所等非核心功能疏解。

筑牢人才高地。深入实施“智汇湖里”人才战略，支持设立国家知识产权厦门保护中心，发展“科学家+企业家+投资人”等新型研发形态，加快形成创新链、产业链、人才链、生态链深度融合的新型工业化体系。落实毕业生拓岗“10大专项行动”[27]，加大“雁来公寓”等专项政策支持力度，发挥航天人力资源产业园等专业人才平台作用，加大辖区企业人力资源供给。定制专属“人才政策服务包”，为重点团队、骨干人才提供子女教育保障，推动国有企业整合城中村、村集体公寓等房源，解决人才、技术人员等住房问题，让人才愿意来、留得住、安得下、发展好。

（三）招大引强，以更活机制构建投资热力区

提升财政保障“硬实力”。积极落实上级支持企业发展财税政策措施，动态评估、修订完善湖里区产业扶持政策，最大限度发挥财政政策杠杆效能，为辖区企业发展添活力、增动能。完善政府产业引导基金市场化运作，优化基金小镇扶持政策，加大企业上市扶持力度，引进和发展股权投资企业，构建以产业金融为核心的金融服务体系。建立重点税源监测机制，加快培育壮大新增税源，深化“税网共治”，确保区级财政收入增速保持全市前列。多渠道筹集资金，积极向上争取补助资金和更多政府专项债券额度，主动与金融机构对接，以更低资金成本服务保障全区发展。

提供招商引资“强支撑”。做大做强区属国企，持续优化招商体系，依托产投公司建强招商专业队伍，完善梯队培育机制。以金砖创新基地、智谷和中航人才、两岸集成电路为平台抓手，强化链主招商、链企引商，力促普德赋等94个促对接项目，利亚德、滴灌

通等64个促落地项目，桑若光伏、视源科技等98个促运营项目早见效。重点推动利晶微MicroLED封装显示、德尔科技、永庚新材料、东微电子高端半导体、新能融储能等工信和科创领域47个项目，腾讯影视、哔哩哔哩等45个文体旅商融合项目，厦航、“361”、优尼康等38个总部经济重点项目早落地。

拼出项目拉动“加速度”。完善项目全生命周期推进体系，优化“七办联动”[28]“三级会商”和区领导挂钩联系重点项目等机制，推动392个“六促”[29]项目加快转段。强化与市直部门、片区指挥部合作机制，坚持整体谋、打包谋、成片谋，滚动11类项目清单[30]，形成2000亿元以上项目策划盘子。坚持谋项目与谋资金相结合，深化投融资体制改革，探索采用政府与社会资本合作新机制、EPC+O等方式实施公共服务、新基建等项目。修订政府投资项目管理办法，完善项目审批流程和工作专班机制，健全强化代建考核评价机制，力促SM四期等90个、总投资374亿元的项目加快建设，弘爱康复健管中心等97个、总投资701亿元的项目早日开工，争取蔡塘成片开发等89个、总投资593亿元的项目前期进度再压缩10%。深化应用场景招商，发挥建筑行业协会作用，鼓励大企业带动优质中小企业拓展业务，力争引入优质设计、勘察、施工相关企业20家，做强“建筑之乡”。

培树营商亲清“新标杆”。推动实施市场主体培育工程，全面深化商事登记制度改革，为准入准营提供更多便利。依托区企业服务中心，探索建设首贷续贷、企业国际合作、应用场景创新等3个服务中心，及时、高效帮助企业解决问题。优化“2+2+N”企业服务体系，建立中小企业服务联盟，以精准数据促进服务资源精准匹配。深化数字政府改革，以“码上办”推动服务“马上办”。深化审批服务事项“免申即办”，升级“e政务”等便民应用，打通商圈、商务楼宇、产业集聚区等政务服务网点末梢。

扩大政策激励“虹吸力”。不折不扣落实中央及省、市关于促进民营经济发展壮大意见，加快出台区级支持民营经济发展措施。持续完善政策支撑体系[31]，强化政策实施协同联动、放大组合效应，计划出台或修订惠企政策12个，预安排企业扶持资金13亿元。加快研究出台支持股权类、航运类等产业支持措施，重点修订外资奖励、建筑业、商贸业、物流业等领域惠企政策，为产业链招商提供强有力支持。

（四）用心用情，以更强担当打造幸福样板区

教育均衡再提质。巩固义务教育优质均衡创建成效，培育有省市影响力的教育改革成果。全力创建学前教育普及普惠区。最大限度扩大公办优质教育资源覆盖面，提前布局、分批有序做好公办小学扩班，加快嘉福学校等6个项目策划、钟宅民族学校等10个项目建设。持续深化集团化办学、合作办学、公民办结对，加强对民办学校的指导与监督，加快形成更加公平、更加均衡的区域教育新格局。将培养教育家型教师摆在更突出位置，继续实施“名师名校长培养工程”，做优做强教育人才“引育留用”，构建5个教师培养梯队[32]。加强校外培训机构整治，夯实“双减”成效。

普惠服务再优化。着力提升基层医疗卫生服务水平和妇幼健康服务能力，探索推广更多特色便民服务。推动高金林社区卫生服务站等6个项目前期工作、金山街道社区卫生服务中心等3个项目建设，年内投用新港社区卫生服务站。加大全科医生竞聘资源倾斜力度，力争每万人口配备全科医生2.5名。加强养老设施与卫生、文体、托育等基础民生功能复合利用，加快后浦照料中心建设，增设一批长者食堂、社区助餐点，实现养老服务机构评星率80%以上。新增天地禾缘幼儿园等11所托育一体化试点园。全面摸排低收入对象，确保困难群众应保尽保、应救尽救。建设“15分钟公共文化服务圈”，围绕新中国成立75周年等重要节点，创作文艺精品。强化军地合作，落实拥军优属，持续争创国家“双拥”模范城。

共同富裕再夯实。主动与村集体共谋发展，加快坂尚等3个社区发展项目建设，湖边等5个社区发展项目前期进度，加速蔡塘广场改造提升，共同做好招商资源导入。支持集体股份经济合作社以自主开发、合资合作等方式发展产业，为工业用途村集体发展用地定制“一企一策”。支持城中村进行大物业管理，鼓励发展特色街区、夜间经济，留住“烟火气”“文化味”。推进美仑花园二期等17个安置房建设，竣工坂美花园等7个安置房项目，加快启动下忠等6个安置房返迁。推动基层劳动关系公共服务样板站点建设，深化“无欠薪标杆项目”创建。完善“智慧就业”系统，推进就业创业信息中心建设，建立城中村“零工驿站”，打造青年、外来务工人员友好型城区。持续推进东西部协作及省内山海协作。

城区品质再升级。推动五缘体育中心、湖里市民中心项目取得突破。加快塘边余氏小宗等第二轮33处不可移动文物集中修缮，提速枋湖、坂美民俗文化园改造。强化生态节点、景观廊道与生产生活区系统性衔接，推进40个全民健身场地、12个“口袋公园”建设。围绕校园、商圈、城中村、公园景点等重点区域周边，持续完善慢行系统，梳理7个市政道路项目建设，打通兴隆路等4条“断头路”。

（五）匠心雕琢，以更实举措筑就宜居品质区

重点片区扎实推动。深化东部片区详细规划，加快湖边水库东商住组团等成片开发项目进度，推动10宗经营性用地出让，打造产城人融合示范新城区。发挥自贸区、东渡港区等区位优势，谋划东渡港区北片区发展规划，配套出台航运要素相关扶持政策，聚集邮轮产业优势，发展壮大厦门港国际邮轮业务，将邮轮母港片区打造为国际航运中心要素集聚区。推动中部村里、浦园、后坑三大片区开发，加快村里文旅商融合项目完成策划落地；后坑社完成综合整治，启动公共服务中心建设。

加强城区精细管理。稳步推进城中村现代化治理[33]，全面完成“两改造”，继续深化“三提升”。深化“散租统管”机制，推动国有资本介入，规范城中村租房市场。推动海峡两岸社区交流、城中村现代化治理总结等工作，探索建立基层治理特色品牌。深化“大城管”工作格局，完善网格管理事项“准入+退出+鼓励”机制，实现市场监管、环卫等“多格合一”。深化“五社联动”[34]，加强基层服务队伍建设，推进社区工作站规范化专业化发展。完善“360”“两违”全周期管控机制，深化立体防控体系[35]，实现“零增长”。打造更多精细化管理样板街，全面推进适当跨店经营管理。落实物业服务高质量发展10条措施，加快物业服务品质提升。持续深化文明城市创建，推进群众性共建共治。

绘就绿水青山生态。严格落实林长制、河湖长制。扎实做好中央生态环境保护督察反馈问题整改，深入打好污染防治“五大攻坚战”[36]。落实“四个一”机制[37]，巩固扩大生态优势，开展全国环境健康管理试点工作，积极配合“两山”市级创建工作，继续推进美丽海湾建设，启动浦口岸线整治等项目，推进湖里区生态产品总值规模不断扩大。攻坚493个独立排水户溯源排查修测和整治工作，4个正本清源完善及排水管理进小区等基础性工程。理顺市级道路管理机制，深化市政园林分级分类精细化管养。以更严标准推进生活垃圾分类，加快构建绿色低碳生产生活方式，稳妥推进碳达峰、碳中和。

深化平安湖里建设。常态化推进扫黑除恶斗争。坚持和发展新时代“枫桥经验”“浦江经验”，深入开展“四门四访”，打造“家门口”诉求服务和矛盾纠纷化解体系。推进区应急指挥中心建设，实现街道“十有”[38]、社区“六有”[39]。持续开展重点领域隐患排查整治，抓好重大事故隐患整改闭环管理，加快电动自行车集中充电设施、“三合一”场所硬隔离实体墙建设，推广城中村瓶装燃气用户燃气设施、消防设施改造提升，加强道路交通安全综合治理与联勤联动，提高本质安全水平。严格落实耕地集中保护，坚决落实粮食安全工作责任。

三、政府自身建设

始终坚持党的全面领导，把推进中国式现代化作为最大的政治，聚焦经济建设这一中心工作和高质量发展这一首要任务，全面推进政府治理体系和治理能力现代化，努力建设人民满意的服务型政府。

打造政治过硬政府。始终牢记政府机关首先是政治机关，把坚定捍卫“两个确立”、坚决做到“两个维护”作为最高政治原则和根本政治责任。深刻领会习近平新时代中国特色社会主义思想的世界观和方法论，切实将思想伟力转化为特区发祥地“二次创业”强大精神动力。用好用活神山党员综合教育基地等红色资源，持续巩固拓展主题教育成果。

打造崇法有为政府。牢固树立法治观念，扎实推进法治政府建设，严格规范公正文明执法。依法接受人大及其常委会的监督，自觉接受政协民主监督，高质量办好人大议案建议和政协提案。接受监察监督、社会监督、舆论监督，加强审计监督、司法监督、统计监督。严格执行重大行政决策法定程序，加强政务公开和政府信息公开。做好第五次全国经济普查工作。

打造勤政为民政府。牢记政府前面“人民”二字，深化运用“四下基层”制度，把民生“痛点”作为施政“重点”、变成百姓生活“亮点”。尊重人民首创精神，大力畅通“百姓金点子，幸‘湖’金钥匙”等“线上+线下”渠道，问计于民，办好实事，努力将群众呼声化为掌声。传承弘扬“马上就办、真抓实干”工作作风，坚持“今天再晚也是早，明天再早也是晚”的赶早意识，谋而快定、定而快干、久久为功，全力完成全年各项目标任务。

打造清正廉洁政府。坚决贯彻全面从严治党战略部署，持之以恒落实好上级督察、审计、巡视、巡察发现问题整改及“回头看”。坚持严格落实中央八项规定及其实施细则精神，驰而不息纠治“四风”。坚持带头“过紧日子”，实施支出负面清单制度，严控一般性支出。坚持降本增效，持续优化国有资产监管平台，制定公益性项目使用国有资产管理规范，全面盘活存量资产经济与社会价值。

《政府工作报告》注释

1.10+13：10项重难点工作——金砖数字新城、低效工业用地盘活、文明创建、义务教育优质均衡、城中村改造、嘉福学校用地、司法强制戒毒所搬迁、市民中心项目、浦园“1+1”项目、重点项目建设和征地拆迁保障；13项基础性工作——创新引领发展、金砖创新基地建设、平台经济发展、进出口贸易示范区建设、数字化转型、文旅商融合、国有企业做大做强、推动民营经济和民营企业发展、生态文明建设、平安法治湖里建设、文明典范城市创建、推动网格化治理、城市规划及项目策划工作。

2. 全文备注：数据截至11月30日，全年经济数据暂未出。

3. 软件信息业实现营收翻番：软件信息业比增115.3%。

4.1+1：湖里老工业区2.5平方公里区域和其他被认定为低效工业用地的项目。

5. 两改造三提升：改造基础设施、改造内部环境、提升服务体系、提升管理体系、提升文旅商融合品牌。

6. 整治与开发一体化：政府主导搭台＋村股份联合社主角唱戏＋多元共同参与。

7. 千亿产业集群：计算机通信和其他电子设备制造业。

8. 百亿产业集群：航空维修业、电气机械和器材制造业。

9. 交通物流营收、批零销售额、房地产销售面积、建筑业产值均占全市超四分之一：交通物流营收、批零销售额、房地产销售面积、建筑业产值分别占全市61.1%、31.8%、31.1%、27.4%。

10.“2+2+N”线上线下一体化服务体系：2个线下服务平台，湖里区企业服务中心、500名企服专员线下服务队伍；2个线上服务平台，“亲清一家人”湖里“一站式”企业服务平台、“湖里区惠企直播间”微信视频号；N个企业服务资源：“前台＋中台＋后台”联动服务单位、专业机构、专家、协会、商会等。

11. 三位一体：刑事合规＋行政合规＋行业合规指导。

12.9+1+N：“9”是指9大重点行业的规上、限上企业；“1”是指财政投融资及社会投资重点促建设项目；“N”是指小升规企业、专精特新企业、高新技术企业、样本企业、税源企业、外资企业等各类重点关注企业。

13. 六统一：统一出租房管理平台建设、统一出租房合同范本、统一租金涨幅标准、统一水电费标准、统一租客入住规范、统一管理服务。

14.“360”两违管控机制：三方共管、六个环节、动态清零。

15.3个100%：水环境功能区、近岸海域水质、噪声功能区达标率。

16. 两个只增不减：一般公共预算教育支出逐年只增不减、按在校学生人数平均的一般公共预算教育支出逐年只增不减。

17.135：一年培训考核，三年争当新秀，五年达到骨干。

18. 四同步：同步规划、同步建设、同步验收、同步交付。

19.131：对辖区失业人员、未就业的高校毕业生，至少提供1次职业指导、3次岗位推介、1次技能培训或就业见习机会。

20. 六先六后：先易后难、先国有后私人、先解决通行后店面整改、先样板后推动、先“三合一”整治后违建拆除、先解决隐患后提升环境。

21.5个重点领域：建设高标准市场体系、完善科技创新体系、推进高水平对外开放、发展高品质生活服务、健全城市治理。

22. 中央《意见》：《中共中央　国务院关于支持福建探索海峡两岸融合发展新路建设两岸融合发展示范区的意见》。

23. 福建“十五条”：我省有关部门按照中央《意见》提出的要求，着眼广大台胞需求，立足增进台胞福祉，研究制定了一批政策措施，共有四个方面15条。

24.“四级”培育体系：科技型中小企业—市级高新技术企业—国家级高新技术企业—科技“小巨人”领军企业。

25. 六大主要工业行业：计算机、通信和其他电子设备制造业，电气机械和器材制造业，航空航天器修理业，通用设备制造业，纺织鞋服制造业，食品饮料制造业。

26.433：40%研发办公＋30%中试厂房及高层实验室＋30%荷载实验室。

27. 十大专项行动：省、市出台《促进高校毕业生等青年就业创业十条措施》，包括：压紧压实工作责任、支持企业吸纳就业、扩大政策性岗位规模、提高招聘实效、激发人力资源机构活力、促进创业带动就业、提升技能就业能力、提供暖心就业服务、强化就业兜底帮扶、做好就业宣传引导。

28. 七办联动：围绕项目全生命周期工作重点，建立招商办、多规办、征收办、前期办、重点办、企服办、督查办等“七办”体系，强化联动协同，整合工作流程，实现扁平化运行。

29. 六促：促谋划、促策划、促前期、促落地、促开工、促建设。

30.11 类项目清单：港区指挥部的项目，两金指挥部的项目，辖区其他区域项目，市财政投资项目，片区平衡项目，区财政投资项目，社会投资项目，“断头路”项目，安置（商品）房和保障性住房项目，民生和城市发展（教育、医疗、生态建设、慢行系统、体育场所等）项目，技改增资扩产项目。

31. 政策支撑体系：个转企、小升规、规做精、优上市。

32.5 个教师培养梯队：领航、名师、骨干、新秀、强基。

33. 城中村现代化治理：拆除新建、拆整结合、整治提升。

34. 五社联动：社区、社会工作者、社区社会组织、社区志愿者、社区公益组织。

35. 立体防控体系：天上看、地上查、网上管。

36. 五大攻坚战：蓝天工程、碧水工程、碧海工程、净土工程、宁静工程。

37.“四个一”机制：建立一套以生产产品保值、增值、提质为目标的规划导向机制，建立一套全市生态产品产业基础信息调查机制，建立一套生态产品产业开发经营促进机制，建立生态产品产业发展金融支持机制，适时编制一套生态产品产业发展规划。

38. 十有：有机构、有队伍、有网格、有机制、有预案、有演练、有经费、有物资、有培训、有平台。

39. 六有：有工作人员、有场地设施、有装备物资、有工作制度、有应急手册、有台账清单。

湖里区五缘湾涉海资源利用管理服务机制体制创新的若干意见

一、五缘湾涉海资源空间范围和产品线规划

五缘湾涉海资源包括五缘湾大桥为界的湾内区域（主要包括水域 2.42 平方公里及岸线 7.9 公里、3 处沙滩约 11 万平方米、音乐岛 6.34 万平方米及岸线约 1 公里）和湾外帆船、游艇体验区域（海上休闲活动区域）。规划的产品线主要包括：训练产品、常态化旅游产品、赛事活动产品、游艇帆船泊位产品。

二、管理服务机制体制基本框架

一是成立由区政府牵头，市、区两级监管部门和平台公司、企业协会参加的综合管理委员会，主要负责统筹涉海资源科学有序利用的软硬环境建设及相关事项的决策，落实海域各行业的监管要求和标准规范，对涉海旅游产品开发进行业务指导，对企业生产经营或产品投放给予服务保障，以精准管理打造一流营商环境，助力涉海旅游业发展和资源的有效利用。

二是成立由区政府领导牵头，市、区两级监管部门，区级行业主管部门和辖区相关街道、单位参与的协调小组。协调小组围绕涉海资源的管理、涉海资源的利用和企业生产经营、产品投放，具体负责落实综合管理委员会的决策和部署要求；根据综合管理委员会授权，以代办方式办理各企业生产经营或产品投放涉及的申请和审批事项；研究制定涉海资源利用规划和产品开发规划的建议方案；指导和监督管理服务平台机构的规范运营并加强培训；协调各经营主体之间的关系，促进资源共享、环境共建、协同发展。

三是设立一线管理服务平台机构。平台机构的主要职责包括：根据协调小组的规划、部署和工作要求，健全完善与海域利用产品相匹配的服务保障体系；根据监管部门的标准规范要求，具体落实一线监管工作；负责辖区范围日常环卫、保安、救援等基本服务；在政策允许范围内建立市场化运作机制。

三、综合管理委员会和协调小组的运行机制

市级管理部门包括：市自然资源和规划局海域使用管理部门、市体育局帆船备案指导部门、市海洋发展局休闲渔业管理部门、厦门海事局海上交通安全监管部门、厦门海警局执法部门、厦门港口管理局游艇备案管理部门及航道保障指导部门、市市政园林局海域保洁管理部门。

区级管理部门包括：区市政园林局湿地公园、绿

化、市政公用和市容环境卫生管理，区城市管理局市容市政公用城管执法，公安分局治安管理，街道、社区辖区安全、市容环境卫生等属地管理。

（一）综合管理委员会的运行机制。一是由湖里区政府召集综合管理委员会成员会议。会议决定事项以纪要或决议形式发布。二是建立年度、半年、季度会议制度，总结、部署涉海资源及涉海资源利用监管工作，通报涉海资源利用和产业企业发展成效，对协调小组提交研究的重大事项进行商议决策。三是授权协调小组研究决定海域利用的日常事项。四是各监管单位按照法定职责开展巡察、检查、抽查，对平台机构组织开展业务培训，提高平台机构的协管能力和水平。五是各监管单位对协调小组提请研究事项需要提交上一级研究的，按照监管单位各自的内部决策程序提交，协调小组做好跟进。

（二）协调小组的运行机制。一是由区政府分管副区长任组长、区文旅局领导任常务副组长，以定期和不定期会议机制研究布置落实综合管理委员会的决策部署，协调企业反映的困难问题或产品投放需要审批、协调的事项。二是实行定期和不定期的联合执法机制。根据综合委员会各成员单位的监管责任，统筹组织开展涉海资源及资源利用的联合监管。三是建立与涉海资源利用企业、赛事活动策划机构、平台公司的沟通交流机制，推动资源的科学有序充分利用，推动各类产品线产品的协同经营。四是建立对平台机构（公司）的指导、监督机制。根据企业生产经营和产品投放计划，研究完善综合服务保障体系，提升平台公司的服务保障和协助监管的能力、质量，对平台公司的服务保障进行评估，指导平台公司加强队伍建设和业务培训。

四、管理服务平台公司的运行机制

平台公司的运作要有利于涉海资源的整体运作和利用，有利于减轻财政负担，增强可持续发展能力，同时接受综合管理委员会、协调小组的领导和指导。2家平台型企业负责涉海类业务，其中，厦门路桥城市服务发展公司负责五缘湾航道以南、音乐岛以东区域涉海资源的运营服务，湖里国投集团负责五缘湾航道以北、音乐岛（含）以西区域和湾外帆船、游艇体验区域（海上休闲活动区域）的运营服务。在过渡阶段，可依托湖里国投集团和路桥城发公司2家平台型企业，构建“管辖范围统一、业务和标准统一、队伍和分工统一、收费项目和标准统一，公司管理权限不变，经费渠道不变，收入分摊、成本分摊”的合作机制，形成环湾范围一体化的服务保障和协管平台。在条件成熟的时候，组建合作企业，整体运营。

过渡阶段：一是2家公司组建统一管理组织，根据产品线规划，整体设计服务保障协管体系和管理组织的运作机制。二是明确服务保障费的收费项目及收费标准。三是理顺收费项目在2家公司之间的收、支、开票和并表核算机制。四是理顺服务保障和监管的成本支出在2家企业之间的分摊机制。五是2家公司的独立法人权利义务事项保持不变。六是设立统一的对外窗口，打造面向企业和游客的线下、线上一体化服务中心，建立一条龙的服务机制，统筹布局线下服务站点。

五、市场化主体利用涉海资源的规范

一是评估。由平台公司统一受理市场主体的申请。受理后提交协调小组或综合管理委员会组织评估，重点评估拟入驻企业所投放产品与海域资源的匹配性、安全性和经济效益等方面的情况。二是根据评估结果，对准入企业或投放产品，研究明确涉海资源利用的规范，包括空间、时间、约束性条件及其他相关事项。三是平台公司在综合管理委员会、协调小组的指导下，形成相应的服务保障和协助监管机制。四是入驻企业和拟投放产品机构按照涉海资源利用规范行使权利，履行义务。五是平台公司加强过程性保障服务和监管，综合管理委员会成员单位、协调小组对监管职责事项可以巡察、抽查、检查。

六、管理服务平台公司与市场化主体的合作机制

平台公司的主要任务是营造软硬环境，促进涉海资源开发利用。一是支持平台公司通过向市场化主体提供服务保障产品收取相应的服务费。二是平台公司原则上不直接经营涉海资源利用产品（码头、泊位除外），因特殊情况直接经营的，不得形成垄断，破坏市场竞争机制。三是针对赛事活动产品，平台公司除收取服务保障产品服务费之外，经双方商议，与主办机构可以进行利润分成。

七、公益性活动临时使用涉海资源的规范

一是申请。由举办方直接向协调小组申请。经协调小组评估可行的，通报综合管理委员会各成员单位，并由协调小组直接代办相关审批程序。二是筹办。由

协调小组和平台公司配合举办方开展筹备工作，明确举办方和平台公司的权利义务，平台公司制定服务保障方案。对有收益的活动项目，按照公益性项目的相应标准收取服务保障服务费。三是对受影响的常态化产品经营企业，由举办方按照补偿机制给予补偿。补偿金由平台公司收取并发放相关企业。四是加强过程管控，落实各方责任。

八、全面落实可持续利用要求

一是认真落实海域环境保护的法律法规，定期组织开展海域清淤、航道维护等工作。二是认真落实海上安全管理规范。三是增加平台公司积累，增强平台公司的造血功能，支撑软硬环境不断提升优化。四是财政预算投入保持不变，同时优化支持结构，集中更多资金用于创建国家级旅游度假区。

湖里区 2023 年一季度“开门稳”若干措施

为认真贯彻落实国家、省、市经济工作部署，统筹好疫情防控和经济社会发展，促进 2023 年春节期间和第一季度湖里区企业稳就业促增产，在全面落实厦门市人力资源和社会保障局等十六部门《关于做好支持春节期间企业不停产项目不停工有关工作的通知》的基础上，结合湖里区实际，特制定以下措施：

一、增量奖励

1. 工业

（1）对 2023 年第一季度工业产值达 1500 万元、2500 万元、1 亿元、2.5 亿元、5 亿元及以上，且同比增速分别不低于 30%、25%、20%、15%、10% 的规上工业企业，按季度产值同比增量的 2‰给予奖励，单家企业奖励最高不超过 100 万元；同时，对符合上述条件的企业，再分别叠加一次性 2 万元、5 万元、10 万元、15 万元、20 万元物流补贴。（责任单位：区工信局）

（2）对 2022 年度工业产值达 3 亿元及以上，且 2023 年第一季度产值同比增速不低于 15% 的规上工业企业，按季度电费的 50% 给予补助，单家企业补助最高不超过 50 万元，季度用电费 2 万元以下的不予补助。（责任单位：区工信局）

2. 商贸业

（1）对 2023 年第一季度零售收入同比增加 500 万元及以上的限额以上零售企业，按营收增量部分每 500 万元奖励 5 万元，单家企业奖励最高不超过 150 万元。（责任单位：区商务局）

（2）对 2023 年第一季度餐饮收入同比增加 100 万元及以上的限额以上餐饮企业，按营收增量部分每 100 万元奖励 2 万元，单家企业奖励最高不超过 50 万元。（责任单位：区商务局）

（3）对 2023 年第一季度零售收入同比增加 2000 万元及以上的限上零售企业，对其运营团队给予一次性奖励 20 万元；对 2023 年第一季度餐饮收入同比增加 500 万元及以上的限上餐饮企业，对其运营团队给予一次性奖励 10 万元。受奖励人员由企业自行确定，鼓励企业将奖励倾斜一线员工，奖励金额由企业统一申请和收付。（责任单位：区商务局）

3. 软件业

对 2023 年第一季度（1—2 月）软件业营收 1500 万元、5000 万元、1 亿元及以上，且同比增速分别不低于 50%、30%、20% 的规上软件企业，按季度营收同比增量的 4‰给予奖励。单家企业奖励最高不超过 100 万元。（责任单位：区工信局）

二、金融支持

4. 工业融资贴息

对在 2023 年度获得市级技术创新基金融资支持的工业企业，区级财政再给予企业融资年利率 0.5 个百分点的补贴。单家企业补贴最高不超过 100 万元。（责任单位：区工信局、区财政局）

5. 出口信保补助

对投保短期出口信用保险的规上工业企业，2022 年度产值达 1 亿元及以上的，按实际缴纳保费的 30% 给予补助；其他规上工业企业按实缴缴纳保费的 20% 给予补助。单家企业补助最高不超过 100 万元。（责任单位：区工信局）

6. 招商绩效激励

完善湖里区产业引导基金参股基金绩效考核体系，针对2023年湖里区产业引导基金参股的子基金，将参股基金投资湖里区企业或者投资且从厦门市域外迁移至湖里区的企业的税收等作为该基金对湖里区经济贡献纳入考核，对在湖里区经济贡献达到产业引导基金出资额的2倍、2.5倍和3倍的参股基金，产业引导基金对应将可获得的超额收益中20%、40%、60%的部分让渡给参股基金管理机构。（责任单位：区财政局）

7. “首贷户”贷款补贴

对2023年为“首贷户”且从厦门辖内金融机构首次获得经营性短期贷款（1年及以下）的湖里区小微企业，按融资利率50%给予补贴，补贴年化利率不超过3%，贴息期限不超过1年，单家企业贴息最高不超过30万元。（责任单位：区财政局）

三、用工扶持

8. 用工服务奖励

2023年1月至6月为湖里区四上企业代理招聘或劳务派遣初次来厦就业人员，办理就业登记、缴交社保并在同一企业连续工作6个月及以上的湖里区人力资源服务、劳务派遣机构，分别按500元/人、300元/人给予机构一次性招工奖励。同一机构最高奖励分别25万元、20万元。代招达到300人或者派遣达到500人的，额外给予表扬和分别一次性奖励2万元、1万元。（责任单位：区人社局）

9. 职工就业奖补

对2023年1月1日起首次来湖里辖区企业（指税收归属湖里区的企业或在湖里区登记的民办非企业）就业的，并在2023年4月30日前首次在厦参加社会保险并连续缴费满3个月的人员，按照1500元/人的标准给予职工个人奖补。（责任单位：区人社局）

10. 用工要素保障

春节前后摸底辖区企业用工需求，组织缺工企业参加市级外出招聘活动，统筹开展各类线上线下招聘活动；视情况开展“点对点”包机、包列、包车等返岗复工服务，对符合市总工会2023年“平安返厦”活动相关条件，且于3月底前提交交通补助申请的，由市总工会、市人社局予以最高1000元/人“定点定额”补助；对接贵州、江西和对口帮扶劳务协作地区等劳务输入基地，定向引进劳动力，服务企业用工。（责任单位：区人社局、区总工会）

11. 春节稳岗补贴

（1）对2023年1月21—27日期间不停产的规上工业企业，根据实际在岗生产的职工人数、天数，按照150元/（天·人）的标准给予补贴，单家企业补贴最高不超过50万元。2022年产值10亿元及以上的企业，单家企业补贴最高不超过100万元。属火炬湖里片区及自贸区核心区的企业，单家企业获得补贴在50万元（含）以内的部分，按照市里稳就业的相关政策落实；超过50万元的部分，由湖里区负责兑现。（责任单位：区人社局、区工信局）

（2）对2023年1月21—27日期间正常经营的全区限上酒店非厦门市户籍在岗职工，按照100元/（天·人）的标准给予补贴。（责任单位：区文旅局）

（3）对2023年1月21日至2月5日期间不停工且现场施工日均人数30人及以上的区级重点项目给予现金补贴。其中：1月21—27日不停工的项目，按照实际施工情况给予100元/（天·人）补贴；1月28日至2月5日不停工的项目，按照实际施工情况给予50元/（天·人）补贴。以上两项措施对单个项目补贴最高不超过100万元。（责任单位：区建设局）

12. 职工关心慰问

各级工会组织加强春节送温暖活动，大力开展“工会进万家·新就业形态劳动者温暖行动”，聚焦新就业形态劳动者开展走访慰问，并做好困难职工、劳动模范、疫情防控一线人员、在苦脏累险艰苦行业岗位上工作的一线职工、在重点工程重大项目重大活动中作出突出贡献的职工和节日期间坚守一线岗位的干部职工慰问等。在春节期间新入会并在岗的快递员、外卖配送员货车司机、网约车司机等新就业形态劳动者，给予入会大礼包。对非公有制企业春节期间坚守岗位的外来职工开展“送年货”活动。对全国总工会“帮扶工作管理系统”中建档管理的职工家庭进行全覆盖慰问，对生活暂时困难的职工家庭特别是新就业形态劳动者、受疫情影响的困难职工等群体综合施策、精准帮扶，加大就业、就医、子女就学等帮扶力度，多措并举保障基本生活。（责任单位：区总工会，配合单位：各街道办、区工业园区管委会）

四、提质增效

13. 预拨技改补助

对项目备案建设期内2022年度生产设备购置发票金额（不含税）不低于500万元（含税）的市重点工业企业技术改造项目，按其设备投入（不含税）的10%计算可补助资金，按可补助资金的75%预拨付企业，单个项目最高不超过2000万元，企业所获资金不超过2022年度入库期完税总额的50%。（责任单位：

区工信局）

14. 企业信用激励

对2023年1月16日至2月13日期间不停工的辖区在建项目和第一季度超额完成投资的辖区重点项目的项目参建单位（含建设、代建、施工、劳务分包等单位）予以通报并记录良好行为信用记录。同时根据建安企业通过统计部门审核的2023年第一季度产值情况进行通报，按照产值总量和增幅记入不同档次C类信用监管行为。（责任单位：区建设局）

五、促进消费

15. 商超运营补助

对区零售商业协会成员单位且有统一运营单位的湖里区大型商业综合体和专业市场，于2023年第一季度举办促消费活动的按以下标准给予一次性运营补助：商业建筑面积合计（配套写字楼、酒店、车库等不计，下同）5万平方米以上的，纳统单位一次性补助15万元、非纳统单位一次性补助8万元；商业建筑面积合计2万—5万平方米的，纳统单位一次性补助10万元、非纳统单位一次性补助4万元。（责任单位：区商务局）

16. 住宿会展奖补

（1）湖里区四星级及以上限上酒店、相当于五星级档次的限上酒店在2023年第一季度期间（不含作为集中隔离场所运营期间）新接待非会议展览住客，每间每晚奖励50元，单家酒店补助最高不超过60万元。（责任单位：区文旅局）

（2）湖里区限额以上住宿业企业2023年第一季度营业额1000万元及以上的，且在2022年同期基础上正增长5%及以上的，按照以下标准给予补助：营业额分别达1000万元、1500万元以上、2000万元以上、2500万元以上的每家限额以上住宿业企业分别给予补助20万元、30万元、40万元、50万元。（责任单位：区文旅局）

（3）对2023年第一季度期间在湖里区举办的会展项目，按《湖里区进一步促进会议展览业发展扶持意见》现行标准上浮10%给予奖补。（责任单位：区文旅局）

17. 春季魅力购

开展“2023湖里魅力购”春季专项活动，联合辖区内各大百货、超市、车企、餐饮企业发放消费助购券。同时，市、区两级政府也将通过发放电子消费券、数字人民币红包等形式，活跃节日市场消费氛围。（责任单位：区商务局）

六、鼓励外资

18. 外资到资奖励

对2023年第一季度外资到资并纳统的企业，在享受市级政策的基础上给予叠加奖励。

七、附则

1. 企业同时符合省、市、区出台的同类扶持政策时，按就高不重复原则享受。对确有重大或突出贡献的，可“一企一策”“一事一议”专题研究。

2. 相关政策进行在线申报、免申即享，相关政策条款由各责任部门按分工制定实施细则和配套办事指南，并负责解释、审核、兑现，具体由区企服办在后续进行具体在线技术支持。

3. 本措施自发布之日起执行。

说 明

本索引为条目索引，按主题词首字音序排列，首字相同按第二个字音序排列，若第二字音序相同，则按页码先后排序，主题词后的数字为页码，字母 a、b、c 分别代表左栏、中栏、右栏。分目的主题用粗体表示，部分相同的主题词增加关键词提示。专记、大事记、附录、表格不做索引。

K

L

M

N

O

P

Q

R

S

T

W